THE NIV APPLICATION COMMENTARY

NIV 적용주석

프랭크 틸만 • 빌립보서

솔로몬

NIV 적용주석 시리즈 – 빌립보서

2014년 5월 2일 초판 1쇄 인쇄
2014년 5월 9일 초판 1쇄 발행

지은이 | 프랭크 틸만
옮긴이 | 채천석
펴낸이 | 박영호
펴낸곳 | 도서출판 솔로몬

주소 | 서울시 동작구 사당로 155 신주빌딩 B1
전화 | 599-1482
팩스 | 592-2104
직영서점 | 596-5225

등록일 | 1990년 7월 31일
등록번호 | 제 16-24호

ISBN 978-89-8255-519-0　94230
ISBN 978-89-8255-449-0(세트)

THE NIV APPLICATION COMMENTARY

FRANK THIELMAN

NIV PHILIPPIANS

From biblical text... to contemporary life

이 시리즈는 성경의 영원한 메시지를 이 시대에 말하기를 추구하는 목사와 교사들을 위한 필수적인 도구가 될 것을 약속한다.

-빌리 그레이엄

NIV 적용주석 시리즈는 내가 바라는 사역의 열정과 동일한 목표–하나님의 말씀의 온전한 영향을 느낄 수 있도록, 메시지를 현대의 청중들에게 전하는 것–를 공유하고 있다.

-빌 하이벨스, 윌로우 크릭 교회

NIV 적용주석은 '하나님의 말씀을 행하는 자들'을 양육하는 데 헌신하고 있는 목사와 여타 사람들을 위한 탁월한 자료다.

-릭 워렌, 새들백 교회

이 주석 시리즈는 진부하지 않다. 그것은 새로운 시대의 신선함으로, 친구의 포옹처럼 직접적으로 들려지고 전달될 수 있도록, 오래된 강력한 하나님의 말씀을 현재로 가져오는 일을 제대로 해내고 있다.

-유진 피터슨, 리젠트 대학

해석의 실타래에서 제대로 된 적용을 얻기 원한다면, NIV 적용주석은 바로 당신을 위한 것이다! 이 시리즈는 원 의미와 현대적 의미에서 탁월하다. 나는 이 주석을 전적으로 추천한다.

-하워드 핸드릭슨, 달라스 신학교

NIV 적용주석 시리즈는 이전에 학자들이 다루지 않았던 것을 과감하게 다룬다–목사와 교사들이 매일 직면하는 성경적 적용의 실제적 세계로 나아간다. 이것이 바로 좋은 주석 시리즈가 가져야 하는 모든 것이다.

-레잇 앤더슨, 우드데일 교회 목사

이것은 21세기의 설교 주석이다.

–조지 브루샤바르, 베델 대학의 신학교 총장

성경의 세계에서 도시 중심가로 적절히 순회하는 주석이 드디어 나왔다.

–켄트 휴 박사, 일리노이주 휘튼 대학교회 목사

NIV 적용주석은 성경이 무엇을 의미하고, 그것을 어떻게 적용해야 하는지, 또 어떻게 반응해야 하는지를 알기 원하는 독자들에게 크게 봉사한다.

–스튜어트 브리스코, 엘름브룩 교회 목사

NIV 적용주석 시리즈는 하나님의 말씀을 설교하고 가르치는 모든 이들에게 매우 탁월한 도움이 될 것을 약속한다.

–J. I. 패커, 리젠트 대학

NIV 적용주석은 NIV 성경에 기반한 철저하고 권위 있는 주석의 긴급한 필요를 충족시킨다. 이 시리즈를 모든 복음주의 공동체의 도서관과 서재에서 곧 발견하게 될 것이다.

–제임스 케네디 박사, 코랄 리지 장로교회 담임목사

차례

시리즈 서문

NIV 적용주석 시리즈는 독특하다. 대부분의 주석들은 우리들이 사는 이 세상에서 성경의 세계로 거슬러 올라가는 여행을 한다. 이 주석들은 우리를 성경의 세계와 분리시키는 시간, 문화, 언어 그리고 지형의 장벽을 넘어설 수 있게 한다. 하지만 그것들은 과거로의 편도 티켓만을 제공할 뿐이고, 돌아오는 여행은 우리들이 알아서 할 수 있다고 가정한다. 이런 주석들이 성경의 각 권이나 구절의 '원 의미'를 설명하지만 '현대적 의미'를 탐구하는 데는 우리에게 거의 아무런 도움을 주지 못한다. 이런 주석들이 제공하는 정보가 가치가 있기는 하지만, 단지 절반의 임무를 다하고 있을 뿐이다.

최근에 몇몇 주석들이 다소 현대적인 적용을 주석의 목표 중 하나로 포함시켰다. 하지만 그 적용이 자주 피상적이며 도덕적인 데서 그치고 있다. 또 다른 주석집들은 주석이라기보다는 인쇄된 설교처럼 들린다.

NIV 적용주석 시리즈의 주된 목표는 고대의 메시지를 현대의 정황으로 가져오는 어려우면서도 중요한 임무를 가지고서 여러분을 돕는 것이다. 이 시리즈가 완성된 하나의 책으로서 적용에 초점을 맞추지만 저자들은 성경 구절의 원 의미에서 현대적 의미로 나아가는 '과정'을 통해서 독자들이 스스로 생각할 수 있도록 돕는다. 본 시리즈는 주석서이지 대중적인 강해서는 아니다. 이것은 참고서적이지 경건 서적은 아니다.

본 주석은 '원 의미', '상황잇기' 그리고 '현대적 의미'라는 세 항목으로 시리즈의 목표를 이룰 수 있도록 구성되었다.

원 의미

이 항목은 원래의 배경에서 성경의 의미를 이해하도록 돕는다. 여기서는 간결한 형태로 전통적인 주해의 모든 요소들을 논한다. 성경 본문의 역사적, 문학적, 문화적 배경들이 여기에 포함된다. 주석 시리즈의 저자들은 문법과 구문론 그리고 성경 단어들의 의미와 관련한 문제들을 논한다. 시리즈 저자들은 성경구절들의 주요한 개념들을 탐구하고, 성경의 저자들이 이 개념을 어떻게 발전시키는가를 연구한다.

이 항목을 읽고 나면 '원 청중'이 갖고 있었던 문제와 의문 그리고 관심을 이해하게 되고, 성경의 저자들이 어떻게 이런 이슈들에 대처했는지를 알게 될 것이다. 이런 이해가 오늘날 성경 본문의 합법적인 적용을 행할 수 있는 기초를 제공해준다.

상황잇기

이 항목은 성경의 세계와 오늘날의 세계를 잇는 다리를 놓는다. 즉 성경 본문의 시간적인 측면과 초시간적 측면에 초점을 맞춤으로써 원래의 배경과 현대의 배경을 서로 연결시켜 준다.

하나님의 말씀은 시간적이다. 성경의 저자들은 구체적인 상황과 문제 그리고 질문들에 대해 이야기하였다. 여호수아의 저자는 진노하시는 전사이신 하나님의 손에 난공불락의 도성으로 보였던 여리고의 함락을 이야기함으로써 원 독자들의 용기를 북돋아 주었다(수 6장). 바울은 할례의 결과에 대해서 그리고 율법으로 의롭다함을 얻으려는 위험성을 갈라디아인들에게 경고하였다(갈 5:2-5). 히브리서의 저자는 그리스도가 모세, 아론계열의 제사장들 그리고 구약성경의 희생제사보다도 우월하시다는 것을 독자들에게 확증하려고 애썼다. 요한은 초기 영지주의의 형태를 가르쳤던 자들의 "영을 시험해 볼" 것을 독자들에게 촉구했다(요일 4:1-6). 이와 같은 경우에 성경의 시간적인 본질이 추상적이 아니라 '구체적'인 상황에서 우리로 하여금 하나님의 말씀을 들을 수 있게 해준다.

하지만 성경의 시간적인 본질은 몇 가지 문제를 낳을 수 있다. 지금 우리의 상황과 난제와 의문들이 성경의 사람들이 직면했던 것들과 항상 직접적으로 연관이 있을 수는 없다. 따라서 성경 시대의 사람들에게 주어진 하나님의 말씀이 항상 우리와 연관이 있어 보이지는 않는다. 예를 들어, 할례가 칭의의 필수적인 요소라고 주장하면서 지금 당신보고 할례를 받으라고 언제 누가 그렇게 주장하였던가? 그리스도가 아론계열의 제사장보다 우월하다는 것에 오늘날 얼마나 많은 사람들이 관심을 쏟고 있는가? 초기 영지주의를 드러내도록 의도된 "실험"이 현대 문화에서 얼마나 가치가 있겠는가?

다행히도 성경은 시간적일 뿐만 아니라 '초시간적'이다. 하나님이 원 청중들에게 말씀하셨던 것처럼 성경 말씀을 통해서 지금 우리에게도 여전히 말씀하신다.

우리는 성경의 사람들과 공통된 인간성을 공유하고 있기 때문에 성경 시대의 사람들이 직면했던 문제들과 하나님이 그들에게 주셨던 해결책 속에서 '보편적인 특징'을 발견한다. 성경의 초시간적인 본질이 모든 문화의 모든 시간에 능력으로 말씀한다.

성경이 시간적이면서도 초시간적인 측면을 갖고 있음을 인식하지 못하는 사람들은 여러 가지 문제에 직면할 수 있다. 예를 들어, 히브리서와 갈라디아서 또는 신명기와 같은 시간적인 성경책으로 인해 지루함을 느낀 사람들은 오늘날 그런 책들이 의미 없어 보이기 때문에 다시는 그것을 읽지 않으려고 할 수 있다. 한편으로 성경의 초시간적인 본질을 확신하고 있지만 시간적인 요소를 분별하지 못하는 사람들은 멜기세덱의 반차를 좇은 제사장에 대해서 "열변을 토하지만" 청중들은 잠을 자고 있고, 설상가상으로 구약성경의 거룩한 전쟁을 오늘날의 하나님의 대적자들에세 물리적인 방식으로 적용하려고 시도할 것이다.

따라서 이 항목의 목적은 성경의 시간적인 본문에서 무엇이 초시간적인지(또는 무엇이 초시간적이 아닌지)를 여러분들이 식별하도록 돕는데 있다. 예를 들어, 구약의 거룩한 전쟁(성전, 聖戰)은 신약의 영적인 전쟁과 어떻게 관련이 있는가? 바울의 주요한 관심이 (그가 갈 5:6에서 말하고 있는 것처럼) 할례가 아니라면, 그는 무엇에 관심이 있는가? 아론계의 제자장직이나 멜기세덱에 대한 논의가 오늘날 우리와 관련이 없어 보인다면, 오늘날 이 구절에 담겨진 가치는 무엇인가? 1세기의 특정 이단을 분별하기 위해 맞추어진 실험으로 오늘날의 "영을 검증"하려면, 어떤 성경적 검증이 더 적합할 것인가?

하지만 이 항목은 성경 본문에서 어떤 것이 초시간적인지를 밝힐 뿐 아니라 초시간적인 것을 발견하는 방법을 알 수 있도록 돕는다. 주석 시리즈의 저자들은 본문에 함축되어 있는 것들을 명시적으로 밝힌다. 그들은 통상적으로 직관적인 과정을 취하여 논리적이고 정리된 방식으로 그것을 설명한다. 할례가 바울의 주요한 관심사가 아님을 우리는 어떻게 알 수 있는가? 성경 원문이나 배경의 어떤 단서가 바울의 진정한 관심이 더 깊은 차원에 속한 것임을 깨닫게 하는가?

물론 우리들과 원 독자들간의 역사적인 거리가 상당히 있는 구절들은 더 많은 취급을 요할 것이다. 하지만 역사적인 거리가 그리 길지 않거나 겉으로 보기에 거의 존재하지 않는 구절들은 덜 주의를 기울여도 될 것이다.

마지막으로 덧붙여 말하고 싶은 것은 이 항목이 성경 본문의 '현대적 의미'를 논의하기 위한 방식을 준비하고 있기 때문에 이 항목과 뒤이어지는 '현대적 의미'

항목간에는 분명한 단절이나 예리한 구분은 주어지지 않는다. 하지만 두 항목들을 종합해서 읽을 때, 여러분들은 성경의 세계에서 오늘의 세계로 이동하는 강력한 감정을 체험하게 될 것이다.

현대적 의미

이 항목은 성경이 처음 작성되었을 때에 그러했던 것처럼 오늘날에도 성경의 메시지가 권능으로 역사하도록 만들어 준다. 당신이 예루살렘, 에베소, 또는 고린도에 대해 배운 것을 시카고, 로스앤젤레스, 또는 런던에서 오늘날 필요한 것들에 어떻게 적용할 수 있는가? 본래 헬라어, 히브리어, 아람어로 전해진 메시지를 우리 자신의 언어로 어떻게 명료하게 전달할 수 있는가? 본래 다른 시대와 문화에 전해진 영원한 진리를 취하여, 유사하지만 다른 필요를 갖고 있는 문화의 사람들에게 어떻게 적용할 수 있는가?

이런 목표를 이루기 위해서 이 항목은 몇 가지 핵심적인 영역에서 도움을 준다.

(1) 이 항목은 원 청중들이 직면했던 상황과 문제 또는 의문들에 상응하는 현대적인 문제들을 식별하도록 돕는다. 현대의 상황이 원 청중들이 직면했던 상황과 좀처럼 일치하지 않기 때문에, 당신의 적용이 연관성이 있으려면 유추적인 상황들을 찾아야 한다.

(2) 이 항목은 성경 본문을 오늘날 적용할 수 있는 다양한 배경들을 탐구한다. 개인적인 적용을 살피기도 하지만, 개인적인 관심을 넘어서서 대체로 사회와 문화에 대해 생각하도록 고무시킨다.

(3) 이 항목은 성경본문을 적용하는 데서 발생할 수 있는 문제나 난관들을 환기시킨다. 그리고 어떤 본문이 적용할 수 있는 다양한 합리적 방식들이 있다면 (즉, 기독교인들이 서로 일치하지 않는 영역이 있다면), 본 시리즈의 저자들은 독자들이 이런 다양한 견해들에 관심을 갖고, 스스로 이런 이슈들에 참여하도록 돕는다.

이런 목표를 추구하는 본 시리즈의 기고자들은 두 가지 극단을 피하였다. 하나는 이 주석이 얼마 지나지 않아 구식이 되지 않도록 너무 구체적인 적용을 피하는 것이고, 다른 하나는 현대인의 삶과 문화와 연관짓지 못하는 아주 일반적인 방식으로 성경 본문의 의미를 논하는 것을 삼가는 것이다.

무엇보다도 본 주석 시리즈의 기고자들은 이 주석이 도덕책이나 설교집이 되지 않도록 상당한 노력을 기울였다. NIV 적용 주석 시리즈는 바로 써먹을 수 있는 설교 자료집을 제공하려 했다기보다는 당신이 하나님의 말씀을 능력으로 전달할 수 있도록 돕는 도구, 개념 그리고 통찰을 제공하려 했다. 당신으로 하여금 이 목표를 이룰 수만 있게 한다면, 우리는 이 시리즈의 목적을 이룬 셈이다.

편집자 서문

프랭크 틸만의 주석이 보여주는 것처럼, 빌립보에 보내는 바울의 서신은 크리스천의 일상적인 삶의 경험을 다루고 있고, 그것을 영적인 행복의 절정과 좌절의 골짜기만큼 중요한 것으로 보이게 만든다. 실로 그리스도 안에서 우리의 삶은 결혼의 환희와 장례식의 의문부호를 강조하지만, 그것은 하나님의 자녀가 되는 것이 무엇을 의미하는지를 묘사하는 단어와 문장으로 주로 구성되어 있다.

바울은 확실히 여기서 어떤 고저(高低)를 언급한다. 예를 들어, 박해는 대표적으로 취급된다. 하지만 빌립보서는 잘 지내고 있는 교회의 사람들에게 주로 쓰여 있다. 그것은 부모가 탕자에게 보내는 서신이 아니라, 항상 순종하고, 완전하지는 않을지라도, 적어도 옳고 좁은 길을 걸어가고 있는 유쾌한 자녀에게 보내는 편지이다. 바울은 교회의 이단에 대항해서 소리치고 있지 않고(그가 일부 다른 서신에서 그리하는 것처럼), 미니 조직신학을 작성하려고 애쓰고 있지도 않다. 그는 그가 좋아하는 사람들, 즉 오랫동안 그와 같이 있었던 사람들에게 글을 쓰고 있다. 따라서 우리가 빌립보서로부터 배울 수 있는 교훈 중에 하나는 잘 지내고 있는 사람들을 격려하는 방법이다.

사실상 첫 번째 교훈은 우리가 그러한 서신을 써야 한다는 것이다. 삐거덕거리는 바퀴에 기름을 칠해야 한다는 것은 자연스러운 일이다. 하지만 목회 사역의 진리는 영적인 진(참호)을 따라 걷고 있는 우리들도 역시 관심을 필요로 한다. 감옥에서 바울은 신실한 자들을 강건케 하고 참된 마음을 고무시키면서, 우리가 일상적인 목회적 돌봄이라고 부르는 것을 실천하고 있다.

그러므로 빌립보서의 메시지는 건강함을 유지하는 것이 병들었을 때에 수술을 받는 것만큼이나 중요하다는 사실이다. 그리고 바울이 보여주는 것처럼 에베소서는 예방약이란 특징을 갖는다. 먼저 에베소서는 감사를 보여준다("내가 너희를 생각할 때마다 나의 하나님께 감사하며", 1:3). 둘째로 에베소서는 선한 행위를 격려로 보상한다. 셋째로 에베소서는 살펴야 할 의무에서 물러나지 않는다. 바울은 그의 신실한 자녀들에게 유대적인 사람들과 완전주의자들에 대항해서 경고한다. 잠재적인 실수에 대한 경고를 사랑의 방법으로 행한다면, 그것은 사랑의 표지다.

심지어 좋은 가정의 구성원들과 마찬가지로, 빌립보는 그들이 서로 논쟁했던 문제를 갖고 있었고, 바울은 그 분열에 대해서 경고한다. 오늘날의 교회는 이 서신에서 멀어져서 바울이 1장과 2장에서 연합에 대해 가르친 더 깊은 신학적인 의미를 놓치기가 쉽다. 다행히도 프랭크 틸만은 그런 일이 일어나게 하지 않는다. 그는 건강에 대한 바울의 처방—연합—이 빌립보의 원 교회에 어떻게 적용되었고, 오늘날 약간 논쟁적인 교회일지라도, 그 처방이 모든 신실한 자들에게 어떻게 적용되는지를 보여준다.

틸만 교수는 오늘날 교회를 위한 풍성하고 격려적인 서신의 다른 어떤 의미도 놓치지 않는다. 문제 교회가 되어가고 있는 신실한 교회에 대한 가장 좋은 보호 방법은 "주 안에서 항상 기뻐하는" 것이다(4:4). 그것은 온 세기에 걸쳐서 적용되는 진리다.

저자 서문

이 주석을 쓰는 것은 나 자신을 교훈하는 유익한 경험이었다. 성경을 가르치는 대부분의 대학 교수들처럼 나의 과거 사역은 성경책이 작성된 역사적 상황을 명확히 하고, 그 상황이 현대의 독자들로 하여금 첫 독자들에 대한 본문의 의미를 이해할 수 있게 하는가를 보여주는데 주로 헌신해 왔다. 그것이 전임 사역이었고, 적용하는 일은 보통 조직신학자들에게 맡겼다. 하지만 이런 방식은 이상적이 아니라는 깨달음이 있었다. 본문이 과거에 의미했던 것을 말하지만, 본문이 지금 의미하고 있는 것을 말하지 않는 것은 무거운 짐을 묶어서 사람들의 어깨에 두고 자기는 손 하나도 까닥하지 않는 것과 같다. 그것은 본문을 전적으로 자기 자신에게 적용하지 않고, 자기 자신을 전적으로 본문에 적용하는 것이다.

계획상 이 주석 시리즈는 그런 일이 발생하지 않게 하는 것이고, 나에게서 그 결과는 기쁨과 각성으로 나타났다. 기쁨은 빌립보서의 단계를 따라 걷고 있는 용기 있는 초대 크리스천들의 세계로 들어가는 것에서 발생한다. 대부분의 사람들의 정신을 짓누를 만큼 심각한 고난에도 불구하고, 바울이 복음에 비이기적인 헌신을 보인 것에 누가 영감을 얻지 않을 수 있는가? 복음에 대한 헌신이 바울의 고난을 공유하도록 이끌었던 디모데의 용기와 믿음을 누가 찬탄하지 않을 수 있는가? 가난과 박해에도 불구하고 빌립보인들이 바울에게 보여주었던 끊임없는 값진 지원에 어찌 감동하지 않을 수 있는가? 그러나 본문을 적용해야 하는 필연성이 나로 하여금 얼마나 그 기준에 못 미치고 있는가 하는 섬뜩한 실제에 직면하게 했다. 나는 매 단계마다 다른 사람들에게 설교할 때, 나 자신은 이런 경쟁에 적합한지를 물어야 했다.

아마도 나와 함께 빌립보서를 연구하는 이 주석의 독자들은 동등하게 기쁨과 부적절함의 감정을 느낄 것이다. 그러나 바울도 이런 우려들을 가졌고, 그 우려들이 그로 하여금 낙심으로 이끈 것이 아니라 뒤에 것은 잊어버리고 앞에 것을 좇으며 더 신속하게 경주를 행한 것을 발견하고서 나는 용기를 얻었고, 다른 사람들도 역시 용기를 얻을 것이다(빌 3:14).

많은 친구들이 빌립보서를 설명하고 적용하는데 나에게 도움을 주었다. 비손(Beeson)신학교에서 나의 강의에 참여했던 학생들, 나의 설교를 들었던 교인들, 그리고 나의 가르침을 들었던 주일학교 학생들이 이 주석의 자료에 많은 부분에 힘을 불어넣었고, 나의 사고를 제련할 수 있게 도와주었다. 특히 현대 교회에 이 서신을 적용하는 방법에서 말이다. 비손신학교의 나의 소중한 두 친구인 디모디 조지 학장과 케네드 매튜 교수는 처음부터 끝까지 이 프로젝트를 개인적인 격려와 실제적인 도움으로 지원했다. 편집자인 테리 먹과 클라인 스노드글래스 그리고 잭 쿠하체크은 나의 초고를 발전시키는 많은 유용한 제안을 해주었고, 나를 몇 가지 당혹스러운 일에서 건져내 주었다. 베르린 버루기는 나의 초고를 보다 명확하게 해주었을 뿐 아니라, 바울연구에서 그의 전문성은 책을 향상시키기 위한 많은 제안과 조정을 제공했다.

나의 교수 진영을 넘어서서, 두 가까운 친구인 스티브와 트레이시 휘트너는 이 주석을 위해서 처음부터 끝까지 신실하게 기도해주었고, 최초 원고의 일부를 읽어주었으며, 가독성을 향상시키는데 유익한 제안을 해주었다. 나의 아내인 아비는 수많은 심오한 방법으로 나에게 기여했다. 만약 그녀가 없었다면 나는 결코 이 책을 만들어내지 못하였을 것이다. 나와 우리 자녀들 그리고 주님의 일에 대한 그녀의 헌신은 자기 자신의 이득만이 아니라 다른 사람들의 이득을 돌아보는 것이 무엇을 의미하는지를 생생하게 보여주는 것으로 기능한다(빌 2:4).

나는 이런 모든 친구들의 도움에 깊이 감사한다. 이 주석이 빌립보서의 원 의미와 현대적인 의미를 명확히 하는데서 갖는 어느 성공도 대체로 그들 때문이다.

이 주석에서 발생하는 신학적인 관점은 나의 아버지와 어머니인 캘빈과 도로시 틸만의 끊임없는 가르침에서 기원했다. 나의 아버지는 장로교회의 '말씀과 성례' 사역부(USA)에서 40년 전에 안수를 받았고, 지난 33년 동안 아버지와 어머니는 노스 캐롤라이나의 몬트리트에 있는 몬트리트 장로교회에서 신실하게 봉사했다. 집에 있는 그들의 회중은 교회의 회중만큼이나 항상 중요했다. 그러므로 말과 행위로 그들은 나와 나의 두 형제들, 그리고 우리의 가족들에게 그리스도의 마음을 갖는 것이 무엇을 의미하는지를 보여주었다.

빌립보서는 수년간 그들이 가장 좋아하는 책이었다. 나의 아버지는 콜롬비아 신학교의 졸업설교에서 빌립보서 3:10을 가지고 설교하셨고 그는 지난 40년의 사역에서 특별한 연구 대상으로 이 빌립보서를 삼으셨다. 이 책의 각주에 인용된 주석들의 많은 부분이 그의 서재로부터 나온 것들이다. 나의 어머니의 격려로 내가 암송하였던 첫 번째 성경 단락 중에 하나가 빌립보서 4:4-8이었다. 그들의 인내하는 훈련과 끊임없는 사랑 그리고 오랜 세월의 변함없는 지원이 없었다면, 이 주석은 불가능하였을 것이다. 깊은 의미에서 이 주석은 그들의 것이다.

프랭크 틸만

서론

20세기 전에 순회 텐트 메이커 사역자가 대중을 혼란스럽게 한다는 죄목으로 감옥에 갇혔다. 거기서 그는 긁는 딱딱한 종이 10여 장을 사용한 서신을 만드는 것으로 상당한 시간을 보냈다. 오늘날 사람들은 당시의 로마 황제의 이름을 거의 알지 못하고, 네로가 다산의 작가였을지라도, 그의 문학적 유산은 어느 것도 존재하지 않는다. 한편으로 비울의 이름은 끊임없이 수많은 사람들이 인식하고, 빌립보에 대한 그의 서신의 현존하는 복사본은 수많은 언어로 수억만의 사람들에게 쉽게 전달되고 있다. 실로 T. R. 글로버(Glover)가 지적했던 것처럼, 실로 이때는 사람들이 네로를 자신들의 개 이름으로 사용하고, 바울을 자기들의 아들의 이름으로 사용하게 되었다.[1]

바울은 그의 성공에 약간 불편함을 가질 것이다. 그리스도가 나타나셔서 모든 입술이 그를 주라고 고백할 때인 마지막 때까지 바울은 복음이 방해를 받지 않고 발전될 것이라고 결코 생각하지 않았다. 십자가는 복음에 지울 수 없는 인상을 남겼고, 그것은 바울에게도 분명했다. 그가 보기에 복음을 올바로 이해하는 모든 사람들에게서 하나님의 능력은 약함을 통해서 완전해진다. 바울이 21세기의 민주적인 서방의 교회를 방문하였다면, 그는 감옥에서 작은 박해받는 신자들의 그룹에 적었던 서신이 어떻게 그와 빌립보인들과는 아주 다른 사람들에게서 이해될 수 있는지를 의문했을 것이다. 성 바울이라 이름 지어진 성당에서 예배를 하는 사람들이 사도의 구금과 빌립보인들의 박해를 통해 하나님이 복음을 발전시켰던 것을 어떻게 이해할 수 있을지 그는 궁금해 했을 것이다.

바울이 직접 이런 질문으로 방문하지는 않을지라도, 우리는 어떤 의미에서 그를 방문하여 우리들에게로 그의 관점을 가져올 수 있다. 그것이 이 주석의 목적이다—즉, 바울의 세계와 빌립보의 세계로 들어가서, 조심스러운 단계를 거쳐서, 그

1. F. F. Bruce, *Paul: Apostle of the Heart Set Free*(Grand Rapids: Eerdmans, 1977), 7을 보라.

와 빌립보인들이 우리 자신의 세계에서 직면할 수 있는 이슈들에 관해서 바울의 관점을 가져오는 것. 그러나 우리가 이런 위업을 시도하기 전에 먼저 일부 기본적인 도구로 우리 자신을 장착할 필요가 있다.

빌립보와 빌립보 교회

1세기 중반에 빌립보는 크지는 않았을지라도, 풍부한 유산과 독특한 문화를 가진 전략적으로 위치한 도시였다. 그것은 산중턱에서 시작해서 네아폴리스의 중요한 항구로부터 10마일 가량 안쪽으로 들어가는 비옥하고 물이 풍성한 평야로 이어지는 도시였다. 로마 도시와 동부 지방을 연결하는 중요한 상업 도로인 이그나틴안 웨이(Egnatian Way)가 이 도시의 중심을 뚫고 지나갔다.[2]

헬라어를 공용어로 사용하는 로마 동쪽의 수 마일에 위치한 지역들이 로마 지방으로 있었을지라도, 빌립보는 마크 안토니와 옥타비아누스가 율리어스 케자르를 암살한 자인 부르터스와 카이수스의 세력을 B.C. 42년에 패퇴시킨 이래로 로마의 식민지가 되었다.[3] 빌립보의 다수는 그 전쟁 이후에 그 도시에 정주한 병사들과 마크 안토니에 대한 옥타비아누스의 승리에 즈음하여 십여년 남짓하게 그 도시로 들어온 사람들로부터 유래했다.[4] 결과적으로 라틴어가 빌립보에서 공용어가 되었고, 그 도시는 로마의 특성을 자랑스럽게 유지했다.[5] 예를 들어, 빌립보의 건축과 행정은 로마로부터 흉내 낸 것으로 보이고, 황제 숭배는 그 도시의 종교적인 생활에 중요한 요소가 되었다.[6]

---

2. Appian(b. ca. A.D. 90), *Bella Civilia*, 4.105, 그리고 Dio Cassius(fl. A.D. 194-229), 47.35에서 빌립보에 관한 고대의 묘사를 보라. 또한 Paul Collart, *Philippes: ville de Macédoine, depuis ses origines jusqu'à la fin de l'époque romaine*(Paris: École Française d'Athènes, 1937)에서 광범위한 사진들을 보라.
3. Appian, *Bella Civilia*, 4.105-131, and Dio Cassius, 47.35-49에서 이 전쟁이 묘사된다.
4. Philippi by G. L. Borchert in *The International Standard Bible Encyclopedia*, rev. ed., ed에서의 빌립보에 관한 유용한 글을 보라. Geoffrey W. Bromiley, Everett F. Harrison, Roland K. Harrison과 William Sanford LaSor, 4 vols. (Grand Rapids: Eerdmans, 1979-88), 3:834-36.
5. 이 자부심이 행 16:21에서 바울과 실라에 대한 노예 소유주들의 고소에서 분명히 나타나 있다. 노예 소유주들이 다른 어떤 것보다 자신의 수입의 근원을 되찾는 것에 더욱 관심이 있었을지라도, 그들은 관리와 모인 무리들의 애국지심을 이용하여 바울과 실라가 "우리 로마인들"에게는 불법적인 관습을 행했다고 주장했다.
6. O'Brien, *Philippians*, 4; Bruce, *Paul: Apostle of the Heart Set Free*, 220; Pheme Perkins, "Philippians: Theology for the Heavenly Politeuma," *Pauline Theology. Volume I: Thessalonians, Philippians, Galatians, Philemon*, ed. Jouette M. Bassler(Minneapolis, Minn.: Fortress, 1991), 89-104, 특히 p. 93; Collart, *Philippes: ville de Macédoine*, 412을 보라.

바울이 빌립보를 마게도냐에서 그의 첫 복음전파 사역을 위한 전초기지로 선택한 이유는 은밀하지 않다. 그는 그가 힘쓸 지역에서 가장 중요한 도시 중에 하나를 선택했다.[7]

그러나 그가 마게도냐로 갔던 것은 자신의 선택에 관한 문제가 아니었다. 그의 봉사에서 자주 그랬던 것처럼, 그의 계획은 하나님의 명백한 지시에 의해서 주도되었다.[8] 이 경우에 그는 소아시아의 북부 중앙 지역인 비두니아로 복음을 전하려고 의도하였을지라도, 예수의 영이 그와 그의 동료들을 소아시아의 북서부 해변의 드로아로 이끄셨다(행 16:7-8). 거기서 바울은 마게도냐인이 그에게 나타나서 "마게도냐로 건너와서 우리를 도우라"(행 16:9)고 말하는 밤의 환상을 경험했다. 그러므로 바울과 그의 동료들인 실라와 디모데와 누가는 마게도냐로 향했다.[9] 그들의 배가 네아폴리스에 도착했고, 거기서부터 그들은 에그나티아 도로를 통해 빌립보로 들어갔다.

단지 며칠간이었을지라도 그들이 머무는 동안에 파란만장한 사건들이 일어났다. 바울의 첫 번째 선교여행에서 그는 여행했던 마을의 회당으로 먼저 가는 습관이 있었지만(행 14:1), 빌립보에서는 도성 바깥의 강가에서 한 장소를 발견했는데, 그곳에는 아브라함과 이삭과 야곱의 하나님을 경배했던 여인네들이 기도하기 위해 안식일에 모이고 있었다(행 16:13). 아마도 빌립보에서는 회당을 형성할 만큼 충분한 유대 남성들이 살지 않았고, 여성들은 유대적인 예배가 깊이 로마화 된 도시에서 환영을 받지 못하였기 때문에 그런 장소를 찾았을 것이다.[10]

유대인들은 로마와 불편한 관계를 가졌고, 반셈족주의가 로마인들 사이에서 보편적이지는 않았을지라도 그것이 특이한 것도 아니었다.[11] 바울이 점을 보는 귀신

---

7. NIV에서 행 16:12은 빌립보가 "마게도냐 지경의 유력한(leading) 도시"라고 말한다. 마게도냐는 B.C. 167에 로마에 정복당한 후에 네 지역으로 나뉘었고, 빌립보는 첫 지경에 속해 있었다. 그 지역에서 가장 유력한 도시는 빌립보가 아니라 암피폴리스였다. 신약성경의 일부 라틴어 역본들은 행 16:12을 올바르게 번역해 놓고 있음을 알 수 있다: "마게도냐의 첫 지경의 도시." Ernst Haenchen, *The Acts of the Apostles: A Commentary*(Philadelphia: Westminster, 1971), 494을 보라. 그럼에도 불구하고 빌립보는 그 지역에 중요한 도시였다.
8. 롬 1:13; 15:20-22; 고후 1:12-2:4을 보라.
9. 행 16:10에서 "우리"는 누가가 마게도냐로의 여행에 바울과 실라와 디모데에 합세했음을 보여준다.
10. 그러나 기도의 장소는 유대 관습이 요구하는 의식적인 씻음을 용이하게 하기 위해서 강가에 있었을 것이다. E. P. Sanders, *Jewish Law From Jesus to the Mishnah: Five Studies*(London/Philadelphia: SCM Press/Trinity Press International, 1990), 259을 보라.
11. 예를 들어, Tacitus(b. 약 56년), *Historiae*, 5에 유대인들에 관한 묘사를 보라.

을 쫓아내었던 노예의 소유주가 도성의 관리자 앞에서 바울과 실라를 고소한 죄목에서도 그 사실이 분명하게 나타난다. "이 사람들이 유대인인데 우리 성을 심히 요란케 하여 로마 사람인 우리가 받지도 못하고 행치도 못할 풍속을 전한다"(행 16:20-21)라고 말했다. 바울이 도성을 떠난 후에도 계속되었던 박해는 다시 말해서 신생교회가 유대교와 연관된 것 때문에 동기가 되었던 것으로 보인다(행 16:22-24; 빌 1:30; 살전 2:2).

바울, 디모데, 그리고 실라가 도성의 관리자의 요청에 따라 빌립보를 떠났을 때, 그들은 신자들의 다양한 그룹을 뒤에 남겼다. 간수장과 그의 가족이 믿었던 것처럼, 부유한 상인인 루디아와 그녀의 가정이 예수를 믿었고(행 16:15), 아마도 노예소녀도 믿었을 것이다(행 16:28). 분명히 바울과 실라가 떠났을 때 즈음에 이 그룹은 루디아의 가정에서 모임을 가졌을 것이고(행 16:40), 아마도 루디아의 집은 모이는 사람들의 집 가운데 가장 컸을 것이다. 이 그룹은 동질적인 사회적 단위는 확실히 아니었지만, 하나님이 그의 백성들의 일원이 되도록 그들을 각기 신자로 부르셨고, 그들이 매우 계층화된 사회에서 살았을지라도 연합을 위해 애썼다. 그들에 대한 바울의 서신이 그들의 성공의 척도라면, 그들은 그 임무가 쉽지 않다는 것을 발견했다(빌 2:14; 4:2).

그러한 갈등에도 불구하고, 빌립보 교회는 바울이 가장 좋아하는 교회가 되었던 것으로 보인다. 빌립보인들은 처음부터 다른 도시에서의 바울의 선교사역을 기꺼이 지원하였고(4:15a), 다른 교회들이 그를 돕거나 그 일을 기꺼이 할 수 없었던 때에도 그에게 도움을 주었다(4:15b). 근처의 데살로니가에서조차도 바울의 선교사역은 한 번 이상 빌립보인들로부터 재정적인 지원을 받았고(4:16), 빌립보인들은 고린도에서의 바울의 격렬한 사역을 지원하는 데에 다른 마게도냐 교회들에 합세했다(고후 11:8-9). 아울러 빌립보인들은 예루살렘의 기근에 찌든 교회를 위한 헌금 모금을 위한 바울의 노력에 아주 관대하게 참여함으로써, 바울은 그들과 다른 마게도냐 교회들을 "주는 은혜"를 가진 일부 고린도 사람들에 대한 모범으로 활용할 수 있었다(고후 8:1-7). 게다가 이런 모든 관대함은 자원이 풍성하였기 때문이 아니라, 가난 가운데서 행한 것이었다(고후 8:1-2).[12] 바울은 그의 다른

12. 루디아는 재물이 있는 빌립보 교회의 유일한 사람이었던 것으로 보인다. 특히 예루살렘 교회를 위한 바울의 헌금과 관련해서 바울과 빌립보 교회의 재물적인 관계에 관한 문제에 대해서는 Verlyn D. Verbrugge, *Paul's Style of Church Leadership Illustrated by His Instructions to the Corinthians on the Collection*(San Francisco: Mellen Research University Press, 1992), 118-27을 보라.

교회들과 자주 어려운 관계의 시간을 갖고 있는 동안에 복음을 선포하는 그의 선교사역에 대해 이런 눈에 띄는 희생적인 지원을 참된 우정의 증표로 소중하게 여겼다.[13]

빌립보인들을 위한 이유

바울이 빌립보서를 썼을 때, 그는 재판을 기다리면서 감옥에 있었고, 그 결과는 사형일 수 있었다(빌 1:7, 13-14, 17, 20, 30; 2:17). 바울이 정확히 어느 감옥에 갇혔는지는 논쟁의 문제가 된다. 많은 고대의 증거가 그가 로마의 감옥에 있었을 것임을 보여주고, 많은 현대의 학자들이 역시 그런 입장을 주장한다.[14] 바울은 결국에 그의 구금 때문에 복음이 모든 시위대(1:13)에 퍼졌고, 시위대의 가장 커다란 군단이 로마 황제의 거주지에 옆에 있었다.[15] 게다가 바울은 가이사의 권속 가운데 신자들로부터 빌립보인들에게 인사를 건네고 있는데(4:22), 로마보다도 가이사의 참모들을 발견할 수 있는 더 좋은 장소가 어디에 있겠는가?

보다 최근에 어떤 학자들은 바울이 빌립보서를 썼을 때 로마에 있었다는 주장을 거부했다. 주로 로마와 빌립보 사이에 거리 때문이고, 결과적으로 바울의 서신이 사도와 빌립보인들 사이에 전제할 수 있는 여행의 수를 계수하기 어렵기 때문이다. 그러므로 이 학자들에 따르면, 빌립보인들은 바울이 감옥에 있다는 소식을

---

13. 일부 학자들은 빌립보서가 "우호적인 형태"의 고대 수사학적 핸드북으로 알려진 서신의 부류에 속한다고 믿는다('필리코스 티포스'). 그러한 서신들은 저자의 친구들과 관련한 저자의 바람(참조. 1:7, 8; 4:1)을 자주 언급하고, 우정에 필요한 연합과 호혜를 강조하며(참조. 1:5, 7; 2:17-18; 4:14-15), 친구들이 한 마음에 속한다는 것을 지적하며(참조. 1:27; 2:2), 그리고 친구들이 자주 공통된 적들을 갖고 있다는 것을 인식한다(참조. 1:29-30). Stanley K. Stowers, "Friends and Enemies in the Politics of Heaven: Reading Theology in Philippians," *Pauline Theology. Volume I: Thessalonians, Philippians, Galatians, Philemon*, ed. Jouette M. Bassler(Minneapolis, Minn.: Fortress, 1991), 105-21, 107-14을 보라.

14. 이런 입장이 빌립보서에 대한 말시온의 서언에 보존된 것이 보여주는 것처럼 2세기 초만큼이나 이른 시기에 통용되었다. "빌립보인들은 마게도냐인들이었다. 진리의 말씀을 받았던 그들은 믿음을 보존했고, 거짓 사도들을 받아들이지 않았다. 사도는 로마의 감옥에서 서신을 써서 그들에게 명한다." F. F. Bruce, *The Canon of Scripture*(Downers Grove, Ill.: InterVarsity Press, 1988), 142을 보라. 그것은 또한 예를 들어, Bruce, *Philippians*, 23-26; Silva(유보적이지만), *Philippians*, 8; 그리고 O'Brien, *Philippians*, 25의 입장이다.

15. "시위대"는 황제와 그의 가족의 경호원들이었다. 그들의 역사에 대한 짤막한 요약에 대해서는 Henry Michael Denne Parker and George Ronald Watson, "Praetorians," *The Oxford Classical Dictionary*, 2d ed., ed. N. G. L. Hammond and H. H. Scullard(Oxford: Oxford University Press, 1970), 873-74을 보라.

어떤 이들로부터 들었고, 에바브로디도를 바울에게 보냈으며, 에바브로디도가 병에 걸렸고, 그리고 에바브로디도에 대한 염려의 말을 건넸다는 것을 이 서신이 함축하고 있다(2:26; 4:18). 아울러 바울은 에바브로디도를 빌립보로 돌려보내고, 그 직후에 디모데를 보내고 자신도 하나님의 뜻이라면 나중에 그 뒤를 따를 것이라는 계획을 갖고 있다(2:19-23, 24, 28).[16] 로마에서 빌립보로의 이 많은 여행들이 바울이 로마에 구금되어 있는 동안에 취할 수 있었을 것 같지 않다고 이 학자들은 주장한다.

이런 문제에 비추어, 다양한 다른 선택들이 제기되었다. 고린도가 한때에 지지를 받았고, 가이사랴도 더 인기를 얻었으나, 전통적인 견해에서 이탈한 대부분의 사람들은 바울이 에베소서에서 이 서신을 썼다고 믿는다.[17] 바울은 에베소에서 3년을 머물렀고(행 19:8, 10; 20:31), 에베소가 로마보다 빌립보에 가깝기 때문에, 이 서신이 바울과 빌립보 사이에 전제하고 있는 여행의 수가 가능하다는 것이다.

그러나 에베소 이론이 자체적으로 문제가 없는 것은 아니다. 사도행전은 바울이 2년 동안 로마에 구금되어 있었다고 우리에게 말해주지만(행 28:16, 30), 에베소에서 구금되었다는 말은 하지 않는다. 에베소에서 사역하는 동안에 바울은 예루살렘의 성도들을 위한 헌금에 불타는 관심을 갖고 있었지만 그 주제가 빌립보서에서는 나타나지 않는다. 그리고 시위대에 대한 바울의 언급은 에베소보다는 로마에 적합하다. 가장 커다란 분견대가 로마에 정주해 있었기 때문이다. 게다가 로마와 빌립보간의 여행의 어려움이 과장되어 있다. 길이 더 좋아졌고, 수송의 수단들이 많은 사람들이 생각하는 것보다 고대에 사실상 더 효과적이었다.[18]

에베소 이론에서 이런 문제들이 의미가 있지만, 그것의 중요성을 과장해서는 안 된다. 누가는 바울의 모든 구금을 묘사할 의무가 없었고, 고린도후서 11:23-33(참조. 6:5)에서 고난에 관한 바울의 기사도 사도행전에 나타난 것보다 더 많은 매질과 난파와 도피를 그가 겪었음을 보여준다. 아울러 에베소에서 글을 썼다는

---

16. Bruce, *Philippians*, xxv; O'Brien, *Philippians*, 25을 보라.

17. 예를 들어, Michael, *Philippians*, xii-xxi,; Bonnard, *Philippians*, 10; Collange, *Philippians*, 15-19.

18. Silva, *Philippians*, 6-7을 보라. 로마 시대에 여행을 쉽게 자주 취할 수 있었다는 것에 대해서는 Lionel Casson, *Travel in the Ancient World*(Baltimore: Johns Hopkins University Press, 1974), 115-329을 보라. 로마에서의 구금에 대한 주장은 빌립보서에서의 바울의 언급이 사실상 요구하는 여행의 숫자가 줄어들 수 있다고 지적한다. 만약 우리가 에바브로디도가 바울에게로 가는 도중에 병에 걸려서(참조. 2:30), 빌립보로 그의 병에 대한 소식을 이미 전달했고, 빌립보인들이 그 소식을 듣고서 그에 대해서 염려했을 것이라고 단순히 가정한다면 말이다.

고린도전서는 바울에 대한 심각한 박해를 언급하고(고전 16:9), 바울이 마게도냐로 가기 위해 에베소를 떠난 직후에 썼던 고린도후서는 바울이 심중에 "사형선고를 받았다"(고후 1:9; 참조. 고전 15:32)고 느낄 정도로 아주 심각하게 아시아에서 고난을 받았음을 반영하고 있다. 바울의 집필 장소를 로마로 두기를 반대하는 것에 고대 세계에서 여행의 어려움을 실제보다 더 부상시켰지만, 설사 가장 좋은 환경에서조차도 로마와 빌립보 사이에 여행은 길고 위험으로 가득했다. 그리고 시위대의 구성원들이 에베소의 크고 중요한 도시에도 상주해 있었을 수 있다.

그러나 이 서신의 에베소 기원을 선호하는 가장 설득력 있는 증거는 서신 자체의 중심적인 부분에서 발생하는데, 바울의 에베소 사역 동안에 빌립보서의 연대를 두는 것은 두 가지 곤란스러운 문제를 해결해준다. 3:1-11에서 바울은 빌립보인들이 유대 기독교 선교사들의 가르침을 따르지 말 것을 설득하기를 시도하는데, 이 유대 선교사들은 이방인 크리스천들이 할례를 받아야 할 것을 특히 고집하고 있었다(3:2-3). 그리고 3:12-4:1에서 바울은 빌립보인들이 "그리스도의 십자가의 원수"(3:18)를 차단할 것을 조언하는데, 이들은 자신들의 배를 채우고, 당연히 부끄러워해야 할 것을 영광스럽게 여기는 자들이었다. 이 단락들을 단일한 그룹을 묘사하는 것으로 이해하려는 시도는 성공적이지 못하다. 바울이 첫 단락에서 묘사하고 있는 유대 크리스천들은 배를 채우는 일과 성적인 부도덕으로 보이는 것으로 비난받기에는 적합하지 않기 때문이다.

아울러 바울이 3장에서 공격하고 있는 개념들을 주창하는 거짓 교사들이 빌립보의 장면에 있었다고 주장하는 시도도 역시 설득력이 없다. 바울은 빌립보인들과 좋은 관계를 계속 유지한다. 그가 기도 속에서 빌립보인들을 기억할 때, 그는 감사하고 기뻐한다(1:3). 그들은 하나님이 그에게 주셨던 은혜의 동역자들이고(1:5, 7; 4:14-16), 그의 기쁨과 면류관이다(4:1).[19] 이것은 바울의 회중들이 복음의 다른 이해를 채택함으로써 그에 대한 충성을 타협하였을 때에 그가 전형적으로 사용하는 용어가 아니다.[20]

그러나 우리가 에베소서에서 바울의 사역의 배경에 비추어서 3장을 읽는다면

---

19. 바울은 3:15에서 빌립보인들의 교리적인 의존에 대해서 약간 부정적인 논조를 언급하고 있지만, 그것은 아마도 과도한 영성의 복음의 방향으로 약간 일탈한 형태가 빌립보에 있었다는 것만을 의미할 것이다.
20. 예를 들어, 갈 1:6-4:3:1; 4:11, 15-16; 5:9; 6:17; 고전 3:1-4; 4:8, 18; 6:5a; 11:17; 고후 11:19-20; 12:1, 20-21; 13:1-10에서 바울의 용어와 비교해보라.

그것은 의미가 있다. 갈라디아서의 연대는 가장 확실하게 인정되는데 바울이 그 서신을 작성했을 때에 에베소에 있었고, 또한 고린도전서를 작성했을 때 그는 확실히 에베소에 있었다. 갈라디아서는 유대적인 크리스천 선교사들의 거짓된 가르침에 굴복하지 않을 수 있도록 바울이 남부 소아시아에 주로 이방인 회중들에게 긴급하게 호소하고 있다. 이 선교사들의 주요한 관심은 갈라디아인들이 하나님의 백성들에 허입되기 위해서는 할례를 수용해야 한다는 것이었다(갈 6:12). 그리고 바울이 그 서신을 썼을 즈음에, 이 유대적인 선교사들은 갈라디아인들을 바울과 바울의 이신칭의 복음에서 분리시키는데 일부 성공을 거두었다(갈 1:6; 3:3-5; 4:17).

고린도전서도 역시 호전적인 회중에 대한 긴급한 편지인데, 이들은 바울의 권위의 멍에를 벗어버리고 자신들의 대단히 영성화된 복음의 형태를 쫓으려고 하였다(고전 4:18; 9:3). 지식과 성령이 복음의 형태에서 중요한 요소였고, 멋진 외적인 능력의 표지를 통해 그 증거를 보이지 않는 사람들은 낮은 영적인 등급을 가진 사람으로 있었다(고전 4:6; 8:1; 14:12). 게다가 그 표지들을 소유한 사람들의 일부는 사회의 통상적인 요구에서 자유롭다고 느꼈고, 이 통상적인 요구에는 복음에서 주창하는 도덕성과 일치되는 요건들을 포함하고 있었다(고전 5:1-13; 6:12-20; 8:1-11:1).[21] 양 서신에서 바울은 사도의 최선의 노력의 대가로 복음을 얻은 회중들이 그와 복음의 진리를 뒤로 하게 될 것을 우려하고 있다.

빌립보서가 갈라디아서와 고린도전서를 작성한 직후에, 하지만 고린도후서 1:8-11의 아시아에서의 그의 고난을 회고적으로 살피기 전에 작성되었다면, 그때에 빌립보서 3:1-4:1은 이런 다른 교회들의 잘못에 굴복하지 않도록 그가 아주 좋아하는 회중들에게 경고하고 있을 것이다. 갈라디아에서의 유대적인 사람들 그리고 고린도에서의 열성분자들과의 씨름으로 이마에 여전히 땀이 적셔진 상태에서 바울은 빌립보와 같은 충성스러운 그룹이 복음에서 일탈하지 않도록 엄격한 경고를 주지 않고서는 그냥 지나가려고 하지 않았을 수 있다. 그러므로 빌립보서가 에베소의 감옥에서 작성되었다면, 3:1-4:1에서의 바울의 경고는 의미를 갖는다.

그러나 빌립보서는 신학적인 잘못으로 빗나가지 않도록 작성되었을 뿐 아니라, 빌립보인들에 대한 감사와 메신저인 에바브로디도를 칭찬하기 위한 것이었다. 바

21. 빌립보서의 이 부분과 고린도인들의 영성을 연결하려는 유사한 시도에 대해서는 Robert Jewett, "Conflicting Movements in the Early Church As Reflected in Philippians," *Novum Testamentum* 12(1970): 362-90을 보라.

울이 감옥에 있다는 소식을 들었을 때 관대한 성품을 가졌던 빌립보인들은 바울에게 재정적인 도움을 주고 구금 중에 있는 그를 돕기 위해서 에바브로디도를 보냈다(2:25; 4:14-18). 하지만 바울에게로 가던 도중에 또는 바울이 있는 곳에 도착한 후에 에바브로디도는 심한 병이 걸려서 거의 죽게 되었다(2:27a, 30b). 어쨌든 빌립보인들은 그가 병에 걸렸다는 소식을 들었고, 에바브로디도는 빌립보인들이 자신의 상태에 대해서 염려할 것임을 알고서 오히려 그들에 대해서 염려하기를 시작했다(2:26). 그래서 에바브로디도가 임무를 다 완수하지 못하였지만(그는 바울에게 선물을 가져다주었지만 사도는 여전히 구금 중에 있었다), 바울은 그를 빌립보로 돌려보내는 것이 최선이라고 느꼈다(2:28). 그때에 바울의 서신은 관대한 선물에 대해서 빌립보인들에게 전하는 감사의 말(4:14, 18)과 에바브로디도에 대한 칭찬의 말로 기능했다(에바브로디도가 빌립보인들의 의도한 대로 오랫동안 그곳에 머물 수는 없었을지라도, 그럼에도 불구하고 그가 빌립보로 돌아갔을 때 영웅의 환호를 받을 만하다고 바울은 설명했다, 2:29).

그러나 에바브로디도가 빌립보인들의 믿음의 진보에 대해 철저한 보고를 바울에게 전달하기 전에 그곳을 떠나지는 않았다. 이 서신에서 일반적으로 바울의 긍정적인 분위기(1:3-8; 4:1, 18)는 아마도 그 보고가 근본적으로 좋았음을 의미한다. 한 가지 우려할 점이 있음을 놓치지 않고서 말이다. 빌립보인들은 연합하지 못했다. 유오디아와 순두게간의 싸움이 전체 교회에 분명히 영향을 미쳤다(4:2). 이로 인해 논쟁과 불평이 그 그룹에 번졌고, 더 폭넓은 불신 사회 앞에서 그들의 증거가 퇴색되기 시작했다(2:14-16). 연합이 없다면, 빌립보인들은 복음의 증거를 방해할 뿐만 아니라, 믿지 않는 이웃들로 인해서 겪는 박해의 고통을 참아내기가 어렵다는 사실을 발견하게 될 것이다(1:27).

그러므로 빌립보서를 작성하게 된 이유는 다양하다. 바울은 에바브로디도가 고향으로 돌아가는 필연적인 여행의 기회를 이용하여 빌립보인들에게 다른 교회들의 잘못을 경고하고 빌립보인들의 사자(메신저, 에바브로디도)의 일을 칭찬하고자 했다. 아울러 빌립보인들에게 이교도의 박해가 주는 도전 가운데서 "한마음으로 서서 한 뜻으로 복음의 신앙을 위하여 협력하"(1:27)도록 촉구했다.

빌립보서의 해석적인 도전을 충족하기

우리가 현대 교회로 이 고대의 목적을 가져오려고 시도할 때, 해석의 두 근본적인 규칙을 염두에 두어야 한다. 첫째로 우리는 빌립보서의 문학적 장르를 존중해야 한다. 빌립보서는 실제적인 서신이다. 로마의 정치가이자 스토아 철학자인 세네카가의 서신과 달리, 빌립보서는 친구들에게 과시하기 위해 작성한 자랑거리가 아니라, 사실상 널리 순환되어 읽혀질 것을 처음부터 의도하였다. 참된 서신의 단편처럼, 빌립보서는 우리가 사실상 어느 것도 알지 못하는 사람들과 우리가 충분히 이해할 수 없는 환경을 언급한다.

빌립보서의 서신적인 성격은 두 가지 유혹을 우리에게 제시하는데, 그것들은 21세기에 그 메시지가 왜곡되지 않기를 원한다면 우리가 피해야하는 것들이다. 첫째로 서신의 일부가 모호하기 때문에, 그 모호한 것을 우리의 상상의 자원으로 명확히 하려고 하는 유혹을 받을 수 있다. 갑자기 4:3에 "충성의 멍에"(loyal yoke-fellow)가 바울의 아내가 되고, 심지어 루디아와 동일시되며(헬라어가 남성형임에도 불구하고!), 1:17에서 바울의 반대자는 바울의 고난을 부끄러워했던 고린도의 열정주의자들이 되며, 1:13에 시위대를 통한 복음의 증진은 언젠가 바울의 감옥을 지키며 교대했던 로마의 병사들 가운데서 발생하게 된다. 우리는 빌립보서를 이해하고자 할 때, 특별히 무엇을 언급하고 있는지를 알지 못함을 당혹스럽게 자주 인정해야 한다. 그것은 상상의 구성으로 모호한 단락의 해석을 기초하려는 것보다 더 낫다. 서신의 모든 상세한 부분을 우리가 이해하지 못하는 것은 개인 서신의 시대적으로 문화적으로 부여된 형태 내에서 말씀을 드러내시는 하나님의 선택에 따른 결과라고 볼 수 있다.[22]

다른 한편으로 우리는 나타난 것보다 서신에서 덜 읽으려고 해서는 안 된다. 먼저, 바울이 교회에 인사하는 1:1-2과 같은 단락, 바울이 디모데와 자기 자신 그리고 에바브로디도에 대한 그의 여행 계획을 설명하는 2:19-20, 그리고 이름이 거론되지 않은 "충성의 멍에를 같이 한 자"가 유오디아와 순두게 사이를 중재할 것을 요구하는 4:3은 바울의 서신에서 시대적으로 부여된 특징의 모습인 것처럼 보인다. 하지만 자주 그러한 본문들은 표면으로 가져올 수 있고, 본문이 그 자체로는 보여주지 않는 신학적인 원리를 가정한다. 바울의 모범과 복음을 이해하는 다른 이들의 사례를 따를 것(3:17; 4:9)과 다른 이들을 겸손하게 존중할 것(2:3, 8)을 독자들에게 교훈하는 서신에서 우리는 영예로운 칭호를 가진 빌립보의 지도자들

22. Gordon D. Fee, *Gospel and Spirit: Issues in New Testament Hermeneutics*(Peabody, Mass.: Hendrickson, 1991), 24-36을 보라.

을 존중하는 동시에 인사의 서신에서 자기 자신에 대해서 사도적 영예를 취하는 것을 바울이 겸손하게 거부한 것(1:1)에 깔려 있는 원리를 좇는 것에 우리는 확실히 부주의하지 않아야 한다. 개인을 희생시키면서까지 복음의 증진을 소중히 여기는 서신에서(1:12, 25), 우리는 개인의 일정의 성공보다 복음의 진보가 더 중요하다는 사실을 제공하고 있는 사람들의 사례로서 바울과 디모데와 에바브로디도를 취하는 것은 잘못이 아닐 것이다(1:12-26; 2:20, 29-30). 또한 연합을 소중히 여기는 서신에서 두 논쟁자간에 중재자를 세우는 바울의 모범에서 배우는 것은 잘못이 아닐 것이다(4:2-3). 그러한 경우에 눈에 보이는 것보다 더 많은 신학이 단락에 내재해 있으므로, 우리는 현대 교회를 위한 충분한 가치를 엿보기 위해서 그 배후에 깔려 있는 신학적인 전제들을 깊이 생각해 보아야 한다.

빌립보서의 서신적인 특징을 고려하는 것과 더불어 우리는 해석하고 있는 단락들의 역사적이고 문학적인 정황을 상고해야 한다. 빌립보서는 바울의 서신의 대부분보다 더 유명한 문장들을 담고 있고, 따라서 우리는 단편적으로라도 그것을 아주 잘 알고 있다.

- "나에게서 사는 것은 그리스도니 죽은 것도 유익하다."
- "너의 태도는 그리스도 예수의 태도와 같아야 한다."
- "주 안에서 항상 기뻐하라, 내가 다시 말하노니 기뻐하라!"
- "모든 지각을 초월하시는 하나님의 평강이 너의 마음과 생각을 그리스도 예수 안에서 지키시리라."
- "내게 능력 주시는 자를 통해서 나는 모든 것을 할 수 있느니라."
- "나의 하나님이 그리스도 예수 안에서 그의 영광스러운 풍성함을 따라서 너의 모든 필요를 채우시리라."

우리가 이와 같은 문장들을 잘 알고 있지만 그것이 생성된 역사적인 정황과 바울의 의미를 전달해주는 문학적인 정황과 분리해서 자신의 삶에 적용하는 경향이 있다. 하지만 이 어구들은 각기 빌립보 서신을 낳은 역사적 상황의 맥락, 즉 서로간의 연합과 복음에 대한 헌신이 강력한 박해 중에 교회의 보존이 중요했던 상황과 긴밀하게 연관되어 있다. 이런 정황이 없다면, 주 안에서 기뻐하는 것은 피상적인 행복이 될 수 있고, 하나님이 모든 필요를 공급하시겠다는 약속은 물질적인 풍성함의 이기적인 복음을 증거하는 본문이 되고 말 것이다.

우리가 연구하는 단락들의 역사적이고 문학적인 정황은 우리가 이미 믿고 있는 것들의 모습을 비추어, 우리의 죄성에 대한 도전과 신실함에 대한 격려로 작용하게 될 것이다. 우리는 본문의 정황을 소홀히 해서는 안 된다. 그렇지 않으면 현대 교회에 예언적으로 말하는 성경의 능력이 위험에 처하게 될 것이다.[23]

현대 교회에 대한 빌립보서의 도전

빌립보서는 현대 교회에 무엇을 말하는가? 네 가지 신학적인 주제들이 빌립보서가 작성된 기초를 형성하는 것으로 보인다. 이 네 주제는 각기 21세기의 전환점에서 서방 기독교인들에게 의미심장한 도전을 제공한다.

(1) 무엇보다도 중요한 것은 빌립보서는 기독교인들의 연합에 관한 것이다. 교회의 연합에 대한 중요성이 1:27-30과 2:12-18의 두 단락에서 명백히 나타나 있다. 거기서 기독교인의 연합은 복음에 적대적인 세력들의 공격에 저항하기 위해서(1:27-28; 2:16), 믿지 않는 세계에 놀라운 증거를 보이기 위해서(2:15), 그리고 무엇보다도 그리스도의 날에 흠없고 순전함으로 발견되기 위해서(2:12-13, 16) 필수적임을 바울은 말한다.

그러나 빌립보서는 이 연합을 복음의 본질을 바꿈으로써는 얻어질 수 없다는 것을 역시 보여준다. 그러므로 3:1-11에서 바울은 그리스도를 따른다고 주장하지만, 하나님이 그리스도를 통해 제공하시는 의가 구원에 충분하다는 사실을 믿지 않는 사람들을 강하게 질책한다. 또한 그는 신자라고 주장하지만, 십자가에 걸려 넘어지고 하나님의 시간을 기다리지 않고 이미 영적인 완전함을 이루었다고 믿는 사람들에 대해서 3:18-19에서 직설적인 용어를 사용하여 비판한다. 기독교인의 연합은 크리스천이 되는 것에 절대적으로 중요하지만, 그리스도의 사도적 복음과 십자가에 못 박히신 그리스도에게 기초해야만 그 연합이 '기독교적'이다. "우리는 예수 그리스도를 통해 그리고 예수 그리스도 안에서만 서로에게 속해 있다."[24]

바울은 기독교인의 연합의 중요성과 범주를 강조할 뿐 아니라, 그것을 이루는 방법을 역시 우리에게 보여준다. 그는 구체적인 명령의 통상적인 수단을 통해서 그리고 독자들이 따라야할 행위의 모범을 제공함으로써 그 일을 행한다. 따라서

---

23. Gordon D. Fee and Douglas Stuart, *How to Read the bible for All its Worth*, 2d ed. (Grand Rapids: Zondervan, 1993), 45-77을 보라.

24. Dietrich Bonhoeffer, *Life Together*(New York: Harper & Row, 1954), 21.

우리는 "아무 일에든지 다툼이나 허영으로 하지 말아야" 하고 "모든 일을 원망과 시비가 없이 해야" 한다는 말씀을 들을 수 있을 뿐 아니라, 바울이 불화하고 있는 크리스천 형제들을 온유하게 대하고 있는 모습(1:17-18a; 3:15-16)과 먼저 다른 이들의 이득을 두려는 의지(1:1, 24-25; 2:25-26)를 발견하게 된다. 우리는 겸손하신 그리스도의 의지가 우리가 따라야할 모범을 제공한다는 것을 발견하게 되고, 또한 자신의 이득보다 빌립보인들의 이득을 먼저 두려는 디모데의 의지(2:20-21)와 생명을 무릅쓰고 바울을 도우려는 에바브로디도의 의지(2:30)가 연합에 대한 크리스천의 모범을 제공한다는 것을 발견하게 된다.

이 나라에서 현재 인구의 1/3이 "베이비부머" 세대다—1946-1964년 사이에 태어난 사람들. 오늘날 이 그룹은 이 사회에서 가장 영향력 있는 단일한 사회적 그룹이며, 자주 연구되는 독특한 특성을 지닌다.[25] 이들 중에는 자아실현에 대한 깊이 자리한 헌신이 있고, 각 사람들은 믿기를 원하는 것을 스스로 선택해야 한다는 개념을 갖고 있다. 이 세대의 종교적인 헌신에 대한 이런 관점의 결과는 자신의 특별한 영적인 바람을 충족시키기 위해서 다양한 종교적 전통들의 요소를 빌려오는 시도를 하게 한다. 그러므로 사람들은 오늘날 "근본적인 그리스도교도"로 이해하고 일컫기를 좋아한다. 동일한 맥락에서 그들은 마더 테레사, 마틴 루터 킹, 그리고 미하일 고르바초프와 같이 다양한 종교적 전통의 사람들을 영웅으로 일컫는다. 왜 이런 사람들을 거론하느냐고 질문할 때, 이들은 함께 모여 있을 때 서로를 존중할 것이라고 대답한다. 최근의 연구에 따르면, 이 나라 인구의 80퍼센트가 "개인은 어느 교회나 회당과 상관없이 자신의 종교적 믿음에 도달해야 한다"고 믿는다. 아마도 베이비부머 세대들 중에는 그 수치가 더 높아질 수 있다.[26]

그러한 분위기에서 자신의 이득을 예수 그리스도의 이득에 복종시키고, 복음의 본질에 담대하면서 굴복하지 않는 경계선을 그으라는 빌립보서의 명령을 우리는 귀담아들을 필요가 있다. 그렇지 않다면 교회는 복음의 진리에서 멀어져서 문화를 따르면서 자기 성취를 위한 추구로 "응답"했다는 혼합주의적인 늪에 빠질 위험성이 있다.

(2) 빌립보서는 고난의 문제에 대해서 교회에 말할 많은 것을 가지고 있다. 빌립보서는 하나님이 선하시고 모든 능력을 갖고 계시지만 어찌하여 자주 고난이

---

25. Wade Clark Roof, *A Generation of Seekers: The Spiritual Journeys of the Baby Boom Generation* (San Francisco: HarperSanFrancisco, 1993), 1-8을 보라.

26. Ibid., 245-46, 256.

아주 강렬한 세상을 창조하셨는지에 관한 오래된 질문에 명확한 해결책을 제공하지는 않는다. 하지만 그것은 고난의 경험에 관한 기독교적인 관점을 묘사한다. 바울은 자신이 빌립보서를 썼을 때 고난을 당하고 있었다. 그가 비난받을 만한 일을 하지 않았을지라도, 범죄자로 정죄되고 처형될 시련을 기다리며 감옥 속에 있었다(1:13-14, 17, 20). 설상가상으로 그가 구금당한 도시의 일부 크리스천 형제들은 그를 돕는 대신에 자신들의 대의를 증진하기 위해서 그의 고난을 더하고 있었다(1:17). 빌립보의 신자들은 주변 사회에서 냉혹한 불신자들의 손에 의해 역시 고난을 당하고 있었다(1:28a).

이런 모든 일에도 불구하고, 오히려 그런 일 때문에 바울은 기쁨으로 충만했고, 빌립보인들도 역시 기뻐할 것을 기대하고 있다(1:4, 18, 25; 2:2, 17-18, 28-29; 3:1; 4:1, 4, 10). 이런 기쁨의 이유는 바울이 고난을 좋은 것으로 믿고 있거나 사람들이 고난을 비웃을 수 있어야 한다는 것을 의미하지 않는다. 바울은 자신에게 닥친 고난의 상황을 인식하고 있고, 그것을 우려하고 있었다(2:28). 그럼에도 불구하고 그는 하나님이 예수 그리스도의 죽음과 부활을 통해 세상을 하나님 자신과 화해시키는 선한 목적을 이루시고 있다는 것을 알고 있다. 그러므로 바울의 구금은 복음이 발전되어 나가게 하며(1:12), 빌립보인들이 당하는 박해는 왜곡되고 잘못된 세대에 별처럼 빛날 기회를 제공한다(2:15).

나의 집 모퉁이에 있는 기독교 책방의 책꽂이에는 "건강과 부의 복음"을 주창하는 책들로 가득 차 있다. 이 책방의 주인에 따르면, 그런 책들이 잘 팔린다는 것이다. 빌립보서 4:19은 이런 부류의 책들에서 두드러지게 인용되고, 역사적이고 문학적인 정황을 없애버리고 하나님이 신자들의 물질적인 필요를 단순히 충족시키실 것이며, 아울러 그 사실을 믿는 믿음을 발휘한다면, "그리스도 예수의 영광스러운 풍성함으로" 그들이 풍요롭게 될 것을 의미하는 것으로 취한다. 말하자면 아픔은 악이고 하나님의 뜻이 될 수 없기 때문에, 하나님이 그들을 이 아픔에서 자유롭게 하실 것이라고 말한다.[27]

빌립보서는 성경적인 기독교가 가난과 질병의 악에 대해서 그러한 단순한 대답을 관용하지 않는다고 우리에게 말해준다. 바울이 3:12-14과 20-21에서 명확하게

27. 이런 개념들이 Kenneth Copeland and Kenneth E. Hagin이 만든 많은 팜플릿에서 끊임없이 회자되었다. 예를 들어, Copeland's *Laws of Prosperity*(Fort Worth, Tex.: KCP Publications, 1974), and Hagin's *Redeemed From Poverty, Sickness, and Spiritual Death*, 2d ed. (Tulsa, Okla.: RHEMA Bible Church, 1983)을 보라.

말한 것처럼, 크리스천은 하나님이 그들을 위해 예비하신 모든 것을 아직 얻지 못하고 있다. 오히려 그들은 "낮은 몸"이 그리스도의 "영광스러운 몸"을 닮아서 변화될 때를 열심히 기다리고 있다. 반면에, 하나님은 그의 목표를 이루기 위해서 약함과 고난을 통해 역사하시며, 십자가의 증표를 담고 있지 않는 복음의 어느 형태도 사도적인 믿음에서 일탈한 것을 대변할 뿐이다.

(3) 하나님의 은혜와 인간의 행위 사이에 관계가 빌립보서에서 자주 이슈가 된다. 구원은 이 서신에서 현재의 소유가 아니라 "그리스도의 날"에 장래에 있게 될 것이다(1:6, 10; 2:16). 그날에 구원을 경험할 사람들은 "두렵고 떨림으로"(2:12) 그들의 구원을 위해 현재에 애쓰는 사람들이다(2:12). 게다가 하나님은 그리스도를 가장 높은 곳에 올려놓으심으로써 그리스도의 순종에 반응하셨다(2:9-11). 그리고 하나님은 빌립보인들의 모든 필요를 공급하심으로써 빌립보서의 관대한 영에 반응하실 것이다(4:19). 이것은 빌립보서에서 구원이 행함으로 오는 것을 의미하는가?[28]

역설적으로 보이겠지만, 바울은 빌립보서에서 하나님이 순종의 구체적인 노력을 신자들이 행할 것을 기대하실지라도, 마지막 날에는 우리의 순종에 기초한 것이 아니라, 하나님이 우리에게 주신 의에 기초하여 방면하실 것임을 확증한다(3:9). 우리의 구원을 완성할 의무가 우리에게 속해 있지 않다. 하나님이 그 구원을 시작하셨고 우리를 통해 애쓰실 것이고, 그 구원을 완성하실 것이다(1:6; 2:13). 그러므로 빌립보서가 하나님의 은혜에 대한 언급으로 시작해서(1:2) 끝나고 있다(4:23)는 것은 경건한 개념의 방향으로 형식적인 인정만을 행하고 있지 않다.

이 서신에서 고난에 관한 바울의 관점이 보여주는 것처럼, 바울은 은혜-행위의 대조적인 측면이 어떻게 양립할 수 있는지를 철학적으로 설명하려고 하고 있지 않다. 그는 신자들이 순종해야 하지만 그 순종 속에서 그들이 그 일을 행할 수 있도록 하나님이 역사하신다는 것이지, 마지막 날에 방면을 우리 스스로 살 수 있는 것이 아님을 단순히 확증한다.

모든 시대의 교회에서처럼 현대 교회에서 은혜에 관한 강조와 행위에 관한 강

28. Robert T. Fortna가 "Philippians: Paul's Most Egocentric Letter," *The Conversation Continues: Studies in Paul and John in Honor of J. Louis Martyn*, ed. Robert T. Fortna and Beverly R. Gaventa(Nashville, Tenn.: Abingdon, 220-34에서 주장하는 것처럼

조 사이에 균형을 이루는 일은 쉽지 않다. 하나님과 마지막 심판날을 믿는 많은 사람들이 하나님이 그들의 행위에 기초해서 궁극적으로 그들의 운명을 결정하실 것이라고 생각한다. 신실하게 교회에 출석하는 것이든, 규칙적인 십일조든, 빈번한 "선행"이든, 또는 도둑질, 살인, 그리고 간음을 단순히 피하는 것이든 간에 사람들은 자신들이 행한 것이 영원한 생명을 습득하게 할 것이라고 자주 상상한다. 또 다른 많은 사람들은 과거의 어떤 지점에서 자신들이 믿음의 공적인 고백을 하거나 세례를 받았기 때문에 "안전"하다고 믿는다.

빌립보서는 이런 두 개념에 강력한 해독제를 제공해준다. 그리스도의 날에 방면되는 것은 믿는 사람들에 대한 은혜로운 하나님의 선물이지만(3:9), 믿음의 사람들은 정결하고 흠없고 순종하는 삶을 살게 하시는 하나님의 역사를 불가피하게 경험하게 될 것이다(1:10; 2:12).

(4) 아마도 덜 명확하게 나타나고 있지만, 빌립보서는 타락한 세계와 교회의 관계에 대해서 많은 것을 말해준다. 당대의 사회적 구조는 바울이나 빌립보 교회에 우호적이지 않았지만, 바울은 신자들이 세상에서 물러나야 한다는 개념을 거부했다. 따라서 그는 복음의 확산에 대한 기쁨이 시위대에 나타났던 것처럼 주변의 불신 세계를 복음과 연관시켰다(1:12-13; 참조. 4:22). 마찬가지로 그는 빌립보인들이 그들의 일부가 되고 있는 적대적인 사회 내에서 별처럼 빛날 것을 기대했다(2:5). 그는 또한 빌립보인들에게 주변에서 선을 추구할 것과 마음에 그 선을 새길 수 있도록 고무시켰다(4:8). 이것은 순진한 낙천주의가 아니다—바울은 불신적인 세계가 "왜곡되고 타락한 세대"(2:15)라는 것을 인식하고 있다. 하지만 그는 이 세상이 하나님께 속해 있고, 설사 이 세상이 타락했을지라도 일부 선이 그 안에 남아 있으며, 그리스도 안에서 하나님이 이 세상을 하나님 자신과 화합하셨다는 것을 확신했다(고후 5:19).

크리스천들은 오늘날 사회가 그들에게 적대적인 것을 자주 느낀다. 기독교가 연예세계에서 우화되고, 뉴스 미디어로 홀대되거나 잘못 설명되며, 공교육 제도로부터 차단된 이 세계는 침투할 수 없는 어둠의 베일 아래 있는 것으로 보인다. 기독교가 서방 사회에서 지배적인 종교적 관점이었던 것에서 많은 다른 종교들과 동등하게 경쟁하는 한 관점으로 이동하였기 때문에 배척과 오설(misrepresentation)의 그러한 감정은 불가피하다. 그렇다고 그것이 항상 부정적인 것만은 아니다. 세상에 대한 성경의 관점은 타락과 하나님의 은혜의 구속하는 행위에 대한 필요를 확증한다. 외적인 기독교인의 경건에 대한 허세에서 떠나서 이 커다란 사회가 사실상 늘 그래왔던 것을 크리스천들이 명확하게 보는 것은 영적으로 이득이다.

빌립보서는 우리가 발견하지 못한 실제와 관련된 것을 보게 만든다. 우리가 빌립보인들에 대한 바울의 모범과 그의 조언을 따른다면, 우리는 배척받는 감정이 마치 우리가 1950년대의 프로테스탄트의 지배적인 경향을 회복할 수 있도록 사회구조의 정복으로 이끈다거나 이 세상과 차단될 수 있도록 벽 뒤에 숨으려고 하지는 않을 것이다. 바울의 목표처럼 우리의 목표는 문화에 참여하고, 이 세상이 하나님께 속해 있으며, 하나님은 이 세상을 사랑하셔서 아들의 죽으심을 통해서 하나님 자신과 세상이 화해되기를 추구하셨다는 것을 기억하면서 복음을 증진해야 한다.

이어지는 페이지들에서 우리는 20세기 전의 바울의 세계에서 역사된 이 원리들을 관찰할 것이지만, 에바브로디도가 빌립보 교회에 전달했던 것처럼, 우리는 그것을 빌립보에서 우리의 사회와 삶으로 안전하게 전달해야 할 것이다.

빌립보서의 개요

I. 서론(1:1-11)

A. 인사(1:1-2)

B. 두 기도(1:3-11)

1. 감사의 기도(1:3-8)

2. 중보의 기도(1:9-11)

II. 바울의 환경의 의미(1:12-26)

A. 바울의 구금을 통한 복음의 진보(1:12-18a)

B. 그리스도가 바울의 삶이나 죽음으로 높임을 받다(1:18b-26)

III. 빌립보의 상황이 주는 도전(1:27-4:9)

A. 연합하라(1:27-2:18)

1. 외부에서의 박해에 대항한 연합(1:27-30)

2. 안으로부터의 분열에 대항한 연합(2:1-4)

3. 그리스도의 모범을 따름으로써 연합하라(2:5-11)

4. 연합함으로 구원의 완성을 이루라(2:12-18)

B. 기독교인의 연합의 두 사례들(2:19-30)

1. 디모데(2:19-24)

2. 에바브로디도(2:25-30)

C. 신학적인 잘못들에 대한 경고(3:1-4:1)

1. 서신의 논증에서의 이음매(3:1)

2. 유대적인 사람들에 대한 경고(3:2-11)

3. 완전주의자들에 대한 경고(3:12-4:1)

D. 결론적인 교훈(4:2-9)

1. 두 동료 사역자들의 연합에 대한 간청(4:2-3)

2. 교훈에 대한 짤막한 설정(4:4-9)

IV. 결론(4:10-23)

A. 감사의 표현(4:10-20)

B. 마감하는 인사와 축원(4:21-23)*

---

* 이런 개요와 일반적으로 이 주석은 서신의 연합을 가정한다. 이 책의 선별된 참고 문헌이 보여주는 것처럼, 일부 학자들은 정경화된 빌립보서가 바울이 빌립보에 보낸 서신들의 두세 편을 종합한 문서라고 믿는다. 이런 이론의 철저한 심사와 이 서신의 연합에 관한 설득력 있는 사례에 대해서는 David E. Garland, "The Composition and Unity of Philippians: Some Neglected Literary Factors," *Novum Testamentum* 27(1985): 141-73을 보라.

참고 문헌

빌립보서에 대한 주석들

Barth, Karl. *The Epistle to the Philippians.* Richmond, Va.: John Knox Press, 1962. 현대 교회에 대한 빌립보서의 신학적 능력을 풀어놓는 현대의 가장 효과적인 시도.

Beare, F. W. *A Commentary on Epistle to the Philippians.* Haper's New Testament Commentaries. New York: Harper & Row, 1959. 빌립보 서신에 대한 짤막하면서도 명쾌하고 신학적으로 민감한 해석, 그럼에도 불구하고 서신의 연합에 관한 중심적인 입장을 변호한다. 비어는 바울의 서신들의 초기 편집자가 빌립보서를 세 편의 바울 서신들에서 편집했다고 믿는다(4:10-20; 1:1-3:1+4:2-9+4:21-23; 3:2-4:1). 또한 그는 그 중에 하나(3:2-4:1)는 빌립보에 보내기 위해 작성된 것이 아니라고 생각한다.

Bonnard, Pierre. *L'Épître de Saint Paul aux Philippiens.* Commentaire du Nouveau Testament. Neuchatel/Paris: Delachaux & Niestlé, 1950. 개혁주의적인 유럽의 관점에서 이 서신에 대한 짤막하면서도 건전한 주해.

Bruce, F. F. *Philippians.* Good News Commentary. New York: Harper & Row, 1983. 금세기의 가장 복음주의적인 성경학자가 쓴 빌립보 서신의 짤막하면서도 명쾌한 주석.

Caird, G. B. *Paul's Letters From Prison(Ephesians, Philippians, Colossians, Philemon) in the Revised Standard Version.* Oxford University Press, 1976. 옥스퍼드의 가장 훌륭한 신약학 학자 중에 한 사람이 쓴 짧은 페이지의 빌립보서에 대한 탁월한 해석.

Collange, Jean-François. *The Epistle of Saint Paul to the Philippians.* London: Epworth Press, 1979. Commentaire du Nouveau Testament의 Bonnard의 작품에 대한 1973년의 대체물. 보나드는 빌립보서의 통일성을 가정한 반면에, 콜란지는 이 정경적인 문서가 세 편의 편지들을 편집한 것이라고 주장한다

(4:10-20; 1:1-3:1a+4:2-7+4:21-23; 3:1b-4:1+4:8-9).

Hawthorne, Gerald F. *Philippians.* Word Biblical Commentary. Waco, Tex.: Word Books, 1983. 박식하고 존경받는 헬라어 교수에 의한 헬라어 본문에 대한 통찰력 있는 해석.

Lightfoot, J. B. *Saint Paul's Epistle to the Philippians.* London: Macmillan, 1986. 캠브리지 교수이자 경건한 성공회 주교로서 초기 기독교의 가장 탁월한 역사가에 의한 헬라어 본문에 대한 주해. 주석만이 아니라 부차적인 것도 마찬가지로 가치가 있다.

Martin, Ralph P. *Philippians.* New Century Bible Commentary. Grand Rapids/London: Eerdmans/Marshall, Morgan & Scott, 1976. Revised Standard Version에 기초한 짤막하면서도 명쾌한, 아울러 주해적으로 건전한 해석. 틴데일 신약주석 시리즈에서 빌립보서에 대한 마틴의 덜 전문적인 해석과 혼돈해서는 안 된다.

Meyer, Heinrich August Wilhelm. *Critical and Exegetical Handbook to the Epistles to the Philippians and Colossians and Philemon.* New York: Funk & Wagnalls, 1985. 헬라어 본문에 대한 상세한 문법적인 분석.

Michael, J. Hugh. Moffatt New Teatament Commentary. *The Epistle Paul to the Philippians.* London: Hodder and Stoughton, 1928. 명쾌하면서도 간결한 서신의 독법, 그럼에도 불구하고 몇 가지 주해적으로 불건전한 입장을 주장하는데, 예를 들어, 바울이 작성한 것일지라도 3:1b-19이 보간법이라는 개념을 취한다.

O'Brien, Peter T. *The Epistle to the Philippians: A Commentary on the Greek Text.* New International Greek Testament Commentary. Grand Rapids: Eerdmans, 1991. 한 세기 동안에 걸쳐서 헬라어 본문에 대한 가장 상세한 설명으로 각광받고, 서신에서 사실상 모든 주해적인 문제들에 대한 신뢰할 만한 지침을 담고 있다.

Silva, Moisés. *Philippians.* Baker Exegetical Commentary on the New Testament. Grand rapids: Baker, 1992. 개혁주의적 관점에서 작성된 주해적으로 건전하고 신학적으로 민감한 작품.

Vincent, Marvin R. *A Critical and Exegetical Commentary on the Epistle to the Philippians and to Philemon.* International Critical Commentary. Edinburgh, Scotland: T. & T. Clark, 1987. 헬라어 본문에 대한 짤막하면서도 독특한 해석.

Witherington, Ben. *Friendship and Finances in Philippi: The Letter of Paul to the Philippians.* Valley Forge, Pa.: Trinity Press International, 1994. 고대 수사학과 문화적 관습에 비추어 명확하게 작성된 빌립보 서신의 주해.

빌립보서에 대한 유명한 해석들

Barclay, Williams. *The Letter to the Philippians, Colossians, and Thessalonians.* Daily Study Bible. Revised Edition. Louisville, Ky.: Westminster, 1975. 서신의 고대 상황과 현대 크리스천의 헌신의 필요성을 연결하는 유익한 시도.

Boice, james Montgomery. *Philippians: An Expositional Commentary.* Ministry Resources Library, Grand Rapids: Zondervan, 1971. 주해적으로 믿을 만하고 신학적으로 민감한 설교들의 시리즈.

Briscoe, Stuart. *Philippians: Happiness Beyond Our Happenings.* Revised edition. Wheaton, Ill.: Harold Shaw Publishers, 1993. 현대의 신자들을 위한 빌립보 서신의 의미에 대해 널리 사용되는 지침서.

Lloyd-Jones, D. Martyn. *The Life of Joy: An Exposition of Philippians 1 and 2.* Grand Rapids: Baker, 1989. 이 책과 다음 책은 본래 1947년과 1948년에 브리튼의 가장 커다란 회중 교회 설교자 중에 한사람이 전한, 주해적으로 믿을 수 있고 신학적으로 통찰력 있는, 설교들의 집합물이다.

________. *The Life of Peace: An Exposition of Philippians 3 and 4.* Grand Rapids: Baker, 1990.

Wiersbe, Warren W. *Be Joyful.* Wheaton, Ill.: Victor Books, 1974. 빌립보서를 현대의 크리스천의 삶에 적용한 널리 애용되는 명확한 시도.

빌립보서와 관련한 신학적인 연구들

Bonhoeffer, Dietrich. *Life Together.* New York: harper & Row, 1954. 바울처럼 자신의 신학을 위해 생명을 바친 신학자에 의한 기독교인의 연합에 관한 고전적인 연구.

Carson, D. A. *How Long, O Lord? Reflections on Suffering and Evil.* Grand Rapids: Baker, 1990. 모든 신학적인 문제 중에 가장 어려운 것 중에 하나에 대한 설득

력 있고 민감한 접근.

Dieter, Melvin E., Anthony A. Koekma, Stanley M. Horton, J. Roberston McQuilkin, and Hohn F. Walvoord. *Five Views on Sanctification.* Grand Rapids: Zondervan, 1987. 거룩한 삶을 상고하면서, 다섯 가지 주요한 흐름을 살피는 설교자들의 유익하고 친절한 지문상의 논쟁.

Ellul, Jacques. *Money and Power.* Downers Grove, Ill.: InterVarsity Press, 1979. 돈이 교회에 가져다주는 도전에 관한 자극적인 에세이.

Erickson, Millard J. *The Word Became Flesh.* Grand Rapids: Baker, 1991. 사려 깊은 복음주의 신학자에 의한 성육신에 관한 철저한 기사.

빌립보서 1:1-11

1 그리스도 예수의 종 바울과 디모데는 그리스
도 예수 안에서 빌립보에 사는 모든 성도와
또한 감독들과 집사들에게 편지하노니
2 하나님 우리 아버지와 주 예수 그리스도로부
터 은혜와 평강이 너희에게 있을지어다
3 내가 너희를 생각할 때마다 나의 하나님께
감사하며
4 간구할 때마다 너희 무리를 위하여 기쁨으로
항상 간구함은
5 너희가 첫날부터 이제까지 복음을 위한 일에
참여하고 있기 때문이라
6 너희 안에서 착한 일을 시작하신 이가 그리
스도 예수의 날까지 이루실 줄을 우리는 확
신하노라
7 내가 너희 무리를 위하여 이와 같이 생각하
는 것이 마땅하니 이는 너희가 내 마음에 있
음이며 나의 매임과 복음을 변명함과 확정함
에 너희가 다 나와 함께 은혜에 참여한 자가
됨이라
8 내가 예수 그리스도의 심장으로 너희 무리
를 얼마나 사모하는지 하나님이 내 증인이시
니라
9 내가 기도하노라 너희 사랑을 지식과 모든
총명으로 점점 더 풍성하게 하사
10 너희로 지극히 선한 것을 분별하며 또 진실
하여 허물 없이 그리스도의 날까지 이르고
11 예수 그리스도로 말미암아 의의 열매가 가
득하여 하나님의 영광과 찬송이 되기를 원하
노라

원 의미

바울의 시대에 서신은 보내는 자의 이름, 받는 자의 이름, 그리고 짤막한 인사로 전형적으로 시작했다. 그리고 이따금 이런 최초의 어구들을 신들에 대한 보내는 자의 감사와 수령자의 복리를 위한 기도의 언급이 뒤따랐다. 바울의 서신도 이런 관습의 개요를 따르고 있지만, 그 서두가 자신이 글을 쓰고 있는 교회의 구체적인 문제들을 다루기 위한 그의 신학의 장엄한 주제를 가져올 수 있도록 이런 관습을 근본적으로 수정하고 있다. 따라서 바울은 세심한 독자들이 서두의 단락들을 살핌으로써 그의 서신의 주요한 관심을 자주 발견할 수 있는 방식으로 당대의 서신 작성의 습관을 개작하는데 상당히 기술적이다. 이것은 바울의 서신에서 서두의 단락들이 "사랑하는 존"과 "신실한 당신에게"와 같은 의미 없는 의례직인 말이 아니라 복음의 강력한 표현을 담고 있고, 아울러 전반적으로 이 서신의 적절한 이해에 대한 중요한 가이드가 되고 있다. 빌립보서 1:1-11은 이런 원리가 작용하는 바울의 작품에서 가장 훌륭한 사례 중에 하나다.

이 부분은 세 단락, 즉 인사(1:1-2), 감사의 기도(1:3-8), 그리고 중보기도(1:9-11)로 나뉠 수 있다. 첫 단락에서 바울은 후반부에 빌립보인들에게 촉구할 겸손의 종류에 대한 모델을 제공하는 인사 형태를 위해서 당시의 표준적인 서신을 수정하고 있다. 두 번째와 세 번째 단락에서 그는 복음의 증진을 위한 빌립보인들의 관심과 믿음에서 그들의 진보에 대한 관심을 묘사하기 위해서 기도 부분의 전형적인 형태를 재형성하고 있다. 이 서신이 최초의 단락들을 넘어서서 진행될 때, 이 주제들이 바울의 주요한 관심사라는 사실이 분명해진다.

겸손, 연합, 거룩 그리고 인사(1:1–2). 1세기 서신들의 서두어는 거의 변함없이 "[이름] 대 [이름]: 인사('카레인')"의 형태가 뒤따랐다. 예를 들어, 예루살렘 교회의 유대 지도자들은 이방인 크리스천들에게 보내는 편지에서 이렇게 시작했다. "사도와 장로된 형제들은 안디옥과 수리아와 길리기아에 있는 이방인 형제들에게 문안하노라"(행 15:23). 바울의 호송을 책임 맡고 있었던 예루살렘의 군사 지도자도 유대 총독에게 보내는 그의 서신을 역시 이렇게 시작했다. "글라우디오 루시아는 총독 벨릭스 각하에게 문안하나이다"(행 23:26). 그리고 A.D. 40년에 애굽의 암모니오스는 친구이자 사업 협력자인 아프로디시오스에게 보내는 네 현존하는 편지들에서 이런 어구로 시작했다. "암모니오스는 가장 사랑하는 아프로디시오스에게 문안하노라."[1] 바울은 1-2절에서 이런 형태를 따르지만, 그의 시대와는 완전히 다른 서신의 특징을 갖는 방식으로 인사의 통상적인 어구들을 신학적으로 의미가 있게 확장시킨다. 표준적인 형식어구에 대한 세 가지 변화가 특히 중요하다.

첫째로 1절에서 바울은 자신과 디모데의 이름을 언급할 뿐 아니라 묘사적인 어구를 포함시킨다. 그들은 "그리스도 예수의 종들"이다. "종들"('둘로이')에 대한 바울의 말은 고용된 가정의 조력자를 가리키는 것이 아니라, "노예"들에 대해서 고대에 흔히 사용되는 용어다. 구약성경에서 "종"이 모세, 여호수아, 다윗과 같은 위대한 영웅들과 하나님의 특별한 관계를 보여주기 위한 영예의 칭호로 가끔 나타날지라도(수 14:7; 24:29; 시 89:3), 바울과 빌립보 독자들의 그리스 로마의 상황에서 그 용어는 겸손과 복종의 명백한 뉘앙스를 가졌을 것이다.[2] 바울의 독자들

1. 이 서신들의 텍스트가 John L. White, *Light From Ancient Letters*(Philadelphia: Fortress, 1986), 121-24에 나타난다.

은 바울이 여기서 죄에 대한 봉사가 아니라 그리스도에 대한 봉사로 모집된 사람들을 가리키기 위해서 사용하는 것으로 그 용어를 확실히 이해했을 것이다(참조. 롬 6:16-23; 갈 4:1-9; 5:1).

바울이 이 용어의 이런 양상을 강조하기를 의도하였다는 것이 로마서 1:1과 디도서 1:1에서의 인사와 빌립보서의 서두의 말과 비교할 때 훨씬 더 분명해진다. 로마서 1:1과 디도서 1:1은 바울이 자신을 종으로 일컫는 것으로 시작하는 유일한 다른 서신들이고, 이 두 서신에서 그는 즉시 그의 사도적 직분을 언급하는 호칭을 연결시킨다. 바울은 로마서 1:1에서 "그리스도의 예수의 종 바울은 사도"라 일컫고, "하나님의 복음을 위해 성별되었다"고 말하고, 디도서 1:1에서는 "하나님의 종이요 예수 그리스도의 사도인 바울"이라고 말한다. 그러나 여기 빌립보서에서 바울이 자신과 디모데에 대해서 주장하고 있는 유일한 직위는 그리스도 예수의 종의 직무다. "사도"라는 영광스러운 칭호는 나타나지 않는다.

둘째로 바울은 "빌립보의 신자들"(참조. 15:23)에게라고 단순히 언급하고 있지 않고(참조. 행 15:23), "그리스도 예수 안에서 빌립보에 사는 모든 성도와 또한 감독들과 집사들"이라고 언급함으로써 표준적인 서신의 서두를 수정한다. 그는 이 서신이 그들 '모두'에게 전달되고 있음을 빌립보인들이 알게 하기를 원한다. 그가 특별한 방식으로 그 교회의 지도자들을 인식하기를 원할지라도 말이다.[3] 바울이 그의 열세 정경적인 서신들 가운데 오직 세 서신들—로마서, 고린도전서, 고린도후서—에서만 인사에서 "모두"를 사용하고, 빌립보서만이 서신의 서두 부분에서 공식적인 칭호로 교회의 지도자들을 일컫는다.[4]

---

2. Dale B. Martin, *Slavery as Salvation: The Metaphor of Slavery in Pauline Christianity*(New Haven: Yale University Press, 1990), xvi-xviii; Witherington, *Friendship and Finances in Philippi*, 30-31을 보라. 로마 제국의 노예제도에 관한 유익하고 읽을 만한 설명을 폴 베인(Paul Veyne)의 에세이인 "The Roman Empire," *A History of Private Life From Pagan Rome to Byzantium*, ed. Paul Veyne(Cambridge, Mass.: Harvard University Press, 1987), 51-70에서 발견할 수 있다.
3. "감독"('에피스코포이')과 "집사"('디아코노이')란 용어는 아마도 빌립보 교회 내에서 지도부에 대한 두 구분되는 직분을 가리킬 것이다(참조. 딤전 3:3-13). 하지만 빌립보서에서 그 용어들이 정확히 어떻게 구분되는지는 명확하지 않다. "감독"이 집사에게는 요구되지 않는 자질(딤전 3:8-10)인 "가르칠 수 있는" 능력을 가진 자로 묘사되고(딤전 3:2; 참조. 5:17; 딛 1:9; 참조. 행 20:28-31), 비직무적인 의미에서 "집사"란 말은 테이블에서 시중드는 사람들을 일컬었기 때문에 감독이 가르치고 기독교 교리를 수호할 책임이 있는 반면에 집사는 행정적인 문제에 책임이 있었다고 하는 것이 가능하다. Hermann Wolfgang Beyer, "διακονέω, κτλ." and "ἐπισκοπτομαι, κτλ." *Theological Dictionary of the New Testament*, ed. Gerhard Kittel, 10 vols. (Grand Rapids: Eerdmans, 1964-76), 2:81-93, 599-622을 보라.
4. 로마와 고린도의 공동체가 빌립보의 교회처럼 분열로 고통스러워했다는 것은 아마도 사소하지는 않았을 것이다. 예를 들어, 고전 1:12-13; 3:4; 6:1; 8:10-12; 11:17-19; 12:12-26; 롬 14:1-15:13을 보라.

바울은 역시 그의 독자들을 "성도들"('하기오이')이라고 일컫는 그의 통상적인 습관을 따른다. 이 용어는 하나님이 다른 이들 중에서 부르신, 새 언약의 윤리적인 책임을 따라 살아갈 위치에 있는 신자들의 신분을 일컫는다. 마치 이전에 옛 언약의 윤리적 책임을 따랐던 것처럼 말이다(예. 출 19:5-6; 레 11:45; 엡 4:1; 5:3).

빌립보 교회에 대한 바울의 서두 묘사에서 이런 특징, 특히 교회의 "감독과 집사"에 대한 바울의 독특한 언급을 어떻게 설명할 수 있는가? 우리가 바울 자신과 디모데에 관한 그의 묘사와 인사에서 빌립보 교회에 관한 그의 묘사를 종합한다면 어떤 대답을 얻을 수 있을 것이다. 바울은 빌립보인들에게 곧 촉구할 다른 이들의 이득을 위한 관심과 겸손의 모델을 제공한다(2:1-11). 바울은 하나님의 사도이고 하나님에 대한 임무로 부름을 받았을지라도(롬 1:2; 갈 1:1, 5), 그리고 디모데가 이 중요한 봉사에 바울의 인정받는 동역자일지라도(빌 2:22; 참조. 고전 4:17), 그는 이 서신의 서두에서 이런 높은 자질을 언급하지 않는다. 그 대신에 그는 그와 디모데의 공통된 역할인 그리스도 예수의 종을 강조하기를 선호한다. 다른 한편으로 그는 빌립보 교회의 지도자들에게 위엄의 적절한 칭호를 주는 것으로 배려한다. 이런 방식으로 인사를 형성함으로써 바울은 자기 자신의 이득이 아니라 다른 이들의 이득을 위한 관심을 넌지시 보여준다(참조. 2:4).

서신의 나머지 부분이 보여주는 것처럼, 바울은 빌립보인들이 다른 이들에 대한 겸손한 봉사의 태도를 취할 때, 그들의 "불평과 다툼"(2:14)이 그치고 유오디아와 순두게와 같이 서로 불화하고 있는 교회의 구성원들이 "주 안에서 같은 마음을 품을 수" 있을 것이다(4:2). 바울이 이 서신을 빌립보의 "모든 성도들"에게 쓰고 있다는 진술은 이런 미묘하지만 강력한 메시지에 부가적인 효과를 더해준다. 그가 교회의 지도자들을 특별하게 인정하여 분별할지라도, 그는 이 지도자들을 향해서만 서신을 쓰고 있지 않다. 그리고 유오디아나 순두게가 바울이 자신의 편이라고 기뻐할 수 있을지라도, 바울은 어느 편을 들기를 거부한다. 그 대신에 서신은 전체 교회에 보내진다. 게다가 '성도'란 용어는 스스로의 결정이 아니라 하나님이 이 세상의 모든 사람들로부터 그들을 특별한 소유됨으로 부르심으로써 서로 연합되어 있음을 빌립보인들에게 상기시킨다(참조. 출 19:5-6).

셋째로 그의 다른 두 서신들만이 아니라 모든 서신에서 바울은 "인사"('카레인')란 용어를 "은혜"('카리스')로 바꾸고 유대인의 인사인 "평강"을 추가함으로써 전형적인 인사를 확장시킨다(2절).[5] '카레인'에서 '카리스'로 바울이 바꾼 것은 그가 인사의 두 용어 중에 어느 하나도 단순한 인사로 기능하도록 의도하지 않고,

더 깊은 의미를 지닐 수 있도록 의도하였음을 보여준다. "은혜"로 바울은 "우리 주 예수 그리스도의 은혜"를 의미하고, "그가 부요하신 자로서 너희를 위하여 가난하게 되심은 그의 가난함을 인하여 너희로 부요케 하려 하심이다"(고후 8:9). 이것이 신자들이 지금 서 있는 "은혜"이다. 십자가상에서의 그리스도의 희생을 통해 하나님이 그들의 죄를 보속하셨고, 죄가 하나님과 그의 창조 사이에 파생시킨 적대를 끝나게 하셨기 때문이다(롬 3:24-25; 5:2). 유사하게 바울이 빌립보서에서 강조하고 천거하고 있는 "평강"은 그들을 위한 하나님의 은혜로운 역사에서 기인하는 화해의 복이다(롬 5:1).

그때에 이 서신의 첫 두 구절들에서 그리고 형식적인 것과 신학적인 것이 서로 혼합되어 있는 서신의 일부에서 바울은 이 서신이 전개될 때 그가 풀어놓을 심오한 메시지의 요소들을 압축해 놓았다. 그는 자기 자신보다 다른 이들과 복음의 유익을 우선하는 것이 무엇을 의미하는지에 관한 모델을 제공했고(참조. 2:3-4, 21-22), "성도"로서의 빌립보인들의 위치가 하나님이 값진 소유됨으로 부르신 사람들로서 연합을 함축한다는 것을 그들에게 상기시키며(참조. 1:27; 2:14-16; 3:20; 4:2), 그리고 그가 사로잡히고 빌립보인들이 지원하며 투쟁하기를 원하는(1:5, 7; 2:27; 4:3, 15) 복음의 본질을 생각나게 했다. 서신의 주요한 주제를 전조하는 이 작업은 뒤이어지는 감사와 중보의 기도에서 더욱더 분명한 방식으로 계속된다.

빌립보인들의 동역자됨에 대한 감사(1:3-8). B.C. 168년에 이시아스라는 애굽의 여인은 남편인 헤라이스티온에게 멤피스 신전에서의 종교적인 헌신의 기간을 그만두고 집으로 돌아올 것을 간청하는 편지를 썼다. 그녀는 관습적인 방식으로 남편에게 인사한 후에 이렇게 말했다.

> 당신이 잘 계시고 당신의 다른 일들이 당신이 원하는 방식으로 나타나고 있다면, 그것은 내가 계속해서 신들에게 기도한 것이기 때문입니다. 나도 역시 잘 있고, 아이와 모든 권속들이 계속해서 당신을 생각하고 있습니다.[6]

---

5. 딤전 1:2과 딤후 1:2에서 바울은 "은혜"와 "평강" 사이에 "긍휼"을 삽입함으로써 다소 그의 관심을 변화시킨다.
6. White, *Light From Ancient Letters*, 65. 바울서신에서 서두의 감사기도의 역할에 관해서는 Paul Schubert, *Form and Function of the Pauline Thanksgivings*(Berlin: Topelmann, 1939); Peter O'Brien, Introductory Thanksgivings in the Letters of Paul(Leiden: Brill, 1977)을 보라.

편지의 수령자를 위해 신들에게 기도하였다는 언급은 바울의 시대에 사적인 서신에서 흔한 일이었다. 처음에 인사하였던 것처럼, 바울은 의례적인 패턴을 따르지만(3-11절), 다시 한 번 그것을 복음으로 변형시킨다. 이 항목의 첫 번째 부분에서(3-8절), 그는 빌립보인들에게 그들을 위해서 자신이 계속해서 하나님께 감사하고 있음을 보고하고, 그가 감사하는 이유를 제공한다. 두 번째 부분에서 그는 자신이 그들을 위해 하나님께 중보기도하고 있음을 말하고, 그 중보기도의 내용을 묘사한다(9-11절). 인사와 더불어, 바울의 기도는 이 서신의 가장 중요한 주제를 전조한다.[7]

바울은 3-4절에서 "기쁨으로" 빌립보인들을 위해 기도하고 있다는 말로 그의 감사의 기도에 관한 묘사를 시작한다. 이런 설명을 하는 그의 주요한 의도는 빌립보인들에 대한 그의 사랑을 확증하는 것만이 아니라 서신 전체를 통해서 흐르는 주제를 선언하고 있다: 신자들은 기뻐해야 한다(1:18; 2:5; 2:17-18, 29; 3:1; 4:4; 참조. 2:2; 4:1). 여기서 우리는 바울이 다시 한 번 빌립보인들을 위한 모델을 제공하는 것을 발견하는데, 그는 나중에 이 자질을 그들 가운데 배양하기를 교훈할 것이다(3:1; 4:4). 바울에게서 기쁨은 편한 환경에서 발견한 것이 아니라 그의 환경과 빌립보인들의 환경을 통해 복음이 진보되어 나가는 것에 따른 것이다(1:18; 2:17). 그러므로 바울은 하나님이 복음의 증진을 위해 그들 가운데 역사하시고 있기 때문에 기도 속에서 빌립보인들을 기억할 때에 기뻐한다. 그가 기쁨의 감사를 하고 있는 두 가지 이유는 이것을 명확히 보여준다.

바울의 첫 번째 이유는 그가 복음을 빌립보인들 가운데 처음 전파했던 때부터 지금까지 그들이 복음의 일에 그와 함께 "참여하고"("동역자됨) 있다는 것이다(5절). "참여"('코이노니아', "동역자됨"—NIV)는 "교제"(KJV)나 심지어 "나눔"(NRSV) 그 이상을 의미한다. 그것은 빌립보인들이 복음을 선포하는 바울의 수고에 실제적인 지원을 했고, 또한 다른 신자들의 필요를 충족시켰음을 가리킨다. 그러므로 바울은 서신의 나중 부분에서 이 명사의 동사 형태를 사용하여 자신이 감옥에 있는 동안에 선물을 통해 자신에게 협력한 것('쉰코이노네오')에 대해서 빌립보인들을 칭찬한다(4:14). 또한 그는 데살로니가와 그밖에 다른 곳에서 그가 사

7. Schubert, *Form and Function*, 161-64, 180은 신약성경 이외의 고대의 서신에서 감사 기도가 서신의 주제를 자주 소개한다고 지적한다. 하지만 바울의 감사 기도가 당대의 대부분의 개인 서신에서 감사 기도보다 훨씬 더 상세하게 그의 서신의 주제를 예기(豫期)하고 있다고 말하는 것이 정당하다.

역할 동안에 "주고받는 일에" 참여한 그들의 의지를 상기시키는데 그 용어를 사용한다(4:15; 참조. 고후 8:2). 그러므로 바울이 하나님께 감사한 빌립보인들의 "참여"(동역자됨)는 복음을 전하는 바울의 노력을 그들이 실제적으로 도운 것을 의미한다.[8] 게다가 사도는 특히 이런 지원이 지속적으로 있었던 것에 대해서 감사한다. 빌립보인들은 다른 교회들이 그렇게 하지 못할 때조차도 "처음부터 지금까지" 그 일을 했다. 그들의 교회가 부유하지 않았을지라도 말이다(고후 8:2-3).

하나님께 대한 기쁨의 감사에 대한 바울의 두 번째 이유는 하나님이 빌립보서에서 시작하셨던 선한 일을 완성하실 것이라는 확신 때문이다(6절). 빌립보인들의 구원과 동일시되어야 하는 이 일은 "그리스도 예수의 날"에야 완성에 이르게 될 것이다. 그것은 하나님만이 이루시는 일이지만 아직 완성되지 않았다는 개념은 그 일이 신자의 삶의 발전적인 변화와 관련이 있음을 보여준다. 그때에 구원의 "착한 일"은 선한 일을 행하려는 의지와 능력을 하나님이 신자들에게 주신 것을 포함한다. 나아가서 이런 선한 행위가 있음은 참된 믿음의 증거—하나님이 시작하셨고 그 믿음을 보이는 사람들 속에서 구원의 일을 완성하시리라는 증거—를 제공한다. 그러므로 바울은 1:28에서 박해 가운데서 빌립보인들의 인내가 장래에 그들의 구원의 표지로 기능하며, 2:12-13에서 빌립보인들이 두렵고 떨림으로 그들의 "구원"을 "힘써야" 할지라도 하나님은 이런 일의 배후에 효과적인 능력이 되심을 언급하고 있다. 이 사상은 3:12의 바울의 고백에도 내포되어 있는데, 거기서 그는 "내가 이미 얻었다 함도 아니요 온전히 이루었다 함도 아니라 오직 내가 그리스도 예수께 잡힌 바 된 그것을 잡으려고 달려가노라"고 말한다. 그것은 하나님이 그의 은혜로 신자들을 붙드시고 어떤 면에서 그들이 "그리스도 예수의 날"에 구원을 "이룰" 수 있는 복음에 일관된 삶을 생산할 수 있도록 그들 안에서 역사하시기 때문이다. 다시 말해서 장래에 구원받을 사람들은 현재에 거룩한 삶을 살지만 그들의 삶을 특징짓는 거룩은 처음부터 끝까지 하나님의 역사다.[9]

이것이 6절의 정확한 이해를 대변한다면, 그때에 하나님께 기쁨으로 감사한다는 바울의 첫 두 이유는 심오한 신학적 진리에 의해 서로에게 해당될 것이다. 바울은 복음 안에서 빌립보인들의 동역자됨에 대해서 하나님께 감사하는데, 그것이 복

8. J. Hainz, "κοινωνός," *Exegetical Dictionary of the New Testament*, ed. Horst Balz and Gerhard Schneider, 3 vols. (Grand Rapids: Eerdmans, 1990-93), 2:303-5; Witherington, *Friendship and Finances in Philippi*, 37-38을 보라.

9. 6절의 이런 양상에 관한 Silva, *Philippians*, 50-52의 언급은 특히 유익하다.

음의 증진을 위한 실제적인 도움을 제공했기 때문만이 아니라 하나님이 빌립보인들 삶에서 역사하신 확증으로서 기능하기 때문이다(참조. 4:17). 게다가 바울은 하나님이 빌립보인들 속에서 은혜의 역사를 시작하셨다면, 그가 그것을 완성하실 것임을 알고 있다. 하나님은 "만물을 자기에게 복종하게 하실 수 있는" 능력을 갖고 계시기 때문이다(3:21). 그러므로 그는 하나님이 빌립보인들을 안전하게 그리스도 예수의 날에 구원의 영역으로 인도하실 것임을 확신하다. 이것이 기뻐할 충분한 이유가 된다고 바울은 느낀다.[10]

그러나 감사해야할 또 다른 더욱더 개인적인 이유가 역시 있다. 7-8절에서 바울은 하나님에 대한 그의 기쁨의 감사가 빌립보인들에 대한 그의 깊은 애정에 의해 정당화된다는 것을 확증한다. 그는 그의 마음속에 빌립보인들이 있고, 그들을 "그리스도 예수의 애정으로"(8절) 바란다. 그는 좋든지 나쁘든지 그의 사역에 그들이 일관되게 협력했기 때문에 그들에 대해서 이런 식으로 느낀다(7b절). 바울은 복음에 매인 자로 자신의 현재의 위치를 묵상하는 용어로 이런 신실한 헌신을 묘사한다. 그가 사슬에 묶여 있든지, 또는 복음을 "변명"하거나 "확정"하든지 간에 빌립보인들은 그와 함께 있었다. 바울이 "변명"('아폴로기아')과 "확정"('베바이오시스')에 대해 사용하고 있는 용어들은 재판관 앞에서 변호하기 위해 사용하는 전문적인 법적 용어들이고(행 22:1; 딤후 4:16), 이는 어떤 것이 사실이라고 보증하는 것을 일컫는다(히 6:16). 많은 주석가들이 그렇게 믿는 것처럼, 바울의 구금과 다가올 재판(1:31, 17, 19-27)이 바울이 이런 용어를 사용하게 했을 것이지만, 사도에 대한 빌립보인들의 지원은 그의 법정의 싸움으로 한정할 수 없으므로(참조. 4:15-16), 여기서 그 용어의 의미를 그런 맥락으로 제한할 수는 없다. 바울이 사슬에 묶여 있든지 복음의 진리를 감옥 바깥의 청중들에게 설득하든지 간에 그는 빌립보인들이 그와 함께 있었다는 것을 말하고 있다.

직역하면 그들은 "은혜에 대해서 나와 함께 동료 참여자"('쉰코이노노이')가 되었다. 대부분의 다른 번역들과 더불어 NIV가 이것을 빌립보인들이 하나님의 은혜의 혜택, 즉 아마도 하나님의 구원하시는 은혜를 바울과 공유했음을 의미하는

10. 이 단락과 확실한 평행을 제공하는 고후 9:6-15을 보라. 여기서 바울은 아가야의 교회에 예루살렘의 궁핍한 신자들을 위한 헌금에 참여할 것을 촉구한다. 은혜 속에서 하나님이 필요한 자원과 "모든 선한 일에 풍성한"(8절) 의지를 주실 것을 그들에게 상기시킴으로써 말이다. 그 결과로 하나님의 백성들의 필요가 충족될 뿐 아니라, "하나님께 대한 많은 감사의 표현이 있게"(12절; 참조. 11절) 될 것을 바울은 말한다. 아가야에게 장래에 있게 될 이런 종류의 순종은 빌립보에는 과거에 있었고, 빌 1:3-8에 따르면, 바울의 빈번한 감사의 기도를 낳았다.

것으로 취한다. 하지만 바울이 복음을 전하는 사역에 그와 함께 "참여"('코이노니아')한 것으로(5절) 자신에 대한 빌립보인들의 선물을 방금 언급했었기 때문에, 그리고 그가 이방인에게 복음을 전파하는 그의 소명을 언급하기 위해서 자기 자신에 대해서 "은혜"란 말을 자주 사용하기 때문에(롬 1:5; 12:3; 15:15-16; 고전 3:10; 갈 2:7-9; 엡 3:2), 그는 아마도 7절에서 다시 한 번 그의 사역에 대한 빌립보인들의 실제적인 지원을 가리키고 있을 것이다.[11] 다양한 상황에 대한 이런 실제적인 지원 때문에 빌립보인들은 바울의 마음에 특별한 자리, 즉 아마도 바울의 교회들 가운데 독특하게 자리하고 있었다.

빌립보인들의 영적인 성장을 위한 중보기도(1:9-11). 그 다음에 바울은 빌립보인들을 위한 그의 중보 기도의 내용을 그들에게 묘사하고 있다—그들이 영적으로 성장하여 하나님이 영광과 찬미를 받으시는 궁극적인 결과를 낳을 것을 기도하고 있다. 바울은 먼저 빌립보인들을 위한 그의 근본적인 간구를 표현하고, 그 다음에 하나님이 그의 기도에 대한 응답으로 그들에게서 생산되기를 희망하는 결과를 언급한다.

그의 근본적인 간구는 빌립보인들의 사랑이 "지식과 모든 총명으로 점점 더 풍성하게" 되는 것이다. "사랑"이란 용어는 제한되거나 한정되지 않지만, 그것이 서신의 나머지 부분에서 갖는 의미를 담고 있다면(1:16; 2:1-2), 신자들이 서로를 위해서 가져야 하는 사랑을 가리킬 것이다. 이 의미가 서신을 총괄하고 있는 연합의 주제에 잘 들어맞기 때문에, 그리고 1-2절에서 미묘한 방식으로 이미 소개되었기 때문에, 그것은 아마도 정확한 의미일 것이다. 바울은 서로에 대한 사랑이 지식 속에서 먼저 증가되기를 기도하는데, 항상 이 지식은 그의 서신의 다른 곳에서 종교적인 지식을 가리킨다. 그것이 하나님에 관한 지식(롬 1:28; 엡 1:17; 골 1:10; 참조. 3:10), 하나님의 의(롬 10:2), 그의 아들(엡 4:13; 참조. 골 2:2), 그의 뜻(골 1:9), 죄(롬 3:20), 진리(딤전 2:4; 딤후 2:25; 3:7; 딛 1:1), 또는 선한 모든 것(몬 6절)에 관한 것이든 간에 말이다. 바울이 여기서 그 지식의 내용을 거명하고 있지 않기 때문에 그는 일반적으로 영적인 지식을 망라하는 것으로 의도하고 있을 것이다. 그렇다면 그의 간구의 요지는 서로 사랑하라는 하나님의 명령을 순종

11. KJV는 "나와 함께"(with me)란 어구를 소유 대명사인 "나의"(my)로 취하고, "너희 모두가 나의 은혜의 참여자가 되었다"라고 번역한다. 이것이 헬라어에 대한 가장 좋은 번역은 아마도 아닐지라도("은혜"가 NIV에서처럼 "참여자"와 함께 있어야 한다), 그럼에도 불구하고 그것은 바울의 의미를 정확히 포착하고 있다.

하는 방법을 빌립보인들이 아는 것이다. "깊은 총명"('아이스테시스')이란 바울의 용어는 신약성경에서 여기서만 나타나지만, 다른 고대의 헬라 문헌에서 그것은 "도덕적인 인식" 즉, 주어진 상황에서 올바른 행동을 아는 능력을 자주 가리킨다. 다시 말해서 빌립보인들에 대한 바울의 근본적인 간구는 그들이 일반적으로 하나님의 뜻을 순종하는 방법에 관한 지식과 더 구체적으로는 매일의 삶의 주고받음 속에서 하나님의 뜻에 기초한 도덕적 결정을 하는 방법에 관한 지식을 보이는 형태로 그들의 사랑을 표현하는 것이다.

바울의 다음 어구는 이런 자질들을 소유한 결과를 묘사하는데, 그는 두 어절을 사용한다. 두 번째 어절은 문법적으로 첫 번째 어절에 의존한다(10-11절). 만약 위에 언급한 특징이 빌립보인들을 나타내준다면, 그들은 "가장 좋은 것을 식별할"("지극히 선한 것을 분별하며"－개역개정) 수 있을 것이고, "예수 그리스도를 통해 오는 의의 열매로 충만해서 그리스도의 날까지 순결하고 흠없이 될 것이다." "가장 좋은 것을 식별한다"는 것은 다양하게 경쟁하는 것들에서 "참으로 중요한 것"을 식별하는 능력을 일컫는다.[12] 바울은 여기서 자신이 3:1-4:1에서 언급할 거짓된 가르침을 염두에 두고 있을 것이다. 거기서 그는 그의 다른 교회들을 오염시켰던 문제들에 대해서 경고한다. 그것이 잘 지내고 있었던 갈라디아인들을 함정에 빠뜨린 유대적인 경향이든지(갈 5:7; 참조. 빌 3:1-11), 고린도인들을 오염시켰던 영적인 것과 물질적인 것의 관계에 대한 오해(고전 5:1-13; 6:12-20; 15:1-58; 참조. 빌 3:12-21)이든지 말이다. 바울의 기도는 빌립보인들이 영적인 지식과 가장 좋은 것을 선택하는데 필요한 도덕적 총명을 가짐으로써 두 함정을 피하는 것이다. 다시 말해서 그리스도 예수를 아는 지식의 고상함과 비교해서 모든 다른 것들을 배설물로 간주하는 것이다(3:8). 그의 소망은 그들, 즉 그가 가장 사랑하는 교회가 다른 이들의 믿음을 거의 난파시킨 위험한 물속으로 들어가서 유리되는 일이 일어나지 않는 것이다.

복음에 대한 그러한 헌신은 그리스도 앞에 서도록 부름을 받을 마지막 날까지 빌립보인들을 "순결하고 부끄러움이 없게" 해줄 것이고(10절), 그들이 "예수 그리스도로 말미암아 의의 열매가 가득하"게 되는 것을 확신시켜 줄 것이다(11절). "의의 열매"란 어구는 의롭다고 선언된 사람들의 윤리적인 행위를 일컫거나 단순히

12. Walter Bauer, *A Greek-English Lexicon of the New Testament and Other Early Christian Literature*, 2d ed., trans., adapt. and rev. William F. Arndt, F. Wilbur Gingrich, and Frederick W. Danker(Chicago: University of Chicago Press, 1979), 190을 보라.

의로운 행위를 일컬을 수 있다. 이 두 선택 가운데 어느 것이 좋은지를 놓고 학자들 사이에 활발한 논쟁이 있다. 그 논쟁은 상당히 균등하게 나뉘지만, 양 경우에 바울의 강조는 하나님의 백성들이 지녀야 하는 윤리적인 "열매"에 있다(참조. 사 5:1-7; 마 7:16-20; 눅 13:6-9). 그는 이 열매가 마지막 날에 빌립보인들의 삶에서 명확해지고, 그 결과가 "하나님의 영광과 찬송이" 되기를 기도한다.

그때에 이 서론적인 항목에서 바울은 서신을 여는 의례적인 관습에 신학적인 깊이를 더하고, 앞으로 전개될 논증의 주요한 주제를 스케치한다. 그는 빌립보인들에게 성도로서 그들의 연합과 복음의 은혜로운 본질을 상기시켰다. 그는 회중들의 연합을 보존할 다른 이들에 대한 비이기적인 배려의 모델을 제공했다. 그는 그들이 그의 사역에 참여한 것을 칭찬했고, 그들의 노력은 그들 가운데 하나님이 역사하시고 있다는 증거가 된다는 격려의 말을 제공했으며, 마지막 날에 하나님의 심판대 앞에서 성공적인 평결을 위한 그들의 계속된 진보를 위해 그가 기도하고 있음을 확증시켰다. 그러므로 그는 이 서신에서 곧 뒤따를 격려와 설득의 작업을 위한 길을 준비시켰다.

상황잇기

이 고대 텍스트의 신학을 현대 교회와의 접촉점을 가져오기 위해서 우리는 두 가지 근본적인 임무에 특별한 관심을 기울여야 한다. 첫째로 우리는 이 단락이 원 배경에서 어떻게 기능하고 있는지를 이해하고, 둘째로 단락 내에서 중요한 용어들에 대한 몇 가지 흔한 오해를 삼가야 한다.

의미에 대한 가이드로서 형태와 기능. 이 단락은 원 문맥에서 두 가지 기능을 수행했다. 그것은 현대 교회를 위한 의미에 중요한 단서를 제공한다. 이 단락은 먼저 개인의 서신이 시작되는 방식의 의례적인 기대를 충족시키는 것으로서 기능한다. 이 관습을 사용함으로써 바울은 독자들이 뒤이어지는 단락들에서 역사적인 이야기나 철학적인 소책자를 예상하는 것이 아니라, 빌립보인들에게 변화를 일으키는 능력이 그들과 그의 관계에 기초하고 있는 개인적인 서신임을 알게 해준다. 이런 관습을 바울이 사용한 것은 현대의 해석자들이 빌립보서가 신학적인 소책자, 예를 들어, 기쁨에 관한 소책자가 아니라 구체적인 목회적 이유 때문에 교회에 작성된 개인 서신이라는 것을 이해하게 만든다. 이 서신은 기쁨에 대해서 많이 말하고, 우리는 신자들이 "주 안에서 기뻐하라"(3:1; 4:4)는 바울의 명령을 순종하는 방법에 대해서 그것으로부터 많은 것을 배울 수 있지만, 이 주제에 관한 바울의 언급은 선별적이고, 이 서신이 작성되었던 시기에 빌립보인들에 대한 목회적인 필요를 충족시키는 것으로 의도되었다. 나아가서 사도의 의례적인 서신적인 형태의 서언은 이 서신의 전반을 이해할 수 있는 중요한 해석적 원리를 우리에게 일깨워준다. 신학적인 이슈에 대한 그의 취급은 산발적이고, 빌립보인들을 위한 목회적인 관심에 의해 주도된 것이다. 그것은 우리에게 조직적이고 직접적으로 말하고 있지 않다. 바울이 빌립보서에서 우리에게 말하고 있는 것을 적용하기 위해서 우리는 먼저 그가 그들에게 무엇을 말했는지 왜 그것을 말했는지를 이해해야 한다.[13]

둘째로 바울은 서신에 대한 당대의 관습을 사용하지만, 전례가 없는 방식으로 서신의 서두를 변화시킨다. 서두에서 표준적인 서신을 일부 바꾼 것은 우리들에게 보존되는 고대 서신들 가운데서 나타나고, 많은 크리스천들이 후대에 바울을 모방했지만, 바울이 그런 변형된 방식으로 접근하기 이전에 서신적인 관습의 근본적이고 사려 깊은 변화가 있는 서신은 존재하지 않는다.[14] 바울이 흔한 관습을 사용하면서도 변형된 방식을 사용함으로써, 해석자들은 바울이 강조하기를 의도했던 양상들을 바울 서신의 최초 단락에서 발견할 수 있다. 그가 관례에서 벗어난 곳에서—특히 이 일탈이 나중에 서신에서 중요해지는 주제를 예기하고 있을 때—그는 이 단락에서 그의 주요한 관심을 드러낸다. 빌립보서 1:1-11의 "원 의미"에 관한 심사에서 관습으로부터의 이런 일탈에 관심을 기울임으로써 우리는 세 가지 주요한 관심사를 발견했다. 그것은 바로 빌립보 교회의 연합, 복음의 역사에서 바울과 빌립보인들의 신실한 동역자됨, 그리고 지식 즉, 인식적인 사랑에 있어서 그들의 성장을 말한다.

첫째로 바울은 겸손함에 대한 자신의 모범과 서신의 수령자를 "빌립보에 있는 그리스도 예수 안에 있는 모든 성도들"로 지칭함으로써 크리스천의 연합의 중요성과 그 연합을 이루는 한 가지 중요한 수단—자기 자신보다 다른 이들의 이득을 먼저 두는 것—을 강조했다. 우리가 이 주제를 현대 교회에 적용할 때, 이 단락의 이 두 양상을 강조하는 것이 중요하다.

---

13. Gordon D. Fee and Douglas Stuart, *How to Read the Bible for All Its Worth*, 2d ed. (Grand Rapids: Zondervan, 1993), 61-77에서 신약성경의 서신들을 해석하는 일에 관한 가치 있는 논의를 보라.

14. William G. Doty, *Letters in Primitive Christianity*(Philadelphia: Fortress, 1973), 21-22의 언급을 보고, White, *Light From Ancient Letters*에서 바울의 서신과 예견할 수 있는 서신의 서두를 비교해보라. 후대의 기독교 서신의 저자들에게 바울의 혁신이 가져다준 영향에 대해서는, 예를 들어, 벧전 1:1-2; 벧후 1:1-2; 그리고 이그나티우스의 서신에서의 인사말을 보라.

빌립보인들을 "성도"로 바울이 지칭한 것은 하나님에 의해 성별되고 행위에서 그들의 특별한 신분을 보여야하는 사람들로서 이스라엘에 대한 구약성경의 이미지를 상기시킨다. "나는 너희를 만민 중에서 구별한 너희 하나님 여호와라 너희는 짐승의 정하고 부정함과 새의 정하고 부정함을 구별하고…너희는 내게 거룩할지어다 이는 나 여호와가 거룩하고 내가 또 너희로 나의 소유를 삼으려고 너희를 만민 중에서 구별하였음이니라(레 20:24-26)라고 레위기는 말한다. 빌립보인들의 거룩성에 대한 가장 심각한 위협은 그들의 분열이다(2:24-16; 4:2). 바울은 그것을 서신의 첫 문장에서, 그리고 전형적인 서신에서는 메시지의 주요한 의미를 거의 담고 있지 않은 항목에서 아주 미묘하게 언급함으로써 그 문제의 심각성을 설명한다. 바울은 교회의 연합이 거룩성을 희생함으로써 보존해서는 안 된다는 것을 말하지만(고전 5:1-13; 고후 6:14-7:1), 빌립보서에서 그는 연합이 중요하고, 그리고 중요하지 않은 문제로 그 연합이 깨어질 때, 기독교 공동체의 거룩성이 본질적으로 위협을 받는다는 것을 확증한다. 그러나 현대 교회는 연합을 성화의 요소로 전형적으로 간주하지 않는다. 유감스럽고 아이러니하게도 크리스천의 연합의 중요한 원리가 더 작은 문제들로 인해 위반되고, 교회의 정결이란 명목으로 중요하지 않은 것이 되고 있다. 이런 태도가 교회 안에서 나타나고 있는데, 이 단락에서 바울이 연합과 거룩성을 연결한 것은 예언적인 책망을 제공한다.

이 교훈을 전달하는 바울의 방식도 역시 중요하다. 그는 모범적으로 그리 행한다. 연합을 이루는 가장 효과적인 방법은 모든 사람들이 우리에게 일치시킬 것을 요구하는 것이 아니라 다른 이들의 유익을 살피고, 우리들의 정당한 특권을 스스로 주장하지 않는 것이다. 이것이 바울이 첫 구절들에서 쫓고 있는 원리이고, 그의 모범은 현대 교회에 다른 이들의 유익을 위한 참된 관심으로 연합을 추구할 것을 도전하는 적절한 발판을 제공한다.

둘째로 바울은 복음의 일에서 빌립보인들이 자신과 "협력"한 것(5, 7절)이 하나님이 그들 안에서 지금 역사하시고 있고 하나님이 마지막 날까지 그들 가운데서 역사하실 것이라는 증거가 된다(6절)고 말함으로써 그의 감사의 기도에서 빌립보인들을 위한 격려를 제공한다. 나중에 이 서신에서 표면적으로 나타나게 되는 몇 가지 중요한 신학적인 원리들이 이 진술의 배후에 있고, 그것들은 현대 교회가 귀담아들어야 하는 원리들이다. 이 원리 중에 가장 분명한 것은 구원이 하나님이 처음부터 끝까지 관장하시는 과정이라는 것이다(6절). 구원을 시작시키거나 진행해 가는 것은 인간의 노력에 달려 있지 않다. "너희 안에서 행하시는 이는 하나님이

시니 자기의 기쁘신 뜻을 위하여 너희에게 소원을 두고 행하게 하시기" 때문이다(2:13). 이 원리는 나아가서 또 다른 원리를 함축한다. 순종의 실제적인 모습은 하나님이 우리와 다른 사람들 안에 역사하시고 있다는 확신을 낳는다(6절). 빌립보인들이 바울에 대한 재정적이고 개인적인 지원(2:25-30; 4:18)을 한 것은 그들 안에서 하나님이 역사하시고 있다는 증거를 제공했고, 그들의 선한 행위는 그들 안에서 하나님의 구원의 "선한 일"에 따른 것이었음을 그에게 확증시켰다.

더 미묘하게 표현되고 있을지라도, 이런 다른 원리들과 동등하게 중요한 것은 하나님이 좋을 때나 나쁠 때를 통해서 그의 종들을 신실하게 지원하는 것을 소중하게 여기신다는 개념이다. 이 원리는 빌립보인들이 일관되게 자신을 지원한 것에 대해서 바울이 감사의 표현을 할 때에 나타난다. 7절에서 그는 그의 거룩한 위임(그의 "은혜")을 행하는 일에서 그들이 그에게 협력하였다고 말한다. 그가 "묶여 있든지 복음을 변명함과 확정함에" 있든지 간에 말이다. 이 어구에 대한 우리의 해석이 옳다면, 그때에 바울은 현재의 구금 상태나 다가올 재판보다 이 진술을 하는데 더 관심이 있다는 사실이다—그는 회당과 공중석상에서 논쟁할 때만이 아니라 감옥에서 복음을 공개적으로 선포할 수 없을 때조차도 자신을 지원하는 빌립보인들의 의지에 대해서 감사를 표한다. 그때에 의미상, 빌립보인들은 좋을 때나 나쁠 때나 바울과 항상 함께 있었다. 그가 강력한 교사의 외적인 모습을 보일 때에도 그렇지 못할 때에도 그들은 여상했다. 이것은 바울의 모든 교회들에게 해당되는 것이 아니며(고후 5:12; 10:7a, 10; 13:3-4), 바울이 구금되어 있는 도시에서의 모든 신자들에게도 역시 해당되지 않는다(빌 1:17; 참조. 2:21). 그가 자신과 자신의 일에 대한 빌립보인들의 일관된 헌신에서 특별한 기쁨을 발견하고 있는 것은 바로 이런 배경에서일 것이다.

빌립보인들의 끊임없는 지원에 대한 확증에는 세상이 연약한 것으로 생각하는 것을 통해서 하나님이 역사하신다는 바울의 확신이 배경에 깔려 있다. 바울은 다른 곳에서 자신이 "약하고, 모욕을 당하며, 곤란을 겪고, 박해를 받으며, 고초를 당할 때"에 기뻐한다고 말한다. 하나님이 이런 문제들을 통해서 역사하실 때, 하나님의 능력만이 역사하는 모든 것이라는 사실이 분명해지기 때문이다(고후 12:9-10; 참조. 4:7). 아마도 빌립보인들은 그들 자신의 삶에서 이런 원리를 경험했기 때문에(빌 1:29-30), 그들은 그것을 분명히 잘 알고 있었고, 세상적인 관점에서 모든 것이 잘 되고 있을 때뿐 아니라 세상적인 성공의 어느 표지도 부족하고 곤란을 겪고 있을 때에도 바울을 신실하게 지원하였다.

빌립보인들의 신실함과 이에 대한 바울의 칭찬은 현대 교회에 권위 있는 도전으로 작용한다. 교회의 신실함과 교회에 거룩하게 부름 받은 지도부는 물리적인 시설, 양적 성장, 편안한 삶의 방식, 그리고 인상적인 스펙과 같은 성공의 세속적인 정의와 연계되어서는 안 된다. 이 단락은 현대의 크리스천들이 눈에 보이는 것을 넘어서서 바라보고, 마음에 초점을 맞출 것을 도전한다(참조. 고후 5:12). 그리고 세상적인 관점에서는 실패처럼 보일지라도, 교회와 지도부, 그리고 선교사들에게 신실할 것을 도전한다.

셋째로 바울은 빌립보인들을 위한 중보 기도에 관한 묘사에서 서로에 대한 사랑을 가장 잘 표현하는 방법을 이해할 수 있는 그들의 능력의 성장에 대한 관심을 보여준다. 이 관심에 대한 이유는 빌립보인들이 "가장 좋은 것"을 식별하고, 그럼으로써 마지막 날에 순결하고 허물이 없게 될 것이라고 바울은 말한다. 3:8, 11-14에서 바울은 모든 것을 배설물로 여기고, 단일한 목표 즉, 그리스도를 아는 목표를 향해 나아간다고 말할 때, 지극히 탁월한 것을 묘사한다.[15] 그때에 사도가 빌립보인들 가운데서 격려하기를 원하는 사랑과 연합은 이 가장 탁월한 목표에서 일탈하는 것을 막아주는 역할을 한다. 이 단락을 빌립보인들의 상황에서 우리 시대로 가져옴에 있어서 우리는 기독교 공동체 내에서 사랑이 감상적인 느낌이나 우리의 형제와 자매들이 자신의 길로 가도록 그냥 내버려두는 것이 아니라는 것을 설명해야 한다. 바울이 다른 곳에서 "복음의 진리"(갈 2:5, 14)라고 일컫는 것에 기초하고 있기 때문에, 동료 신자들이 진리로 특징지어지는 길에서 넘어지지 않도록 그 능력으로 모든 것을 행해야 한다(참조. 갈 6:1-2).

빌립보서 1:1-11를 고대의 배경에서 현대 교회로 가져옴에 있어서 우리는 관례에서 바울이 창조적으로 벗어나고 있는 것과 서신의 뒤이은 단락들에서의 주요한 주제들을 그의 주요한 관심사에 대한 가이드로서 활용할 수 있어야 한다. 이런 활용에서 연합, 신실함, 그리고 교회의 인식적인 사랑이 부상하며, 이런 주제들이 우리가 적용하는 일로 나아갈 때 우리의 관심사가 되어야 한다.

이런 신학적인 원리에 초점을 맞추는 것과 더불어, 우리는 이 단락에서 덜 직접적이지만 동등하게 중요한 메시지를 놓치지 않아야 한다. 서신 작성의 의례적인 관습을 신학적인 관심을 전달하는 수단으로 바꾸는 바울의 방식은 그리스도의 주되심의 포괄적인 본질을 보여준다. 바울은 복음의 증진을 보게 되는 일에 마음이

15. O'Brien, *Philippians*, 78.

사로잡혀 있어서 심지어 전달의 통상적이고 형식적인 관습도 복음의 증진을 위한 수단으로 바꾼다. 우리는 바울의 신학적인 방법의 표준적인 특징이 아니라면 이런 것들을 많이 놓치는 경향이 있다. 바울에게서 하나님은 하나님의 목표를 증진하기 위해서 의례적인 수단들을 자주 사용하셨다. 스토아적인 이상은 크리스천들을 위한 유용한 도덕적 지침으로 바뀐다(고후 9:8; 빌 4:8, 11). 구약성경은 복음을 설파한다(롬 10:6-13). 종과 여성에 대한 관습적인 역할은 복음전도의 도구가 된다(딤전 6:1; 딛 2:3-5, 9-10). 유사하게 당대 서신의 관습에서 바울은 복음을 증진할 기회를 보았고, 그것을 취하였다. 본문 자체가 복음을 증진하기 위해서 사회적 관습과 내려오는 전통들을 활용하라는 명백한 명령을 제공하지는 않을지라도, 바울의 서신에서 그 주제의 일관성은 여기서 그런 것들의 표현을 발견하고 현대 교회를 위한 의미를 심사하는 것이 부적절하지 않다는 것을 보여준다.

잠재적으로 혼란스러운 용어들. 이 단락의 완벽하고 정확한 적용을 위해 필요한 사전작업은 몇 가지 잠재적으로 혼란스러운 용어들을 세심하게 정의하기 전까지는 완성되지 않을 것이다. 이 단락에서 네 용어들이 현대의 독자들에게 문제를 제기하고, 각각의 의미는 적용 작업을 시작하기 전에 생각해볼 만한 가치가 있다. 첫 두 용어는 서신의 인사에서 나타나고, 다른 두 용어는 감사의 기도를 바울이 묘사할 때에 나타난다.

첫째로 1:1에서 그리스도와 바울 그리고 디모데의 관계를 묘사하는데 사용하고 있는 '종'이란 용어를 대부분의 독자들은 남북전쟁 전에 남부 아메리카의 경제를 뒷받침해주었던 퇴출된 제도의 모습을 통해 추측할 것이다. 하지만 고대의 제도는 보다 최근의 제도보다 자주 더 인간적이었다. 두 경우에 두드러진 특징은 한 사람이 다른 한 사람의 완전한 소유권을 의미했을지라도 말이다. 주인은 벌에 대한 두려움이 없이 원하는 대로 노예를 대할 수 있었고, 이 때문에 주인과 종간의 관계는 자주 불신과 잔인함으로 특징지어졌다.[16] 그러므로 빌립보서를 읽는 많은 현대의 독자들은 왜 바울이 노예의 한 사람으로 예수 그리스도와 자신의 관계를 묘사했는지를 의문할 것이다.

바울은 고대의 노예제도를 잘 이해하고 있었고, 그의 서신들에서 그것에 대해 말할 수 있는 것들이 있었음을 아는 것이 중요하다. 그는 그 제도가 일부 신자들의

16. 노예들이 때로 취급당한 비인간적인 것에 대한 묘사와 자주 주인-노예의 관계를 특징지었던 서로간의 두려움에 관한 언급에 대해서는 Seneca's *Epistulae XLVII*을 보라.

삶에서 바꿀 수 없는 실제였다는 것을 인식했지만, 크리스천 노예가 그들의 곤경에 대해서 생각할 수 있는 의미 있는 방식을 제공했다. 바울은 주인에 대한 종의 공통된 문화적 의무를 종이 이루어야 하는 책임으로 전환시켰다. 그들이 종이기 때문이 아니라 크리스천이기 때문이고(엡 6:5-8; 골 3:22-25; 몬 11절), 다른 이들을 복음으로 이끄는데 관심이 있어야 하기 때문이다(딛 2:10; 참조. 딤전 6:1). 그는 심지어 자유를 얻을 수 있는 종들에게 그들의 헌신이 한결 같은 마음으로 그리스도에게 속할 수 있도록 조언했고, 하나님 앞에서 신자들의 동등성이 그 제도가 세워진 사회적 불평등의 기초를 침식하였음을 함축했다(고전 7:21-23; 엡 6:9; 골 4:1; 몬 15-16).

바울은 '종'이란 용어를 그리스도와 자신의 관계를 묘사하기 위해서 사용했을 때, 그 제도의 잘못됨이나 그것에 대한 냉담한 이해를 드러내지는 않았다. 그는 많은 크리스천 노예들을 알았고, 그들의 상황을 이해하고 있었다. 이미도 로마서 6:16-22에서 종의 은유를 사용할 때, 그가 독자들에게 그 제도의 한계를 이해하고 있음을 보여준 것은 바로 그 때문일 것이다. "너희 육신이 약하므로 내가 사람의 예대로 말하노니"(롬 6:19).[17]

그러나 바울은 어느 다른 비유도 신자들의 삶에서 하나님의 전적인 주관을 그토록 명확하게 전달할 수 없다는 것을 인식했다. 바울은 그리스도 예수의 종이다. 아리스토텔레스의 정의를 사용한다면 그가 주인의 "살아 있는 도구"이기 때문이 아니라(Ethica Nicomachea 116b), 그리스도의 목표가 그의 목표이고 하나님의 사명이 그의 사명이기 때문에 그리고 주인의 명령을 행하는 것이 개인적으로 불편할 때조차도 그 일을 이루는 것이 그의 책임이기 때문에 그가 그리스도의 종이다(참조. 1:17-18).

둘째로 1:1에서 '성도'란 용어도 역시 오해의 소지가 있다. 2세기 이래로 교회 내의 많은 사람들이 특별히 용기 있고, 희생적이며 통찰력 있는 기독교인들을 "성도"로 추앙했다. 여전히 교회의 상당한 부류들이 죽은 사람의 영들에게 크리스천이 기도해야 한다고 여전히 믿는다. 추앙받는 성인들을 통해서 자신들을 위한 하나님의 호의를 확보할 수 있도록 말이다. 이 모든 것은 어떤 사람들이 바울의 서신에서 '성도들'이란 말을 읽을 때, 바울이 아주 모범적인 경건의 소유자들을 말하고

---

17. C. E. B. Cranfield, *A Critical and Exegetical Commentary on the Epistle to the Romans*, 2 vols. (ICC; Edinburgh: T. & T. Clark, 1975-79), 1:325-26의 언급을 보라.

있다고 생각하고 있음을 의미한다. 고린도전서의 인사는 이런 개념을 논박할 수 있는 충분한 증거를 제공해준다. 바울은 고린도인들을 "거룩하게['하이오이스'] 부름 받은 그리스도 예수 안에서 거룩해진['헤기아스메노이스']"(고전 1:2) 사람들로 일컫는다. 하지만 그들이 거룩함에도 불구하고 바울은 나중에 이방인조차도 치욕적으로 여기는 심각한 죄를 지었다고 그들을 꾸짖는다(5:1). 그러므로 "성도"가 된다는 것은 단지 신자로서 구별되었다는 뜻이고, 때로 "성도들"도 하나님을 기쁘시게 하지 못하는 방식으로 살아간다. 모든 신자가 구속의 하나님의 은혜로운 역사를 경험하였기 때문에 성도가 된 것이지, 용기 있고 희생적이거나 신학적인 탁월한 행동 때문에 성도가 된 것이 아니다.

그러나 크리스천이 "성도"가 되기 위해서 특별한 어떤 것을 해야 한다는 대중적 개념이 잘못되었음을 보여주려는 노력에서 또 다른 극단으로 나가기가 쉽다. 이 용어에 관한 칼 바르트의 말은 이런 문제를 드러낸다.

> "거룩한" 사람은 거룩하지 않음에도 불구하고, 하나님의 통제와 하나님의 사용하심 그리고 거룩하신 하나님을 위해 하나님에 의해서 구분되고 부름을 받은 사람들이다. 그들의 거룩은 그리스도 예수 안에 있다. 그들이 거룩한 것은 그리스도 안에 있기 때문이고, 이런 관점에서 그들은 어떤 다른 측면에서도 그와 같이 불릴 수 없다.[18]

바르트는 바울의 사상에서 어느 누구도 "거룩한" 사람이나 "성도"가 되는 일을 행할 수 없다는 주목할 만한 요지를 만든다(같은 헬라어가 형용사와 명사에 동일하게 사용된다). 하지만 신자가 그리스도의 거룩한 신분이 그들에게 주어져 있는 한, 오직 거룩하다는 그의 의미는 '거룩한'과 '성도'란 용어가 바울의 서신에서 전달하고 있는 윤리적 함축을 소홀히 할 수 있다. 고린도인들을 "성도"와 "거룩한"으로 묘사한 바울의 목적은 부분적으로 이런 신분에 일관된 방식으로 살아가라고 촉구하고 있는 것이기도 하다(고전 6:9-11; 참조. 살전 4:3-5, 7). 구약성경에서 하나님이 열방으로부터 이스라엘을 구분하셨지만 그의 백성들에게 그들의 독특성을 보이는 방식으로 행동할 것을 요구하셨던 것처럼(레 11:45; 20:22-26; 22:32), 바울은 성화의 주도권이 하나님에게 있지만(고전 1:2; 6:11; 엡 5:26; 살전 5:23), 신자들은 "성도에게 적합"한 방식으로 살아야 한다(엡 5:3)고 믿고 있

18. Karl Barth, *Philippians*, 10.

다. "거룩한 사람들"은 하나님에 의해 부름을 받을 때 확실히 "거룩하지 않는 사람들"이지만(롬 3:9-26; 4:5; 5:6; 참조. 9:11-12, 30; 11:6; 고후 5:21), 바울은 하나님이 구별하신 사람들이 성화된 삶으로 그들을 위한 하나님의 이전 행위에 합당할 것을 촉구한다.

셋째로 빌립보서 1:4에서 우리는 이 서신에서 처음으로 명사인 '기쁨'이란 용어를 접하게 되는데, 이는 '기뻐하다'라는 동사형과 더불어 바울이 이 서신에서 어느 다른 서신보다도 더 자주인 열네 번이나 사용한다. 이 용어는 오늘날 유쾌한 환경에서 유래하는 기쁨의 감정을 묘사하기 위해 보통 사용된다. 이런 사실에 비추어서 이해하면, 빌립보인들이 그의 개인적인 고통을 경감시켰고, 그들이 복음에 그와 함께 참여함으로써 그를 더욱더 편하게 했기 때문에, 이 단락에서 기쁨이란 언급을 바울이 정말 순탄함을 의미하는 것으로 말했다고 오해할 수 있다. 우리는 이 단락을 적용하는데 있어서 기쁨이 바울의 개인적인 안락과 연관되지 않고 복음의 진보와 연관되어 있음을 이해하는 것이 중요하다. 그러므로 복음을 전파하는 일부 사람들의 순수하지 않은 동기와 반복에도 불구하고, 바울은 그것을 전적으로 기뻐할 수 있었다(1:18). 바울은 믿음에서 빌립보인들의 진보와 기쁨을 같은 맥락에서 말할 수 있었다(1:25). 빌립보인들이 서로 믿음으로 연합하여 살아가는 노력에서 진보의 실제적인 모습을 보이는 것은 바울의 기쁨을 완전하게 했다(2:2; 참조. 1:4; 4:10). 바울의 고난과 빌립보인들의 인내는 하나님에 대한 제사를 형성하는 것으로 기능했고, 그럼으로써 기쁨의 이유가 되었다(2:17-18). 그리고 바울은 빌립보인들이 "그리스도의 일을 위해 거의 죽을 뻔 하였던" 에바브로디도를 다시 보았을 때 그들이 기뻐할 것을 예상했다(2:30). 따라서 1:4에서 바울의 기쁨은 자신의 안락함과 연관되어 있는 것이 아니라, 복음의 목표가 증진되어 가는 것을 보는데서 오는 만족과 관련이 있다. 그것은 개인적인 편리와 관련한 용어가 아니다.

넷째로 '참여'(동역자됨, 4절)와 '나눔'(7절)이란 용어들은 헬라어에서 서로 긴밀하게 연관이 있다('코이노니아'와 '쉰코이노노이'). 그것은 바울이 빌립보인들에게 감사하는 정확한 이유를 이해하는데 중요한데, 그것이 쉽게 오해될 수가 있다. 즉 "동역자됨"과 "나눔"을 오직 태도의 측면에서 생각하기가 쉽다—만약 우리가 어떤 이와 일치한다면, 우리는 그들의 믿음을 "나누고" 있고, 사상적인 차원에서 그들과 "파트너"이다. 크리스천이 서로를 향해 가져야 하는 태도에 대해서 바울이 빌립보서 전반에서 자주 언급하고 있음이 보여주는 것처럼, 물론 이런 요소가 확실히 이 용어에 내재해 있다(2:2, 5; 4:2, 10; 참조. 1:7-8). 하지만 문맥에서 이런 두 용어들은 주로 태도를 가리키는 것이 아니라 빌립보인들이 행해야 하는 행동, 즉 바울과 바울이 전하는 복음에 공통적인 대의를 갖고 있음을 보여주는 행동과 관련이 있다. 빌립보인들은 바울의 동역자들이고, 그의 소명의 역사에 참여자들이다. 그들이 가난과 희생에도 불구하고 바울의 선교 사역에 재정적인 면과 인격적인 격려에 기여했기 때문이다(2:29-30; 4:18; 참조. 고후 8:2). 단순히 그들이 그의 확신을 "공유했기" 때문이 아니니다.

따라서 바울의 상황에서 나온 이 개념을 우리의 시대로 가져옴에 있어서 우리는 바울의 칭찬이 빌립보인들의 추상적인 태도에 있다기보다는 복음에 대한 그들의 헌신의 값진 표현에 더욱더 방향이 맞추어져 있다는 것을 기억해야 한다. 바울은 교회의 만찬, 친교실, 성경 공부, 그리고 주일학교에서 있는 크리스천의 "교제"를 말하고 있지 않고, 또한 크리스천들이 서로 잘 알지 못할 때조차도 서로에게 느끼는 "가족관계"에 대해서 주로 말하고 있지도 않다. 이것도 훌륭하고 교훈적이지만, 여기서 그것은 바울의 관심이 아니다. 오히려 바울은 복음을 선포하는 사람들에 대한 값진 협력을 언급하고 있다. 즉 이 경우에 에바브로디도 이외에 빌립보인들 가운데 어느 누구도 바울을 직접 대면하여 바울과 "교제"를 나누지는 않았지만, 복음을 증진하는 공통된 목표에 그들 모두가 그의 동역자가 되었음을 의미하는 협력을 가리키고 있다.

요컨대, 연합, 다른 이들에 대한 존중, 다른 이들을 돌봐주는 사랑, 그리고 다른 이들에게 복음을 전달하는 수단으로서 사회적인 전통을 전환시키는 하나님의 능력 등, 이에 관한 바울의 관심을 회복하는 능력이 필요한 교회의 상황을 발견하기 위해서 우리가 빌립보서 1:1-11을 현대 교회에 적용할 때 조심해야 한다. 우리가 이 적용을 만들 때, '사랑, 성도, 동역자됨'과 같은 용어를 정의하는 것에 특히 조심해야 하는데, 우리는 그 용어들이 현대 교회 내에서 가끔 대중적으로 이해되는 것보다 바울이 그 용어들을 이해한 것을 분별해야 한다. 이런 해석적인 도구들과 함께 우리는 현대 교회에 대한 이 단락의 적용을 시작할 수 있다.

현대적 의미

오늘날 대부분의 기독교 그룹들은 크리스천이 되는 것이 단순히 성경적 교리에 대한 지적인 동의를 주는 것만이 아니라는 것을 이해한다. 그들은 하나님의 뜻을 점증적으로 인식하고 그 뜻을 행하려는 의지를 갖는 것이 그리스도에게 헌신하는 삶의 열매가 되어야 한다는 것을 알고 있다. 고전적인 신학적 측면에서 말하면, 그리스도의 구속하시는 행위로 구별되어진 후에 하나님의 뜻에 더욱더 순종하는 과정을 우리는 '성화'라 일컫는다. 웨스트민스터 교리문답에서 성화는 "하나님의 형상을 닮은 전인으로 새롭게 되고 죄에 대해서는 더욱더 죽고 의에 대해서는 살 수 있는 하나님의 자유로운 은혜의 행위"다(문답. 35). 그러나 성화가 현대 교회에서 논의의 주제가 될 때, 그것은 자주 성적인 부도덕성, 불순한 생각을 이겨내는 것, 그리고 일반적으로 세속적인 것에 물들지 않는 것에 좁게 초점을 자주 맞춘다. 성도됨은 크리스천의 연합과 좀처럼 연관되지 않는다. 유감스럽게도 19세기의 토지 균분의 삶의 방식(Old Order Amish: 재세례파의 일종)을 좇는 것에서부터 영화를 보는 것을 금지하는 것(일부 근본주의자들)에 이르는 모든 것이 "거룩한" 삶을 사는 것과 동일시되고 신자들을 분리시킬 수 있도록 거룩함을 구성하는 일의 왜곡된 개념들이 때로 연합을 훼손한다. 이 단락과 다른 곳에서 바울은 신자들의 연합이 "성도"로서 교회의 위치에 중요한 모습, 다시 말해서 신자의 성화에 중요한 요소라고 주장한다.

우리는 어떻게 기독교인의 연합을 행할 수 있는가? 첫째로 우리는 크리스천이 된다고 주장하는 사람들을 나누는 장벽들을 심사하고, 그것이 합법적인 장벽인지를 물어야 한다. 바울이 재빨리 확증하는 것처럼, 어떤 장벽들은 필요하다. 예를 들어, 신학자 토마스 오덴은 언젠가 자신이 가르치고 있던 신학교의 채플에서 봉사하는 일에서 조용히 물러난 것을 이야기하고 있는데, 성찬이 여신 소피아의 이름으로 드려지는 것을 보았기 때문이다. 성경적이고 교회론적인 전승은 그가 현명한 선택을 했다는 것을 우리에게 말해준다.[19] 그러나 신자들이 어떤 특별한 교회나 교단에서 세례를 받지 않았기 때문에 성찬에 참여하는 것이 금지될 때처럼 어떤 장벽들은 비합법적이다. 사도의 메시지를 믿는 모든 이들이 하나가 될 것을 기도하셨던 성찬의 주님(요 17:21)이 그러한 정책을 인정할 것이라고 상상하기 어렵다. 설상가상으로 어떤 기독교 회중들은 아주 교묘한 방식으로 인종에 기초해서 신자들을 차단하고 있다. 그것은 성경이 명확하게 금지하고 있는 관행이다(갈 2:11-21; 엡 2:11-22). 만약 우리가 빌립보서 1:1-2의 정신에 충실하다면, 기독교인의 연합에 대한 그러한 장벽은 관용할 수가 없다.

---

19. 오덴은 먼저 "Encountering the Goddess at Church," *Christianity Today*(August 16, 1993), 18에서 그 사건을 기술했다. 보다 완전한 해명과 그의 철회에 대한 신학적인 설명은 *Requiem: A Lament in Three Movements*(Nashville, Tenn.: Abingdon, 1995), 27-32, 140-51에 나온다.

우리들을 나누는 장벽들을 심사한 후에 우리는 그것들을 깨기 위한 바울의 비이기적인 모범을 따라야 한다. 바울이 사도로서 자신의 신분을 주장하지 않고 빌립보인들과 그 지도자들에게 영예의 칭호('성도', '감독', 그리고 '집사')를 말할 정도로 세심했던 것처럼, 현대의 크리스천들, 특히 지도자들은 자신의 권리를 보류하고 다른 이들의 권리를 확증함으로써 교회의 연합을 보존할 수 있어야 한다. 예를 들어, 앨라바마의 버밍햄에서 1960년대의 시민권 투쟁을 통해서 그 도시의 제도를 괴롭혔던 인종차별주의의 모습을 이겨내려는 커다란 운동이 있었고, 이런 발전의 일부는 그 도시의 복음주의 기독교인들에게서 기인한다. 1986년 이래로 대중적인 환호를 거의 받지 못한 복음주의의 한 그룹이 아프리카계 미국인들과 백인 신자들이 그 도시의 가장 가난한 시민들의 일부를 돕기 위한 노력에 동참하도록 저소득층이 사는 버밍햄에서 사역했다. '도시 선교의 센터와 새 도시 교회'(Center for Urban Mission and New its City Church)는 가난하든 유복하든 주일에 함께 예배하는 백인 가정과 아프리카계 미국인 가정을 모집하여 버밍햄의 가난한 사람들이 교육과 직업 훈련 프로그램을 통해서 경제적인 자립을 가질 수 있도록 주간 내내 함께 일하였다. 조직을 세우는 데는 적어도 세상적인 측면에서 희생이 없지는 않았다. 두 지도자들—한 사람은 자신의 처음 계획을 바꾸어 그 일에 헌신했고, 다른 한 사람은 뛰어난 대학과 탑 랭킹의 법률학교를 졸업하였다. 이 두 사람은 자신의 안정적이고 수익이 나는 경력을 포기하고 전임사역자로 그 선교와 교회를 위해 일했다. 그들은 바울이 그러했던 것처럼 '도시 선교의 센터'(Center for Urban Mission)의 일이 중요하다고 믿는 다른 신자들의 파트너십에 그들의 수입을 이제 의존하고 있다. 이런 종류의 희생은 불신자들을 당황스럽게 하지만, 기독교 연합을 위한 노력은 "그리스도 예수 안에 있는 모든 성도들"에 속한 사람들에게 중요한 의미의 일부라는 것을 이해하는 사람들 사이에서 드물지 않아야 하는 자질이다.[20]

이 단락에서 나타나고 현대 교회를 도전하는 성화의 또 다른 양상은 복음의 증진을 위해 그들의 은사를 사용하는 다른 신자들을 지원하는 원리다. 고대 시대의 빌립보인들처럼 현대 교회는 다른 신자들을 위한 희생적이고 일관된 지원의 종류

20. 동일한 목표를 많이 갖고 있는 유사한 노력이 시카고의 록처치(Rock Church)와 도시 순환사역(Circle Urban Ministries)이다. 이 두 기관에 관한 완전한 이야기에 대해서는 Raleigh Washington and Glen Kehrein, *Breaking Down walls: A Model for Reconciliation in an Age of Racial Strife*(Chicago: Moody Press, 1993)을 보라.

를 계발해야 한다. 우리가 7절을 연구할 때 보았던 것처럼, 바울은 빌립보인들이 하나님에 의해 그에게 주어진 사도권의 은사를 사심 없이 지원했던 것을 기쁨으로 하나님께 감사한다. 그들은 바울이 이방인들 사이에서 복음을 선포하는 특별한 소명을 받았다는 것을 이해했다. 그러므로 그들은 마게도냐에서의 바울의 사도적 사역을 "되풀이해서" 선물로 헌신적으로 지원했고(4:15-16), "가장 심각한 시련"과 "지극한 가난"(고후 8:2)에서도 예루살렘의 궁핍한 신자들을 위한 헌금에 관대하게 참여했다.[21]

일종의 파트너십이 하나님이 복음의 선포와 교회의 교화를 위해 특별한 은혜를 주신 사람들을 분별하고 하나님이 그들에게 요청하신 사역을 그들이 행할 수 있게 한다. 복음의 증진에 대한 그러한 접근은 하나님이 우리들에게 주시지 않은 은사를 다른 이들에게 주셨음을 인식하는데 필수적인 겸손과 그러한 방식으로 은사가 주어진 사람들을 실제적으로 돕는데 필요한 희생적인 태도가 있어야 한다. 하나님의 말씀의 해석에 특히 은사가 주어진 목사에게 훌륭한 설교를 준비하는데 필요한 충분한 시간, 자녀가 가난한 이들 사이에서 일하려는 하나님의 소명을 이룰 수 있도록 재정적으로 희생하는 부모, 선교사를 현장에 보내기 위해서 새로운 기독교 교육 프로젝트를 취소한 교회는 모두 이런 겸손하고 희생적인 파트너십의 종류를 보여준다.

바울은 빌립보인들의 지원의 희생적인 본질을 소중히 여길 뿐 아니라 그들의 일관성에 대해서 역시 감사한다. 빌립보인들은 바울이 감옥에 있을 때이든, 다양한 환경에서 복음을 변호하고 확증할 때이든, 그를 지원했다. 그들은 바울이 데살로니가에 있었을 때 바울에게 쓸 것을 보냈다. 그리고 그들은 바울이 감옥에 있다는 소식을 들었을 때 에바브로디도를 그에게 보냈다. 하나님이 사역을 위해 특별한 은사를 부여하신 사람들에 대한 우리의 지원도 역시 이와 같아야 한다. 예를 들어, 이것은 선교사역이 눈에 보이는 결과를 생산할 때만이 아니라 지지부진하거나 악화되었을 때에도 선교사를 지원하는 것을 의미한다.

무엇보다도, 우리는 누구를 지원할지를 선택하는데 있어서 하나님은 이 세상 사람들이 은사가 있다고 인정하는 사람들을 통해서가 아니라 "말과 지혜의 아름다운 것"이 없고 "지혜의 권하는 말"로 하지 아니하는 사람들을 통해서(고전 2:1,

21. 고후 11:9을 또한 보라. 거기서 바울이 고린도에 있는 동안에(아가야 지방에) "마게도냐로부터 온 형제들"이 그의 사역을 지원했다. 이 형제들에는 아마도 빌립보인들이 포함될 것이다.

4) 자주 역사하신다는 것을 기억해야 한다. 게다가 이 메시지에 반응하는 사람들은 자주 "고귀한 태생"의 사람들이 아니라, "어리석고", "약하고", "천하고", "경시받는" 사람들이다(고전 1:26-28). 교회가 지역과 국가에서 저명한 사람들을 목표로 전도할 때 실수하고 있는 것이다. 그런 이들이 복음의 진리에 설득된다면, 다른 이들보다 더 효과적으로 하나님의 목적을 증진할 수 있다는 이론에 기초해서 말이다. 본래 도시 중심에 위치해 있던 교회들이 능력 있는 사람들을 따라서 그들이 거하고 있는 교외 지역으로 이동하는 것을 보는 것은 유감스러운 일이다. 바울은 그러한 전략을 거의 인정하지 않았을 것이다. 그는 법정에서 만날 때에만 그런 힘 있는 자들의 귀에 복음을 전하였기 때문이다.

교회는 빌립보인들의 사랑이 "지극히 선한 것을 분별하며 또 진실하여 허물없이 그리스도의 날까지 이르를 수 있도록" "지식과 모든 총명으로 점점 더 풍성하게"(9-10절) 되는 것에 바울이 관심을 가진 것을 역시 귀담아 들을 필요가 있다. 바울은 서로에 대한 사랑을 보이는 방식에 대한 빌립보인들의 인식("지식과 모든 총명")을 다양한 경쟁적인 선택에서 그리스도를 알아가는 일관된 것을 선택하는 능력("가장 좋은 것")과 연결시킨다. 다시 말해서 서로에 대한 사랑은 복음에 대한 동료 신자들의 헌신에 파수꾼으로 기능하는 결정을 포함해야 한다. 즉 동료신자들이 이단과 죄로 일탈하지 않고, 한 마음으로 "하나님이 위에서 부르신 부름의 상"(3:14)을 좇을 수 있게 도와야 한다.

다른 신자들의 영적인 건강에 대한 이런 사상의 관심을 몇 가지 방식에서 찾을 수 있는데, 그 중에 두 가지가 특히 중요하다. 첫째로 영적으로 성숙한 교회의 일원은 믿음에서 어린 사람들을 교훈해야 한다. 그 때문에 바울은 교회의 지도자는 "최근에 믿은 자가 아니어야 한다"(딤전 3:6)고 강조하고, 지도자는 "건전한 교리로 다른 이들을 격려하고 그 교리를 반대하는 사람들을 논박할" 수 있어야 하며(딛 1:9), 교회의 "늙은 여자"는 "젊은 여자들을 교훈하되 그 남편과 자녀를 사랑하며 근신하며 순전하며 집안일을 하며 선하며 자기 남편에게 복종해야"(딛 2:3-5) 한다고 말한다. 하나님은 신자들의 마음에 직접적으로 개입하셔서 올바른 도덕적이고 신학적인 결정을 하는데 필요한 영적인 분별력을 주입시키실 수 있고 때로 그렇게 하시지만, 이 일을 행하시는 하나님의 통상적인 방법은 분명히 믿음에 대한 헌신을 수년 동안 입증해온 성숙한 신자들의 가르침을 통해서이다. 그러므로 우리의 교회는 영적으로 성숙한 사람들이 보다 최근에 믿음으로 들어온 사람들을 교훈하는 구조를 가질 필요가 있다.

둘째로 도덕적으로나 신학적으로 위험한 물로 유리하고 있는 사람들을 사랑으로 교정할 수 있는 어떤 수단들이 우리 교회에 있을 필요가 있다. 때로 유리했던 사람들은 자신들이 그런 일을 했고 은밀한 죄의 끔직한 소외를 경험했다는 것을 안다. 그들은 하나님께 자신들의 죄를 아마도 고백했을 것이지만 그들은 하나님의 용서의 구체적인 표현을 필요로 한다. 그들은 주 안에서 형제와 자매의 용납을 통해서 하나님의 용납을 느낄 필요가 있다. 그러한 경우에 고백에 관한 고대의 기독교적인 관습이 그 필요를 충족시킨다. 『함께 하는 삶』(*Life together*)이란 책에서 디트리히 본훼퍼는 죄란 자주 부끄러워서 은밀하게 배회하기 때문에 그것이 교제를 깨뜨리고 죄인을 소외시킨다. 그러나 고백함으로써 죄는 크리스천의 교제를 깨뜨리는 능력을 상실하게 된다. 이제 죄인은

> 더 이상 자신의 악과 홀로 있지 않고 고백 속에서 악을 제쳐두고 하나님께 그것을 맡겨드린다. 그에게서 죄가 제거된다. 이제 그는 예수 그리스도의 십자가에서 하나님의 은혜로 살아가는 죄인의 교제 속에 있게 된다.…숨겨진 죄는 공동체로부터 그를 소외시켰고, 모든 외양적인 교제를 거짓되게 만들었다. 그러나 고백된 죄는 그가 예수 그리스도 안에서 형제들과의 참된 교제를 할 수 있게 돕는다.[22]

단일한 사람이 고백을 듣기 위해 지정되거나 회중의 "위임된" 사람들만이 고백을 들을 수 있는 사람들로 제한되거나, 회중 앞에서 죄를 고백해야 한다는 성경적인 보증은 없다. 그럼에도 불구하고 교회가 다른 이들에 대한 죄의 어떤 고백의 형태를 기독교 공동체의 통상적인 표현으로서 간주한다면, 죄책감이나 위선의 감정에 의해 교회의 교제에서 멀어진 사람들이 회복을 위한 수단을 가지게 될 것이다.

그러나 때로 유리된 사람들이 자신들이 그렇게 행하고 있다는 것을 알지 못하거나 자신의 죄를 인정하지 않으려 할 수 있다. 그러한 경우에 교회는 견책을 통해 그 교인에 대한 징계나 극단적인 경우에는 출교를 행사할 필요가 있다. 물론 징계가 남용될 수 있다. 그러므로 이 단락에서 바울은 신자들에게 "지식과 총명"으로 다룰 필요가 있음을 말한다. 하지만 이런 남용이 두려워서 전적으로 징계를 소홀히 하는 것은 사랑의 반응이 아니다. 징계는 신학적인 의미에서 유리했던 사람들

---

22. Dietrich Bonhoeffer, *Deitrich Bonhoeffer Werke*, vol. 5, *Gemeinsames Leben, Das Gebetbuch der Bible*, ed. Gerhard Ludwig Müller and Albrecht Schönherr(Munich: Chr. Kaiser Verlag, 1987), 95. 참조. *Life Together*, 113.

을 "불에서 낚아챔으로써"(유 23절) 구원하는 마지막 노력이 가끔 필요하다. 본훼퍼의 말을 다시 사용하면,

> 사랑을 위해서 그리스도는 내가 공동체를 유지하도록 명하시는 곳에서 나는 그것을 유지할 것이다. 그러나 진리와 사랑이 나로 하여금 공동체를 해체하도록 명하시는 곳에서 나는 나의 감정적인 사랑의 모든 항거에도 불구하고 그것을 해체할 것이다.[23]

마지막으로 이 단락은 바울이 복음을 봉사하는데 있어서 당대의 전해 내려오는 전통들을 사용할 때 창조적이었던 것처럼 교회가 창조적이 되기를 도전한다. 바울은 사실상 고대 시대의 서언의 일관된 방식을 메시지와 복음을 요약적으로 전달하는 놀라운 수단으로 바꾸었다. 다양한 커뮤니케이션 미디어의 사용에서 동등하게 창조적이 되는 방식을 추구함에 있어서 우리는 위험한 부분을 인식할 필요가 있다. 우리는 복음을 담을 수 없는 미디어로 복음을 압축할 때 마치 바울을 모방하고 있다고 생각해서는 안 된다. 차의 범퍼 플레이트에 "예수"라는 말을 붙이고, "하나님 만나기를 준비하시오"라고 새겨진 표지판을 다는 것이 의도는 좋을지라도 복음에 대해서 의미 있는 전달을 거의 파생시키지 못한다.

복음을 우리에게서 가능한 문화적인 도구를 가지고 창조적으로 전달하려는 노력에서 가능한 한 많은 능력과 의미로 가득한 복음 메시지를 전달하는 도구를 사용하는 것이 현명할 것이다. 바울은 서신을 사용했는데, 그것은 당대에 전달의 가장 좋은 수단이었기 때문이다. 정부의 관료들은 자신들의 선포를 공개적으로 만들기 위해서 서신을 사용했고, 철학자들은 자신들의 철학을 전달하기 위해서 서신을 사용했으며, 정치가들은 자신들의 당에 속한 사람들이 들어야하는 것을 위해서 서신을 사용했다.[24] 하지만 서신은 오늘날 그러한 방식으로 기능하지 않는다. 그러므로 서신 형태의 바울의 변화를 맹종하는 모방은 적절히 작용하지 못할 것이다. 연예산업과 의미 추구에서 점차적으로 비주얼과 행위 예술에 관심이 있는 사회에서 교회는 복음을 나타낼 수 있는 그림과 연극, 텔레비전 프로그램, 영화, 그리고

23. Bonhoeffer, *Gemeinsames Leben*, 30; 참조. *Life Together*, 35.

24. 예를 들어, Josephus, *Antiquitates Judaicae* 14.244-46(21)에 기록된 갈바(Publius Servillius Galba)의 서신을 보라. 그것은 그 도시가 반유대법을 철회할 것을 요청한다. 또한 저자가 스토아철학의 범례를 제기하는 Seneca the Younger's *Epistulae*을 보라. 키케로는 931개의 현존하는 서신들을 작성했는데, 그중에 많은 것들이 출판되었고, 거기서 그는 자주 정치적인 입장을 제기했다.

오페라와 같은 것을 생산할 필요가 있다. 그런 것들은 교회의 구성원들을 교화시켜줄 뿐 아니라 외부자들에게도 매력적이다.[25]

그러나 아마도 복음을 전달하거나 사람들이 복음을 받아들이도록 준비하기에 가장 가치 있는 도구는 항상 인쇄된 글일 것이다. 소설, 시, 저널, 그리고 역사적인 이야기에서 관점이 중요하고 기독교적인 관점이 기술과 창조성을 가지고 이런 미디어에 내재되어 있다면, 좋은 문학을 인식하는 사람들 사이에서 듣는 자들을 얻게 될 것이다.[26] 존 밀턴, 도스토예프스키, 그리고 C. S. 루이스는 아마도 신자들을 계속해서 교화하고 불신자들을 수세기 동안 복음으로 도전할 것이다. 복음을 증진하기 위해서 창조적인 방식으로 전달의 의례적인 수단들을 이용하는 그들의 능력 때문에 말이다. 모든 세대에서 교회는 사람들 사이에서 누가 그 유산과 바울의 유산을 계속 이어갈 것인지를 물을 필요가 있다.

---

25. 북아메리카에서 비주얼과 행위 예술의 점증하는 인기와 이런 노력에 참여하고 있는 몇몇 크리스천의 수고에 관한 논의에 대해서는 Russell Chandler, *Racing Toward 2001 : The Forces Shaping America's Religious Future*(Grand Rapids : Zondervan, 1992), 114-25을 보라. 그러나 복음을 전달하는 그러한 미디어를 사용하는데 있어서 교회는 Jacques Ellul, *The Humiliation of the Word*(Grand Rapids : Eerdmans, 1985)이 제기한 조심해야할 요지를 유념할 필요가 있다.

26. 예술들의 관점과 예술을 통해서 관점을 표현하는 크리스천들의 중요성에 대해서는 Leland Ryken, "The Creative Arts," *The Making of a Christian Mind*, ed. Arthur Holmes(Downers Grove, Ill. : InterVarsity Press, 1985), 105-31, 특히 127-28을 보라.

빌립보서 1:12-18a

12 형제들아 내가 당한 일이 도리어 복음 전파
에 진전이 된 줄을 너희가 알기를 원하노라
13 이러므로 나의 매임이 그리스도 안에서 모든
시위대 안과 그 밖의 모든 사람에게 나타났
으니
14 형제 중 다수가 나의 매임으로 말미암아 주
안에서 신뢰함으로 겁 없이 하나님의 말씀을
더욱 담대히 전하게 되었느니라
15 어떤 이들은 투기와 분쟁으로, 어떤 이들은
착한 뜻으로 그리스도를 전파하나니
16 이들은 내가 복음을 변증하기 위하여 세우심
을 받은 줄 알고 사랑으로 하나
17 그들은 나의 매임에 괴로움을 더하게 할 줄
로 생각하여 순수하지 못하게 다툼으로 그리
스도를 전파하느니라
18a 그러면 무엇이냐 겉치레로 하나 참으로 하
나 무슨 방도로 하든지 전파되는 것은 그리
스도니

원 의미

주요한 목적이 친구나 가족들에게 자신의 환경을 알리는 서신을 썼던 바울의 시대에 최초의 인사에서 서신의 중요한 정보로의 전환은 자주 "나는 당신이…알기를 원하노라"는 진술로 이루어졌다. 군대에서 자신의 어머니에게 편지를 쓴 젊은 병사 데오나스는 이런 종류의 서신의 좋은 사례를 제공한다.

> 데오나스는 그의 어머니인 데데우스에게 매우 많은 인사를 하고선, 저는 제가 오랫동안 당신에게 편지를 보내지 못한 이유를 '알게 하기를 원합니다.' 어머니, 저는 군대의 야영장에 있었기 때문이지 병이 났기 때문이 아닙니다. 저에 대해서 염려하시지 않기를 바랍니다. 당신이 저에 대해서 잘못된 정보를 듣고 매우 근심하셨다는 것을 우려합니다. 저는 심각하게 병이 든 것이 아닙니다. 저는 당신에게 그런 잘못된 정보를 준 사람에게 분개합니다. 저에게 어떤 것을 보내는 수고를 하지 마십시오, 저는 헤라클레이데스로부터 선물을 받았습니다. 나의 형제인 디오니타스가 나에게 선물을 가져왔고 저는 당신의 편지를 받았습니다.[1]

서신이 작성된 파피루스 종이가 손상되었고, 결과적으로 서신이 이 지점에서 중단되지만, 데오나스가 자신에 대한 소식으로 어머니가 근심한 것을 덜어드리고 그녀의 선물에 대해서 감사하기 위해서 이 서신을 작성했음을 충분히 알 수 있다. 바울은 부분적으로 이와 유사한 이유 때문에 빌립보서를 썼고, 그는 1:12에서 이 문제를 언급하기를 시작한다. 데오나스처럼 그는 서신의 이 항목을 관습적인 어구인 "내가 당신에게…을 알게 하기를 원하노라"고 시작한다.

에바브로디도를 통해서 바울에게 전달된 선물이 보여주는 것처럼 빌립보인들은 감옥에 있는 바울의 상태에 대해 염려했다(2:25; 4:10, 14). 그러므로 바울이 에바브로디도를 돌려보내면서 이 서신을 쓴 이유는 그들에게 자신의 환경을 알게 하려는 것이었다. 그는 1:12-26에서 이 일을 행한다. 이 항목의 첫 부분(12-18a절)에서 그는 그의 현 상황이 "어떻게 복음의 진전을 이루었는지"('에이스 프로코펜')를 묘사한다(12절). 두 번째 부분에서는 신학적으로 두 가능성, 즉 재판 후에 그를 기다리고 있는 석방이나 죽음을 신학적으로 반영한다(18b-26절). 이 항목의 두 번째 부분은 바울이 빌립보인들의 "믿음의 진보와 기쁨"(25절)을 위하여 석방될 것을 믿는다는 진술로 결론을 맺는다. '프로코페'("진보, 발전")란 용어는 신약성경에서 오직 다른 한 단락에서만 나타나고(딤전 4:15), 바울이 이 항목의 처음과 시작에서 그 용어를 사용한 것은 눈에 보이는 것(특히 번역에서)보다 더 깊은 의미를 지니고 있을 것이다. 그는 독자들에게 이 항목의 범주와 주요한 관심사를 보여주고 있다—어떤 차원에서는 이 항목의 목적이 바울의 상황을 빌립보인들에게 알리는 것일지라도, 더 깊은 차원에서는 하나님이 이 환경을 통해서 어떻게 "복음"과 "믿음"을 발전시키고 있는가를 보이고 있다.

NIV는 이 항목의 첫 부분(1:12-18a)을 적절하게 둘로 나눈다: 12-14절과 15-18a절. 이 첫 부분에서 바울은 자신을 둘러싸고 있는 환경—그의 투옥과 다가올 재판—이 이방인들에게 복음을 전하는 그의 사명을 방해하지 못했고, 오히려 사실상 더 진전시켰다(12절). 그때에 그는 이 일이 일어났던 두 방식을 묘사한다(13-14절). 두 번째 단락에서 바울은 빌립보인들이 아마도 알지 못했던 자신의 환경에 대해서 상세한 설명을 덧붙인다—그가 투옥되어 있는 도시의 일부 신자들이 그를 반대하고 있다. 그럼에도 불구하고 그는 이런 환경에서조차도 복음이 발전되어 가고 있다고 주장한다.

---

1. John L. White, *Light From Ancient Letters*(Philadelphia: Fortress, 1986), 158.

복음이 바울의 투옥으로 인해서 발전해나가다(1:12-14). 바울은 서신의 본론을 "내가 당한 일이 도리어 복음 전파에 진전이 된 줄을"이라는 말로 시작한다. NIV에서 "실로"(really, '말론')란 말은 "도리어"(개역개정)로 역시 번역할 수 있고, 바울은 자신이 말한 것이 빌립보인들을 놀라게 할 것이라고 느꼈음을 보여준다. 그들은 바울이 감옥에 있다는 소식을 들었고, 이 소식에 낙심했다. 사랑하는 사도가 육체적인 필요들을 충족시키고 있는가? 그가 재판을 무사히 넘길 수 있을 것인가? 바울을 방문한 에바브로디도의 여행과 그가 가져온 선물은 이런 근심이 동기가 되었을 것이다. 빌립보인들은 바울의 고난을 덜어주고, 그가 무사한지를 알기를 원했다. 바울은 이 사실을 알고 있으므로, 서신의 본론의 첫 마디는 "내가 당한 일이 오히려 복음의 진보로 나타났다"(Weymouth)는 놀라운 소식을 전하고 있다.

그러한 특이한 진술은 설명을 요하므로 바울은 13-14절에서 그것을 제공한다. 첫째로 복음이 그의 환경을 통해서 발전되었는데 "나의 매임이 그리스도를 위해서 모든 시위대 안과 그 밖의 모든 사람에게 나타났"기 때문이라고 바울은 말한다. NIV에서 "그리스도를 위한(for)"이란 어구는 문자적으로는 "그리스도 안에서"이고, 이는 아마도 그리스도를 위해서 감옥에 있다는 뜻을 함축할 뿐만 아니라, 감옥에 있음으로써 그리스도의 고난에 참여하고 있다는 뜻도 내포한다. 그리스도의 고난의 목적은 하나님의 구속적인 역사의 진전이었고, 그러므로 이 악을 통해서 하나님은 인간을 위한 위대한 선을 이루셨다(롬 3:21-26; 5:12-21; 고후 5:21). 바울은 그 고통이 하나님이 그를 부르신 "화해의 사역"(고후 5:18)을 이루기 위한 노력에 기원을 두고 있기 때문에 자신의 고통이 그것과 동일한 특징을 보이고 있다고 믿는다(빌 3:10; 참조. 고후 1:5; 4:7-15; 골 1:24-29). 그러므로 그의 투옥은 크리스천의 헌신에 따른 결과일 뿐 아니라, 그의 소명을 이루는데 필요한 수단이다. 그것은 "그리스도를 위한" 것일 뿐 아니라, 역시 "그리스도 안에" 있다.[2]

바울의 고난의 특이한 성격이 "모든 시위대와 그밖에 모든 사람에게 분명하게 나타났다"고 바울은 말한다. 형용사 "분명한"('파네로스')은 아마도 "그것이 참으로 무엇인지를 알게 되었다"를 의미할 것이고, 바울의 투옥이 참으로 비참한 것으로 얼핏 보일지라도, 자세히 관찰하면 더 깊은 의미가 있다는 개념을 표현한다.[3]

---

2. Silva, *Philippians*, 68; O'Brien, *Philippians*, 92의 언급을 보라.

3. 형용사 '파네로스'("분명한")가 미 12:16과 막 3:12에서 이런 의미로 나타난다. 양 단락에서 예수는 자신이 실제로 누구인지를 "알게 하지" 못하게 지시하신다. Walter Bauer, *A Greek-English Lexicon of the New Testament and Other Early Christian Literature*, 2d가 편집한 번역과 개작을 보고, William F.

시위대 사이에서 그리고 그 지역에 사는 다른 사람들 사이에서 바울이 일반적인 죄수가 아니라는 것이 널리 알려지게 되었기 때문에 복음이 진전되었다. 이 관찰자들은 사도의 고통이 겉으로 보기에 다른 사람들처럼 비통해보였을지라도 그리스도의 대의를 위한 것이고, 따라서 화해의 사역에 봉사하는 것임을 생각했다. 바울은 주변의 많은 사람들에게 자신의 투옥의 이유를 설명할 수 있는 기회를 가졌고, 그러한 설명에서 "하나님이 그리스도 안에서 세상과 화해하시고, 사람들의 죄를 계수하시지 않는다는 것을 보일 수 있었다(고후 5:19). 바울은 매여 있었지만, 복음은 매여 있지 않고 진전되었다.

둘째로 복음은 바울의 투옥으로 인해 방해를 받았다기보다 진전되었다. 14절에 따르면 오히려 그것을 통해서 바울의 기독교 형제들의 대부분이 더 담대하게 말씀을 전할 용기를 가졌기 때문이다. NIV에서 이 구절에 대한 번역은 두 가지 제련되어야 할 부분이 있다. (1) 바울은 통상적으로 동료 크리스천들이란 용어로 "형제들"을 사용한다(특히 롬 8:29을 보라). 따라서 "주 안에서 형제들"이라고 말한 것은 중복일 것이다. 오히려 "주 안에서"를 "용기를 얻었다"(have been encouraged)란 어구와 함께 취하고, 그 문장을 "형제들의 대부분이 말씀을 더 용기 있고 두려움 없이 전할 수 있도록 주 안에서 용기를 얻었다"라고 번역하는 것이 더 낫다.[4] (2) "하나님의 말씀"에서 "하나님의"란 말은 빌립보서의 가장 이른 사본에서는 나타나지 않는다. 서기관들이 사본을 만들 때에 단어를 생략하기보다 추가하는 경향이 있었기 때문에 바울은 "하나님의"를 아마도 포함시켰을 것이다. 그럴 경우에 "말씀"('로고스')이란 용어만 남게 되지만 그 의미는 못지않게 분명했을 것이다. 바울의 서신에서 자주 그러한 것처럼, 여기서 그 용어는 바울이 나중에 분명히 일컫는 것처럼(2:16; 참조. 고전 1:18; 2:1; 14:36; 고후 4:2; 5:19) 복음, 즉 "생명의 말씀"을 가리킨다.

이 모든 것을 종합하면, 바울이 거하고 있는 곳의 크리스천의 대부분이 주 안에서 더 담대함을 가졌고, 예전보다도 더 과감하게 두려움 없이 그의 투옥으로 인해서 복음을 전하였다고 말하고 있다. 바울의 투옥이 다른 이들에게서 더 담대함을

Arndt, F. Wilbur Gingrich, Frederick W. Danker(Chicago: University of Chicago Press, 1979), 852의 개정을 보라.

4. O'Brien, *Philippians*, 94-95; 참조. Silva, *Philippians*, 68-69을 보라. "형제들"('아델포이')이란 용어에 관한 바울의 사용에 대해서는 J. Beutler, "ἀδελφός," *Exegetical Dictionary of the New Testament*, ed. Horst Balz and Gerhard Schneider, 3 vols. (Grand Rapids: Eerdmans, 1990-93), 1:30을 보라.

낳은 이유는 한 주석가가 주장한 것처럼 바울이 곧 풀려날 것이기 때문이 아니다. 이 형제들에 의한 말씀의 전파를 두려움 없이 담대한 것으로 묘사할 수 있었던 것은 그 경우가 아니다.[5] 바울의 구금이 그의 동료 신자들에게 말씀을 더 담대하게 말할 수 있도록 어떻게 영감을 주었는지를 우리가 확실히 알 수는 없을지라도, 아마도 죽음을 무릅쓰고 다른 이들에게 복음을 전하는 바울의 모범에 의해서 용기를 얻었을 것이다.

요약하면, 바울은 12-14절에서 자신의 투옥이 놀랍게도 복음의 진전을 야기했다고 말한다. 이런 진전을 바울이 투옥된 곳에서 살면서 일하고 있는 사람들을 통해서 복음이 전파된 방식과 다른 신자들이 이전보다 더 담대하게 복음을 전할 수 있도록 바울이 상황이 가져다준 활력으로 측정할 수 있다. 빌립보인들은 바울의 상황에 대해서 염려하지 않아야 한다. 그 상황들이 화해라는 그의 사역을 위한 도구가 되는 것으로 나타났기 때문이다.

바울의 친구들	**바울의 경쟁자들**
그리스도를 전파함	그리스도를 전파함
좋은 뜻으로	시기와 경쟁심으로
사랑 안에서	신실하지 못하게 이기심으로
내가 복음을 변호하기 위해서 여기에 갇혀 있음을 앎	내가 매여 있는 동안에 나를 곤란스럽게 할 수 있다고 생각함
참으로	겉치레로

복음이 바울의 경쟁자의 전파를 통해 발전되다(1:15-18a). 그러나 복음이 진전되는 곤란한 상황은 바울의 감옥으로 제한되지 않는다. 15-18a절에서 바울은 두 그룹으로 크리스천을 나누는데, 복음을 전하는 그들의 담대함은 그가 사로잡힘으로 강화

5. 이 견해는 Collange, *Philippians*, 55의 것이다. 이 견해에 반하는 것으로는 O'Brien, *Philippians*, 95의 현명한 말을 보라.

되었다. 이 그룹들에 대한 바울의 묘사는 세심하게 구성된 산물의 일종인데, 바울은 한 그룹에 대한 부정적인 묘사를 다른 그룹에 대한 긍정적인 묘사로 균형을 짓고 있다. 한 그룹은 시기심과 경쟁으로 특징지어지고, 다른 한 그룹은 선한 뜻으로 특징지어진다. 한 그룹은 바울의 고난에 대한 진리를 앎으로써 사랑에 의해 동기가 부여되고 있고, 다른 그룹은 그의 고난을 악화시킬 것이라고 생각하고서 이기적인 야망에 의해 동기가 부여되고 있다. 한 그룹의 동기는 거짓되고, 다른 그룹은 참되다. 이 단락의 세심하게 균형 잡힌 구조는 독자들에게 바울의 놀라운 결론을 준비시킨다. 둘 다 그리스도를 전파하고, 이러므로 그는 기뻐한다. 참된 그룹과 거짓된 그룹의 특징에 대한 묘사를 균형 있게 함으로써 바울은 그에 대한 거짓된 그룹의 영향을 수사적으로 사라지게 한다. 결국에 바울을 반대하던 그들의 노력도 바울에게서 가장 중요한 것을 행하는 것, 즉 그의 친구들이 역시 행하고 있는 것으로 귀결되었다. 즉 그들은 모두 그리스도를 전파했다.

바울은 이런 만족스러운 결과에 초점을 맞추고 있지 양 그룹의 정체성에 초점을 맞추고 있지 않다. 그는 단지 두 그룹에 대해서 아주 일반적인 정보만을 제공하고 있고, 그들에 대한 적극적인 정체성을 불가능하게 하고 있음은 놀랍지 않다.[6] "선한 뜻"과 바울을 위한 "사랑"으로 복음을 전파하는 동기부여를 가진 사람들은 바울의 화해 사역으로 인한 고난의 형태를 잘 알고 있다. 그들은 하나님이 "복음의 변호를 위해서" 바울을 감옥으로 "보내셨다"는 것을 알고 있다(16절). 외적인 모양에도 불구하고 이 상황은 복음을 진전시키기 위한 하나님의 전략의 일부이다. 즉 외적인 모양에도 불구하고 하나님이 그의 지혜와 능력을 보이시기 위해서 십자가의 어리석게 보이는 메시지를 사용하신 것처럼 말이다(고전 1:18-25).

복음 전파를 "시기와 경쟁"("투기와 분쟁"—개역개정)으로 하고 있는 사람들은 어떤 주석가들이 생각하는 것처럼 갈라디아에서 분쟁을 일으키던 자와 유사한 유대적인 대적자들이 아니다.[7] 갈라디아서의 대적자들은 "실로 전혀 복음이 아닌 다른 복음 전파했다"(갈 1:6-7). 그것은 바울을 아주 실망시켰다—하지만 빌립보서의 이들은 "그리스도를 전파하고", 따라서 바울은 그들의 전파에 기뻐한다(빌 1:15-16, 18a). 다른 사람들이 생각하는 것처럼, 이 대적자들은 바울의 고린도 교회에 침투했던 "거짓 사도들"의 일원도 아니다(고후 11:13-14).[8] 이 그룹이 어떻

6. O'Brien, *Philippians*, 105.
7. 예를 들어, Lightfoot, *Philippians*, 90.

게 바울의 구금에 용기를 얻어 복음을 더 담대하고 두려움 없이 전할 수 있었는지는 알기가 어렵다(빌 1:14). 오히려 바울에게서 이 경쟁자들은 개인적인 이유 때문에 사도를 반대했고 바울의 구금을 자신들의 개인적인 일정을 증진시킬 기회로 사용하려고 했던 것으로 보인다.[9] 그때에 복음에 대한 그들의 전파는 "이기적인 야심"이 동기부여가 되고 있고, 그들은 그들의 당파에 사람들이 참여하도록 설득하려고 추구할 때, 바울이 그의 감옥에서 이런 상황을 시기할 것으로 상상했다(17절). 어느 그룹이 왜 이 일을 했는지는 20세기나 멀리 떨어져 있어서 결정하기가 불가능하지만, 우리는 바울을 반대하는 다양한 세력들이 있었음을 초기의 증거로부터 알 수 있다. 보통 이 그룹들은 바울이 이단적이라고 생각했던 복음을 전파했지만, 항상 그렇지는 않았다. 이 단락의 배후에 있는 경쟁자들은 보다 정통적인 그룹 가운데 속하였음이 틀림없다.[10]

그러나 바울의 구금으로 인해 복음을 전하는 일에 담력을 얻는 이 두 그룹의 정체성에 너무 많은 관심을 기울이는 것은 이 단락의 요지를 놓치는 것이다. 이 단락의 균형 잡힌 수사학이 보여주는 것처럼, 바울의 관심은 그룹들 자체에 있지 않고 복음의 진전에 있다. 궁극적으로 바울에 대한 양 그룹의 자세는 문제가 되지 않는다. "중요한 것은 거짓된 동기이든 참된 동기이든 간에 모든 면에서 그리스도가 전파되고 있다는 사실이고, 이 사실이 바울에게 기쁨을 가져다준다(18a절). 4절에서 바울의 기쁨이 복음이 진전될 수 있도록 그의 사역에 빌립보인들이 참여한 것과 연관되어 있었던 것처럼, 여기서 바울은 그의 투옥과 일부 크리스천들의 개인적인 반목에도 불구하고 복음이 전파되고 있음을 기뻐한다. 궁극적으로 바울에게서 이것이 가장 중요한 것이다.

상황잇기

주요한 요지. 이 단락의 기초를 이루고 있고, 사실상 바울이 말하고 있는 모든 것의 동기를 제공하고 있는 신학적인 원리는 인간의 상황이 하나님의 손에 달려 있고, 하나님이 복음을 진전시키기 위해서 그것을 사용하신다는 것이다. 이

8. Robert Jewett, "Conflicting Movements in the Early Church as Reflected in Philippians," *Novum Testamentum* 12(1970): 362-90을 보라.

9. O'Brien, *Philippians*, 104.

10. 위에서 주어진 갈라디아서와 고린도후서의 언급과 더불어 행 21:20-21과 롬 3:8을 보라. 아울러 Gerd Luedemann, *Opposition to Paul in Jewish Christianity*(Minneapolis: Fortress, 1989)에 의한 포괄적인 연구를 보라.

원리는 두 가지 방식으로 특히 명확하게 이 단락에서 나타난다. 첫째로 빌립보인들은 서신의 이 항목이 그들에게 바울이 개인적으로 어떻게 지내고 있는지에 관한 소식을 줄 것으로 기대했을 것이다. 에바브로디도는 감옥에 있는 바울의 곤란을 경감시키기 위해서 의도된 선물을 가져왔고(4:10-20), 빌립보인들은 에바브로디도가 돌아오고 그의 손에 들려 있는 파피루스 묶음을 보았을 때, 그것이 바울의 상황에 대한 묘사를 담고 있을 것으로 예상했을 것이다. 바울이 서신에서 인사와 기도부분을 전달하고 나서 "이제 나는 당신들이…을 알기를 원한다"라는 관습적인 말을 하였을 때 이런 기대는 한층 강화되었을 것이다.

그러나 뒤이어지는 것은 바울의 개인적인 상황에 대한 정보는 거의 담고 있지 않다. 빌립보인들은 바울이 아픈지 잘 있는지, 밤에 춥지는 않은지 불편하지는 않은지, 혼자 있는지 다른 죄수들과 함께 있는지, 간수들이 친절하게 대해주고 있는지를 에바브로디도에게 물을 수밖에 없었을 것이다. 그들의 기대와는 달리 바울의 근황에 대한 보고는 복음이 어떻게 전파되고 있는지에 관한 것이다. 칼 바르트가 말한 것처럼,

> 그가 복음의 과정으로부터 추상적으로 자신의 상황에 대해서 객관적으로 말한다면, 그는 사도가 아니었을 것이다. 그는 자신의 주관성과 아울러 그가 갖고 있는 모든 객관적인 이득을 희생시킨다. 자신과 관련한 질문에 대해서 사도는 복음과 관련한 정보로 반응해야 한다.[11]

둘째로 "그에게 곤란을 야기하려고" 시도했던 동료 신자들에 대한 바울의 반응은 그가 하나님의 권위 아래 자신의 상황을 두었고, 하나님이 그것을 하나님의 목적을 이루시기 위해서 사용하시고 있다는 것을 확신하고 있음을 생생하게 보여주고 있다. 여기서 그는 다른 사람들에게 주었던 조언을 실천하고 있다. 어떤 이들이 자신들에게 행해진 다양한 불의를 배상하게 하기 위해서 재판관 앞에 다른 이들을 데리고 간다는 말을 들었을 때, "차라리 불의를 당하는 것이 낫지 아니하며 차라리 속는 것이 낫지 아니하냐"(고전 6:7)라고 그는 고린도의 신자들에게 말했었다. 그의 요지는 교인들이 동료 신자에 대항해서 법으로 승소하여 개인적으로 만족을 얻기보다는 교회가 교회 되는 것이 더 중요하다는 것이었다. 이제 바울은 그

11. Barth, *Philippians*, 26.

에게 잘못한 사람들을 직면하고 있고, 고린도인들에게 했던 조언과 일치되게 그의 반응은 자신의 개인적인 일정을 하나님의 일정에 복종시킨다. 그들의 반목을 개의치 않는 그는 그들이 그리스도를 전파하고 있음을 기뻐한다(참조. 고전 4:13a).

이것은 우리가 이 단락의 원 의미 문맥에서 우리의 문맥으로 이동시켜야 하는 주요한 신학적인 내용이다. 힘들고 심지어 삶에 위협을 가하는 환경에 직면할 때, 우리는 바울을 우리의 모범으로 삼아야 하고 하나님이 어떻게 그러한 환경에서 우리의 삶이나 다른 사람의 삶에서 복음을 진전시키기 위해서 역사하시고 있는가를 보아야 한다. 동료 크리스천들이 우리의 고통을 경감시키려고 하기보다 오히려 우리의 허리에 차꼬를 조이려 할 때, 그리고 그들이 우리의 곤란한 상황을 이용하여 자신의 목표를 촉진하려고 할 때, 우리는 바울의 관점을 기억해야 한다. 가장 중요한 것은 복음이 진전되어 나아가고 있느냐이다. 만약 그러하다면, 우리는 기뻐해야 한다.

현대의 기술 지향적인 사회의 문화에서 많은 부분들이 빌립보인들보다 오늘날의 크리스천들이 이 주요한 원리를 적용하는 것을 더 어렵게 만든다. 바울이 행했고 글을 썼던 고대 헬라 세계에 현대적인 의미에서 이 용어의 무신론과 물질주의는 사실상 존재하지 않았다. 모든 사람들이 신들의 존재를 믿었고, 오직 소수의 엘리트들만이 신이 존재한다할지라도 그 신은 인간의 정사와 무관하다는 현대적인 개념과 비견할 수 있는 사상을 가졌다.[12] 하지만 이런 개념이 오늘날의 기술적으로 발전된 문화에서는 만연되어 있다. 현대 문화에서 삶의 목표는 엄격하게 물질적이거나 기껏해야 인간적인 용어로 자주 설명된다. "가장 많은 장난감을 갖고 죽는 사람이 이긴다"는 말이 교외 지역의 나의 이웃에 어린이 보호 센터 바깥에 주차되어 있는 차의 범퍼에 붙어 있다. 인간의 고난을 경감시키거나 정의로운 사회를 창출하는 보다 고상한 용어로 삶의 목표를 표현하는 사람들조차도 하나님을 존중하지 않는 매우 인간적인 용어로 자주 그렇게 표현한다.[13]

바울은 빌립보의 독자들이 하나님의 초월성의 개념을 잘 알고 있다고 가정했지만, 우리의 문화는 우리가 이것을 부인하거나 잊게 만든다. 우리는 어떻게 그런 영

12. 철학자 에피쿠로스의 추종자들은 우주를 형성하는 입자인 "원자"의 움직임이 모든 사건의 경로를 결정짓는다고 믿었다. 에피쿠로스파는 신을 믿었을지라도, 신들이 물질적인 세계에 영향을 미칠 수 없다고 생각했다. Helmut Koester, *Introduction to the New Testament*, vol. 1, *History, Culture, and Religion of the Hellenistic Age*(Philadelphia/Berlin: Fotress/Walter de Gruyter, 1982), 141-204을 보라.

13. 특히 Stephen L. Carter, *The Culture of Disbelif: How American Law and Politics Trivialize Religious Devotion*(New York: Basic Books, 1993)을 보라.

향에 맞설 수 있는가? 한 유용한 해독제는 하나님이 교회 안에서 역사하셨던 증거를 과거로부터 자주 상기하는 것이다. 크리스천들은 처음부터 현재까지 교회 역사의 개요에 익숙해야 하고, 성경에서의 사람들, 고전 교회 역사가들, 그리고 잘 정리된 현대의 증거들 가운데서 하나님의 놀라운 역사에 관한 기사를 자주 읽어야 한다.[14] 그러므로 하나님의 목적이 우리의 고난으로 인해 멀어져 보일 때, 우리는 그럼에도 불구하고 하나님이 역사하시는 것을 다른 사람들의 모범을 통해 상기할 수 있다.

세 가지 의미들. 이 단락의 세 가지 보조적인 요지들이 이 주요한 요지로부터 파생된다. 첫째로 이 단락은 크리스천들이 해야 하는 방식에서 고난의 분투하는 방식으로 모범을 이룬 신자들을 발견하는 가치를 간접적으로 보여준다. 바울의 투옥은 그의 주변의 신자들에게 주님 안에서 더 큰 확신을 주어, 그들로 하여금 과거보다도 더 담대하게 복음을 전파할 수 있게 했다. 이 단락이 이런 영향에 대한 직접적인 명령을 담고 있지는 않을지라도, 바울은 이 서신의 다른 곳에서 빌립보인들이 자신의 고난과 그들의 고난을 비교해볼 것을 격려하고(1:30; 참조. 딤후 2:3), 그들이 그의 모범을 닮을 것을 이야기한다(빌 3:17; 4:9). 그것은 빌립보인들을 위한 이 말의 기록에서 그가 의도한 일부가 고난에 대해서 생각해야 하는 모범을 그들에게 제공하는 것이었을 것이다(1:28-30). 이런 종류의 모방은 가치가 있다. 복음의 증진을 그의 삶의 가장 중요한 양상으로 간주한 바울의 뜻을 앎으로써 다른 이들이 복음을 담대하고 두려움 없이 전파할 수 있도록 도전을 받았고, 빌립보인들이 동일한 일을 하라는 도전을 듣게 된다.

확실히 우리는 바울의 용기에 관한 도전을 역시 받아들여야 한다. 이 단락은 바울의 발자취를 따랐던 사람들을 모범으로 취하는 일의 가치를 보여준다(참조. 3:17). 그때에 이 단락을 바울의 시대에서 우리의 시대로 가져오는 일에 있어서, 고난 하에서 복음에 대한 바울의 용기 있는 헌신과 복음의 진전을 위한 수단으로서 이 고난에 관한 그의 관점에 대한 현대적인 유추를 발견하는 것은 적절해 보인다.

둘째로 이 단락은 바울신학의 중요한 원리를 보여주는데, 이것은 특히 부요한

14. 하나님을 사회에서 내쫓는 가장 철저한 시도가 공산주의 국가에서 일어난 것으로 보인다. 그러한 시도에도 불구하고 신자들 사이에 하나님의 역사에 관해서 세심하게 구성된 기사에 대해서는 Barbara von der Heydt, *Candles Behind the Wall: Heroes of the Peaceful Revolution That Shattered Communism*(Grand Rapids: Eerdmans, 1993)을 보라.

서방에서 현대 크리스천들이 자주 놓치는 것이다. 하나님은 '그럼에도 불구하고' 만이 아니라 어려운 환경을 '통해' 역사하신다. 그는 십자가의 어리석음을 취하여 구속의 목적을 이루시고(고전 1:18), 이 세상의 어리석은 일을 취하여 구속하시며(1:27), 육체적이고 감정적인 상태가 "질그릇"과 비견할 수 있는 사도를 취하여 구속의 메시지를 전달하신다(고후 4:7-12; 참조. 고전 4:8-13; 고후 11:21-33). 하나님은 복음의 진전이 하나님이 행하시는 일이지 인간의 천재성의 문제가 아니라는 것을 보이시기 위해서 이런 수단을 사용하실 것을 선택하신다(고전 1:29; 고후 4:7). 그러므로 바울은 그의 구금과 경쟁자들의 시기를 하나님이 복음의 진전을 위한 수단으로 바꾸신 것에 놀라지 않는다. 이것이 하나님이 일하시는 전형적인 방식이기 때문이다.

우리가 빌립보서 1:12-18a를 빌립보인들의 손에서 취하여 그것을 현대 교회에 적용할 때, 하나님이 역사하시는 방법에 관한 바울의 관점을 세심하게 보존할 수 있어야 한다. 우리는 서방에서 범람하고 있는 위신, 권세, 그리고 부의 범주에서 복음의 가장 커다란 진전을 발견하지 않아야 한다. 오히려 우리는 확실히 하나님이 역사하시는 대리자가 있는 곳에서 복음이 가장 활발하게 발전한다는 것을 기대해야 한다.

셋째로 이 단락은 우리의 기쁨이 물리적인 상태나 우리에 대한 다른 사람들의 반응보다는 복음의 진전과 연결될 때, 상황들이 우리를 대적할 때조차도 그 기쁨이 더 확고해진다는 것을 보여준다. 바울은 선한 뜻과 자신을 향한 사랑으로 가득찬 사람들이 그리스도를 전파할 때만이 아니라, 복음의 사자(메신저)들이 스스로를 그의 대적과 경쟁자로 자처할 때도 기뻐할 수 있었다. 현대 교회의 교제는 영역에 대한 다툼, 돈과 영향에 대한 경쟁, 그리고 사소한 신학적 불일치로 인해 빈약해지고 있다. 우리는 바울의 세계에서 우리의 세계로 이동할 때, 우리의 삶에 영향을 주고 있는 크리스천들 사이에서의 분열에 대한 바울의 치유적인 관점을 적용할 필요가 있다.

몇 가지 조심할 점들. 우리가 보았던 것처럼, 이 단락은 신학적인 자양물로 풍성하지만, 그 메시지가 올바른 길로부터 유리하게 만드는 유혹들에 의해 심각하게 오염될 수 있다. 예를 들어, 이 단락에 대한 어떤 유명한 해석들은 이 단락을 바울의 감옥의 상태에 관한 그럴듯한 재구성을 시도함으로써 당시의 역사적인 갭을 채우려 한다. 그것은 그가 로마에 있었고, 그가 죽기 전에 마지막 감옥에 있는 장면을 보여주고 있다고 주장한다. 그러므로 한 주석가는 바울이 "정력적인 경력의 마지막 시기에 감옥에서 실낱같은 석방의 희망을 갖고서 아마도 처형을 기다리고 있었다"고 해석한다.[15] 또 다른 주석가는 바울의 구금이 사도행전 28장에 기록된 것과 같다고 논지를 세운다. 나아가서 바울이 그를 지키기 위해서 순번을 가졌던 병사들을 통해서 시위대 전체에 복음을 확산시켰다는 논지를 펼친다.[16]

모든 그러한 이론들은 주해적인 실제의 차가운 양동이로 정신이 들게 만들 필요가 있다. 바울이 빌립보서를 썼을 때 어디에 구금되어 있었는지를 어느 누구도 알지 못한다. 설사 그가 로마에 있었다고 확신할지라도, 이 구금이 그의 마지막 구금이었을 리가 없다.[17] 디모데후서도 로마에서의 구금을 역시 언급하고, 우리가 그 서신이 모조적인 것이라고 생각하지 않는다면, 빌립보서가 바울의 마지막 서신이고, 그 구금이 그의 마지막 구금을 가리킨다고 가정하는 것은 현명하지 못하다. 아울러 바울을 지켰던 병사들이 시위대에 복음을 전하는 문을 열었다고 주장하는 것은 성경에서 어느 것도 증거하고 있지 않다. 사도행전은 바울이 그를 지키는 한 병사와 로마에 있었다고 말하고(행 28:16), 간수가 가정에 억류되어 있는 죄수에게 보통 속박되어 있었지만 본문은 이 간수가 복음을 듣는데 열심이었다는 암시를 담고 있지 않다.[18] 아마도 그들은 그랬을 수 있었을 것이고, 아마도 그들이 바울에게 들은 것을 동료들에게 말했을 수 있다. 하지만 이것이 오직 추측이기 때문에 그것으로 이 단락의 해석을 구성하는 것은 빈약한 토대를 갖는다.

바울의 환경이 황량했지만 하나님이 복음을 이 황량한 환경을 통해서 전달하는데 바울의 재능을 사용하셨다는 요지를 만들기 위해서 어느 경우에도 본문을 넘어서서 나아갈 필요는 없다. 우리는 고대의 어느 종류의 어느 지역에서의 구금이 적합하고 합리적인지를 생각할 이유를 갖고 있지 않다. 시위대와의 바울의 접촉에 대한 설명이 무엇이든 간에, 하나님이 유대 메시아의 십자가 처형을 좋은 소식으로 바꾸셨음을 선포하기 위해서 바울이 구금되어 있다는 것을 그들이 모두 이해했다는 것은 놀라운 일이다. 하나님은 바울의 최악의 상황을 복음의 강력한 진전을 위한 수단으로 바꾸셨다. 그것이 바울의 주요한 요지이고, 이 단락을 바울

---

15. Robert R. Wicks, "The Epistle to the Philippians," *The Interpreter's Bible*, ed. George A. Buttrick, 12 vols. (New York: Abingdon, 1952-57), 11:28.

16. Barclay, *The Letters to the Philippians, Colossians, and Thessalonians*, 22.

17. NIV의 "궁전 경호대"는 단순히 "시위대"('프라이토리오')로 더 잘 번역되고, 황제가 정주한 곳마다 있었던 황제의 경호대를 일컫는다. Lightfoot, *Philippians*, 88, 99-104을 보라.

18. 가벼운 구금 하에 있었던 죄수들을 경호원과 같이 묶어두었던 관습에 관해서는 Brian Rapske, *Paul in Roman Custody*(Grand Rapids/Carlisle, Eng.: Eerdmans/Paternoster, 1994), 31을 보라.

의 세계에서 우리의 세계로 전이시킴에 있어서 우리는 다른 물고기를 쫓지 않아야 한다.

이 단락이 보여주는 신학적인 여정에서 보다 심각하게 빗나간 것은 15-18a절에서 바울의 언급을 복음 전파자의 동기는 중요하지 않다는 의미로 오해하는 것이다. 말하자면 복음이 전파되는 한, 선을 이루는 것이고, 우리는 누가 복음을 전하거나 그들이 왜 복음을 전하는지에 대해서 염려하지 말아야 한다고 어떤 이들은 주장한다. 하지만 바울이 복음을 전하는 자의 동기와 형태에 대해서 무관심하지 않았다는 사실을 우리는 그의 다른 서신들에서 명확하게 알 수 있다. 데살로니가전서 2:1-12에서 바울은 데살로니가에서 복음을 전하는 그의 동기가 아첨이나 탐욕에 의한 것이 아니라 순수하다는 사실을 길게 설명한다. 데살로니가, 고린도, 그리고 아마도 에베소에서 바울은 손수 일하며 복음을 전했다. 그가 그렇게 한 이유 가운데는 그가 스스로 복음 전도를 위한 광장을 만들려는 것이었을 수 있지만, 또 다른 이유는 복음을 전하는 그의 동기에 대해서 좋지 않은 소문이나 스캔들을 퍼뜨리지 않도록 그가 사역하는 사람들로부터의 선물에 의지하지 않았을 것이다(고전 9:12b; 고후 11:7-9; 살전 1:5, 9).[19] 아울러 고린도후서 10-13장에서 "거짓 사도들"과의 바울의 싸움은 그들의 복음의 내용에 많이 있다기보다 그들의 인격적인 품행과 그들이 메시지를 선포했던 방식에 초점이 맞추어져 있다. 그들은 그들 자신을 다른 사람들(고후 10:12-18) 특히 바울과 비교했는데, 그들은 교만의 영을 갖고 그들의 말하는 능력(11:6), 그들의 유대적 유산(11:22), 그리고 놀라운 공적을 행한 그들의 능력(12:12)에서 바울을 앞섰다고 주장하였다. 그리고 그들은 따르는 자들을 얻고 충성하게 하기 위해서 고압적인 전략을 사용하였다(11:20). 그러므로 복음을 전파하는데 있어서 동기도 역시 바울에게서 중요했다는 것은 분명하다.

그렇다면 빌립보서에서 바울이 "그러면 무엇이냐 겉치레로 하나 참으로 하나 무슨 방도로 하든지 전파되는 것은 그리스도니"(1:18a)라고 말함으로써 그의 경쟁자들의 전파를 바라볼 때 그는 무엇을 의미했는가? 이런 퍼즐에 대한 대답은 바울이 전파에서 동기의 중요성을 논한 다른 서신들과 빌립보서에서 직면한 환경의 차이에 있다. 다른 서신들에서는 바울이 자신의 동기가 불순하다거나 동기가 순수

19. 바울이 복음을 확산시키기 위해서 일터를 사용했을 가능성에 대해서는 Abraham J. Malherbe, *Paul and the Thessalonians: The Philosophic Tradition of Pastoral Care*(Philadelphia: Fortress, 1987), 17-20을 보라.

하지 않은 사람들의 말에 넘어간 사람들에게 직접적으로 말하고 있었다. 반면에 빌립보 서신에서는 바울의 경쟁자나 이 사람들의 영향에 넘어간 사람들에게 말하고 있지 않다.

게다가 바울은 감옥에 있고, 따라서 그의 경쟁자들의 활동을 멈추게 할 수 없거나 심지어 그들과 그 활동에 관해서 논할 수가 없다. 바울이 그의 대적자들의 전략에 반하는 사례를 열거하는 것은 빌립보인들에게 어느 선도 창출하지 못하고 아울러 자신이 바라는 복음보다는 바울과 그의 환경에 관심을 기울이게 할 것이다. 그러므로 바울의 초점은 왜곡된 동기를 가진 사람들도 하나님의 목적에 기여하게 하시는 하나님의 능력에 있는 것이다. 이 경쟁자들의 불신실할 전파는 바울의 구금과 유사하다. 둘 다 잘못되었지만, 하나님이 그것을 구속적인 목적을 위해 사용하실 수 있다. 여기서 바울은 경쟁자들의 전략에 대해서 아무런 걱정이 없이 오로지 기쁨만이 있다. 그가 다른 문맥에서 "죄가 더한 곳에 은혜가 넘쳤나니"(롬 5:20)라고 말했던 것처럼 말이다.

그러나 이 단락을 해석하는데 있어서 가장 해로운 이탈은 고난에 대한 바울의 접근을 곡해하는 것이다. 이 단락은 고난이 선하고, 하나님이 고난을 만드신 자이시며, 고난을 둘러싼 신비스러운 역설이 갑자기 해소되거나, 크리스천들이 고난을 경험할 때 얼굴에 미소를 덧칠하고 마치 고난이 즐거운 경험인 것처럼 보여야 한다는 것을 함축하는 주장을 담고 있지 않다. 바울이 그의 경쟁자들이 "나의 매임에 괴로움을 더하게 할 줄로 생각하"였다고 말할 때(17절), 그는 그의 구금이 고통이며 그의 대적자들이 그 고통을 악화시키고 있다는 것을 인정한다. 게다가 그의 기쁨은 고난으로 인한 것이거나 고난에도 불구하고가 아니라 그리스도가 전파되기 때문이다. 고난은 실제적이고, 바울이 말한 어느 것도 고난 자체가 선이라고 시사하지 않는다. 오히려 이 단락에서 하나님은 그의 목표를 이루시는 도구로 고난을 사용하심으로써 고난을 이기신다.

이 단락에서 고난의 문제에 대한 손쉬운 해결책은 없고, 그 고난의 심각성을 부인하지도 않는다. 그러나 이 단락은 고난이 득세하지 않도록 하나님이 역사하시는 것을 보여주고, 하나님이 고난으로부터 영원한 선을 가져오기 위해서 그의 백성들이 경험하는 고난을 구속하시리라(redeem)는 소망을 제공한다.[20]

---

20. Carson, *How Long, O Lord? Reflections on Suffering and Evil*, 특히 69-91에서 이 문제에 대해서 분명하고 성경적으로 기초한 연구를 보라.

현대적 의미

서방의 민주주의에서 교회를 형성한 우리들은 우리들에게서 접근 가능한 경제적이고 정치적인 세력들의 통로를 통해서 성경의 하나님이 보통 역사하시는 것이 아니라 세상이 어쨌거나 피하라고 말하는 고난과 약함을 통해서 역사하신다는 것을 상기할 필요가 있다. 반세기 동안 마르크스주의 정부 하에서 교회의 억압은 하나님의 목적이 승리하는 방식에 관한 놀라운 사례를 제공했다. 인간의 고안물이 아무리 좌절시키려 할지라도 하나님이 복음을 진전시키기 위해서 교회의 고난을 사용하신다. 동유럽에서 크리스천에 대한 구금과 고문, 처형에도 불구하고, 또한 젊은이들에게 종교는 어리석은 자의 은둔이라고 가르치려고 애썼을지라도, 1980년대에 대부분의 마르크스주의와 공산주의 정부는 자신들의 정책이 실패했다는 것을 인정했다. 교회의 출석은 이런 세력 하에서 확실히 쇠퇴했지만 그것은 역시 서방에서도 마찬가지였고, 이 억압적인 정부에 의해 취해진 여론조사는 나이든 자와 젊은 자들의 상당수가 하나님을 믿고 예배에 참석하며 교회에서 결혼하고 자녀들에게 세례를 주기를 추구했다는 사실을 끊임없이 보여주었다. 그들의 권력이 끝날 때 즈음에 이 정부들의 대다수가 그들의 억압적인 조치를 포기했다. 교회가 승리했다.[21]

쿠바는 교훈적인 사례 연구를 제공했다. 베를린 장벽이 무너지고 5년 뒤에 신학자 토마스 오덴이 쿠바의 감리교회의 회중들을 방문했고, 억압과 비참한 경제적인 상황에도 불구하고, 감리교회가 6천 명 미만에서 5만 명 이상으로 성장했다는 것을 발견했다. 사도행전 2장을 상기시키는 영적인 혁명에 못지않은 일이 발생했다고 오덴은 말했다.[22] 게다가 이 영적이고 수적인 성장의 많은 것들이 공식적인 무신론 당파에 지쳐서 삶의 의미에 대한 만족스러운 대답을 발견하려고 교회에 나온 젊은이와 어른들에게서 기인했다. 지난 40년 동안에 페덜 카스트로의 독재적인 정권의 무수한 노력이 교회를 짓밟는데 성공하지 못했다. 대학 교육의 기회를 놓치는 것에서부터 오랫동안 감옥에 있게 되는 것에 이르기까지 개인적인 모든 희생에도 불구하고 크리스천들이 신실했고, 교회가 성장했다.

오덴의 보고를 읽은 후에 놀라지 않을 수 없는 것은 피델 카스트로가 조치를 누

21. Owen Chadwick, *The Christian Church in the Cold War*(London: Allen Lane/Penguin, 1992), 73-108을 보라. 믿음이 억압적인 정부를 쓰러뜨리는 역할을 하도록 이끈 용기 있는 크리스천들의 감동적인 이야기가 Heydt, *Candles Behind the Wall*에 나타난다.

22. "The Church Castro Couldn't Kill," *Christianity Today*(April 25, 1994), 20.

그러뜨리고 교회로 하여금 자유의 상태를 허락한 후에 복음에 대한 폭발적인 관심은 부분적으로 수년간에 걸친 교회의 일관성에 대해서 사람들이 느낀 감탄에 따른 것이었다. 어찌되었든 간에 소련의 붕괴 이후에 쿠바에 미친 냉혹한 경제적인 위기는 확실히 복음을 위한 기회의 문을 열었다. 오랫동안 믿어온 한 쿠바 신자는 이런 관찰을 했다.

> 의미의 탐구는 빵을 찾는 것만큼 중요하다. 우리 주변의 경제가 무너지는 동안에 크리스천들은 특별한 은혜의 상태에서 살고 있다. 쿠바인들이 하나님의 백성들과 믿음 없이 결사적으로 살아가려고 하는 사람들 사이에 차이를 보는 것은 어렵지 않다. 보통의 쿠바인들은 생명을 구원하는 희망의 공동체로 교회를 인식하고 있다.[23]

하나님은 오늘날 그의 백성들의 약함과 고난을 통해서 복음을 증진하기를 계속하시고 있다. 이것이 물론 고난을 좋은 것으로 만들지는 못한다. 우리는 크리스천 형제와 자매의 고난을 모든 곳에서 경감시키기 위해서 노력해야 한다. 하지만 아름답게 지어진 건물, 커다란 주차장, 그리고 교회를 쉽게 옮겨 다니는 자들을 끌어당기기 위해 계획된 프로그램들이 하나님이 역사하시고 있음을 보증하지는 못한다. 하나님은 세상이 거부하는 수단들을 통해서 보통 역사하신다.

21세기에 교회는 어려운 상황 가운데서 용기를 보여주었던 크리스천들이 다른 신자들에게 제공하는 용기를 역시 기억할 필요가 있다. 우리는 최근에 믿음의 영웅들을 존중해야 한다. 그들의 믿음에 대해서 하나님께 감사해야 할 뿐 아니라, 개인적이고 일반적인 위기 동안에 신실할 수 있는 방법에 관해서 다른 이들에게 가르쳐야 한다. 복음의 이름으로 1930년대와 40년대에 나찌의 인종적이고 태생적인 정결함의 왜곡된 개념에 맞섰던 영웅적인 크리스천들의 이야기는 오늘날 모든 인간의 삶의 가치에서 성경적인 관점에 충실할 것을 크리스천들에게 자극할 수 있다. 나찌에 대한 저항 때문에 마틴 네멜러는 투옥되었고, 칼 바르트는 추방되었으며, 디트리히 본훼퍼는 처형되었다.[24]

교회는 오늘날 이런 용기 있는 크리스천들의 모범을 따를 필요가 있다. 가난한 자들에게 자비를 보이고, 평화를 촉진하며, 아직 태어나지 않은 생명을 구하는 공

23. Ibid., 21.
24. 이런 사건들에 관한 많은 연구들 중에서 특히 Victoria Barnett, *For the Soul of the People: Protestant Protest Against Hitler*(New York: Oxford University Press, 1992)을 보라.

적인 정책들에 대한 노력을 기하는 일에 있어서 말이다. 감사하게도 북아메리카의 서방의 대부분의 크리스천들이 독재적인 정부 하에서보다는 민주주의 제도 하에서 살고 있기 때문에 감옥에 가지 않고 활발한 공개적인 논쟁을 통해서 이런 목적을 위해 효과적으로 노력할 수 있다. 그럼에도 불구하고 최근의 영적인 조상들의 용기는 교회가 신학적인 헌신을 확고히 붙잡고 복음이 올바르게 전파되도록 모든 것을 희생해야 할 것을 독려한다. 그렇게 하는 것이 설사 인기가 없다 할지라도 말이다.

기독교 선교에 대한 최근의 역사는 세상의 추수 현장에서 특히 수고하는 크리스천들의 헌신을 독려하는 용기의 놀라운 모범적 사례를 제공한다. 짐, 엘리자베스, 그리고 발레리 엘리어트가 에쿠아도르의 퀴추아와 아우카족들 사이에서 행한 수고는 복음주의 기독교인들 사이에서 복음의 선교적 위임에 대한 믿음의 기념비적인 모범이 되었다.[25] 그것은 옳다. 짐과 네 명의 다른 선교사들이 아우카족과 접촉하려고 애쓰다가 생명을 잃은 후에 엘리자베스가 그 부족과의 접촉점을 형성했고, 그녀는 어린 딸인 발레리와 함께 그곳으로 가서 그들 사이에서 살았다. 그녀는 그들의 언어를 습득하고 그것을 문자로 만들었으며, 그들에게 복음을 설명하였다. 이해할 수 없는 언어와 문화를 가진 사람들과 정글 속에서 살아가는 감정적이고 육체적인 고난에도 불구하고, 엘리자베스는 순종으로 나아갔고 하나님이 그녀가 행하도록 주신 일을 이루어내었다. 엘리자베스 엘리어트는 상실과 고난에 직면해서 복음을 전하려는 그녀의 헌신을 감옥에 갇힌 바울의 정신으로 행했다.

서방 기존 교회의 비교적 안락함 속에서 살아가는 현대의 신자들은 빌립보서 1:14의 신학적인 원리를 자신들에게 적용하기를 시도했던 사람들에 대한 연구에서 영적으로 이득을 얻을 수 있다. 우리가 어떤 "매임"을 당하고 있을지라도, 복음이 그것을 통해서 진전되는 방식을 볼 수 있다. 우리가 복음에 헌신하는 것을 가정의 구성원들이나 직장 동료들이 조롱하고, 철저히 세속적인 지향으로 인해서 우리가 더 넓은 사회에서 소외감을 느끼며, 또는 심지어 아주 철저히 문화에 적용하는 교회로부터 이해가 부족하다는 말을 들을 때, 신실한 신자의 통제를 넘어서는 세력들이 신자를 속박하고 있는 여러 방식들을 보게 된다. 그러한 상황에서 바울과 그를 닮은 많은 용기 있는 크리스천들과 같이 우리의 반응은 환경의 고통에서 우

25. Elisabeth Elliot, *Through Gates of Splendor*(Old Tappan, N.J.: Fleming H. Revell, 1956): idem, *Shadow of the Almighty*(Grand Rapids: Zondervan, 1958): and idem, *The Savage My Kinsman*(New York/London: Harper & Brothers/Hodder & Stoughton, 1961)을 보라.

울한 것에 초점을 맞출 것이 아니라, 곤란 가운데서도 복음을 전달하는 방식을 발견하는 기쁨의 시도를 해야 한다.

마지막으로 이 단락은 현대 교회에 기쁨의 본질에 대한 것을 가르쳐준다. 그것은 모든 것이 우리의 방식대로 진행되는 자아 만족적인 기쁨이 아니라 복음을 삶의 초점으로 맞추고 하나님이 아주 어려운 환경에서도 복음을 진전시키심을 이해하는 데서 오는 변치 않는 평화다. 바울은 자신의 부당한 구금에도 불구하고 평강을 가졌고, 동료신자들이 이기적인 야심을 이루기 위해서 그의 고난을 통해 이득을 보려는 것에서도 기뻐한다. 이런 놀라운 태도를 보인 이유는 복음의 진전이 그의 주요한 삶의 목표였기 때문이다. 결과적으로 그의 역경이 복음으로 더 넓은 청중을 얻을 수 있는 기회였다면, 바울은 그 역경을 평정으로 맞이할 수 있었다. 우리의 환경에서 이런 종류의 기쁨이 부족하다면, 우리의 행복이 육체적이고 감정적인 위안과 연결되기보다는 복음의 목표에 연결되는 것을 우리의 영혼이 확실히 추구하게 해야 한다.

특히 이 단락은 자기를 섬기는 헌신을 하고 복음의 대의를 진전시키는 데는 신실하지 못한 크리스천들을 때로 사용하실 수 있음을 현대 교회가 인식하게 만든다. 이것은 그들의 동기나 방법을 인정한다는 것을 의미하는 것이 아니라, 복음의 신실치 못한 선포가 듣는 사람들을 무기력하게 혼란케 하고, 합법적인 크리스천 사역자들의 일을 손상시키며, 또는 자격 없는 증거로 말미암아 신실하게 믿는 사람들의 믿음을 오염시키는 것에 좌절하지 말 것을 의미한다. 빌립보서 1:18a에서 바울의 진술의 명확한 가르침은 하나님이 신실치 못한 사람들의 전파를 번성케 하여 그것을 복음을 진전시키는데 사용하신다는 것이다.

4-5세기에 도나투스주의자들의 논쟁은 이런 점에서 교훈적이다. 디오클레티안 로마 황제 하에서의 끔직한 박해 시에(A.D. 245-313), 황제의 병사들이 많은 교회들에 침입하여 사제들에게 성경의 복사본들을 건넬 것을 명했다. 그것들을 불태울 수 있도록 말이다. 많은 사제들이 그렇게 하는 것을 거부함으로써 생명을 잃었지만 어떤 이들은 두려움에 물러나서 성경을 불태우는 동안 옆에 서 있었다. 박해가 잦아든 후에 이런 식으로 죽음을 면한 사제들은 '반역자'로 낙인찍혀 성직자의 반열에서 물러났다. 그런데 도나투스주의자들은 불신실한 자들이 활동하던 시기와 그들의 서임이 취소되었던 시기 사이에 '반역자'들에 의해 서임을 받은 어느 성직자도 불신실함에 오염되어서 적절히 성별된 사제로 생각할 수 없다고 믿었다. 그러나 다수파는 하나님이 성별을 타당하게 하시는 것이지 그 성별을 주관하였던

사제가 그것을 타당하게 하는 것이 아니라고 믿었다. 인간의 불신실이 선을 위한 하나님의 계획을 방해할 수는 없다는 것이다.

빌립보서 1:18a는 다수파가 옳았다는 것을 보여준다. 하나님이 비양심적인 텔레비전 전도자, 돈을 구애하는 라디오 설교자, 그리고 정교하지만 믿음이 없이 진리를 전달하는 성직자를 이용하실 수 있다. 그 일은 하나님의 일이다. 교회의 불신실한 사람들에 의해 둘러싸인 것을 발견할 때, 그리고 이들이 그 방식을 고치라는 우리의 간청에 반응하지 않을 때, 우리는 그래도 기쁨을 유지할 수 있다. 하나님이 통치하시고, 그리스도가 전파되는 곳마다 하나님이 복음을 진전시키신다는 사실을 우리가 기억한다면 말이다.

빌립보서 1:18b-26

18b 이로써 나는 기뻐하고 또한 기뻐하리라
19 이것이 너희의 간구와 예수 그리스도의 성령
의 도우심으로 나를 구원에 이르게 할 줄 아
는 고로
20 나의 간절한 기대와 소망을 따라 아무 일에
든지 부끄러워하지 아니하고 지금도 전과 같
이 온전히 담대하여 살든지 죽든지 내 몸에
서 그리스도가 존귀하게 되게 하려 하나니
21 이는 내게 사는 것이 그리스도니 죽는 것도
유익함이라
22 그러나 만일 육신으로 사는 이것이 내 일의
열매일진대 무엇을 택해야 할는지 나는 알지
못하노라
23 내가 그 둘 사이에 끼였으니 차라리 세상을
떠나서 그리스도와 함께 있는 것이 훨씬 더
좋은 일이라 그렇게 하고 싶으나
24 내가 육신으로 있는 것이 너희를 위하여 더
유익하리라
25 내가 살 것과 너희 믿음의 진보와 기쁨을 위
하여 너희 무리와 함께 거할 이것을 확실히
아노니
26 내가 다시 너희와 같이 있음으로 그리스도
예수 안에서 너희 자랑이 나로 말미암아 풍
성하게 하려 함이라

원 의미

자신의 상황에 대한 바울의 보고는 18b-26절에서 장래에 대한 것으로 전환하여 계속된다. 그는 하나님이 복음을 진전시키기 위해서 현재의 상황에서 역사하시는 것을 보는 것에 기뻐할 뿐만 아니라, 어떤 상황이 그를 기다리고 있든간에 하나님의 신실하심이 그를 보존하실 것이기 때문에 "계속해서 기뻐할" 것이다. 바울의 구금의 궁극적인 결과는 어떤 차원에서는 전적으로 확실하지 않다. 19절과 25절에서 "내가 안다"(I know)라는 바울의 두 번의 말은 그가 그의 장래에 대해서 확실한 것을 드러내고 있지 않다. 그것은 믿음으로 말하는 것이고, 그가 생각하기에 장래에 일어날 것을 묘사하고 있지만, 20b-24절은 그가 임박한 재판의 결과에 대해서 확실히 알고 있지 못함을 보여준다.[1]

1. Bruce, *Philippians*, 28의 언급을 보라.

그러나 다른 차원에서 그의 장래의 환경은 전적으로 확실하다. 그는 "살든지 죽든지"(20절) 그리스도가 높아지실 것을 알고 있기 때문이다. 이 긴 단락은 실제 속에서 바울의 확신을 웅변적으로 진술하고, 그 결론에서 기술적으로 복음의 진전에 관한 주제를 재도입한다(25절). 하지만 이번에는 바울 자신에게 초점을 맞추기보다 빌립보인들에게 초점을 맞춘다. 이것은 바울의 상황이 주요한 주제였던 서신의 본론의 첫 번째 주요한 단락에서 빌립보인들에게 초점을 맞춘 두 번째 단락으로 전환하는 것으로 기능한다.

이 단락이 밀접한 한 단위를 이루고 있을지라도, 우리가 그것을 두 부분으로 나눈다면, 분석하는데 훨씬 수월할 것이다. 첫 부분에서(18b-20절) 바울은 장래에 그에게 무슨 일이 일어나든지 간에 그가 기쁨을 잃지 않으리라는 확신을 진술한다. 그리스도가 그를 높이실 것이기 때문이다. 두 번째 부분에서(21-26절), 바울은 이런 특이한 관점에 대한 이유를 제공하고, 그가 믿기에 그의 상황의 결과를 진술한다. 재판의 결과에 대한 그의 견해는 그것이 빌립보인들에게 믿음의 진보를 가져올 것이고, 이 주제를 이 서신의 나머지 대부분이 다루게 될 것이다.

살든지 죽든지 그리스도가 존귀하게 됨(1:18b-20). 바울은 크리스천 형제들로부터 반대의 고초를 겪었을지라도 적어도 이 경쟁적인 전파자들은 그리스도를 전파하고 있었고, "이 때문에 나는 기뻐한다"고 언급함으로써 12-18a절에서 그의 현재의 상황에 관한 논의를 결론지었다. 그는 이 새 단락에서 장래에 관한 강조를 도입하는데, 그는 "이로써 나는 기뻐하고 또한 기뻐하리라"는 진술로 장래에 대한 그의 기쁨을 투사한다. 그때에 그는 그의 기쁨이 계속되는 이런 확신에 대한 이유를 전달한다. 그에게 일어났던 모든 것은 그의 "구원"('소테리아')에 이르게 할 것이다.

'소테리아'란 말은 흔히 신약성경에서 사용되고, 특히 바울의 서신에서 마지막 날에 하나님의 진노에서 구원된다는 궁극적인 측면에서 "구원"을 의미한다. 그 의미가 몇 문장 뒤에 1:28에서 명확해지는데, 바울은 그 구절에서 빌립보인들의 장래의 구원과 그들의 박해자들에게 닥칠 멸망을 대조시킨다. 그것이 아마도 바울이 여기서 의도했던 의미일 것이다. 그가 20절의 "구원"을 그리스도가 그의 몸에서 높아지신 것과 동일시하고, 이 높아지심이 "살든지 죽든지" 발생할 수 있다고 말하고 있기 때문이다.[2] 다시 말해서, 심지어 바울의 죽음이 그의 "구원"으로 귀결될

2. Silva, *Philippians*, 76-79에 의한 이 구절에서 '소테리아'의 의미에 관한 철저한 논의를 보라.

수도 있다. 그가 말하고 있는 구원은 그를 묶고 있는 사슬에서 그가 육체적으로 풀려나는 것과 관련이 없기 때문이다. 오히려 그것은 그의 종말론적인 "구원"이다.[3]

이어지는 내용에서 바울은 두 가지 방식으로 이 진술을 수식한다. 첫째로 그는 1:12-18a에서 묘사된 사건들이 빌립보인들의 기도와 예수 그리스도의 성령의 도우심으로 그의 구원이 "나타날" 것이라고 주장한다. 빌립보인들이 지극히 좋은 것을 식별하고 마지막 날에 순전하고 흠없이 이를 수 있도록 믿음을 끊임없이 성숙하게 할 것을 바울이 기도했던 것처럼(1:9-11), 바울은 감옥에 있는 동안에 그가 "충분한 용기"로 인내하고 궁극적으로 구속받은 하나님의 백성 중에 한 사람으로 하나님 앞에 설 수 있도록 그를 위한 빌립보인들의 기도를 하나님이 사용하시라고 믿는다.

"예수 그리스도의 영"은 이런 도움이 올 수 있는 거룩한 수단이다. 19절의 NIV 번역에서 "도움"('에피코레기아')이란 용어는 "공급하다"를 역시 의미할 수 있고, 이는 "주다, 제공하다, 전달하다, 부여하다"를 의미하는 헬라어 동사와 긴밀하게 연관되어 있고, 자주는 아니지만 "지원하다"와도 연관되어 있다.[4] 바울은 갈라디아서 3:5에서 이 동사를 사용하여 갈라디아인들에게 성령을 "주셨던" 분으로서 하나님을 언급한다. 아마도 빌립보서 1:19에서도 이 용어는 성령이 바울에게 주신 도움을 의미하지 않고, 하나님이 바울에게 공급하신 성령 자체를 의미하는 것으로 보인다. 게다가 성령의 이런 공급은 NIV가 함축하는 것보다 더 긴밀하게 빌립보인들의 기도와 연관되어 있다. 헬라어 본문에서 한 정관사가 "간구"와 "공급"("도우심"—개역개정) 앞에 위치한다. 즉 어구는 "너희의 간구[그 용어는 헬라어에서 단수다]와 예수 그리스도의 성령의 도우심으로"(through 'the' prayer of you and supply of the Spirit of Jesus Christ)라고 직역할 수 있다. 바울은 성령의 임재가 빌립보인들의 기도를 통해서 바울에게 공급될 것임을 암시하고 있다. 어떤 신비적인 방식으로 이들의 기도가 바울에게 하나님이 성령을 공급하시는 것과 연관

3. "이것이 나의 구원을 위한 것으로 나타날 것이다"라는 바울의 말은 정확히 욥 13:16의 헬라어 번역을 반영한다. 거기서 욥은 비방자들의 참소에도 불구하고 자신이 무고하며 그러므로 하나님의 심판대 앞에 설 때, 방면될 것임을 확신한다고 주장한다. 역시 바울의 초점은 세상의 참소자들 앞에서 방면되는 것이 아니라 마지막 날에 하나님 앞에서 방면되는 것에 있다. Gordon D. Fee, *God's Empowering Presence: The Holy Spirit in the Letters of Paul*(Peabody, Mass.: Hendrickson, 1994), 737-38에서 이 단락을 바울이 사용한 것에 통찰력 있는 논의를 보라.

4. Walter Bauer, *A Greek-English Lexicon of the New Testament and Other Early Christian Literature*, 2d가 편집한 번역과 개정, 그리고 수정인 William F. Arndt, F. Wilbur Gingrich, Frederick W. Danker(Chicago: University of Chicago Press, 1979), 305을 보라.

되고, 아울러 그 기도는 바울이 로마의 재판관을 용기 있게 대면하기 위해 필요한 도움을 제공한다.[5]

둘째로 바울은 그가 궁극적으로 구원을 경험할 것이라는 확신의 진술을 가지고 수식한다. 그의 구원은 그의 앞에 놓여 있는 재판을 성공적으로 감내하리라는 그의 기대를 따라서 발생할 것이라고 말함으로써 말이다(20절). 바울이 두 번째 수식어를 나열하는 방식은 주석가들 사이에서 상당한 논쟁을 발생시켰다. (1) NIV가 "간절히 기대하는"('아포카라도키아', "간절한 기대"—개역개정)으로 번역하는 이 용어는 바울 이전의 헬라어 문헌의 전체 작품 중에서 오직 여기서와 로마서 8:19에서만 나타난다. 그래서 많은 학자들은 바울이 그 용어를 주조했을 것이라고 믿는다. 그때에 그것은 무엇을 의미하는가? (2) 이 구절의 나머지 부분("아무 일에든지 부끄러워하지 아니하고 지금도 전과 같이 온전히 담대하여")은 바울이 앞으로 로마의 재판관 앞에 모습을 나타낼 때 그의 행동에서 부끄럽지 않을 것을 바랐음을 의미하는 것으로 가끔 이해되었다. 이것이 실제로 바울의 관심이었는가?

이 두 질문에 대한 대답은 서로 연관되어 있다. 명사 "간절한 기대"('아포카라도키아')는 바울이 로마서 8:19에서 그것을 사용한 것에서 보여준 것처럼, 특이하게 강력하다. 로마서에서 그것은 어느 날 피조물이 "썩어짐의 종노릇한 데서 해방되어 하나님의 자녀들의 영광의 자유에 이르는"(롬 8:21) 궁극적인 구원에 대한 "열렬한 기대"를 묘사한다. 고대 헬라어에서 이 용어('아포카라도케오')의 동사 형태의 사용은 이 의미의 강렬함을 확증해준다. 예를 들어, 유대 역사가이자 바울과 동시대의 후배인 요세푸스(A.D. 37/38년에 태어남)는 로마군이 요세푸스가 방어할 것으로 할당된 요타바타의 갈릴리 도시를 공격하기 직전에 그는 "화살의 우박을 마음 졸이며 기다렸다"('아크페카라도케이')는 것을 묘사하기 위해서 이 동사를 사용한다.[6] 그때에 이 용어는 확실히 일어날 것에 대한 강렬한 기대를 가리킨다. 그러므로 그것은 바울이 다가올 재판에서 자신이 적절하게 행동하는 것만을 바라는 것으로 이 용어를 사용했을 것 같지 않다. 오히려 그는 간절히 기다리는 마

5. 대부분의 주석자들과는 반대되는, 여기서 제시하고 있는 이 단락의 이해에 대해서는 Fee, *God's Empowering Presence*, 740-743와 Henry Barclay Swete, *The Holy Spirit in the New Testament*(London: Macmillan, 1909), 227-28. 참조. Witherington, *Friendship and Finances in Philippi*, 46을 보라.

6. Josephus, *Bellum Judaicum* 3.264(3.7.26). 이 번역은 요세푸스의 작품에 관한 Loeb Classical Library판의 것이다.

지막 구원에 대한 길에서 복음을 변호하기 위해서(빌 1:16) 하나님이 지정하신 기회로 다가올 재판의 시험을 간주하고 있다.

마지막 변론을 하기 전에 대기하고 있는 재판에서 그는 "부끄럽지"('아이쉬노') 않을 것이고, 그리스도가 그의 몸에서 "존귀하게"('메갈리노') 될 것이다. 여기서 바울은 시편의 헬라어 번역에 사용된 용어를 활용한다. 그것은 "주를 바라는 자는 수치를 당하지 아니하려니와['카타이쉬노'] 무고히 속이는 자는 수치를 당하리이다['아이쉬노']"(시 25:3). 시편은 주님을 높이는 말을 자주 한다(시 34:3; 35:27; 39:16; 57:11; 69:30; 70:4; 92:5; 104:1, 24; 126:2-3). 그때에 바울의 의도는 그나 그밖에 사람이 그가 대기하고 있는 재판에서 '그의' 행동으로 인해 부끄럽게 되는 것을 부인하는 것이 아니고, 바울을 향해 정렬된 악의 세력 앞에서 '하나님'이 바울을 부끄럽게 내버려 두실 것을 부인하는 것이다.[7] 그는 그의 소망이 주님 안에 있기 때문에 악에 대해서 궁극적으로 승리할 것이다.

그러나 그의 승리는 재판에서 방면을 이루는 것에 달려 있지 않다. 그 대신에 그는 부끄럽지 않고, 그리스도가 "살든지 죽든지" 존귀해질 것이다. 설사 로마 재판관 앞에서 그의 모습이 정죄와 처형자에 의한 죽음으로 귀결될지라도, 바울은 자신이 대적자들에 의해 부끄럽게 되지 않고(참조. 시 25:2), 주님이 존귀하게 될 것임을 주장하고 있다. 그의 물리적인 상황은 그의 손에서 떠나 있고, 그 상황이 마치 하나님의 손에서도 떠나 있는 것처럼 어떤 이들에게 보이겠지만, 이런 모습에도 불구하고 하나님이 그의 생명의 문제를 여전히 주관하시고 있고 하나님이 궁극적이고 영원한 변호를 통해서 그를 안전하게 하실 것임을 알고 있다.

죽는 것도 유익하고 사는 것도 열매가 있다(1:21-26). 바울은 이 단락의 두 번째 부분에서 그의 육체적 운명에 대해서 상당히 무관심한 이유를 보다 상세하게 설명한다. 그는 살든지 죽든지 그리스도와 함께 있을 것이라고 말한다. 하지만 빌립보인들이 믿음의 진보를 이루는데 그의 지도를 필요로 한다는 것을 확신하기 때문에 그는 살 것을 믿는다.

바울은 죽고 사는 것과 각각의 그 결과 사이에 일련의 대조를 통해서 그의 운명에 대한 이런 이해를 설명한다. 그러므로 사는 것은 그리스도이고 죽는 것도 유익하다. 육체로 사는 것은 열매의 노고를 의미하지만, 죽는 것은 훨씬 더 좋다. 그것은 그리스도와 함께 있는 것의 출발이기 때문이다. 그러나 사는 것이 빌립보인들

7. 참조. O'Brien, *Philippians*, 114; Fee, *God's Empowering Presence*, 738n. 21.

을 위해 더 필요하다(21-24절). 각각의 결과는 아주 바람직해서 바울은 "선택"의 딜레마의 뿔을 잡고 있는 자신을 발견한다(22-23절). 따라서 그는 마침내 죽어 그리스도와 함께 있는 것이 "훨씬 더 좋을"지라도(23절), 믿음에서 빌립보인들의 진보와 기쁨은 그가 그들 사이에서 계속 일하는 것에서 더 좋게 작용할 것이다. 그러므로 이것이 그의 "선택"이다(25절).

일련의 대조에서 가장 중요한 진술은 첫 번째 것이다. 바울에게서 삶은 그리스도를 의미한다(21a절). 이와 같은 진술은 바울의 서신에서 흔하다. 바울의 삶에서 그리스도의 자리를 빼앗은 모든 것은 그가 그리스도를 얻고는 하찮은 것으로 생각하였다(3:8). 바울은 그리스도와 함께 장사되었음으로 그리스도가 부활하신 때처럼 그도 새로운 생명으로 부활하였다(롬 6:4; 참조. 6:8, 11; 14:7-9; 고후 5:14-15; 살전 5:10). 그는 그리스도가 그 안에 살 수 있도록 그리스도와 함께 십자가에 못박혔다(갈 2:20). 그의 생명은 그리스도다(골 3:4).[8] 그러한 진술은 그리스도와 바울의 관계가 아주 긴밀해서 그의 전체 존재가 주님으로부터 그 의미가 유래한다는 것을 의미할 수 있다.

21절 이전에 바울의 환경에 대한 그의 기사와 이 구절 이후에 장래에 대한 그의 관점은 그리스도와 그의 긴밀한 관계가 실제적인 측면에서 무엇을 의미하는지를 보여준다. 21절 이전에 불신적인 권세자들에 의한 감금과 동료 신자들의 악의조차도 바울의 삶의 기쁨의 특징을 손상시킬 수 없었다. 하나님이 이런 고난을 통해서 예수 그리스도의 복음을 진전시켰기 때문이다(1:12-18a). 21절 이후에 바울은 앞을 바라보고 죽음이 유익하다고 진술한다. 그것은 그리스도와 가장 가까운 연합을 의미하는 것이기 때문이다.[9] 동일한 방식으로 육체로 계속 살아 있는 삶은 열매가 있는 노고이다. 이는 바울이 복음을 전파하고(1:7) 빌립보인들의 믿음을 증진시킬 수 있음(1:25)을 의미하기 때문이다.[10] 현재의 고난과 미래의 가능성에

8. 골로새서의 많은 고대 복사본들은 "'우리의' 생명인 그리스도" 대신에 골 3:4에서 "'당신들의' 생명인 그리스도"라고 독법한다. 양 경우에 구절의 요지는 그리스도가 신자의 생명이고, 바울은 이 묘사에서 자기 자신을 확실히 포함시켰을 것이다.

9. 바울이 "떠나다"('아날루오')에 대해서 사용한 용어는 배의 닻을 올리는 것이나 병사들의 무리가 캠프를 떠나는 것에 대해 사용될 수 있었던 온화한 말이다. 바울이 살전 4:13에서 완곡한 용어인 "잠을 자는 사람"이란 용어를 사용할 때처럼 바울은 그 용어를 사용하여 신자들에게서 죽음은 마지막으로 끔직한 일이 아니라는 것을 나타내고 있다. 그것은 "소망이 없는 나머지 사람들"에게나 해당되는 것이다(참조. 딤후 4:6). 성경 이외에 '아날루오'란 용어의 용법에 관해서는 Henry George Liddell and Robert Scott, *A Greek-English Lexicon*, 9th ed., rev. and aug. Henry Stuart Jones(Oxford: Oxford University Press, 1940), 112; O'Brien, *Philippians*, 130을 보라.

관한 그러한 관점은 그리스도가 바울과 함께 살고 능력을 주실 때에만 바울에게서 가능하다(4:13).

그때에 1:18b-26의 의미는 분명하지만, 바울이 자신을 표현하는 방식은 한 가지 문제를 제기한다. 사도는 그의 구금이 20b-23절에서 처형으로 끝날 가능성을 언급하지만, 왜 24-26절에서 빌립보인들의 영적인 증진의 혜택을 위해서 그가 살아 있을 것임을 확신하는 것으로 보이는가? 어떤 주석가들은 바울이 이 두 단위를 저작할 시기 사이에 변화를 겪었다고 주장했다—그는 아마도 그의 운명에 대한 하나님의 계시를 받았거나, 재판관이 우호적인 평결을 전달했거나, 바울이 자신을 위한 하나님의 목적에 대해서 더 깊이 생각했다거나 하는 것.[11]

그러나 바울이 25절에서 육체로 계속 남아 있을 것임을 "안다"고 주장할 때, 그는 처형될 가능성을 차단하지는 않는다. 실로 그의 순교의 가능성이 2:17에서 다시 표면에 나타난다. 그렇지만 바울은 육체로 남아 있는 것이 빌립보인들을 위해서 더 좋을 것이라는 확신에 기초하여 살 것을 선택하는 그의 어려운 결정을 진술한다. 바울이 확실히 하고 있는 것처럼, 이 단락에서 생명이나 죽음의 궁극적인 선택은 하나님에게 달려 있다. 그러므로 여기서 바울은 확실성을 언급하고 있는 것이 아니라, 그가 선택할 수 있다면, 그가 하기를 바라는 것과 하나님의 바람이라고 그가 믿는 것에 관해서 언급하고 있다.

그러나 그는 왜 이것을 말하는가? 그는 스스로 제어할 수 없는 환경에 대해서 그의 개인적인 선호를 빌립보인들 앞에 왜 논증하고 있는가? 그 대답은 빌립보 교회를 위한 모범으로 역할하려는 바울의 바람에 있다(3:17; 4:9). 그때에 여기서 바울은 연합하지 못하고 있는 빌립보인들이 꼭 들어야만 하는 교훈(2:14; 2:4)인 "자신의 이득"보다 "다른 이들의 이득"을 먼저 두는 것이 무엇을 의미하는지의 모범을 빌립보인들에게 제공하고 있다. 바울의 개인적인 선호가 이 땅에서 떠나서 그리스도와 함께 있는 것이라는 사실에 의문의 여지가 없을지라도, 빌립보로 되돌아갈 수 있는 방면과 자유가 바울 자신을 특징짓는 기쁨의 종류와 믿음에서 빌립보인들을 위한 "진보"를 낳을 것이라고 그는 확신한다(25-26절). 우리가 보았던 것처럼, 이 기쁨은 외적인 환경과 관련된 것이 아니라 복음의 진전과 관련이 있다. 2:6-8에서 그리스도, 2:20-21에서 디모데, 그리고 2:30에 에바브로디도처럼, 바울

10. 인접한 문맥과 1:21의 관계에 대해서는 Bonnard, *Philippiens*, 28-29을 보라.

11. Martin, *Philippians*, 79에서 이런 입장에 관한 목록을 보라.

은 자신의 이득보다 다른 이들의 이득을, 무엇보다도 복음의 이득을 먼저 두었다.

믿음에서 빌립보인들의 "진보"('프로코페')에 대한 바울의 언급은 그 자신의 환경이 복음을 "진전시키는"('에이스 프로코펜') 데 기능했다는 12절에서의 그의 주장을 반영하고 있다. 그러므로 그는 그의 환경에 관한 논의를 결말로 가져오고, 빌립보인들의 환경에 관한 주제를 도입한다. 우리가 보았던 것처럼, 바울이 그의 환경에 관한 논의는 사실상 이런 환경에서 복음의 진전에 관한 논의다. 그러므로 바울이 빌립보인들에 대한 것으로 돌아갈 때, 그의 주요한 관심은 빌립보에서 삶의 주고받음 속에서 복음이 어떻게 빌립보 교회를 통해 발전할 것인가에 있을 것이다.

상황잇기

바울의 상황에서 우리의 상황으로 본문을 이동시킴에 있어서, 우리는 18b-26절이 바울이 그의 상황에 대한 소식을 간절히 기다리고 있는 빌립보인들에게 주고 있는 더 큰 항목의 두 번째 부분을 형성하고 있음을 기억해야 한다. 그러나 이 두 부분을 통해서 바울은 복음의 발전과 관련될 때에만 자신의 일을 언급한다. 바울은 감옥에 있지만, 그것으로 "참으로 복음의 진전에 기여했다"(12절). 경쟁적인 전파자들이 그를 공격하고 있지만 "그것은 문제가 되지 않는다." 그리스도가 전파되고 있기 때문이다(18a절). 그는 살 수도 있고 죽을 수도 있다. 그는 무엇을 선택할 것인지를 알지 못한다. 사는 것이 그리스도이고 또 죽는 것은 그와 함께 있는 것을 의미하기 때문이다(21-22절). 그러나 그는 자신이 살 것이라고 생각한다. 그것이 빌립보인들 사이에서 복음의 "진보"를 고무시킬 것이기 때문이다(25-26절). 우리가 바울의 상황에서 우리의 상황으로 바울의 환경에 관한 그의 보고의 두 번째 부분을 가져올 때, 전체 항목의 가장 의미 있는 신학적 특징이 복음에 대한 바울의 절대적인 헌신이라는 것을 유념해야 한다.

우리는 복음과 복음 안에서 선포된 그리스도에 대한 바울의 헌신의 놀랄 만하게 포괄적인 본질을 역시 유념해야 한다. 바울이 이 서신을 썼을 때에 그의 삶에 관한 주요한 특징들—그의 육체적인 안위, 다른 사람들이 그에 대해서 갖는 견해들, 세속적인 권세자들과 관련한 그의 입장, 그리고 그가 사느냐 죽느냐에 관한 문제—은 복음의 진전에 대한 그의 헌신에 의한 것이다. 바울은 빌립보인들이 동일한 관점을 가질 것을 기대한다—믿음에서 그들의 진보와 기쁨은 그의 것을 반영해야 한다. 개인의 자유와 권리를 사실상 모든 다른 이상보다 위에 두는 21세기의 시작에서 서방 세계의 문화는 바울이 여기서 표명하고 있는 개념의 증진을 위한 우호적인 환경을 제공하지 못하고 있음으로, 그 문화의 산물인 우리들은 이 단락의 영향을 완화시키게 하는 유혹에 저항해야 할 것이다.

12-18절과 18b-26절 사이에 차이는 이 항목의 전반적인 주제의 변화에 있는 것이 아니라, 바울의 시간적인 지향점에서의 변화에 있다. 12-18a절에서 바울은 현재 상황에서 복음의 진보에 관심이 있었고, 18b-26절에서 그는 미래에 관심이 있다. 바울의 미래에서의 두 양상은 특히 중요한 것으로 나타난다. 하나는 그의 장래의 구원을 확신하는 모습이고, 다른 하나는 그의 사로잡힘의 결과를 확신하는 모습이다. 둘 다 우리의 문화가 무시하는 중요한 신학적 요소를 담고 있다. 따라서 두 양상에 대한 메시지를 조심스럽게 살필 필요가 있다.

구원, 기도 그리고 성령의 공급. 바울은 자신이 마지막 날에 구원을 받을 것임을 확신하지만, 그가 고소자들 앞에서 복음을 증거할 수 있는 다가올 기회를 종착지로 가는 중요한 단계로서 간주한다. 게다가 그는 빌립보인들의 기도, 특히 하나님이 바울에게 성령의 계속된 임재를 공급해달라는 그들의 기도에 의존한다. 그가 성공적으로 이 단계를 이룰 수 있도록 말이다.

바울은 그가 편지를 썼던 교회들에 그가 안전할 것(롬 15:30-31a; 고후 1:10-11; 살후 3:2; 참조. 몬 22)과 그의 사도적 노고가 방해를 받지 않고 진전될 것(롬 15:31b-32; 살후 3:1; 참조. 살전 5:25), 그리고 그가 명확하고(골 4:3-4) 두려움 없이(엡 6:19) 복음을 선포할 것을 요청했다.[12] 그러나 빌립보서에서만 그는 자신의 궁극적인 구원을 위한 기도를 언급한다. 이것은 많은 크리스천들이 이해하기 어려운 개념이고, 실로 잘못 이해한다면, 크리스천이 기도를 통해서 구원에 다소 기여할 수 있다는 개념으로 이끌 수 있었다—그들이 하나님 나라에 대한 열쇠를 쥐고 있고, 그것을 의지적으로 전달하거나 부인할 수 있는 것처럼 말이다. 물론 그러한 개념은 바울에게서 전적으로 낯설다. 그는 다른 곳에서 "하나님께서 하고자 하시는 자를 긍휼히 여기시고 하고자 하시는 자를 강퍅케 하시느니라"(롬 9:18)고 말했다.

다른 한편으로 하나님이 백성들의 기도를 그의 목적을 이루시는 수단으로 위임하신다는 것을 인식하는 것이 중요하다. 여기에는 믿음 안에서 크리스천들의 인내와 그들의 궁극적인 구원을 위한 하나님의 목적을 포함한다. 바울이 썼던 서신들

12. 참조. O'Brien, *Philippians*, 110.

에서 성화와 신자들의 마지막 구원에 대한 그의 기도(고전 1:4-9; 엡 1:15-23; 3:14-21; 빌 1:3-11; 골 1:9-14; 살후 1:11-12)는 그가 이 의무를 아주 진지하게 취했음을 보여주고, 빌립보서 1:19도 역시 그를 위해서 진지하게 그 일을 교회들이 취할 것을 그가 기대했음을 보여준다. 그것이 개인적인 자취권에 대한 서방의 개념과는 부딪힐지라도, 바울은 성화와 궁극적인 구원을 오로지 개인적인 성향으로 인식하지 않았다. 개별적인 크리스천들은 영적인 복리를 위해서 다른 형제와 자매들의 중보 기도를 필요로 한다. 그들이 "진실하여 허물없이 그리스도의 날까지 이를"(1:10) 수 있도록 말이다.[13]

이 단락의 원 의미에 관한 연구에서 우리가 보았던 것처럼, 빌립보인들의 기도는 "예수 그리스도의 성령의 공급(도우심—개역개정)"으로 마음과 긴밀하게 연관되어 있지만(19절), 이 개념은 역시 이해하기가 쉽지 않다. 바울의 말은 성령이 그의 삶에서 왔다갔다하는 것을 의미하는가? 그것은 한 신자가 다른 사람이 성령을 받도록 기도할 수 있음을 의미하는가? 바울은 성령이 모든 신자들 안에 거하신다는 것을 다른 곳에서 분명히 했다. "만일 너희 속에 하나님의 영이 거하시면 너희가 육신에 있지 아니하고 영에 있나니 누구든지 그리스도의 영이 없으면 그리스도의 사람이 아니라"(롬 8:9). 여기서 바울은 자신이 성령을 빼앗길 수 있고, 그것을 회복하기 위해서 다른 크리스천들의 기도를 필요로 한다는 개념으로 갑자기 돌아갔을 것 같지는 않다.

다른 한편으로 바울이 많은 곳에서 말한 것보다 성령이 활동적이지 않다고 오늘날 크리스천들은 믿는다. 바울은 데살로니가 사람들에게 주어진 성령(살전 4:8)과 갈라디아인들에게 공급된 성령(갈 3:5)을 언급하고, 에베소 사람들에게 성령으로 충만할 것을 명하며(엡 5:18), 디모데에게 주어진 은사(아마도 성령)로 불일 듯하게 하라고 말한다(딤전 1:5).[14] 모든 신자들은 항상 성령을 갖고 있지만, 그들은 때로 다른 때보다도 더 큰 능력과 풍성함으로 오시는 성령의 임재를 경험한다. 그러므로 누가는 베드로가 적대적인 산헤드린 앞에서 복음을 증거할 때 "성령으로 충만하였다"고 말한다(행 4:8). 또한 박해 받는 예루살렘 공동체가 "성령으로 충만하였고", 하나님의 말씀을 담대하게 전했으며(행 4:31), 스데반이 순교하기 직전에 성령으로 충만하였다고 말한다(행 7:55). 바울은 유사하게 박수 엘루마를 만

13. Silva, *Philippians*, 78-79의 현명한 말을 보라.
14. Fee, *God's Empowering Presence*, 741-42, 785-89.

났을 때 "성령으로 충만하였으며(행 13:9), 바울과 바나바가 비시디아 안디옥을 떠났을 즈음에 있었던 박해에도 불구하고 그곳에 제자들은 성령과 기쁨으로 충만하였다(13:52). 성령은 이 때 이전에도 각기 이 사람들에게 거하였지만(예를 들어 6:5을 보라), 각 사람은 특별한 시험의 시간 동안에 성령으로 채우시는 특이한 풍성함을 분명히 받았다. 바울은 빌립보서 1:19을 작성했을 때 그러한 시간을 기다렸고, 그를 위한 빌립보인들의 기도를 통해서 기소자들 앞에서 복음을 담대하게 증거할 수 있도록 성령이 그에게 공급되기를 바랐다. 헨리 바클레이 스위트(Henry Barclay Swete)는 이렇게 말했다.

> 바울은 회심자들이 기도했을 때 예수 그리스도 안에 있고, 하나님이 보내신 성령의 새로운 풍성함이 그의 마음속에 넘쳐날 것을 확신했다. 현재의 투옥으로 인해 죽든지 살든지 간에 그는 마지막 구원에 이를 것이다.[15]

오늘날 신자들은 유사한 방식으로 동료 신자들을 위해서 기도하는 것이 바람직하고 적절하다. 특히 시련의 시기에 동료 신자들이 확고하게 서고 심지어 믿음으로 강화될 수 있도록 하나님이 특이한 풍성함으로 성령의 충만을 입히실 것을 기도해야 한다.

사는 선택, 더 어려운 선택? 우리 문화에서 쉽게 놓칠 수 있는 이 단락의 두 번째 주요한 양상은 죽는 것보다 사는 선택이 더 희생적이고 더 어려운 선택이라고 바울이 진정으로 생각하고 있다는 것이다. 우리는 육체적인 죽음을 두렵게 생각하는 문화 속에 살고 있어서 사회의 가장 높은 목표는 가능한 한 오래 죽음을 연기하는 것이다. 그러나 마침내 죽음이 닥칠 때, 그것은 아주 당황스러운 일이다. 다른 한편으로 우리는 물리적인 생명에만 사로잡혀서 스스로를 변호할 수 없는 아직 태어나지 않은 무수한 생명이 "생명의 질"을 향상시킬 수 없게 만든다. 그러한 사회의 산물인 우리들은 사는 것이 희생이고 죽는 것이 얻는 것이라는 바울의 개념을 이해하기가 어렵다는 것을 불가피하게 발견한다.

이 단락의 의미는 부인할 수 없다. 육체적인 생명이나 죽음이 바울에게서 궁극적인 중요성을 갖지 않는다. 산다는 것은 그리스도를 전파하는 그의 소명을 실현하는 것을 의미하고(21a절), 죽는다는 것은 그리스도의 죽음과 합하고(21b절;

---

15. Swete, *The Holy Spirit in the New Testament*, 228.

3:8-11) 그리스도와 교제하는 유익한 것임을 의미한다(1:23). 따라서 그는 그리스도에 대한 전파를 가장 분명하게 증진시키는 결과를 소망한다. 우리의 주요한 우선순위로서 인생에서 그리스도의 자리를 현재의 육체적인 존재의 안락이 차지하게 한다면, 이것은 현대 교회에서 두드러진 잘못일 것이다. 이 단락이 우리의 상태에 대해 말하게 허락한다면, 우리는 죽음에 대한 바울의 놀라운 무관심을 응시하고 죽음에 대한 우리의 태도가 그의 태도를 닮고 있는지를 스스로 물을 필요가 있다.

그러나 바울은 이 당황스러운 일을 우리가 행할 필요를 발견하고, 그의 태도가 그리스도 예수의 종이 취할 태도라고 가정한 것으로 보인다. 그는 그의 서신의 이 항목에서 또 다른 요지를 주로 염두에 두고 있다. 2:4에서 보다 분명하게 그가 말하게 될 원리를 빌립보인들에게 보여주기를 원하고 있기 때문이다. "각각 자기 일을 돌볼뿐더러 또한 각각 다른 사람들의 일을 돌보아 나의 기쁨을 충만하게 하라." 이것은 현대 교회에서 우리가 이 단락에서 역시 취해야할 원리다. 삶과 죽음의 중요한 문제에서 바울은 자기 자신보다 빌립보인들의 이득을 우선하고 있다. 한편으로 우리는 새로운 피아노를 교회당의 왼쪽에 두느냐 오른쪽에 두느냐의 시시콜콜한 문제를 놓고 교회의 연합을 자주 훼손하는 경향이 있다. 과거의 빌립보인들과 더불어 우리는 모델로서 바울을 바라볼 필요가 있다. 그리스도가 바울에게서 생명보다 더 중요하고, 동료 크리스천들의 기쁨과 성장이 그리스도와 같이 있기 위해 세상을 떠나는 것보다 더 중요하다.

두 가지 작은 혼란들. 우리는 이따금씩 현대의 독자들을 혼란케 하는 두 가지 작은 이슈들을 언급하지 않고서는 현대 교회에 이 단락을 적용하는 방법에 관한 연구를 마칠 수 없다. 첫째로 23절은 "영혼의 잠" 또는 마지막 부활에서 몸과 합할 때까지 죽음으로 인해 영혼이 의식을 상실하거나 "잠을 잔다"는 개념에 대한 논쟁으로 가끔 나타난다. 이런 입장의 주창자들은 영혼이 죽음과 부활 사이의 기간 동안에 아무것도 의식하지 못하기 때문에 바울이 23절에서 자신이 죽을 때 마치 그 일이 즉시 일어나는 것처럼 그리스도와 함께 있게 될 것을 말할 수 있었다고 주장한다. 그러나 이 구절이 영혼의 잠에 관한 개념을 제기한다는 난해성은 아무래도 극복하기 어렵다. 만약 바울이 육체적인 죽음과 육체적인 부활 사이에 주님과 함께 있지 못하는 어떤 간격을 의식하였다면, 죽음이 바울에게서 확실히 "더 좋은" 것은 아니었을 것이다. 이에 더하여 고린도후서 5:8에서 죽을 때에 몸은 떠나 있지만 주님과 함께 거하게 될 것이라는 명백한 가르침을 우리가 추가할 때, "영혼

의 잠"이란 문제제기는 부상할 수 없다.[16]

둘째로 어떤 독자들은 26절에서의 바울의 진술을 바울이 자신의 중요성에 관해서 지나치게 부풀린 견해를 가졌음을 의미한다고 오해한다. NIV는 이것이 그 경우가 아니라는 것을 보여주는 방식으로 이 구절을 적절히 번역했다. 하지만 보다 문자적으로 변역하면 25-26절은 이렇게 읽을 수 있다.

> 내가 이것을 확신하기 때문에 나는 믿음 안에서 너희의 진보와 기쁨을 위해 너희 모두와 함께 있을 것이다. 너희에게 내가 다시 돌아감으로써 내 안에서 그리스도 예수 안에서(in Christ Jesus in me) 풍성할 것이다.

바울은 여기서 빌립보인들이 자신에 대해서 자랑할 수 있도록 자신이 석방되어 빌립보로 돌아갈 것을 생각하고 있음을 말하고 있는가? 이 질문에 대한 대답은 바울의 문법을 세심하게 살피는 데에 있다. 빌립보인들의 자랑은 바울 안에서가 아니라 "그리스도 예수 안에서" 풍성할 것이다. "너희에게 내가 다시 돌아감으로써 내 안에서"란 어구는 빌립보인들에게로 바울의 되돌아감이 교회가 그리스도 예수에 대한 영광을 가져올 기회를 제공할 것이라고 단순히 설명하고 있는 것이다. 바울의 복귀는 아무리 인간이 족쇄로 복음을 채우려고 하였음에도 불구하고, 하나님이 빌립보인들 사이에서 복음을 진전시킬 수 있는 명백한 증거가 될 것이고, 그것은 확실히 그리스도에게 영광을 드리기 위한 적절한 토대가 된다.

이 진술은 자기도취적인 바울을 드러내기보다 복음을 진전시키는 하나님의 계획에 대한 사도의 명석한 추산을 보여주고 있다. 모든 영광이 그리스도에게 속해 있지만, 교회들 사이에서 하나님의 역사가 하나님께 감사하는 찬미를 드릴 수 있는 기회를 다른 이들에게 제공한 것처럼(고후 9:11-15; 참조. 빌 2:16), 그의 생애에서 하나님의 역사는 교회가 그리스도와 하나님께 영광을 돌릴 수 있는 기회를 제공한다(참조. 고후 1:10-11)는 것을 바울은 알고 있다.

16. E. K. Harrison in *The Evangelical Dictionary of Theology*, ed. Walter A. Elwell(Grand Rapids: Baker, 1984), 1037-38의 글에서 "영혼의 잠"에 관한 정확한 정의와 그것에 대한 논증의 명확한 요약을 보라.

현대적 의미

이 단락에 깔려 있는 거의 모든 신학적인 원리는 서방의 현대 교회를 도전한다. 빌립보의 동료신자들의 기도에 바울이 확실히 의존하고 있는 감정은 복음주의 크리스천들의 개인의 자치권에 대한 강조가 교회의 상호적인 연관을 위한 인식과 조화되어야 한다는 것을 촉구한다. 구원이 장래에 있고 구원에 들어간 사람들은 그 과정에서 시련의 시기를 통과해야 한다는 개념은 개혁주의 크리스천들이 그들의 소명과 선택을 확실히 해야 한다는 것을 상기시킨다. 바울이 성령을 자신에게 공급하도록 빌립보인들이 하나님께 간구할 것을 바란 것은 신자들의 삶에서 성령의 역할에 관한 정적인 개념을 재심사할 수 있도록 오순절주의자가 아닌 사람들에게 촉구한다. 또한 이 특별한 성령의 충만함이 특히 심각한 시련 속에서 그를 돕기 위해서 임해야 한다는 바울의 간구는 오순절주의의 "부와 건강"주의 파들이 그들의 승리적인 크리스천의 삶의 개념을 재심사할 수 있게 도전한다. 안락함만을 생각하는 서방의 기독교 파들은 죽음에 대한 바울의 태도가 가져다주는 암묵적인 비판에서 면제 받을 수 없다. 이 단락을 읽고, 진지하게 투쟁하며 바울의 모범을 따르고 있다고 만족할 수 있는 크리스천은 드물 것이다.

우리의 중보 기도의 태도. 이 단락은 현대 교회가 다른 이들을 위해 기도하고 신자의 궁극적인 구원과 인내를 위해 기도할 것을 도전한다. 서방 문화처럼 개인의 권리를 무겁게 강조하는 문화에서 자신의 필요를 충족시킬 때를 제외하고선 다른 사람들을 위해 많이 기도하는 것이 필요하다고 신자들이 자동적으로 생각하리라고 우리는 가정할 수 없다. 우리는 우리의 삶을 더 즐겁게 만들 것들을 위해 하나님께 기도하는 시간을 갖는 경향이 있고, 어려운 환경의 친구와 가족을 보는 것이 우리들에게 불유쾌하기 때문에 고난으로부터 그들을 구원해달라고 때로 기도하곤 한다. 우리의 기도는 자주 자기중심적이다. 그때에 이 단락을 우리 자신에게 적용하는데 있어서 첫 번째 단계는 다른 크리스천들을 위한 참된 사랑과 우리의 기도를 그들이 필요로 한다는 것을 알 수 있도록 하나님께 간구하는 것이다.[17]

우리가 다른 크리스천들을 위해 기도하는 비이기적인 욕구를 가졌다할지라도, 우리는 그들의 구원을 위해 기도하는 것을 좀처럼 생각하지 않는다. 신학적인 뿌리를 요한 칼빈에게로 추적할 수 있는 크리스천들 중에는 이런 개념이 특히 낯설

17. Richard Foster, *Prayer: Finding the Heart's True Home*(San Francisco: HarperSanFrancisco, 1992), 201에서 이 문제에 관한 가치 있는 논의를 보라.

게 보일 것이다. 장로교에 속한 많은 이들이 어렸을 적부터 가르침 받아온 웨스트민스터 고백은 "성도의 견인"이란 장을 담고 있는데, 그것의 첫 번째 단락은 다음과 같다.

> 하나님이 그의 사랑하시는 자 안에서 받아들이고 효과적으로 부르시고 성령의 거룩하게 하신 자들은 은혜의 상태에서 전적으로 완전히 떨어져나갈 수 없고, 끝까지 견디게 될 것이며, 영원히 구원받게 될 것이다(17.1).

다른 개혁주의 교단의 고백과 지침서들도 유사한 진술을 담고 있다.[18] 그런데 이 교리는 형식적인 교회 구성원이 영원한 구원을 안전하게 확보했다는 개념을 조장하는 신학적인 요약을 만든 사람들에 의해 결코 의도된 것이다. 또한 신자들이 자신들의 영적인 삶의 발전에 관심을 전혀 기울일 필요가 없다는 것을 말하고 있지도 않다. 하지만 약화된 형태로 이 교리가 때로 그런 영향들을 가졌다. 이에 관한 최근의 생생한 실례가 나에게 떠올랐다. 한 십대가 젊은 여인의 살해에 연루되어 고발되었다. 그가 옆에 서 있는 동안에 실제로 살인을 저지른 그의 친구들은 그가 자신들에게 악한 행위로 이끄는 사탄적인 의식을 가르쳤다고 주장했고, 지역 신문은 그가 "저는 사탄 숭배자가 아닙니다. 저는 구원을 받았고 세례를 받았습니다"라고 반응했다고 주장했다.

바울이 참으로 그리스도를 따르는 사람들의 궁극적인 구원을 믿었다는 것은 의심의 여지가 없다. 19절 바로 몇 문장 이전에 바울은 빌립보 안에서 시작된 선한 행위를 완성케 하실 하나님의 능력에 대한 확신을 표명했다(1:6; 참조. 고전 1:1-9; 살전 5:23-24). 그러나 바울이 참으로 믿었던 사람들이 살아가는 방식에 의해 그들의 믿음을 세우기보다 무너뜨릴 수 있다고 생각했고(고전 8:1-13; 롬 14:1-23), 중대한 죄를 계속 짓는 사람들이 전혀 진정한 회심을 경험하지 못했음을 동등하게 확신했다(고전 5:1-13; 10:1-12).[19] 바울이 마지막 날에 하나님 앞에 자신이 서 있음을 말할 때에 이 사실을 더욱 분명히 알 수 있다. "내가 내 몸을 쳐 복종하게 함은 내가 남에게 전파한 후에 자기가 도리어 상을 상실할까봐(버림이 될까—개역개정) 두려워함이로라"(고전 9:27). 일부 해석자들이 그렇게 믿는 것처럼

18. 예를 들어, 돌트 정경의 11조와 *The Baptist Faith and Message*의 5조를 보라.

19. Judith M. Gundry Volf, *Paul and Perseverance: Staying In and Falling Away*(Louisville, Ky.: Westminster/John Knox, 1990), 특히 283-87에서 이 문제에 관한 명확한 연구를 보라.

여기서 상이 구원이건, 다른 해석자들이 주장하는 것처럼 마지막 날에 바울이 받을 영광이건 간에, 이 진술은 바울이 복음과 그리스도의 봉사에 대한 그의 노력을 느슨하게 할 수 있는 변명으로서 끝까지 견인하신다는 확신을 사용하기를 거부했음을 보여준다.[20]

물론 이것이 그가 현재에 시련의 기간 동안에 빌립보인들의 기도를 바란 이유이다. 또한 다른 사람들을 위한 우리의 중보적인 노력의 다른 양상에서와 마찬가지로, 이것은 우리가 다른 신자들의 인내를 위해 활발하게 기도해야 하는 이유이기도 하다. 옛 장로교 『공동기도서』(*Book of Common Worship*, 1906)에서 견인을 위한 기도 중에 하나는 특히 따라야할 좋은 모범을 제공해준다.

> 자비의 문이 신실한 자들에게 열려 있기를 원하시는 오 하나님 우리를 보시옵시고, 우리에게 자비를 주시옵소서, 그대의 은혜로 그대가 원하는 길을 따르는 우리는 우리 주 예수 그리스도로 말미암아 인생의 길에서 이탈하지 않을 것입니다. 아멘.

성령의 역사에 관한 우리의 이해. 현대 교회는 이 단락에서 성령의 역사가 손쉬운 정적인 활동이 아니라 강력하고 역동적이라는 것을 배울 필요가 있다. 교회는 성령이 새롭고 강력한 방식으로 행하신다는 주장에 대해서 조심스러운 태도를 역사적으로 취했다. 때로 이런 조심성은 불순종하는 보수주의로부터 파생했다. 초대 크리스천들이 먼저 유대적인 개종자가 되지 않고서는 이방인들이 하나님의 백성들에 허입되어서는 안 된다는 개념을 가졌던 것처럼 말이다. 한편 성령이 금욕주의의 극단적인 형태를 수용하도록 자신들을 이끌었다는 몬타누스와 그 추종자들의 주장을 2세기의 교회가 거부했을 때, 그런 조심성은 잘 적용되었다.[21] 이런 조심성에 대한 이유는 분명하다. 어느 누구도 성령의 능력에 사로잡혔다고 주장할 수 있고, 많은 이들이 자신의 진보에 대해서 속임수로 또는 잘못되게 이 주장을 사용할 수 있다. 그들이 그렇지 않으면서도 하나님의 성령에 인도를 받고 있다고 스스로 상상함으로써 말이다. 그러한 주장이 신자들을 유리시킬 수 있는 위험성은 실제적으로 존재한다.

---

20. 이 문제의 양편에 관한 논증에 대해서는 Gordon D. Fee, *The First Epistle to the Corinthians*(Grand Rapids: Eerdmans, 1987), 438-41; Gundry Volf, *Paul and Perseverance*, 233-49을 보라.
21. 초대교회에서 이방인들에 대한 배척에 대해서는 행 10:14; 11:2; 15:1을 보고, 몬타누스주의의 배척에 대해서는 예를 들어, Hippolytus, *Philosophoumena*, 26을 보라.

성령이 특이한 방식으로 역사하신다는 주장에 대한 성경적인 접근은 물론 "할례당"의 불순종하는 보수주의를 피하는 것이고 아울러 몬타누스주의에 손쉽게 넘어가지 않게 할 것이다. 빌립보서 1:19은 성령을 검증하는데 필요한 모든 가이드라인을 제공하지는 않지만, 그것은 두 가지 중요한 지침을 제공한다. (1) 우리는 놀라운 능력으로 크리스천에게 임하시는 성령을 기대해야 한다. 성령의 역사는 창조와 사도 시대에 이적의 생산, 그리고 하나님의 말씀을 작성했던 사람들에 대한 영감으로 제한되지 않는다. 성령은 오늘날 놀라운 목적을 위해서 신자들에게도 임하시고, 때로 경험적이며 이성적인 우월성에 관한 개념을 갖는 서방의 사고에 편리하게 들어맞지 않는 방식으로 임하신다. 예를 들어, 방언으로 말하고 성경이 무오류의 하나님의 말씀이라는 믿음에 헌신했던 사람들이 지은 전체 도서관의 책이 이런 황홀경의 언어가 하나님의 영으로부터 실제 올 수 없다고 주장하는 것으로 나타났다. 그러나 성령의 능력에 관한 현재의 표증에서 방언으로 말하는 것과 같은 황홀경의 언어를 배제하려고 하는 모든 논증은 관련된 단락들에 대한 평범한 해석과 부딪힌다. 방언으로 말하는 사람들이 규율을 따르고 고린도전서 12-14장에서 표현된 태도를 적용할 때, 교회는 고린도전서 14:39의 명백한 명령("방언으로 말하는 것을 금하지 말라")을 소홀히 해서는 안 된다.

(2) 이 단락은 고난 특히 믿음의 고난을 겪고 있는 크리스천들에게 놀라운 풍성함을 가져다주시는 성령을 위해 우리가 기도하고 기대해야 한다는 것을 가르친다. 바울은 보통의 신자들보다 높은 영적인 차원으로 들어갈 수 있도록 이 단락에서 성령의 어떤 특별한 공급을 바라지 않는다. 확실히 그는 건강과 부를 경험할 수 있도록 성령의 기름부으심을 바라지 않는다. 오히려 그는 로마 당국자들에 의해 처형되든지 죽음을 면하든지 간에 "그리스도가 존귀히 될 수 있도록"(20절) 성령의 풍성한 임재가 그로 하여금 복음을 용기 있고 명백하게 증거할 수 있도록 인도하실 것을 소망한다.

죽음과 삶에 대한 우리의 태도. 죽음이 현대의 서방 문화에서 매우 당혹스러운 것임을 자주 목격한다. 20세기 전반부 이전에는 확대 가정들이 자주 서로 가까이 살거나 심지어 같은 집에 살고 있었기 때문에 자녀들이 미리 죽음을 목격하고 주변의 나이든 가정의 구성원으로부터 죽음에 대처하는 것을 배우는 것이 흔하였다. 그러나 오늘날 사람들은 집에서보다는 병원에서 자주 죽고, 죽은 몸은 병원에서 시체보관소로 재빨리 옮겨지며, 방부기술은 죽은 자의 몸을 마치 살아있는 자의 모습처럼 신속하게 회복시킨다.[22] 죽음은 "생명, 자유 그리고 행복의 추구"에 대한 절대적인 권리를 갖는다고 믿는 사람들에게 최악의 사건이며, 이 죽음에 대처하는 우리의 방식은 이런 존엄에 걸맞지 않게 행동한다.

그러나 바울은 생명에 대한 그의 접근을 특징지었던 것과 동일하게 확고한 결의를 가지고 죽음을 맞이했다. 그에게서 죽고 사는 것은 그리스도에 대한 봉사를 의미했고, 그리스도에 대한 봉사가 그의 주요한 목표였다. 아마도 역사에서 어느 다른 때보다도 오늘날 교회는 생명과 죽음에 대해서 바울의 관점을 적용하는 것이 필요하다. 경직된 공포로 인해 이런 주제를 이야기하기를 거부하는 대부분의 우리 주변의 세상으로 인해, 그리고 죽음 이후에 생명의 개념이 오직 소망스러운 생각일 뿐이라고 자주 주장하면서 이에 대해 언급하는 철학자들로 인해, 신자들은 무덤 너머에는 아무것도 없는 것처럼 살도록 유혹을 받기가 쉽다. 이런 사고는 우리가 안전을 위해서 더욱더 절박하게 물질적인 소유에 집착하도록 야기하고, 우리가 하나님에 대한 봉사의 삶을 살지 못하게 가로막는다.

한편으로 이란의 많은 신자들이 죽음에 관한 바울의 관점을 배웠고, 바울처럼 그들은 서방 사람들에게 모범을 제공한다. 예를 들어, 메디 디바지(Mehdi Dibaj)는 이슬람에서 기독교로 전향했기 때문에 1984년에 "배교"의 죄목으로 이란 정부에 의해 감옥에 갇혔다. 이란을 통치했던 이슬람법에 따르면 이런 범죄에 대한 벌은 사형이었다. 메디는 재판이 있기 전에 십여 년 동안 감옥에서 고통했다. 그리고 재판이 진행되었을 때, 그의 변호에 대한 기록물은 예수 그리스도에 대한 헌신의 단순하고 직접적인 확증이었다. 그의 변호의 몇 구절은 놀라운 내용을 담고 있다.

> [예수 그리스도]는 우리의 구세주이시고, 그는 하나님의 아들이시다. 그를 아는 것은 영생을 아는 것을 의미한다. 쓸모없는 죄인인 나는 그의 사랑하는 사람을 믿었고, 모든 그의 말씀과 복음서에 기록된 기적을 믿었다. 나는 그의 손에 나의 생명을 의탁했다. 나의 생명은 그를 섬기는 기회이고, 죽음은 그리스도와 같이 있는 더 좋은 기회다. 그러므로 나는 그의 거룩한 이름의 영광을 위해서 감옥에 있는 것을 만족할 뿐 아니라 나의 주 예수를 위해서 나의 생명을 바칠 준비가 되어 있다.…

1993년 12월에 재판부는 메디에게 사형을 언도했다. 하지만 미 국무성을 포함하여 이 재판을 알았던 서방 사람들로부터 강력한 압력을 받았던 이란 정부는

22. William E. Phipps, *Death: Confronting the Reality*(Atlanta: John Knox, 1987), 1-9.

1994년 1월에 메디를 석방했다. 그러고 나서 일곱 달 뒤에 메디는 테헤란 공원에서 "의심스러운 사건"에 의해 죽은 시체로 발견되었다. 그는 석방되어 나온 후에 이란에서 죽은 세 번째 크리스천이었다. 일부 크리스천 그룹들은 이란 정부의 연루를 의심했다.[23]

바울이 거의 이천 년 전에 경험했던 믿음의 시련이 여전히 현대 교회에서 반복되고 있다. 서방 사람들은 그런 시련에서 떠나있지만 반 기독교 전제주의 정부 하에 살고 있는 신자들에게서 그것은 여전히 실제다. 바울이 빌립보교인들에게 기대했던 것처럼 우리가 복음과 교회에 대한 헌신에서 신실하다면, 고난 받는 형제자매들의 필요를 인식하고, 하나님이 예수 그리스도의 성령의 놀라운 풍성함으로 그들을 공급하실 것을 기도하며, 삶과 죽음에서 복음에 대한 단일한 헌신으로부터 우리의 시공간 속에서 복음의 봉사로 살아가는 방법을 배워야 한다.

23. "Christian Found Dead, Iran Says," *The Boston Globe*(July 6, 1994), 8; "Prominent Church Leaders Slain," *Christianity Today*(August 15, 1994), 54을 보라.

빌립보서 1:27-2:4

27 오직 너희는 그리스도의 복음에 합당하게 생
활하라 이는 내가 너희에게 가 보나 떠나 있
으나 너희가 한마음으로 서서 한 뜻으로 복
음의 신앙을 위하여 협력하는 것과
28 무슨 일에든지 대적하는 자들 때문에 두려워
하지 아니하는 이 일을 듣고자 함이라 이것
이 그들에게는 멸망의 증거요 너희에게는 구
원의 증거니 이는 하나님께로부터 난 것이라
29 그리스도를 위하여 너희에게 은혜를 주신 것
은 다만 그를 믿을 뿐 아니라 또한 그를 위하
여 고난도 받게 하려 하심이라
30 너희에게도 그와 같은 싸움이 있으니 너희가
내 안에서 본 바요 이제도 내 안에서 듣는 바
니라

2:1 그러므로 그리스도 안에 무슨 권면이나 사랑
의 무슨 위로나 성령의 무슨 교제나 긍휼이
나 자비가 있거든
2 마음을 같이하여 같은 사랑을 가지고 뜻을
합하며 한마음을 품어
3 아무 일에든지 다툼이나 허영으로 하지 말고
오직 겸손한 마음으로 각각 자기보다 남을
낫게 여기고
4 각각 자기 일을 돌볼뿐더러 또한 각각 다른
사람들의 일을 돌보아 나의 기쁨을 충만하게
하라

원 의미

"오직 너희는 그리스도의 복음에 합당하게 생활하라"란 어구로 바울은 이 서신의 논증에서 중요한 모퉁이를 돈다. 그의 일은 관점에서 멀어지고 서신의 나머지 부분에서 오직 짤막하게 두 군데서만 다시 나타난다(2:19-24와 4:10-14, 18, 22). 한편으로 빌립보인들의 상황이 전면에 나타난다. 바울은 12절에서 자신의 환경에 대한 언급으로 서신의 전반부를 열었다(또는 헬라어의 문자적인 번역에 따르면 "나에 관한 일"). 그는 유사한 방식으로 새로운 항목을 열지만, 이제는 빌립보인들의 환경에 대한 언급으로 시작한다(문자적으로 헬라어를 번역할 때 "너희에 관한 일"). 12절이 바울이 자신에 대한 정보를 빌립보인들에게 준다고 알린 것처럼, 27절은 빌립보인들에게 이 서신의 항목을 바치려고 이제 의도하고 있음을 보여준다. "너희는 그리스도의 복음에 합당하게 생활하라"는 명령이 이것을 확증해준다. 이것은 서신의 나머지 부분을 통해서 전반적으로 나타나는 일련의 긴 명령들의 첫 번째 부분이고, 이제 바울이 빌립보인들의 "믿음의 진보"(1:25)에 대한 온전한 관심으로 전환하고 있음을 보여준다.[1]

1:27-2:18에서 바울의 주요한 관심은 서로에 대한 빌립보인들의 태도다. 교회의 두 주요한 지체이자 바울의 사역에서 수종한 동역자들인 유오디아와 순두게가 서로 다투고 있고(4:2), 그들의 논쟁은 아마도 교회의 나머지 사람들에게 영향을 미쳤을 것이다(2:14). 그때에 이 새로운 항목의 첫 번째 부분에서 바울은 다른 이들의 이득을 자기 자신의 이득보다 먼저 둘 것을 교회에 격려하는 것에 집중한다(1:27-2:4). 그리스도의 겸손의 모범을 따르고(2:5-11), 광야를 유랑하던 시절에 불순종하고 불평했던 이스라엘 백성들의 잘못을 피하기 위해서다(2:12-18). 바울이 연합의 주제를 2:18 이후로는 전적으로 떠나지 않지만, 이 항목은 다른 어느 것보다 연합에 더 관심을 기울인다.

1:27-2:4을 형성하는 두 단락들은 더 큰 항목의 첫 번째 부분을 형성한다. 여기서 바울의 관심은 빌립보인들을 교훈하여 외부로부터의 박해 가운데서도 인내하게 하고(1:27-30), 나아가서 교회 내에서 이미 발생한 비연합의 파괴적인 세력에 굴복하지 않게 촉구하는 것이다(2:1-4).[2] NIV에는 나타나지 않는 "그러므로"('운')란 접속사는 두 단락을 연결시키고, 2:1-4의 연합에 대한 바울의 교훈은 빌립보인들이 복음의 진전을 위한 공통된 투쟁에 그와 함께 참여하고 있다는 그의 주장과 긴밀하게 연관되어 있다(1:30).[3] 빌립보인들이 그 투쟁에 기여하려면, 그들은 "마음을 같이하여 같은 사랑을 가지고 뜻을 합하며 한마음을 품어"야 한다고 바울은 말한다(2:2).

외부의 반대자에 대항해서 연합하라(1:27–30). 1:27-30에서 바울은 1:18b-26에서 진술한 외부의 나쁜 세력과 그의 싸움을 2:15-16a와 4:4-9에서 다시 나타날 주제인 외부의 반대자들에 대항한 빌립보인들의 싸움과 비교한다. 또한 그는 2:6-18과 4:2-3에서 다시 나타나는 관심사인 빌립보인들의 연합의 주제를 도입한다. 그때에 이 단락은 서신의 두 주요한 부분 사이에서 기술적인 전환을 제공하면서 이전 항목의 주제를 뒤이어지는 항목의 주제와 혼합시킨다.

---

1. 1:27로 시작해서 명령법의 동사들이 서신의 전반에 균등하게 퍼져 있다(2:2, 5, 12, 14, 29; 3:1, 2, 15, 16, 17; 4:1, 3, 4, 5, 6, 8, 9, 21).
2. O'Brien, *Philippians*, 164, 166.
3. 참조. Witherington, *Friendship and Finances in Philippi*, 61.

바울은 1:27-2:18의 모든 부분의 주제적인 표제로 역할하는 진술로 시작한다. "오직 너희는 그리스도의 복음에 합당하게 생활하라"(27절). 그가 외부의 대적들과 기독교 공동체 내에서의 반대에도 불구하고 그리스도의 복음에 합당한 방식으로 행했던 것처럼, 바울은 빌립보인들에게 복음에 일치하는 방식으로 박해와 분열의 문제에 대처할 것을 촉구한다. NIV가 "행동하라"(conduct yourselves, '폴리투에스데', "생활하라"—개역개정)고 번역한 말은 특이하고, 아마도 대부분의 영어 번역들에서 즉시 명백하게 보이는 것보다 더 깊은 의미를 전달하고 있을 것이다. 그 용어는 신약성경에서 여기와 사도행전 23:1에서만 각기 나타난다. 다른 고대 헬라 문헌에서 그 용어는 때로 "시민권을 갖다"나 어떤 도시나 국가에서 "집을 마련하다", "통치하다", "국가를 다스리다" 또는 단순히 "살다, 행하다, 또는 삶을 이끌다"를 의미한다.[4] 그렇다면 그것은 빌립보서 1:27에서 단순히 "행동하다"를 의미하는가, 아니면 보다 정치적인 뉘앙스를 담고 있는가?

몇몇 증거본들은 바울이 정치적인 뉘앙스 때문에 특히 이 용어를 선택한 것임을 보여준다. (1) 사도행전 23:1에서 이 용어는 분명히 정치적인 분위기를 담고 있다. 거기서 바울은 로마의 군대장관의 요청으로 유대의 대제사장과 산헤드린에게 연설한다. 유대인들이 바울이 배교자이며 성전을 더럽혔다고 주장함으로써 예루살렘 성전 근처에서 폭동이 발생한 후에 로마 병사들은 바울을 사로잡았다(행 21:27-36). 그들은 "이 사람은 각처에서 우리 백성과 율법과 이곳을 훼방하여 모든 사람을 가르치는 그 자인데 또 헬라인을 데리고 성전에 들어가서 이 거룩한 곳을 더럽게 하였다"(21:28)라고 주장하였다. 바울은 사도행전 23:1에서 이런 고발에 대해 반응한다. "형제들아 오늘날까지 내가 범사에 양심을 따라 하나님을 섬겼노라." 바울에 대한 죄목의 정치적인 본질에 비추어, 그는 아마도 이 용어를 세심하게 선택했을 것이다. 그는 하나님 나라의 시민으로서 적절하게 행동했고 그 관습을 위반하지 않았음을 주장하고 있다.[5]

(2) 우리가 주석의 서론에서 이미 보았던 것처럼, 빌립보인들은 로마의 시민으로서 그들의 위치를 의식하고 이에 자부심을 갖고 있었다. 이 용어는 빌립보의 시

---

4. Walter Bauer, *A Greek-English Lexicon of the New Testament and Other Early Christian Literature*, 2d ed., adapt., and rev. William F. Arndt, F. Wilbur Gingrich, Frederick W. Danker(Chicago: University of Chicago Press, 1979), 686.

5. U. Hutter, "πολιτεύομαι," *Exegetical Dictionary of the New Testament*, ed. Horst Balz and Gerhard Schneider, 3 vols. (Grand Rapids: Eerdmans, 1990-93), 3:130.

민이 살아야 하는 삶에 관한 용어로서 그들에게 잘 알려져 있었을 것이다.

(3) 바울은 이 단락에서 믿음을 갖지 않은 동료 시민들과 유대의 분파적인 종교에 참여하는 것이 빌립보의 시민에게 적합하지 않다고 느끼는 사람들의 박해를 빌립보인들이 참아내는 것에 관심이 있다(참조. 행 16:20-21).[6] 만약 이 용어가 정치적인 내포를 담고 있다면, 그때에 바울은 빌립보인들이 빌립보의 좋은 시민이 되는 당시 사회적 요건을 따라서 살기보다는 복음을 따라 살 것을 권면하고 있다. 그들을 "대적하는 자들"과 타협하는 유혹이 강력할지라도(28절), 그들의 우선적인 생각은 복음서에서 요약되는 것처럼 하나님 나라의 기준에 충성해야 한다.

빌립보인들이 이 일을 행하려면, 대적자들에 대항해서 연합된 전선을 보여야 한다고 바울은 이어서 말한다.[7] 그들은 "한 마음으로" 그리고 "한 사람으로"("한 뜻으로"-개역개정) 복음을 위해 "확고히 서서" "싸워야 한다." "한 사람"이란 어구는 직역하면 "한뜻으로"이고, 대부분의 번역자와 주석들은 이 두 어구를 서로 평행이 되기 위해서 "한 마음"과 "한뜻"으로 이해한다. 이것은 "뜻"이 인간의 뜻을 가리키는 것처럼 "영"이 성령이 아니라 인간의 영을 가리킨다는 것을 의미한다. 바울은 빌립보인들에게 뜻과 영으로 하나될 것을 간청하고 있다.[8] 그러나 그가 "한 영으로"를 다른 곳에서 "하나님의 영으로"를 의미하는 것으로 정확히 그 어구를 사용하고 있기 때문에(고전 12:13; 엡 2:18), 27절에서 그 어구는 적어도 하나님의 성령에 대한 어떤 암시를 내포하고 있을 것이다.[9] 바울은 아마도 빌립보인들

---

6. 다른 사람들은 박해가 1세기에 그 지역에서 유명했던 것으로 알려진, 시민의 충성에 관한 표현인, 황제 숭배에 참여하기를 빌립보인들이 기꺼워하지 않은 것에서 기원했다고 주장했다. Pheme Perkins, "Philippians: Theology for the Heavenly Politeuma," *Pauline Theology. Volume I: Thessalonians, Philippians, Galatians, Philemon*, ed. Jouette M. Bassler(Minneapolis, Minn.: Fortress, 1991), 93을 보라.

7. 그의 인상적인 작품인 *Seek the Welfare of the City: Christians as Benefactors and Citizens*(Grand Rapids: Eerdmans, 1994), 81-104에서 윈터(Bruce W. Winter)는 디오 크리소스톰(Dio Crysostom, 약 A.D. 40-after 112)과 같은 고대의 정치 이론가들이 시민들이 어떻게 행동해야('폴리테이아') 하는가에 대해서 말했을 때, 그들이 도시의 시민들과 다른 도시들 간에 일치의 필요성을 자주 강조했다고 지적한다. 고대 시대에 시민으로서 적절하게 행동하는 것은 연합과 평화를 위해 애쓰는 것을 의미했다.

8. 예를 들어, Hawthorne, *Philippians*, 56; Silva, *Philippians*, 94을 보라. 이 해석이 옳다면, 그것은 바울이 인간의 영과 인간의 뜻을 예리하게 구분하지 않았다는 것을 의미한다. 바울에게서 "뜻"(soul, '사이케')은 "목적이 있는 삶"을 의미한다(참조. 2:30; 롬 16:4; 고후 12:15; 살전 2:8). "영"('프뉴마')이란 용어는 바울에게서 많은 의미를 갖지만 자주 인간의 감정을 가리킨다(고전 16:18; 고후 2:13; 7:13). "영"이 여기서 인간의 영을 가리킨다면, 그때에 그것은 아마도 수사적인 효과를 위해 주로 추가되었을 것이다. 또한 살전 5:23을 보라. 거기서 "온전히"란 어구는 바울의 강조가 전인(全人)에 있는 것이지, 세 부분으로 나뉜 인격에 있지 않다는 것을 보여준다.

이 영으로 연합하고(그들은 모두 하나님의 성령의 역사를 경험했기 때문이다) 뜻으로 연합해야 한다는 것을 말하고 있을 것이다.

다음에 바울은 그들의 관심을 외부로 돌림으로써 빌립보인들이 대적자들을 두려워하지 말아야 한다고 말하고, 그들이 경험하고 있는 박해의 두 가지 결과를 제시한다. (1) 빌립보인들은 그들을 박해하는 사람들을 두려워하지 않아야 한다. 이 박해는 그리스도의 대적자들이 멸망할 것이라는 "증거"가 되기 때문이다. NIV의 "그들에게 증거"(sign to them)는 빌립보의 대적자들이 빌립보 교인들의 용기 있는 희생적인 믿음으로 말미암아 그들 자신의 운명을 인식하게 될 것을 의미하는 것으로 이해할 수 있다(참조. REB; NRSV).[10] 바울의 헬라어는 그 증거가 어떤 면에서 대적자들과 관련이 있음을 보여주고, 따라서 우리는 관련된 어구를 "이것은 그들(대적자들)과 관련해서 멸망의 증거다"라고 번역할 수 있다. 바울은 아마도 빌립보인들이 접했던 박해가 그것을 인식하는 누구에게나 표지가 된다는 것을 의미할 것이고, 특히 빌립보의 크리스천들에게 하나님이 그의 백성들을 박해하는 사람들을 멸망시키실 것이라는 증거가 된다는 것을 의미할 것이다. 바울이 또 다른 상황에서 말한 것처럼, "누구든지 하나님의 성전을 더럽히면 하나님이 그 사람을 멸하시리라 하나님의 성전은 거룩하니 너희도 그 성전이다"(고전 3:17).

(2) 바울은 빌립보인들이 경험하고 있는 박해를 두려워하지 않아야 한다고 말한다. 그것은 그들의 구원의 증거이기 때문이다. 다시금 박해의 불 속에서 빌립보 크리스천들의 두려움 없음은 크리스천들이 구원을 받을 것을 대적자들에게 보여주는 것을 의미하는 것으로 NIV(참조. REB, NRSV)를 이해할 수 있다. 하지만 바울의 헬라어는 아마도 그 대신에 박해에 직면해서 빌립보의 인내가 빌립보 신자들에게 그들 자신의 구원의 증거로 기능한다는 것을 의미할 것이다.[11] 그때에 28절에서 바울은 빌립보인들에게 박해 중에 그들의 인내를 마지막 날에 하나님의 판결의 이중적인 표지로 간주할 것을 고무시킨다. 즉 그것은 마지막 날에 그들의 대

---

9. Eduard Schweizer, "ψυχή" *Theological Dictionary of the New Testament*, ed. Gerhard Kittel and Gerhard Friedrich, 10 vols. (Grand Rapids: Eerdmans, 1964-76), 9:649; Bonnard, *Philippiens*, 34; Fee, *God's Empowering Presence*, 743-46을 참조하라. O'Brien, *Philippians*, 150은 성령에 대한 어떤 언급이 그 용어에 대한 바울의 사용에 내재해 있다고 믿지만, 그것이 확실하다는 것은 부인한다.

10. 또한 Beare, *Philippians*, 68을 보라.

11. O'Brien, *Philippians*, 144은 28절을 "너희의 대적자들이 너희를 소심하게 하지 않게 하라. 이 일은 그들과 관련해서 멸망의 확실한 증거요 너희에게는 영원한 구원의 확실한 증거다"라고 번역함으로써 정확히 그 의미를 포착했다.

적자들에게 멸망의 증거이지만, 빌립보인의 신자들에게는 구원의 증거다.[12]

바울은 이 사상을 "하나님께로부터 난 것이라"고 결론짓는다. 이는 박해를 견디는 인내를 통해서 있게 된 빌립보 신자들의 구원과 구원의 확증은 하나님에게서 기원한다는 것을 가리킨다.[13] 다음 어구에서(29절), 바울은 더 상세하게 구원에 대한 그들의 확증의 신적인 기원을 설명한다. 믿음을 위한 그들의 고난은 은혜다. 이런 놀라운 진술은 아마도 크리스천의 고난의 두 특징을 염두에 두고 있을 것인데, 하나는 바울이 방금 설명했고, 다른 하나는 나중에 이 서신에서 설명할 것이다. (1) 성공적으로 견딜 때 고난은 신자의 장래의 구원을 확증해 주기 때문에 고난은 은혜다(참조. 28b절). (2) 고난을 통해서 우리는 그리스도의 고난(3:10), 즉 구속적이고 부활로 귀결된 고난과 동일시되기 때문에 고난은 은혜다.[14] 그리스도의 고난에서 은혜가 풍성하였던 것처럼(롬 5:20-21), 신자들이 그리스도를 위해 고난을 당할 때, 은혜가 역시 풍성하다(참조. 고후 4:7-12).

바울은 박해자들로 인한 빌립보인들의 경험과 복음의 대의를 위해 자신이 고난당한 것을 동등하게 취급함으로써 그들을 격려하는 것으로 이 단락을 끝맺는다. 그들은 바울이 빌립보에 있었을 때에 복음을 위해 견뎌내었던 고난을 보았다. 그와 실라는 기독교 메시지로 인해 "빌립보에서 소동을 일으킨 것으로" 발가벗겨져서 매를 맞고, 감옥에 들어갔다(행 16:19-24). 이 서신이 도달한 후에는 빌립보인들이 에바브로디도로부터 그리고 바울의 글로부터 감옥에서 복음의 진전을 위해 바울이 현재에 견디고 있는 고난에 대해서 듣게 될 것이다.

이제 바울은 자신이 고난에 대해 채택했던 관점을 빌립보인들의 고난에 적용한다. 그들의 고난과 그의 고난은 복음을 진전시키기 위한 동일한 싸움의 일부다.[15] 그러므로 바울이 자신의 구금보다 복음의 진전에 더 관심이 있었던 것처럼(1:12-14), 바울이 자기를 반대했던 사람들보다 그리스도가 전파되는 것에 더 관심을 가졌던 것처럼(1:18a), 그리고 바울이 살든지 죽든지 그리스도가 존귀히 되는 것에

12. 바울은 살후 1:3-10에서 유사한 관점을 채택한다.

13. 헬라어 본문에서 NIV의 "that"는 사실상 "this"('투토')다. 그것은 역시 중성이며, 선행사가 단순히 구원만이 아니라(그것은 여성대명사 '하우테'를 필요로 했을 것이다) 박해 가운데 인내하는 이중적인 표지를 드러낸다.

14. 두 번째 견해에 관해서는 O'Brien, *Philippians*, 160의 언급을 보라.

15. 바울의 사역이 복음을 위한 커다란 투쟁, 즉 그의 교회들이 합세하기를 바랐던 투쟁이었다는 바울의 개념에 대해서는 고전 9:24-27과 Victor C. Pfitzner, *Paul and the Agon Motif: Traditional Athletic Imagery in the Pauline Literature*(Leiden: Brill, 1967), 114-19을 보라.

더 관심이 있었던 것처럼, 빌립보의 크리스천들은 시련의 시기에 복음에 합당한 삶을 사는데 관심이 있어야 한다.

내부적인 분열에 대항하여 연합하라(2:1-4). 바울의 다음 단락은 박해를 견디는 문제에서 빌립보 교회 내에 분열의 상처를 치유하는 것으로 전환한다. 1:30에서 바울은 대적자들에 대한 빌립보인들의 연합된 입장을 복음을 진전시키는 위대한 싸움에 바울과 함께 참여한 것으로 묘사했다. 그는 이제 1:27b에서 언급한 연합의 주제를 취하여, 만약 빌립보인들이 이 싸움에 그와 함께 성공적으로 참여하려면, 마음을 같이하여 같은 사랑을 가지고 뜻을 합하며 한마음을 품어야 하고 자신의 이득보다 동료 신자들의 관심을 겸손하게 먼저 두어야 한다고 주장한다. 바울은 복음을 위한 싸움(1:30)과 빌립보 교회의 내적인 연합(2:1-4) 사이에 연관을 새로운 단락을 시작하는 "그러므로"('운')란 용어로 보여준다.[16] 이 용어는 NIV에서는 번역되어 있지 않다(개역개정은 "그러므로"라고 번역되어 있다-옮긴이). 직역하면 2:1은

> '그러므로' 그리스도 안에 무슨 권면이나 사랑의 무슨 위로나 성령의 무슨 교제나 긍휼이나 자비가 있다면…

그때에 두 단락은 서로 긴밀하게 연결되어 있고 내적인 연합은 복음의 과정을 방해하는 파괴적인 세력들을 제어하는데 필요하다는 요지를 만들어준다.

세 가지 의문이 바울의 서두 문장에서 발생한다. (1) 바울은 왜 그러한 매우 수사적인 형태로 자신을 표현하는가? (2) 무슨 의미로 그는 "if"("…이라면")란 용어를 사용하고 있는가? (3) 바울은 정확히 왜 이런 목록을 선택하고 있는가? 첫 번째 두 질문들은 재빨리 대답할 수 있다. 바울은 빌립보인늘에게 마음어린 호소를 하기 위해서 조건문의 일련의 급속한 어절들을 사용하고 있다. 그는 그들의 사도이자 친구다. 그들은 그의 "기쁨이요 면류관"이다(4:1). 바울은 기도 속에서 그들을 기억할 때마다 그들은 기쁨으로 사도를 충만하게 할 것이고(1:4), 서로간의 연합은 그가 이미 그들로 인해 받았던 기쁨을 완성시킬 것이다(2:2). 그때에 그의 호소하는 수사법은 가혹한 것으로 의도되어 있지 않고 정확히 그 반대다. 고대 헬라어

16. Meyer, *The Epistles to the Philippians and Colossians and to Philemon*, 60. 참조. Fee, *God's Empowering Presence*, 749-50.

를 유창하게 말했던 존 크리소스톰은 2:1에 대해 "그가 얼마나 솔직하고 얼마나 강렬한지, 그리고 얼마나 애정 있게 말하고 있는지"라고 말한다.[17]

"if"(…이라면)란 용어는 바울이 열거하고 있는 자질에 대한 빌립보인들의 소유가 가정임을 의미하지 않는다. 여기서 사용된 "if"('에이')란 헬라어는 때로 "왜냐하면"을 의미한다. 예를 들어, 빌립보인들이 그리스도의 "격려"("권면"―개역개정)와 "위로"를 경험했음을 바울이 의심하고 있지 않기 때문에 확실히 이 용어는 여기서 바로 그런 의미를 갖는다. 그때에 바울의 호소는 그들과의 친구됨 그리고 그들이 그리스도에게 속해 있기 때문에 그들에게 속한 복에 기초하고 있다.

하지만 바울은 왜 이런 특별한 복을 언급하고 있는가? 이 질문에 대한 대답은 아마도 직전 단락(1:27-30)에 달려 있고, 아울러 이 단락에서 그와 빌립보인들의 상호적인 애정에 대한 바울의 호소에 달려 있다(2:2). 1:27-30에서 바울은 복음에 대한 그의 고난을 빌립보인들의 고난과 동일시하고 이것을 복음을 진전시키는 위대한 투쟁의 일부라고 생각했다. 그러므로 바울은 그들과 함께 있었을 때처럼 그들이 믿음 안에서 확고하게 서기를 바라고, 믿음을 위한 그들의 고난과 그들이 알고 있는 그가 겪었던 시련 사이에 유사성을 상기시킨다(1:30). 그들이 그리스도 안에서 갖는 "권면"("격려", '파라클레시스', 참조. 고후 1:3-7)은 하나님이 그들의 고난 속에서 바울과 빌립보인들에게 주시는 "위로"('파라클레시스', 참조. 고후 1:3-7)다.

"사랑의 위로"(2:1, 직역)는 NIV가 이 어구를 이해하고 있는 것처럼(번역자들은 "그의"를 추가시켰다) 그리스도의 사랑의 위로가 아니라, 바울과 빌립보인들이 서로에 대해서 갖고 있고 아울러 바울이 그의 독자들에게 그의 기쁨을 완성시킬("충만하게 할"―개역개정) 것을 촉구할 때에 호소하고 있는 상호적인 애정이다(2:2). "성령의 교제"는 약함 속에서도 신자들을 도우시는 성령(롬 8:26)이 그들에게 거하시기 때문에 바울과 빌립보인들이 경험하고 있는 교제다. 마찬가지로 "긍휼과 자비"는 바울이 빌립보인들에게 느끼는 애정과 빌립보인들이 바울에게 느끼는 애정을 가리킬 것이다. 그러므로 바울은 독자들에게 주님이 그들 모두를 위해 행하신 것 때문에 서로에 대해 갖고 있는 관계를 따라 행동할 것을 촉구한다.[18]

---

17. Vincent, *Philippians*, 53을 보라.
18. 2:1에 관한 이런 이해에 대해서는 Fee, *God's Empowering Presence*, 747-50을 보라.

바울은 한 마음을 육성함으로써 그의 기쁨을 완성하는 것으로 이 행위를 묘사한다. 그때에 그는 짤막한 어절의 목록을 가지고 연합의 목적을 어떻게 이룰 수 있는지를 빌립보인들에게 보여준다. 직역하면 바울의 목록은 이와 같다.

같은 사랑을 가지고
뜻을 합하며
한 마음을 품어
아무 일에든지 이기적인 야심으로 하지 않고
허영으로 하지 않으며
자기보다 남을 낫게 여기고
각각 자기 일을 돌볼뿐더러
또한 각각 다른 사람들의 일을 돌보아

두 가지 분명한 이득이 이 목록에서 나타난다. 빌립보인들이 연합하고 그들이 자기 자신의 이득보다 다른 이들의 이득을 촉진함으로써 이 연합을 이루는 것. "이기적인 야심"('에리테디아', "다툼"－개역개정)은 바울이 빌립보인들이 피하기를 원하는 태도를 요약한다. 신약성경 이전의 문서에서는 이 용어가 아리스토텔레서의 '정치'('폴리티카')에서 나타나는데, 거기서 정치적인 혁명의 다양한 원인을 논하는 과정에서 이 철학자는 부당한 수단을 통해 공석인 식무를 행하는 탐욕스러운 이해와 이 용어를 동일시한다.[19] 이 용어가 정치와 연관되어 있는 모습이 신약성경에서는 나타나지 않지만, 여기에 불공정한 전략을 통해서 지배력을 얻으려는 탐욕스러운 시도의 개념이 분명히 내재되어 있다. 바울은 그의 상황에서 작용하고 있는 이런 특성을 보았고(1:17), 그는 서로간의 관계성이 개인적인 희생을 치른다할지라도 다른 이들의 선을 촉진시키는 "겸손"을 보일 것을 희망한다(2:4). 이런 태도가 동료 신자들과 신자들의 관계성을 특징지어야 하고, 그것이 예수와 우리들과의 관계성의 주요한 특질이기 때문에, 그는 다음 항목에서 그것에 대해서 말할 것이다.

19. 아리스토텔레스의 표준적인 헬라어 본문에서 *Politica*란 책의 다섯 번째 책 3장 p.1302b를 보라. Bauer, *Greek-English Lexicon*, 309에서의 논의를 보라.

상황잇기

우리가 현대 교회를 위해 이 단락을 해석할 때, 이 단락이 바울의 논증에서 나타나는 전환적인 역할을 기억해야 한다. 그것은 고난에도 불구하고 바울의 사역에서 복음의 진전이라는 주제로부터 빌립보인들의 연합에 관한 주제로 이동한다. 나아가서 고난과 연합의 이 쌍둥이 주제가 이 단락을 현대적인 상황에 적용하는 우리의 노력을 차지해야 한다.

복음을 위한 고난. 1:28-29에서 고난에 관한 바울의 언급은 그의 세계에서 우리의 세계로 이동하는 데 있어서 이 단락의 가장 어려운 부분을 형성한다. 이에 대한 두 가지 이유가 있다. 첫째로 현대 서방 민주주의 국가에서 신자들은 바울이 이 구절들에서 묘사하고 있는 고난의 종류를 거의 알지 못하거나 전혀 알지 못한다. 따라서 본문에 나와 있는 사실을 보다 일반적으로 적용하게 하는 유혹이 강력하게 있다. 빌립보인들이 대적하는 사람들을 두려워하지 않아야 한다는 바울의 진술은 우리 문화에서 새로운 교회 건물 계획에 대한 어떤 이들의 반대, 우리의 신학의 훌륭한 점에 대한 반대, 또는 우리가 좋아하는 선생에 대한 불인정을 포함하는 일반적인 것들로 확대된다. 하지만 바울의 용어는 이런 종류의 것을 의미하지 않는다. 그것은 오히려 이교도 반대자의 격랑이 일고 있는 바다에서 복음에 대한 헌신으로 작은 섬처럼 고고히 서 있는 사람들을 격려하는 것으로 의도되어 있었다. 바울이 말하는 고난은 "복음의 믿음"에 대한 고난이지(27절, REB), 일반적인 고난이 아니다. 그것은 확실히 어떤 개인적인 일정에 대한 반대가 아니다.

그렇다면 이는 우리가 이 단락을 묵상할 필요 없이 바울의 조언과 희망을 숨겨두어야 한다는 것을 의미하는가? 본문에 대한 명확한 해석은 다른 방향을 가리킨다. 우리가 강렬한 사회적 박해 가운데서 "복음의 믿음을 위해 한마음으로" 싸우라는 명령을 직접적으로 순종할 수는 없을지라도, 빌립보의 사람들과 유사한 환경에서 믿음을 위해 고난당하고 있는 지구 저 너머에 형제와 자매들을 지원할 수 있다. 바울은 고난 받는 빌립보인들과 멀리 떨어져서도 연합을 이루었고, 빌립보인들도 바울과 마찬가지였다. 따라서 서방에서 현대 교회는 그들의 모범을 따르고 실제적인 방식으로 다른 문화 속에서 고난 받는 형제와 자매들과 연합해야 한다.

이와 더불어 이 단락의 원리는 자유로운 서방에서조차도 신앙의 확신으로 인해 크리스천들이 경험하는 이따금의 직접적인 반대와 기술적으로 복합적인 현대 사회가 하나님의 실제를 부인하는 보다 미묘한 방식과 관련이 있다. 크리스천에 대한 압박이 우리 문화에서는 공식적으로 허락되지는 않을지라도, 크리스천의 확신이 일터에서 자주 조롱을 받고, 학문적인 범주와 뉴스와 연예 산업계에서 미묘하게 "미개한" 것으로 치부된다. 게다가 현대 문화의 강력한 물질주의는 영적인 영역을 사소하게 여기고, 삶의 가장 심오한 질문에 대한 신자들의 대답을 중요하지 않은 사소한 퇴보로 간주하게 기묘한 압력을 넣는다. 이것은 종교의 자유가 존중되는 곳에서조차도 신자들이 소외와 억압의 감정을 느끼게 만들 수 있다. 이런 일이 일어날 때, 우리는 반대 세력들을 두려워하지 말라는 신자들에 대한 바울의 조언을 유념하는 것이 못지않게 중요하다.

바울은 우리가 어떻게 "두려움"을 피해야 한다고 명확하게 말하지는 않지만, 권세 있는 사람들과 지배적인 이념들이 신자들이 생각하고 행하는 것에 동의하지 않는다는 것을 알 때조차도, 하나님이 크리스천들에게 공급하는 용기와 기쁨이 그들을 지탱하게 해준다는 것을 의미한다. 바울은 하나님에 대한 순종 때문에 고난받는 신자에게 다가오는 두려움과 좌절을 경험했다. 그는 고린도에서 그의 설교가 반대자를 만났을 때, 두려워한 적이 있었고, 이에 하나님이 격려의 말씀으로 반응하셨다. "두려워하지 말며 잠잠하지 말고 말하라 내가 너와 함께 있으매 아무 사람도 너를 대적하여 해롭게 할 자가 없을 것이니 이는 이 성중에 내 백성이 많음이라"(행 18:9-10). 그는 고난 때문에 에베소서에서 거의 좌절하였고, 어떤 알 수 없는 아마도 덜 극적인 방식으로 주님은 그를 위로하셨다(고후 1:3-11). 바울이 에베소의 감옥에서 이 빌립보 서신을 썼다면, 아마도 빌립보서 1:28은 강력한 고난 속에서도 어떻게 하나님의 긍휼과 위로가 바울로부터 고난을 겪고 있던 다른 사람들에게로 넘쳤는가(고후 1:4)를 보여주는 사례가 될 것이다. 하나님은 고난의 시기에 그를 위로하셨고 빌립보인들은 하나님이 그들을 도우실 것이기 때문에 두려워하지 않아야 한다.

신약성경의 나머지 부분과 초기 기독교 변증론자들과 일치하여, 바울이 박해사에 대항해서 빌립보인들이 공격적인 행동에 참여할 것을 주장하지 않고 있음을 주목하는 것이 우리의 상황에서 유익하다. 오히려 바울은 그들이 침착함을 유지하고 복음을 반대하는 사람들을 하나님이 멸망시키실 날을 기다릴 것을 주장한다. "내 사랑하는 자들아 너희가 친히 원수를 갚지 말고 진노하심에 맡기라 기록되었으되 원수 갚는 것이 내게 있으니 내가 갚으리라고 주께서 말씀하시니라"(롬 12:19; 참조. 마 5:43-45)고 다른 곳에서 말한다. 반면에 신약성경의 나머지 부분에 따르면, 신자들은 온유와 모범적인 행동으로 반대에 대응해야 한다(롬 12:20-20-21; 참조. 벧전 4:19). 그들의 반대자들이 수치로 인해 침묵할 수 있게 하고(딛

2:8), 심지어 믿음을 가질 수 있게 말이다(벧전 2:12, 21-23; 3:1, 16).

기독교 박해 정책이 부당하다는 것을 로마 황제에게 적극적으로 설득하려고 했던 초기 기독교 변증론자들은 이 주제를 선택했다. 그들은 기독교를 비난하는 자들에게 크리스천의 모범적인 삶 그리고 사랑 때문에 그들을 학대하는 사람들을 보복하지 않으려 하는 것을 끊임없이 지적하였다. 예를 들어, 2세기 후반에 기독교 철학자인 아데나고라스는 마르쿠스 아우렐리우스 황제와 루시우스 아우렐리우스 코모두스 황제에게 기독교인들을 박해하는 정책을 철회할 것을 간청했다. 두 황제들은 그들의 영역에서 철학 연구를 권장하였고, 아데나고라스는 그의 간청에서 이 부분을 잊지 않았다. 어느 시점에서 그는 훌륭한 교육과 명민한 정신에도 불구하고 자신이 알고 있는 어느 철학자도 "적을 미워하는 대신에 사랑하고, 자신을 모욕하는 사람들을 비난하는(확실히 그것이 보다 일반적이다) 대신에 축복하며, 모함하고 있는 사람들을 위해 기도할 만큼 자기 자신의 마음을 정결하게 하였는가"를 생각해 보도록 황제들에게 요청했다. 그때에 유명한 단락에서 그는 박해 받는 기독교인들의 행동을 묘사했다.

> 오히려 글을 읽지 못하는 사람들, 상인들, 그리고 나이든 여자들이 말로 우리의 가르침의 혜택을 표현하지 못할지라도, 그 원리적인 가치를 행동으로 보여주고 있음을 당신은 발견할 것이다. 그들은 말로 떠벌리는 것이 아니라, 좋은 행동으로 증거한다. 피해를 입었을 때, 그들은 되돌리지 않는다. 강도를 만났을 때 고발하지 않는다. 구하는 사람에게 준다. 그들은 이웃을 자기 자신처럼 사랑한다.[20]

신약성경과 정경 이외의 초기 기독교 문서에서 박해받는 크리스천들은 박해에 관한 관점에서 예수의 말씀을 반영한다.

> 악한 자를 대적지 말라 누구든지 네 오른편 뺨을 치거든 왼편도 돌려 대며 또 너를 송사하여 속옷을 가지고자 하는 자에게 겉옷까지도 가지게 하며 또 누구든지 너로 억지로 오 리를 가게 하거든 그 사람과 십 리를 동행하고…너희 원수를 사랑하며 너희를

---

20. Athenagoras, *A Plea Regarding Christians*, 11(*Early Christian Fathers*[New York: Macmillan, 1970], 310에서 Cyril C. Richardson의 번역으로부터). 참조. *Letter to Diognetus*, 5.9-17; Justin Martyr, *First Apology*, 12, 15-17.

핍박하는 자를 위하여 기도하라 이같이 한즉 하늘에 계신 너희 아버지의 아들이 되리니(마 5:39-45).

오늘날 복음을 위해 고난 받는 크리스천들은 동등하게 절제되고 사랑스런 그리고 용기 있는 접근을 취해야 한다.

둘째로 고난이 은혜라는 바울의 주장을 고난 자체가 좋다는 것을 의미하는 것으로 쉽게 오해할 수 있다. 여기서와 그의 서신의 다른 곳에서 고난에 관한 바울의 논증에 대한 역사적으로 비극적인 오해는 일부 크리스천들이 고난을 추구하거나 스스로 자기에게 고난을 가하도록 이끌었다. 고난 자체가 그들을 죄에서 정결하게 하거나 하나님을 기쁘시게 하는 이유가 된다는 인상을 가지고서 말이다. 그것은 오직 상처를 가중시키는 방식으로 고통을 당하고 있는 사람들에게 고난의 가치를 말하도록 이끌었다. 그리하여 고난 받는 사람들이 하나님을 잔인한 독재자, 즉 어느 누구도 원치 않는 선물을 주시는 분으로 때로 간주하게 만들었다.

그러나 바울이 고통을 은혜라고 말할 때, 하나님이 그 고난을 만드신 분임을 의미하지 않는다. 새로이 회심한 이웃들을 박해한 빌립보의 이교도들이 죄를 지은 것이지 하나님이 그 죄를 만드신 분이 아니시다. 타락한 의지에서 발생한 이교도 박해사들은 갓 태어난 교회를 고난 속으로 밀어 넣기를 선택했다. 이 고난은 그들의 잘못이지 하나님의 잘못이 아니고, 하나님은 이 책임을 그들에게 지우신다. 하지만 바울은 이 고난을 하나님으로부터의 선물이라고 묘사한다. 주권적인 하나님이 이 고난을 그의 선한 목적을 이루시는 것으로 사용하셨기 때문이다. 요셉은 그의 형제들에게 "당신들은 나를 해하려 하였으나 하나님은 그것을 선으로 바꾸사 오늘과 같이 만민의 생명을 구원하게 하시려 하셨나니"(창 50:20)라고 말했다. 유한하고 타락한 인간의 마음으로는 헤아릴 수 없는 어떤 신비한 방식으로, 요셉의 형제들이 악을 행했지만 이 악이 하나님의 주권적인 통치 바깥에 있지 않았다—하나님은 선한 결과를 가져오기 위해서 그것을 "의도하셨다."[21]

이런 선한 결과는 무엇인가? 우리가 이 단락의 원 의미에 관한 논의에서 이미 보았던 것처럼, 크리스천의 고난은 두 가지 긍정적인 효과를 갖는다. 고난은 구원을 확증해주고, 신자들을 그리스도의 고난과 동일시하게 만든다. 이 단락에서

---

21. Carson, *How Long O Lord? Reflections on Suffering and Evil*, 199-227과 Carson의 더 긴 작품인 *Divine Sovereignty and Human Responsibility: Biblical Perspectives in Tension*(Atlanta: John Knox, 1981)에서 악에 대한 하나님의 주권의 성경적 증거에 관한 명확하고 유익한 논의를 보라.

바울은 믿음을 위해 고난당하는 신자에게 있게 되는 장래의 구원의 확증을 생각한다.

빌립보인들이 경험하는 박해는 양면적인 증표로서 기능한다는 바울의 주장은 그리스도를 위한 고난의 은혜적인 성격의 한 양상을 보여준다. 그러한 고난은 그 사람이 하나님 편에 있는지 그렇지 않은지를 명확하게 보여준다. 복음에 대한 헌신이 진실하지 못한 사람은 육체적인 불편함이 있는 격렬한 시련과 박해의 감정적인 고통을 참아내려 하지 않을 것이다. 그러한 위기 시에 복음에 대한 헌신과 거부 사이의 경계선을 걷고 있던 탐구자도 어떤 결단을 마침내 하게 될 것이고, 숨은 동기를 갖고 교회에 충성을 고백했던 사람들은 더 이상 속일 수 없음을 결국에 결정할 것이다. 따라서 남아 있는 사람들은 그 헌신이 진정한 사람임을 확증해 줄 것이다. 그리고 바울이 다른 곳에서 말한 것처럼, 그 고난이 기쁨을 위한 대의가 된다.

> 우리가 환난 중에도 즐거워하나니 이는 환난은 인내를, 인내는 연단을, 연단은 소망을 이루는 줄 앎이로다 소망이 부끄럽게 아니함은 우리에게 주신 성령으로 말미암아 하나님의 사랑이 우리 마음에 부은 바 됨이니(롬 5:3b-5).

다시 말해서 박해의 화염 속에서 신자의 기질에 대한 시험은 구원의 확증을 낳고, 보이는 교회가 참되고 보이지 않는 숫자와 같은 것으로 축소된다. 결과적인 확신과 교제는 악조차도 선으로 만드시는 아주 강력한 하나님으로부터의 은혜다.

교회 안에서의 연합. 크리스천의 연합에 대한 빌립보인들을 향한 바울의 조언은 현대 교회에 보다 직접적이고 보편적으로 적용이 가능하다. 이 연합은 1:27에서 교회의 고난과 특히 연관이 있을지라도, 2:1-4에서 연합은 어느 교회도 즉시 적용할 수 있는 독립적인 의미를 갖는다. 양 단락에서 바울은 연합 속에서 성령의 역할을 언급한다. 빌립보인들은 성령 안에서 확고히 서야 하며(1:27), 서로간의 연합은 성령이 이루시는 교제의 경험에서 파생되어야 한다(2:1). 바울이 빌립보인들이 경험하기를 바라는 연합은 하나님의 영에서 기원한다.

그렇다고 해서 빌립보인들은 연합을 낳는 사랑의 실제적인 행위로 성령이 밀어 넣으시기를 단지 기다리면서 수동적인 자세를 취해야 한다는 것을 의미하지 않는다. 빌립보인들은 "마음을 같이하여 같은 사랑을 가지고 뜻을 합하며 한마음을 품도록"(2:2) 명령을 받는다. 그들은 "다툼이나 허영으로 하지 말고…각각 자기보다 남을 낫게 여겨야(2:3) 한다. 그러므로 한편으로 바울의 연합은 성령에서 파생되는 것으로 보이고, 다른 한편으로 그것은 빌립보인들의 노력으로 나타난다는 것을 보여준다.

동일한 긴장이 2:12-13에서 나중에 나타날 것이다. 바울은 거기서 독자들에게 "항상 복종하여 두렵고 떨림으로 너희 구원을 이루라 너희 안에서 행하시는 이는 하나님이시니 자기의 기쁘신 뜻을 위하여 너희에게 소원을 두고 행하게 하시나니"라고 말한다. 그리고 에베소서 2:8-10에서 그는 구원의 은혜로운 특징을 강조하고, 나아가서 하나님이 신자들을 "그리스도 예수 안에서 선한 일을 위하여 지었다"(엡 2:10)라고 말한다. 빌립보인들이 고난당하는 악의 배후에 하나님의 뜻이 어떻게 서 있는지를 이해하지 못한다면, 이 역설적인 진리가 정확히 어떻게 들어맞는지를 이해하기는 불가능하다. 그러나 역설의 이 양면적인 성격은 하나님이 그가 명하시는 연합에 대한 책임을 우리에게 주셨지만 그것을 이루는 모든 신임을 우리에게 주시지 않았다는 것을 보여준다. 처음에 이것은 부당해 보인다. 철저히 죄에 물든 우리가 타락한 피조물임을 이해하고, 우리가 하나님을 순종한다면, 그가 그 일을 행할 수 있는 의지와 능력을 주신다는 것을 이해할 때까지는 말이다. 하나님이 이 일을 행하신다는 것이 그의 긍휼을 기뻐하는 원인이 되어야지 정당함의 의미에 대한 불평이 되어서는 안 된다.[22]

그러나 오늘날 교회는 "한 마음을 품고" "영과 목적에서 하나"가 되라는 바울의 명령, 또는 헬라어를 보다 직역하면 "같은 일을 생각하고 동일한 사랑을 가지며 영으로 연합하고 같은 일을 생각하라"(2:2)는 바울의 명령을 순종하는 것을 어떻게 상정할 수 있는가? 이것은 바울이 행위와 생각에서 모든 사람들이 순응해야 하는 상세한 규범의 어떤 엄격한 잣대를 지지하고 있음을 의미하는가? 바울의 의도를 이해하기 위해서 우리는 "동일한 일을 생각하라"와 "같은 일을 생각하라"는 중요한 어구가 나타나는 문맥을 살펴보는 것이 필요하다. 문자적인 번역이 보여주는 것처럼, 두 주요한 용어들이 이 어구들 사이에 끼여 있다. 바울은 빌립보인들이 서로에 대해 애정을 가짐으로써 그리고 같은 영을 가짐으로써 동일한 일을 생각하기를 원한다. 다음 두 구절(2:3-4)에서 그는 이것이 다른 사람들의 이득에 자신의 이득을 복종시키는 것을 의미한다고 설명한다.

그러므로 바울은 교회가 서로 고정된 방식으로 걷는 자동화된 그룹임을 상상하

---

22. Carson, *How Long, O Lord? Reflections on Suffering and Evil*, 210-11을 보라.

고 있지 않다. 오히려 그는 서로 다름에도 불구하고 다른 이들의 복리를 먼저 둠으로써 서로에 대한 사랑을 기꺼이 보이는 개인들의 그룹으로 교회를 간주한다. 이것은 항상 진리를 말하고 진리로 행동하지만 사랑 속에서 그 일을 행하는 것을 의미한다. 또한 그것은 우리가 잘못된 것을 말하였거나 행동했을 때에 인정하고, 나아가서 우리의 방식을 고치는 겸손을 갖는 것을 의미할 것이다. 각각의 신자들이 동료 신자들의 관심을 사랑스럽게 살필 때, 모든 이들이 "예수 그리스도의 태도"로 나아갈 것이고, 바울이 "한 마음을 품으라"고 말하는 의미에 근접하기 시작할 것이다.[23]

현대적 의미

초기 시대 이래로 예수 그리스도의 교회는 보다 넓은 사회적인 질서와 어떤 관계를 유지해야 하는가와 씨름했다. 첫 삼세기 동안에 교회는 정치적인 세력의 사람들로부터 학대를 받았고, 사회적인 질서 내에서 부패의 깊이를 강조했다. 권세자들은 예수를 십자가에 못박았고, 복음 전파를 불법으로 규정했으며, 야고보를 죽였고, 베드로와 바울을 구금했다. 기독교인의 재산을 몰수했으며 황제들을 숭배하라고 명령했다.[24] 나중에 이 문제는 더욱 악화되어서 정부는 크리스천들을 사자밥이 되게 했으며 말뚝에 묶어 불태웠고 성경을 소각시켰다.[25] 아울러 보이지 않으시는 하나님과 십자가에 못 박히신 주님에 대한 비전통적인 개념들이 황제의 질서를 위협한다고 권세자들은 생각했다.[26] 그러한 상황에서 신약성경의 저자들과 초기 기독교 교부들은 세상에서 신자의 나그네적인 위치를 현명하게 강조했다. 크리스천들은 다른 영원한 국가의 시민이었다. 그들은 유대인도 헬라인도 아니며 제삼의 인종이다. 이 세상은 그들의 본향이 아니었다.[27]

---

23. 연합의 이런 종류에 대한 단순하고 실제적인 지침은 Bonhoeffer's *Life Together*, 90-109을 능가할 수 없을 것이다.
24. 예를 들어, 행 4:17-18; 12:2-3; 16:23; 고전 2:8; 히 10:34; 계 13:1-8을 보라.
25. 예를 들어, *The Martyrdom of Polycarp*은 맹수에게 던져진 크리스천들에 대해서 이야기하고 서버나의 주교인 폴리갑이 장대에 매여 화형에 처해진 방식을 묘사해준다. Lactantius, *De Mortibus* 12은 다른 잔인한 행위들 중에서 303년에 디오클레시안 황제가 성경을 불태운 것에 대해 말해준다. W. H. C. Frend, *Martyrdom and Persecution in the Early Church: A Study of a Conflict From the Maccabees to Donatus*(Oxford: Basil Blackwell, 1965), 491을 보라.
26. 예를 들어, Celsus, *Alethes Logos*(178년과 180년 사이에 작성된)에서 셀수스가 언급한 것을 보라. 그것이 오리겐의 *Contra Celsum*, 55-56에 인용되어 있다.
27. 예를 들어, 빌 3:20; 벧전 2:11(참조. 히 11:1; 13:13-14)을 보라. 또한 *Letter to Diognetus* 5을 보라. 세상에 대한 이런 자세는 나중에 재세례파 전통에서 교회의 역사에 보존되었다.

그러나 공식적인 박해가 4세기 초에 잦아들었을 때, 교회가 살아가야 하는 다른 사회적 구조에 대한 다른 접근방식의 발전이 열렸다. 때로 통치하는 권세자들은 교회의 조언을 이따금 들을 필요가 있는 사회 질서의 신적인 보호자로 간주되었고(가톨릭과 정통적인 전통에서처럼), 때로 교회의 수호자와는 전적으로 구분되는 이 세상 나라의 수호자로서 간주되었으며(루터파 전통에서처럼), 모든 창조의 하나님을 외치도록 교회가 부름 받고 있는 죄악된 사회적 구조의 죄악된 권위로 때로 간주되었다(칼빈주의 전통에서처럼).[28]

많은 신자들은 오늘날 이 세 전통 중에 하나의 상속자이고 아마도 그들 자신의 유산에 비추어 성경적인 증거를 바라보기를 좋아할 것이다. 그러나 21세기 초기의 교회와 사회적 구조 사이에 충성과 긴장의 복잡한 네트워크 속에서 우리는 과거의 전통들을 인식하고 우리의 시간과 문화를 위한 방향을 얻기 위해서 성경적인 증거를 다시 찾는 것이 중요하다. 빌립보서 1:27-30은 일부 도움을 준다.

20세기 후반부에 기독교적인 개념들은 대중적인 정책, 특히 국내 정책의 논쟁에서 점차적으로 배제되었고, 이런 전개는 동일한 시기 동안에 학문적인 세력의 전당에서 기독교 신학이 점차적으로 주변으로 밀려나가는 것과 유사하다. 이런 요지를 설명해주는 작은 증거가 학문적이고 대중적인 영역에서 "근본주의"란 용어에 관한 역사이다. 이 용어는 20세기의 초반에 전통적인 기독교의 가르침에 시대정신을 적용시키는 것을 저항하는 기독교적인 성향을 묘사하는데 사용되었다.[29] 하지만 21세기 초에 근본주의란 용어는 뉴스 미디어와 학문적인 영역에서 아주 보수적인 기독교인들과 과격한 이슬람 테러집단들을 가리키는 것으로 반복해서 사용되었다. 이 두 세력이 현대주의의 침입에 대해 그들의 신앙을 정결하게 하는데 관심이 있고, 아울러 보수적인 대중 정책을 촉진하는데 관심이 있는 것 이외에 달리 관련지을 이유가 없는데도 말이다.[30] 결과적으로 근본주의란 용어는 좋지 않은 용어가 되어서 1920년 이래로 그 용어를 즐거이 사용했던 그룹들이 결사적으로 그것과의 연관을 결사적으로 단절시키려하고 있다. 언젠가 자기 지칭으로 사용

28. Nicholas Wolterstorff, *Until Justice and Peace Embrace*(Grand Rapids: Eerdmans, 1983), 3-22에 이런 전승들의 차이에 관한 유용한 논의를 보라.

29. George M. Marsden, *Fundamentalism and American Culture: The Shaping of Twentieth-Century Evangelicalism 1870-1925*(Oxford: Oxford University Press, 1980), 3-4을 보라.

30. 아마도 이런 흐름의 지극한 사례가 강력한 *Fundamentalism Project*, ed. Martin E. Marty and R. Scott Appleby, 4 vols(Chicago: University of Chicago, 1991-94)이다. 그것은 북아메리카 개신교 근본주의를 로마 가톨릭, 유대인, 이슬람, 힌두교, 그리고 불교의 "근본주의"와 함께 논한다.

되었던 이 용어는 사실상 오명으로 바뀌었고, 그 과정에서 대다수의 크리스천들이 무시되었다.[31]

처음에 이 모든 것은 자신을 근본주의자로 생각하지 않는 크리스천들과 근본주의 운동에 대한 세속적인 언론과 학문의 용이주도한 태도에 상당히 동의하지 않는 크리스천들과는 상관이 없어 보인다. 그러나 중요한 요지는 이 세속적인 제도 내에서 많은 비그리스도인들이 기독교인들이 보통 본능적으로 이해하는 기독교 그룹간의 명확한 차이를 만들어내지 못한다는 사실이다. 많은 사람들에게서 근본주의 기독교인들은 일반적으로 기독교의 사회적이고 정치적인 성향을 보여주는 것이고, 많은 이들이 보기에, 근본주의자들은 좋은 학문을 행할 수 없으며 그들의 정치적이고 과학적인 사고에서 종교적인 사고를 배제하지 않는 한, 정치와 연관되어서는 안 되는 좋은 사례를 제공한다.[32]

이것이 빌립보의 크리스천들이 인내했던 박해의 강렬한 정도와는 전혀 다를지라도, 빌립보서 1:27-30은 그럼에도 불구하고 서방 민주주의에서 무시되고 있는 신자들을 위한 관점을 제공한다. 이 구절들이 하나님 나라의 신자들의 시민권, 하나님이 박해자들로부터 신자들을 분리시킬 때를 기다리는 종말론적인 관점, 그리고 신자들이 박해에 직면해서 보여야 하는 용기를 강조하기 때문에, 바울이 특히 기독교적인 이득을 보호하고 비방자들과 싸우기 위해서 의도된 "기독교 중상모략 저지단체"나 "기독교 민주당"을 인정할 것 같지는 않다. 칼 바르트가 이 단락을 해석할 때에 말한 것처럼, "기독교인들은 어느 누구에 '대항해서' 진력하는 것이 아니라(역시 어느 누구를 위해서도 아니다) '믿음을 위해' 진력한다."[33] 크리스천의

31. 대중적인 정책의 논쟁과 학문적인 역량에서 좌익적인 정체적 어젠더(일정)의 지지자로 그들을 간주할 때를 제외하고서 개신교와 로마 가톨릭 기독교를 배제하는 또 다른 사례에 대해서는 William J. Bennett, *The De-Valuing of America: The Fight for Our Culture and Our Children*(New York: Summit, 1992), 205-29; Stephen L. Carter, *The Culture of Disbelief: How American Law and Politics Trivialize Religious Devotion*(New York: Basic Books, 1993), 1-43을 보라. 그리고 Thomas C. Oden, *Requiem: A Lament in Three Movements*(Nashville, Tenn.: Abingdon, 1995), 135의 언급을 보라.

32. 이런 현상에 대한 이유가 George M. Marsden, "The Soul of the American University: A Historical Overview," *The Secularizaiton of the Academy*, ed. George M. Marsden and Bradley J. Longfield(New York: Oxford University Press, 1992), 9-45에서 잘 설명되고 진술된다. 공적이고 학문적인 과정에서 기독교 사상을 배제하는 것이 정당한 사회에서 가져올 수 있는 위험성에 대해서는 Alasdair MacIntyre, *After Virtue: A Study in Moral Theory*, 2d ed. (Notre Dame, Ind.: University of Notre Dame Press, 1984)을 보라; 영국의 관점에서 유사한 논증에 대해서는 Duncan B. Forrester, *Belief, Values and Policies: Conviction Politics in a Secular Age*(Oxford: Oxford University Press, 1989)을 보라.

33. Barth, *Philippians*, 47.

길은 복수를 거부하고, 우리를 박해하는 자들이 그 행동을 부끄러워할 뿐만 아니라 스스로 신자가 되기를 원하게 하는 모범적인 삶을 사는 것이다.[34]

한편으로 서방 민주주의 국가에서의 상황이 초기 크리스천의 상황과 정확히 유사한 것이 아니기 때문에, 하나님의 다가올 나라에 초점을 맞추고서 현재의 민주사회에서 신자들이 올바른 정책을 위해 노력함으로써 이웃들에게 자비를 보여주어야 하는 기회를 우리가 소홀히 하는 것은 적절하지 않다. 하나님이 우리가 이웃을 우리 자신처럼 사랑할 것을 요구하시기 때문에, 그리고 우리 이웃이 하나님의 백성들만이 아니라 다른 사람들도 포함하기 때문에, 사회 내에서 억압을 경감시키고 평화를 이루며, 고통을 경감시킴으로써 공적인 정의를 위한 하나님의 비전을 세우는 방법을 추구하는 것은 적절하다. 우리가 이 일을 행할 때, 하나님에게 복수(retaliation)의 일을 맡기고, 하나님 나라의 시민권에 초점을 맞추며, 주변 사람들이 역시 그 나라의 시민이 되기를 원하는 타자 중심적인 삶을 사는 성경적인 모델을 따라야 한다.[35]

비방자들을 복수하게 촉구하는 인간의 성향은 우리 자신의 이득을 다른 신자들의 이득보다 앞서 주장하게 만들고 다른 사람을 희생시켜 "이기적인 야심"의 사다리를 오른다. 이런 경향이 현대 심리학에 깊이 뿌리박혀 있다. 예를 들어, 미국인들은 젊었을 적부터 자신들이 "빼앗길 수 없는 권리(이 가운데는 생명, 자유와 행복추구가 들어 있다)를 창조주로부터 받았다"고 가르침을 받았다.[36] 많은 사회 심리적 이론은 모든 다른 동물들처럼 인간 종족들은 생존을 위해서 다른 이들을 지배하려는 무자비한 욕구와 연관되어 있다는 개념에 빚을 지고 있다.[37] 그러므로 우리는 자신이 행복할 가치가 있다는 믿음으로 교회에 나가고, 다른 이들에게 폐를 끼치면서까지 행복을 추구하는 것이 불가피하다는 개념을 갖는다.

목사들에게는 때로 작은 교회에서 더 큰 교회로 올라가려는 강력한 유혹이 있다. 하나님을 우선해서 거의 생각하지 않는 방식으로 경쟁하면서 말이다. 기독교단과대학, 종합대학, 신학교들은 때로 하나님 나라를 위해 가장 좋은 것이 아니라

34. J. Christiaan Beker, *Suffering and Hope: The Biblical Vision and the Human Predicament*(Grand Rapids: Eerdmans, 1994), 82-86; Stanley Hauerwas, *The Peaceable Kingdom: A Primer in Christian Ethics*(Notre Dame Press, 1983).

35. 현대의 정치 사회적 이슈에 관한 기독교적인 입장의 사려 깊은 제안을 John Stott, *Issues Facing Christians Today*(Basingstoke, Eng.: Marshall, Morgan & Scott, 1984)에서 발견할 수 있다.

36. 미국의 "독립선언서"(Philadelphia, 1776).

37. 예를 들어, Ernest Becker, *The Denial of Death*(New York: Macmillan, 1973), 1-8을 보라.

제도의 생존을 위해 가장 좋은 것에 기초하여 결정을 자주 내린다. 기독교 단체들은 더 큰 지원을 얻을 수 있는 위기를 묘사하고, 경쟁에서 앞서기 위해서 때로 재정적인 필요를 과장하며, 어떤 때에는 같은 이유 때문에 사회에서 그들의 영향력이나 프로그램의 질을 과장한다.

이 모든 것에 대해서 바울은 "각각 자기 일을 돌볼뿐더러 또한 각각 다른 사람들의 일을 돌보아 나의 기쁨을 충만하게 하라"(2:4)고 명한다. 이 명령은 크리스천들 사이에서 위대한 길은 다른 사람들에게 봉사하는 것이라는 예수의 가르침("먼저가 되고자 하는 자마다 모든 사람의 종이 되어야 한다", 막 10:43-44; 참조. 9:35; 마 20:27; 23:11; 눅 22:26-27)의 전통에 기초하고 있다.[38]

실제로 우리가 다른 이들보다 우리의 권리를 주장하려는 유혹을 어떻게 억제할 수 있는가? 크리스천이 더불어 어떻게 살아야할 지에 관한 훌륭한 에세이에서 디트리히 본훼퍼는 기독교 공동체에서 이기적인 야심을 근절하기 위한 일곱 가지 원리를 제시한다.

- 크리스천 형제에 대해 무자비하게 말하지 않도록 자신의 혀를 제어하라.
- 바울처럼 죄인들의 괴수이며 하나님의 은혜로만 하나님이 보시기에 살 수 있음을 아는 겸손을 배양하라.
- 동료 크리스천의 필요를 이해할 수 있도록 "오래 참고" 들으라.
- 아무리 작거나 사소할지라도 예상하지 못한 필요를 도울 수 있도록 자신의 시간과 일을 너무 소중한 것으로 생각하지 말라.
- 주 안에서 형제와 자매의 짐을 덜어주라. 그들의 자유를 보존해주고, 그 자유의 죄스러운 남용을 용서함으로써 말이다.
- 동료 신자들에게 하나님의 말씀을 말하라. 그들이 그것을 들을 필요가 있을 때에 말이다.
- 크리스천의 권위는 봉사로 특징지어지고 그 봉사를 행하는 자에게 너무 관심을 기울이지 않아야 한다는 것을 알라.[39]

---

38. Beare, *Philippians*, 73은 "바울이 어느 누구도 받을 수 없는 영예를 스스로 주장할 수 없다는 것을 제기하고 있고, 정확히 그 요지는 우리가 전적으로 받을 만한 영예조차도 받을 것을 주장하지 않아야 한다는 것이다"라고 적절하게 언급한다. 크리스천의 삶의 법은 자기 포기이지 자기주장이 아니고, 다른 사람들에 대한 관심이지 우리 자신과 우리의 귀중한 권리에 대한 관심이 아니다.

39. Bonhoeffer, *Life Together*, 90-109.

현대 서방의 배경에서 아마도 본훼퍼의 마지막 요지가 가장 중요할 것이다. 그리스도보다 개인들을 따르려는 유혹이 현대 교회에 강력하다. 오늘날의 크리스천들은 대중적인 세속 "우상들"의 음악을 전달하는 동일한 상점에서 자신들이 좋아하는 기독교 가수의 앨범을 살 수 있고, 또 그들은 매주 라디오에서 자신이 좋아하는 기독교 설교자들의 설교를 듣고 매일 텔레비전으로 볼 수 있으며, 심지어 알라스카로 가는 호화스러운 유람선을 타고 그런 이들에게 합세한다. 그러나 우리가 다른 사람의 이득을 자기의 이득보다 먼저 두려면 우리 자신을 포함하여 개인에 대한 우리의 매료를 포기하고 우리의 형제와 자매들이 필요로 하는 시점에서 돕기 위한 평범한 일에 바빠야 한다. 본훼퍼는 그것을 잘 말해주고 있다.

> 중요한 자질, 탁월한 능력, 힘, 그리고 어떤 이의 재능에 관심을 두는 모든 개인숭배—섬사 그것이 성격상 철저히 영적인 것이라 할지라도—는 세속적이고 크리스천 공동체에서 자리할 곳이 없다. 실로 그것은 공동체의 독소다. 오늘날 "감독적인 특성을 가진 사람들"과 "거룩한 사람들" 그리고 "강력한 개성의 사람들"이 자주 듣고 싶어 하는 것은 사람들의 찬탄과 인간의 권위에 관한 보이지 않는 구조를 세우는 것에서 나오는 영적으로 병든 필요에서 자주 파생한다. 봉사하는 진정한 권위가 너무 중요하지 않은 것으로 보이기 때문이다.[40]

최근에 좋아하는 어떤 크리스천 인물을 따르기보다 우리의 응시는 예수에게 고정되어 있어야 한다. 이것이 빌립보서 2:5-11에서 바울의 요지다.

---

40. Dietrich Bonhoeffer, *Deitrich Bonhoeffer Werke*, vol. 5, *Germeinsames Leben, Das Gebetbuch der Bible*, ed. Gerhard Ludwig Müller and Albrecht Schönherr(Munish: Chr. Kasier Verlag, 1987), 91. 참조. *Life Together*, 108.

빌립보서 2:5-11

5 너희 안에 이 마음을 품으라 곧 그리스도 예
수의 마음이니
6 그는 근본 하나님의 본체시나 하나님과 동등
됨을 취할 것으로 여기지 아니하시고
7 오히려 자기를 비워 종의 형체를 가지사 사
람들과 같이 되셨고
8 사람의 모양으로 나타나사 자기를 낮추시고
죽기까지 복종하셨으니 곧 십자가에 죽으심
이라
9 이러므로 하나님이 그를 지극히 높여 모든
이름 위에 뛰어난 이름을 주사
10 하늘에 있는 자들과 땅에 있는 자들과 땅 아
래에 있는 자들로 모든 무릎을 예수의 이름
에 꿇게 하시고
11 모든 입으로 예수 그리스도를 주라 시인하여
하나님 아버지께 영광을 돌리게 하셨느니라

원 의미

이 일곱 구절은 빌립보서의 어느 다른 단락보다도 신약성경학자들과 기독교 신학자들에게서 관심을 받았고, 성경의 가장 뜨겁게 논쟁되는 단락 가운데 쉽게 포함될 수 있는 자격을 갖고 있다. 이런 모든 뜨거운 논쟁의 이유는 이 단락이 그리스도에 대해서 말하고 있는 내용과 방식 때문이다.

빌립보서 2:6-11은 그리스도의 성육신의 본질에 관한 성경에서 가장 유용한 진술 가운데 속한다. 적어도 이 단락의 전통적인 독법에 따르면, 그것은 그리스도의 선존재, 하나님과의 동등성, 인간과의 동일성, 그리고 그 동일성의 값진 본질을 말하고 있다. 또한 이 단락은 성육신 이후에 그리스도의 신분과 장래에 모든 피조된 존재가 그의 권위에 복종할 것이라는 통찰을 제공하고 있다.

아울러 이 단락이 이런 진술을 만든 방식은 대부분의 학자들로 하여금 그것이 초기 기독교의 찬가이고, 바울이 그것을 취하여 그의 논증의 이 지점에 수정하여 삽입하였다고 믿게 만들었다. 만약 그것이 사실이라면, 이 찬가는 예수의 부활과 바울의 서신 작성간에 기독교 역사의 어렴풋하지만 중요한 시기를 엿볼 수 있게 해준다. 이는 초기 기독교인들의 예배의 모습과 그들이 예수에 대해서 가르친 것을 우리에게 말해준다.

이 단락에 관한 논의의 깊이와 넓이는 빌립보서의 학도들에게 이득과 불이득을 동시에 가져온다. 한 가지 분명한 이득은 사실상 2:5-11의 모든 용어를 정성들인 심사를 할 수 있게 했고, 결과적으로 이 단락의 의미와 내적인 논리를 이해하는데 진전을 가져왔다. 그러나 이 모든 심사의 불이득은 이 단락을 이해하려는 학문적인 노력이 빌립보서의 폭넓은 문맥과 바울 서신의 본론과 자주 분리되고 있다는 사실이다. 이 단락의 학도들은 가설적인 찬가의 형태와 기원 그리고 그 의미에 관한 학문적인 전제와 반전제의 설명의 늪에 빠져서 그것이 바울의 논증에 어떻게 기여하는지를 정확히 하는 데는 거의 에너지가 남겨져 있지 않다.[1] 긍정적이고 부정적인 이 단락의 논증에 대한 이런 결과를 염두에 두고서 우리는 논쟁에서 나타났던 두 중요한 질문들을 먼저 살피고, 그 다음에 이 서신의 바울의 넓은 관심사에 비추어 이 단락을 심사할 것이다.

중요한 전제적인 질문들. 아마도 빌립보서 2:5-11의 해석에서 가장 중요한 질문은 6-11절이 이전에 형성된 기독교 찬가를 포괄하고 있는 견해가 옳은가 하는 것이다. 이 주장에 대한 주창자들은 그들의 견해를 증거할 수 있는 두 가지 특별히 중요한 자료를 지적한다. (1) 이 항목은 어떤 시적인 특징을 갖고 있다. 신약성경에서 그리스도에 대한 다른 알려진 찬미처럼(골 1:15-20; 딤전 3:16), 이 단락은 관계대명사("who")로 시작하고, 그것의 두 주요한 항목들(6-8절과 9-11절)은 산뜻하게 균형이 잡혀 있으며, 그 용어는 운율적이다. 아울러 일부 사람들은 이 단락이 히브리서와 다른 셈어적인 시에서 발견할 수 있는 것과 유사한 진술을 평행적으로 배열하고 있다고 믿는다. (2) 이 단락은 흔치 않는 어휘를 갖고 있다. 찬가에서 세 가지 중요한 용어들은 신약성경의 다른 곳에서는 나타나지 않는다. 6절과 7절에서 NIV가 "본질"('모르페', "근본"—개역개정)이라고 번역하고 있는 헬라어, 6절에서 "취할 것"('하르파고몬')이라는 어구에 나타나는 용어, 그리고 9절에 "지극히 높여"('히페립수')라는 용어다.[2]

그러나 이 논증들은 완벽하지가 않다.[3] 예를 들어, 이 단락이 그리스도에 대한

1. 지난 70년에 걸친 6-11절의 학문적인 논의에 직접적으로 덕을 본 조치인 많은 현대 번역들에서 이 단락을 복사하는 형태는 이 단락을 도드라지게 하고 그것을 주변의 논증과 구분시킨다.

2. 이 단락의 형태의 이런 저런 예외적인 특징에 관해서는 O'Brien, *Philippians*, 199-200을 보라. 헬라어 '모르페'가 막 16:12에 나타나지만, 가장 오래되고 믿을 만한 신약성경의 사본들은 막 16:8-20을 생략한다.

다른 두 신약성경의 찬가가 그러는 것처럼 관계대명사로 시작한다는 것은 사실일지라도, 다른 두 경우에 관계대명사는 찬미가 주변 문맥과 분리되어 있을 수 있도록 선행사가 없다. 그러나 여기서 관계대명사 "who"는 확실하게 5절에 "그리스도 예수"를 가리킨다. 이것은 완벽하게 훌륭한 바울적인 헬라어이고, 그러므로 관계대명사는 삽입된 찬가의 시작임을 가리키지 않는다.

아울러 이 단락이 주변 문맥과는 동떨어진 사려 깊은 시의 단편이라는 개념은 철저히 현대적이다. 이런 개념은 1899년에 처음으로 나타났고, 1920년대에 많은 저명한 학자들로부터 지지를 받았다.[4] 이 항목이 찬가라면, 고대 교회에 헬라어나 시리아어를 말하는 주석가들이 그것의 시적인 특징을 인정하지 않은 것은 놀라운 일이다.[5]

아울러 모든 사람들이 이 단락이 특이한 형태적 특징을 갖고 있다고 동의할지라도, 찬가를 분류하는 방식 그리고 가정된 시적 특징의 정확한 본질에 관한 많은 서로 다른 제안들이 나타났다. 한 학자는 그것을 여섯 스탠자로 나누고, 다른 학자는 다섯 스탠자로 나누며, 또 다른 학자는 세 스탠자로 나눈다. 심지어 어떤 학자는 여섯 개의 교창 연구로 나눈다. 어떤 이들은 "십자가에 죽기조차"라는 어구가 원 찬미에 대한 바울의 부연이라고 믿지만, 다른 사람들은 이 어구가 원래의 일부라고 믿는다. 이 항목의 학문적인 분석에서 이런 폭넓은 다양성은 전체적인 찬가 이론에 그늘을 드리운다.

실로 고대적인 용어법에서 이 단락을 전적으로 찬가나 시로 간주할 수 있느냐를 알기는 어렵다. 헬라와 히브리 문헌에서 "찬가"는 신들이나 하나님에 대한 찬미의 노래였지만, 빌립보서 2:6-11은 찬미의 노래가 아니다.[6] 게다가 이 단락의 형태는 다른 곳에서 바울의 산문적인 형태와 전적으로 부합한다. 바울은 그리스도

---

3. 예를 들어, Bonnard, *Philippians*, 48이 주장하는 것처럼 말이다. 그는 "이 구절들이 바울의 완전한 일부로서 바울에게서 기원했다는 것은 충분히 변호할 수 없는 것이 아니다."
4. Ralph P. Martin, *Carmen Christi: Philippians 2:5-11 in Recent Interpretation and in the Setting of Early Christian Worship*, rev. ed. (Grand Rapids: Eerdmans, 1983), 24-25.
5. 시리아어는 아람어의 약간 뒤늦은 형태이고, 일부 학자들은 이 찬미가 아람어에서 번역되었다고 믿는다. 예를 들어, Martin, *Carmen Christi*, 38-41; P. Grelot, "Deux notes critiques sur Philippiens 2, 6-11" *Biblica* 54(1973): 169-86; Josephus A. Fitzmyer, "The Aramaic Background of Philippians 2:6-11," *Catholic Biblical Quarterly* 50(1988): 470-83. 안디옥에서 성장한 존 크리소스톰(약 347-407)이나 몸수에티아의 데오도르(약 350-428)는 시리아어와 헬라어를 말했고 빌립보서에 관한 주석을 썼는데, 이 단락에 관한 그들의 언급에서 빌 2:6-11의 찬미적인 특징을 언급하지 않는다.
6. Stephen E. Fowl, *The Story of Christ in the Ethics of Paul: An Analysis of the Function of the Hymnic Material in the Pauline Corpus*(Sheffield: JSOT Press, 1990), 31-45.

에 대한 일련의 진술을 만들고(6-8절), 이 진술에서 추론을 이끌어내며(9절), 그리고 이 추론의 결과를 묘사한다(10-11절). 이것은 고대적인 의미에서 시가 아니라 전형적인 바울의 논증이다.[7]

마지막으로 몇몇 특이한 용어에도 불구하고, 이 단락은 주변의 문맥과 긴밀하게 엮여져 있다. 2:1-4에서 바울은 빌립보인들에게 "뜻을 합하며"('프로네테') "한마음을 품을"('프로눈테스', 2절) 것을 말하는데, 이는 마치 5-11절에서 그들이 그리스도와 같은 "태도"('프로네테')를 가져야 함을 말한 것과 같다. 그는 그들에게 "겸손하게" 그들 자신보다 다른 이들을 "생각할" 것을 촉구하는데, 이는 그리스도가 하나님과 동등된 것으로 생각하지 않고(6절) "자신을 낮추셨다"(8절)고 그가 말한 것과 같다. 또한 그는 강력한 접속어인 "그러므로"(12절)를 사용하여 5-11절을 12-18절에서의 논증과 연관시키고, 빌립보인들의 순종에 대해서 말할 때(12절), 그리스도의 순종에 대한 언급(8절)을 반영한다.[8]

이 모든 것은 빌립보서 2:5-11이 초기 교회에서 그리스도의 이해에 대한 모습을 엿볼 수 있는 바울 이전의 찬가라는 오랫동안 주장된 논지에 담대한 의문부호를 제기한다. 바울의 서신에서 또 다른 단락들은 사도가 그의 논증을 증진하기 위해서 세심하고 수사적으로 정교한 산문을 만들었다는 것을 보여준다.[9] 여기서 그는 다른 이들의 이득을 그들 자신의 이득보다 먼저 두고, 그들의 분쟁을 끝내고 서로 하나가 되어야 한다는 것을 빌립보인들에게 설득하기 위해서 이 같은 전략을 따랐던 것으로 보인다.

그러나 이 단락이 전개하고 있는 방식이 해석자들 사이에서 논쟁의 주제가 되었다. 사상의 두 주요한 흐름이 유명하다. "윤리적"인 해석과 "선교적"(케리그마적)인 해석. 단락의 기능에 대한 "윤리적"인 이해를 주창하는 사람들은 바울이 그리스도를 빌립보인들이 따라야 하는 모범으로 제시하고 있다고 믿는다. 그리스도가 겸손, 자기희생, 그리고 순종의 태도를 가지셨던 것처럼, 빌립보인들은 연합을

---

7. Gordon D. Fee, "Philippians 2:5-11: Hymn or Exalted Pauline Prose?" *Bulletin of Biblical Research* 2(1992): 29-46(특히 32-32).

8. Morna D. Hooker, "Philippians 2:6-11," in E. Earle Ellis and Erich Grässer, eds., *Jesus und Paulus: Festschrift für Werner Georg Kümmel zum 70. Geburtstag*(Göttingen: Vandenhoeck & Ruprecht, 1978), 151-64을 보라.

9. Fee, "Philippians 2:5-11: Hymn or Exalted Prose?" 32 n. 11은 사례로서 고전 1:22-25, 26-28; 6:12-13; 7:2-4; 9:9-22을 인용한다. 또한 Eduard Norden, *Agnostos Theos: Untersuchungen zur Formengeschichte Religiöser Rede*(Leipzig and Berlin: Verlag B. G. Teubner, 1923), 240-63에서 취급한 단락의 목록을 보라.

이루는 수단으로서 이런 자질들에 투자해야 한다는 것이다.[10] 그러나 보다 최근에 "선교적"인 해석에 따르면, 이 단락은 예수의 성육신, 죽음, 그리고 높아지심의 이야기를 단순히 설명한다. 바울은 빌립보인들이 따라야 하는 모범을 제공하고 있는 것이 아니라, 그들이 "그리스도 안에" 있으며, 순종은 이런 신분에 적절하다는 것을 상기시키기 위해서 그것을 인용하고 있다는 것이다.[11]

이런 해석들 중에 어느 것이 가장 좋으냐에 관한 결정은 대체로 세 가지 질문에 대한 대답에 달려 있다. (1) 이 단락은 찬가인가? 선교적인 견해에 관한 주창자들은 이 단락이 찬가라고 일반적으로 믿는다. 그들은 빌립보인들이 믿었던 복음을 바울이 단순히 요약하고 있다고 주장하기 때문이다. 빌립보인들에게 이미 잘 알려진 예수에 관한 이야기를 말하는 기독교 시편에 호소하는 것보다 이 일을 행할 더 좋은 방법이 있겠는가? 윤리적인 해석의 지지자들도 가끔 이전에 작성된 찬가로 이 단락을 간주하지만, 몇몇 사람들은 바울이 이 단락을 계획하였다는 개념을 더 편안해 한다. 즉 빌립보인들이 따라야할 적절한 모범으로서 그리스도를 묘사하기 위해서 그리스도에 대해 언급할 필요가 있는 것을 정확히 말했다는 것이다.

(2) 5절은 어떻게 번역해야 하는가? 문자적인 번역은 그 문제를 보여준다. "그리스도 예수 안에서 역시 너희들 중에 이 태도를 가지라"("Have this attitude among yourselves which also in Christ Jesus"). 이 구절을 이해하는 방식에 대한 혼란은 두 번째 어절에서 동사가 없다는 데에서 발생한다("which also in Christ Jesus"). 바울은 독자들이 첫 어절에서 나타났던 동일한 동사를 이 어절에서 적용하기를 의도했는가?("Have this attitude among yourselves which you also have in Christ Jesus") 이것은 "선교적"인 해석을 채택하는 사람들의 견해다. 그것에 따르면 빌립보인들은 "그리스도 안에" 있는 사람들—즉 뒤이어지는 찬가가 요약하는 복음을 믿었던 사람들—에게 요구되는 태도를 그들 사이에서 가져야 한다. 그러나 바울은 독자들이 이 어절에서 동사 "was"를 공급하기를 의도했을 가능성이 동등하게 있다("Have this attitude among yourselves which was also in Christ Jesus"). 이 단락의 "윤리적"인 해석이 옳다고 믿는 사람들은 문장의 이런 이해를 채택하는 경향이 있다. 그때에 바울은 빌립보인들에게 겸손, 순종, 그리고 자아희생이란 그

10. 최근까지 이것은 바울의 논증에서 이 단락의 위상에 관한 표준적인 해석이었다. 예를 들어, Vincent, *Philippians*, 78-79; Michael, *Philippians*, 83을 보라.

11. Ernst Käsemann, "A Critical Analysis of Philippians 2:5-11," *Journal for Theology and the Church* 5(1968): 45-88(특히 45-59, 83-88); Martin, *Carmen Christi*, 84-88을 보라.

리스도의 모범을 따를 것을 조언하고 있을 것이다.

(3) 9-11절의 역할은 무엇인가? 선교적인 견해를 견지하는 사람들은 이 단락이 그리스도의 낮아지심과 높아지심의 이야기를 말함으로써 빌립보인들이 믿었던 복음을 요약하고 있고, 그들은 그것에 비추어서 그들의 삶을 영위해야 했다고 주장한다. 그들은 그리스도의 높아지심과 같은 이야기의 설명은 바울의 권면에서 중요하지 않다고 주장한다. 그의 요지는 빌립보인들이 그리스도의 모범을 닮아야 하는 것이 아니기 때문이다. 오히려 이 찬미는 빌립보인들이 믿었던 것에 대한 요약을 제공하고 있다는 것이다. 윤리적인 해석의 지지자들은 9-11절을 설명하기가 더 어렵다는 것을 발견하고, 겸손의 모범을 빌립보인들에게 제공하기를 의도한 요약에서 왜 그리스도의 높아지심의 기사를 바울이 포함시켰는지에 관한 많은 이론을 개진했다.

그럼에도 불구하고 모든 것을 감안할 때, 이 단락에 대한 "윤리적"인 해석이 더 정확한 것으로 보인다. 우리가 이미 주장했던 것처럼, 이 단락은 바울 이전의 찬가가 아니라, 빌립보인들이 서로 일치하고 이기적인 야심을 피하며 겸손함으로 다른 이들의 이득을 자기 자신의 이득보다 먼저 두어야 한다는 주장을 개진하기 위해서(2:1-4) 바울이 작성한 산문일 것이다. 헬라어 본문에서 5절의 시작에 "this"('투토')란 용어("This think among yourselves which was also in Christ Jesus")는 아마도 바울이 1-4절에서 방금 묘사했던 겸손의 특성을 가리킬 것이다. 그는 "예수 그리스도가 이런 식으로 생각했던 것처럼 이런 식으로 생각하라"고 말한다. 바울은 빌립보인들에게 그리스도의 희생(6-7절)과 겸손(8절), 그리고 순종(8절)을 따를 것을 요청하고 있다.[12]

선교적인 관점의 주창자들이 주장하는 것처럼, 바울은 그리스도의 삶의 패턴에서 기독교 윤리를 보통 이끌어내는 것이 아니라 그리스도의 죽음과 부활에 신자가 참여하는 것(롬 6:1-14; 참조. 고전 6:11-20; 골 3:1-4)과 성령의 임하시는 능력(롬 8:1-17; 갈 5:16-26)에서 이끌어낸다는 것은 사실이다. 그럼에도 불구하고 신자들이 어떻게 행해야 하는가라는 신자들의 모범으로서 그리스도의 행위에 대한 사용은 바울에게서 확실히 알려지지 않은 것이 아니고(롬 15:3, 7-9; 고전 11:1; 고후 8:9; 엡 5:1-2; 골 3:13; 참조. 딤전 6:13-16), 다른 크리스천들을 닮

12. "이것"('투토')와 "생각하라"('프로네오')가 여기서처럼 같이 나타나는 3:15을 참조하라. 3:15에서 "이것"은 뒤이어지는 것을 가리키는 것이 아니라 이전의 논증을 가리킨다.

으라고 독자들에게 두 번 간청하는 서신(3:17; 4:9)에서 그리스도를 닮으라는 조언은 그럴 법하지 않은 것이 아니다.

하지만 9-11절은 어떠한가? 그리스도의 높아지심에 대한 묘사가 어떻게 빌립보인들이 따라야 할 모범이 될 수 있는가? 아마도 이 단락은 그리스도의 모범을 통해서, 빌립보인들이 신실함을 유지한다면, 그들의 장래가 어떠할지를 암시하는 것으로서 가장 잘 이해할 수 있다. 하나님이 순종에 대한 반응으로 그리스도를 가장 높은 곳에 높이신 것처럼, 빌립보인들이 박해를 참아내며 서로 연합을 추구함으로써 믿음을 견고히 유지한다면 그들은 영화롭게 될 것이다. 이런 사상은 빌립보인들의 성화의 종말론적인 목표를 말하고 있는 1:9-11에서의 바울의 강조와 일치한다. 거기서 바울은 빌립보인들이 "지식과 모든 총명으로 점점 더 풍성하게 되어 지극히 선한 것을 분별하며 또 진실하여 허물없이 그리스도의 날까지 이를" 것을 기도한다. 그것은 "그리스도의 십자가의 원수들"의 모범이 아니라 바울의 모범을 따르는 사람들이 "[그리스도의] 영광스러운 몸과 같이 될 수 있도록 낮은 몸" [겸손의 몸](3:21)의 변화를 경험할 것이라는 3:21에서의 진술과 일치한다. 2:9-11에서 그리스도 예수처럼, 고난 속에서 그들의 신실함과 겸손한 순종은 어느 날 영광으로 바뀔 것이다.[13]

요컨대, 2:5-11은 빌립보인들이 "그리스도의 복음에 합당한 방식으로" 행동해야 한다는 1:27로부터의 바울의 주장에 필수적인 부분이다. 바울은 빌립보인들이 상호적인 관계에 대해서 그들의 생각을 재형성할 때 그들이 따라야 하는 모범으로서 예수를 묘사하기 위해서 신중하게 이 단락을 스스로 작성했다.[14]

단락의 해석. 이 단락을 세 부분으로 나눌 수 있다. 그것은 서론적인 문장(5절)과 그리스도의 겸손에 관한 기사(6-8절), 그리고 그리스도의 높아지심에 관한 기사(9-11절)다.

바울은 5절에서 빌립보인들에게 연합하고, 겸손하며, 그리스도 예수가 희생하셨던 것처럼 서로의 관계에서 희생적(2:2-4)이 될 것을 교훈함으로써 시작한다. 그의 관심은 단순히 개인적인 빌립보 신자들의 내적인 태도에 있지 않고, 서로 매

---

13. Hooker, "Philippians 2:6-11," 155, 157.

14. 2:1-4에서 바울은 "같은 마음", "목적", "생각하라", "돌아보라"와 같은 용어들의 사용으로 빌립보인들이 서로를 향해서 보이기를 원하는 비이기적인 것이 비이기적인 사고방식에서 흘러나와야 한다는 것을 함축한다. 2:5-11에서 바울은 겸손과 순종을 보이신(6-8절) 그리스도 예수(5절)의 "태도"를 묘사함으로써 이런 정신적인 성향에 살과 뼈를 입힌다.

일 접하게 되는 그들의 태도의 구체적인 표현에 있다. 많은 다른 번역들과 더불어 NIV에는 이 지점에서 약간 오해하기 쉬운 부분이 있다. "너희의 태도"(your attitude)란 어구는 바울의 헬라어를 빌립보 신자 안에 태도를 가리키는 것으로 만든다. 그러나 직역하면 바울은 "너희 안에 이것을 생각하라"고 말하고 있고, "너희 안에"('엔 히민')란 말은 헬라어에서 "너희 자신들 사이에서"란 흔한 관용구다.[15] 그때에 바울의 주요한 관심은 지적인 것보다는 사회적이다. 그는 빌립보인들이 예수를 특징지었던 동일한 태도를 상호적인 관계에서 채택할 것을 원하고 있다. 이어지는 괄목할 만한 문장에서 바울은 이런 태도를 묘사한다.

6-8절에서 바울은 그리스도의 거룩한 신분과 인간이 되심으로써 자신을 비우시고, 죽음의 잔인한 형태에 복종하심으로써 겸손해지신 그의 의지를 묘사한다. 바울의 첫 번째 단계는 그리스도의 거룩한 신분을 "근본적으로 하나님의 본체"(6절)이신 것으로 묘사한다. NIV가 "근본"으로 번역한 어구는 다른 번역들에서 자주 "형태"(form, KJV, NASB, REB, NRSV)로 번역되고, 이 번역에 깔려 있는 헬라어('모르페')는 고전 문학에서 신적인 존재가 취할 수 있는 다른 형태를 가리켰다.[16] 그러나 바울이 6절에서 이 용어를 사용할 때, 그는 단일한 존재의 다른 물리적 특징에 관심이 있는 것이 아니라 다음 어구가 설명하는 것처럼 하나님과 그리스도 예수의 동등성에 있다. 유사하게 바울이 7절에서 종의 형태를 취한 예수를 말하기 위해서 이와 동일한 용어를 사용할 때, 그는 예수가 그의 "존재"에서 종이 되었다는 것을 의미한다.[17] 분명히 바울은 신성과 종됨을 모순적인 역할이 아니라 양립하는 것으로 간주했다.[18]

종의 형태를 입은 그리스도의 겸손은, 6절에 따르면, 하나님과의 동등성에 대한 그의 태도에 의해 가능해졌다. 그는 그것을 "취할 것"으로 생각하지 않으셨다. 이 어구는 난해하기로 유명하다. 그것은 헬라어 성경에서 다른 곳에서는 나타나지 않으며, 세속 헬라어에서만 드물게 나타나는 헬라어인 '하르파그모스'를 대변하기

15. Walter Bauer, *A Greek-English Lexicon of the New Testament and Other Early Christian Literature*, 2d ed., trans., adapt., and rev. William F. Arndt, F. Wilbur Gingrich, Frederick W. Danker(Chicago: University of Chicago Press, 1979), 258-59을 보라.

16. 이 용어는 신약성경의 사본 전승에서 오직 다른 한 출현에서 이런 방식으로 역시 사용된다. 막 16:12에서 예수는 길을 가고 있던 두 제자에게 다른 인식할 수 없는 형태로 나타나신다.

17. W. Pöhlmann, "μορφή," *Exegetical Dictionary of the New Testament*, ed. Horst Balz and Gerhard Schneider, 3 vols. (Grand Rapids: Eerdmans, 1990-93), 2:442-43을 보라.

18. C. F. D. Moule, "Further Reflections on Philippians 2:5-11," *Apostolic History and the Gospel*, ed. W. Ward Gasque and Ralph P. Martin(Grand Rapids: Eerdmans, 1970), 264-76과 비교해 보라.

때문이다. 그 용어의 매우 드문 출현은 "도둑질" 또는 "강간"을 의미하고, 그러므로 KJV는 "하나님과 동등될 것을 취하려고 생각하지 않았다"라고 이 어구를 번역했다. 그러나 세심한 연구는 '하르파그모스'가 '하르파그마'란 보다 빈번한 용어와 동의어로 사용될 수 있었음을 보여준다. 그리고 두 용어는 "이득"이라는 것을 의미하는 빌립보서 2:6에서의 용어와 유사한 포현으로 나타난다. 예를 들어, 초기 기독교 역사가인 유세비우스는 이와 같은 것을 의미하는 유사한 문장에서 이 두 용어들을 사용했다.

> 그리고 베드로는 구원의 소망 때문에 십자가를 통한 죽음을 '하르파그몬'이라고 생각했다(*Eis to kata Loucan Evangelion*, 6).

> 어떤 이들(박해받는 크리스천들)은 불경건한 사람들의 비행과 비교하여 죽음을 '하르파그마'로 간주했다(*Historia Ecclesiastica* 8.1.12.2).[19]

두 단락의 요지는 베드로와 박해 받는 크리스천들이 죽음을 유익한 것으로 간주했다는 것이다. 역설적으로 그들은 죽음을 공포적인 악이 아니라 횡재로 간주했다.

이 때문에 바울은 빌립보서 2:6에서 동일한 관용어를 사용하고 있다. 그리스도는 근본이 하나님이셨기 때문에 하나님과의 동등싱을 "이용하는 어떤 것"(NRSV), 즉 이득을 취하는 어떤 것으로 생각하지 않으셨다. 하나님과 그의 동등성은 그로 하여금 그의 신분을 특권의 문제가 아니라 희생적으로 내어주심의 문제로 간주하도록 이끄셨다. 이것이 성경적인 하나님의 특성이고, 역시 그리스도 예수의 특성이다.

그러나 태도는 추상적이므로 그것이 구체적인 방식으로 표현될 때까지는 확실하지 않다. 7-8절에서 바울은 그리스도가 두 가지 방식으로 행하셨다고 우리에게 말한다. 첫째로 7절과 관련해서 바울은 그리스도가 "종의 형체를 가지사 사람들과 같이 되"심으로써 자기를 "아무것도 없게 하신"("비우신"—개역개정) 것을 강조한

---

19. Roy W. Hoover, "The Harpagmos Enigma: A Philological Solution, *Harvard Theological Review* 64(1971), 95-119, 특히 108. 이 문제에 관해서는 또한 N. T. Wright, *The Climax of the Covenant: Christ and the Law in Pauline Theology*(Edinburgh: T. & T. Clark, 1991), 62-90을 보라.

다. 이 구절의 세 양상은 이 의미를 이해하는데 필수적이다. (1) "아무것도 없게 하셨다"란 어구는 직역하면 "비웠다"(NASB, NRSV)는 것을 말하는 헬라어의 적절한 번역이다. 동사 "비우다"('케누')는 신약성경의 다른 곳에서 오직 네 번만 나타난다. 이 모든 출현이 바울의 서신에 있고, 그것은 문자적으로 소유하고 있는 자질을 비웠음을 가리키는 것이 아니라 중요하지 않은 것으로 여겼음을 비유적으로 가리키기 위해서 사용한다.[20] 이 용어가 여기 6절에서 문자적인 의미로 사용되었을 가능성은 없다. 이것이 두 분사구문을 사용하여 바울이 그리스도가 자신을 비우신 방식을 정확하게 설명하는 이 구절의 나머지 부분이 확증해준다. 그는 "종의 형체를 취하심으로써" 그리고 "인간의 모양을 가지심으로써" 그렇게 하셨다. 즉 그리스도는 어떤 신적인 속성을 문자적으로 비우신 것이 아니라 종의 형태와 인간의 모양으로 하나님의 모습을 보이심으로써 비유적으로 자기 자신을 비우셨다.[21]

(2) NIV에서 "종"이라는 용어는 "노예"('둘로스')에 대한 헬라어를 대변한다. 이 용어의 가능한 배경에 대해서 많은 제안들이 제기되었다. 그것은 이사야서에서 주의 종을 가리키는가?(42:1-4; 49:1-6; 50:4-9; 특히 52:13-53:12) 그것은 후대 유대 전승에서 불경건한 자들에 의해 고통당하는 하나님의 의로운 종을 가리키는가?(예. 마카비2서 7:34) 그것은 이 땅에 계시는 동안에 모든 이들의 종으로서 그리스도의 역할을 가리키는가?(막 10:44; 요 13:1-20)[22] 희생적이고 순종적인 종에 관한 이런 모든 묘사 또는 어느 하나가 그리스도의 겸손에 대한 그의 비유의 선택에 기여할 수 있을지라도, 바울의 용어는 이런 종이란 주제 중에 어느 것을 언급하고 있는지를 결정할 수 있을 만큼 충분히 구체적이지 않다. 바울과 빌립보인이 공유하고 있는 문화에서 "종의 형체"에 대한 언급은 도처에 편재하는 노예제도의 의미를 취하였을 것이다. 그리스로마 사회에서 노예는 가장 기본적인 인권도 상실하였다. 같은 방식으로 그리스도는 신성의 혜택을 이용하시를 거부하셨고, 그 권리를 포기하심으로써 종이 되셨다.[23]

---

20. 바울은 율법으로 살았던 사람들이 하나님의 약속의 상속자였다면 믿음에 어떤 일이 일어날 것이며(롬 4:14), 바울이 인간의 지혜로 전파하였다면 복음에 어떤 일이 일어날 것이며(고전 1:17), 사도의 동료 사역자들이 도착하였을 때에 고린도인들이 바울의 헌금에 기여하기를 거리낀다면 고린도인들의 관대함에 대한 바울의 자랑에 어떤 일이 일어날 것이며(고후 9:3), 그리고 바울이 고린도로부터 봉급을 받으려 한다면 대가를 바라지 않는 복음을 전파하려는 바울의 자랑에 어떤 일이 일어날 것인가(고전 9:15)를 언급하기 위해서 이 용어를 사용한다.

21. Bruce, *Philippians*, 46; O'Brien, *Philippians*, 218.

22. 다양한 제안들이 Martin, *Carmen Christi*, 165-96; O'Brien, *Philippians*, 218-24에서 요약되고 평가된다.

그리스도가 "사람의 모양으로 나타나심으로써" 자신을 비우셨다는 바울의 주장에서 "모양"이란 용어는 그리스도와 인간의 차이를 나타내는 것이 아니라, 본질적인 정체성을 가리킨다. 얼핏 보기에 로마서 8:3이 이 용어의 이런 이해에 반하는 것으로 보인다. 거기서 바울은 예수와 인간의 죄악된 육체를 소유한 다른 이들과의 차이를 강조하기 위해서 "모양"이란 용어를 사용한다. 그들과 달리 그의 육체는 그를 죄로 이끄는 것으로 작용하지 못한다. 그러므로 그리스도와 인간 사이에 한 가지 차이가 있음을 보여주기 위해서 바울은 성육신에 대한 그의 언급을 한정한다. 하나님이 "죄를 인하여 자기 아들을 죄 있는 육신의 모양으로 보내"셨다고 그는 말한다.

그러나 빌립보서 2:7에서 "사람들과 같이 되셨고"란 어구는 "종의 형체를 가지사"란 어구와 평행을 이룬다. "형체"('모르페')가 종과 그리스도의 필수적인 동질성을 강조하는 것처럼, 평행구에서 "같이"('호모이오마티', likeness)란 어구가 인간과 그리스도 예수의 필수적인 동질성을 강조한다. 여기 빌립보서에서 바울이 "같이"를 사용한 것에서 로마서 8:3보다 더 좋은 유추는 로마서 5:14이다. 거기서 바울은 "아담으로부터 모세까지 아담의 범죄와 같은('호모이오마티') 죄를 짓지 아니한 자들 위에도 사망이 왕 노릇 하였나니"라고 말한다. 바울의 요지는 어떤 이는 아담이 죄를 지은 것과 '똑같이' 죄를 짓지 않았다는 것이다. 유사하게 빌립보서 2:7에서 그리스도 예수는 참으로 인간이 되신다는 의미에서 '똑같이' 인간이 되셨다.

그때에 6-7절에서 바울은 하나님과 그리스도의 동등성과 실제적인 연합을 진술하고, 나아가서 그리스도가 그의 신성을 표현한 한 가지 방식을 묘사한다. 그는 그의 신분을 이용하신 것이 아니라, 종과 인간이 되시어 겸손한 봉사로서 신성을 나타내셨다. 예수의 말씀을 사용하면, "인자의 온 것은 섬김을 받으려 함이 아니라 도리어 섬기려 하고 자기 목숨을 많은 사람의 대속물로 주려 함이니라"(막 10:45; 참조. 마 20:28).

8절에서 바울은 그리스도가 그의 신성을 표현한 두 번째 방식을 묘사한다. 그는 사람의 모양으로 나타나시고 십자가에서 죽음을 당하심으로써 자신을 낮추셨다. 그리스도가 종과 인간이 되심으로써 자기를 비우셨다는 진술과 "사람의 모양으로 나타나시어 자기를 낮추셨다"는 진술에는 거의 차이가 없다.[24] 하지만 바울

23. Moule, "Further Reflexions on Philippians 2:5-11," 268-69.

은 그리스도가 스스로 행하신 겸손에 대한 언급으로 두 번째 진술을 끝마치지 않는다. 오히려 그는 그리스도 예수가 "죽기까지 곧 십자가에 죽기까지 복종하셨다"고 말하는 것으로 두 번째 진술을 진전시킨다. 그리스도는 종의 형태를 취하심으로써 자신을 비우셨지만, 그의 인간 조건과 순종이 그로 하여금 십자가로 이끄시기까지 낮아지셨다.

바울이 빌립보인들과 공유했던 세계에서 이것은 사회적으로 낮아질 수 있는 최극단의 모습이었다. 십자가처형은 로마 제국의 공식적인 처형에서 가장 잔인한 형태였고, 로마 시민이 반역죄를 짓는다면 그런 죽음을 당할 수 있었을지라도, 일반적으로는 하층민들, 특히 노예들에게 집행되었다.[25] 예를 들어, B.C. 2세기에 라틴 작가인 플라투스는 노예는 "옛날부터" 십자가 처형이 집행되었다.[26] 십자가 처형이 정중한 모임에서 대화의 주제가 되지 않았고, 또 십자가 처형자의 잔인한 발상이 널리 허용되었기 때문에, 그 과정의 구체적인 설명은 자주 묘사되지 않는다. 그러나 일반적으로 희생자는 처음에 다양한 방식으로 고문을 당하고, 못이나 로프에 묶여져서 십자가에 세워지거나 이런 방식이 혼합되었다. 죽음은 자주 여러 날 동안에 천천히 진행되었다. 희생자가 피를 소진하고 목마름과 배고픔, 짐승들의 공격, 그리고 질식을 겪을 수 있도록 말이다.

따라서 바울이 십자가의 메시지를 유대인에게는 걸림돌이요 이방인에게는 어리석은 것이라고 말한 것은 놀랍지 않다(고전 1:23; 참조. 1:18). 이 때문에 후대 세기의 기독교 변증론자들은 그들의 선포에서 이런 치욕적이지만 중심적인 부분의 의미를 비판자들에게 끊임없이 해명해야 했고, 스스로 크리스천이라고 외쳤던 어떤 이들은 그 의미를 축소하거나 그들의 구세주가 사실상 십자가에서 죽지 않았다고 주장함으로써 전적으로 십자가를 제하려고 했다. 바울이 그리스도가 종의 형체를 취하심으로써 자신을 비우셨던 진술에 그리스도가 십자가에 죽기까지 순종하심으로써 자신을 낮추셨다는 진술을 추가할 때, 그는 그리스도의 권리에 대한

24. "사람과 같은 모습으로 나타나셨다"는 표현은 예수가 오직 인간인 것처럼 보이셨다는 뜻이 아니다. 오히려 그것은 모든 면에서 어느 누구에게도 인식할 수 있게 예수가 인간이셨다는 것을 의미한다. 이것은 이 어구의 의미를 통제하는 "종의 형체를 가지사 사람들과 같이 되셨고"라는 평행구에서 명확하게 나타난다. "as"(처럼)는 살후 3:15에서처럼 예수와 인간의 차이를 나타내는 것이 아니라 어떤 것의 전형적인 본질을 가리킨다. O'Brien, *Philippians*, 226, 특히 각주 139를 보라.

25. 십자가에 대한 이런 기사는 마틴 헨겔의 포괄적인 연구인 *Crucifixion*(Philadelphia: Fortress, 1977)에서 가져왔다.

26. Hengel, *Crucifixion*, 52에서 인용함.

희생적인 부인의 본질을 새로운 깊이로 취하였다. 그리스도는 상상할 수 있는 가장 높은 곳에서 가장 낮은 곳으로 내려가셨다. 그러한 비이기적인 사랑이 그의 신성의 표현이기 때문이다.

요약하면, 이 단락의 두 번째 부분에서(6-8절) 바울은 그리스도가 그의 권리를 희생적으로 포기하셨다는 측면에서 그의 신성을 묘사했다. 이런 희생적인 포기는 두 가지 단계와 관련이 있다. 즉 인간과 종이 되심으로써 자기를 비우시고, 종의 죽음 즉 십자가의 죽음을 겪기까지 순종하심으로써 자신을 낮추셨다.

이 단락의 세 번째 부분(9-11절)은 두 번째 부분과 엄격하게 대조를 이룬다. 6-8절에서 그리스도 예수가 초점이셨고, 하나님은 그리스도가 소유하신 형체와 그리스도의 동등됨, 그리고 그리스도가 순종하신 분으로서 배후에 계셨다. 그러나 9-11절에서는 하나님이 중심적인 위치를 취하시고, 그리스도는 하나님의 행위의 수령자가 되신다.[27] 이 항목을 두 부분으로 나눌 수 있는데, 첫 부분(9절)은 그리스도의 순종에 대한 하나님의 반응을 묘사하고, 두 번째 부분(10-11절)은 그 행위의 결과를 묘사한다.

9절은 두 헬라어 용어인 '디오 카이("그러므로 또한")로 시작하는데, 이것은 뒤이어지는 것에서 바울이 이 단락의 첫 부분에서 묘사한 희생적인 겸손과 순종에 대한 반응을 묘사할 것임을 보여주는 강력한 방식이다. 하나님은 두 가지 방식으로 예수의 순종에 반응하셨다. 그는 예수를 "가장 높은 곳"으로 "높이셨고", 예수에게 "모든 이름 위에 뛰어난 이름"을 "주시었다." 이따금 학사들은 첫 반응이 "그리스도가 낮아지시기 전에 소유했던 것보다 더 큰 위치나 권위를 받게 되었음"을 의미하는 것으로 생각했다.[28] 하지만 "근본이 하나님의 본체시고", "하나님과 동등되신"(6절) 것(그리스도가 낮아지시기 전에 가지셨던 위치)보다 더 높은 위치를 상상하기가 어렵기 때문에 "높아시셨나"란 용어는 이전에 모든 피소물보다 탁월한 위치로 하나님이 예수를 높이셨다는 언급으로 더 잘 이해된다. 그가 자신을 낮추셨을 때 그의 거룩한 신분과 온전히 일치하는 방식으로 행하셨을지라도, 부활하셔서 아버지의 우편에 계심은 그가 통치하시는 피조물에게 더욱 완전하게 그의 탁월성을 입증한다.[29]

---

27. O'Brien, *Philippians*, 232.
28. Bonnnard, *Philippiens*, 46.
29. 구약성경의 헬라어 번역에서 이 용어가 시 97:9에서 사용되고 있다. "여호와여 주는 온 땅 위에 지존하시고 모든 신 위에 초월하시니이다['히페럽소데스']." Bauer, *Greek-English Lexicon*, 842을 보라.

바울은 하나님이 예수에게 "모든 이름 위에 뛰어난 이름"을 주셨다고 말할 때 이런 높아짐을 더욱 구체적으로 묘사한다. 하나님이 예수에게 어떤 이름을 주셨는지를 바울이 정확하게 말하고 있지 않기 때문에 해석자들은 다양한 주장을 했다. 펠라기우스는 그 이름은 "하나님의 아들"이었을 것이라고 생각했고, 초기 라틴 주석가는 그것이 "하나님"이었다고 믿었다. 보다 최근의 주장들은 단순히 "예수"라는 인간 이름을 포함시켰다.[30] 그러나 이 서신에 대한 대부분의 연구자들은 그 이름은 "주"라고 주장하는데, 그것이 확실히 옳다. 11절에서 이 칭호가 처음으로 이 단락에서 나타나고, 전에 사용되었던 "예수 그리스도"(5절)란 이름에 추가되기 때문이다. 그러나 바울이 9절에서 정확한 이름을 모호하게 내버려둔 것은 의미가 없는 것이 아니다. 그의 강조는 이름 자체에 있지 않고 "모든 이름 위에 뛰어난"이란 그 이름의 위상에 있다. 이것은 그리스도의 높아지심으로 예수가 항상 소유하셨던 하나님과의 동등성을 모든 피조물이 인정하는 과정이 시작되었다는 것을 의미할 수 있다.

하나님은 왜 예수를 높이시고 그에게 모든 이름 위에 뛰어난 이름을 주셨는가? 얼핏 보기에 하나님은 그리스도의 순종을 위한 보상으로 이렇게 하신 것으로 보인다. 그리스도는 "십자가에 죽으시기까지 복종하셨다." 바울은 "이러므로 하나님이 그를 지극히 높여 모든 이름 위에 뛰어난 이름을 주셨"다고 말한다. 그러나 이 문장을 이해하는 열쇠는 하나님이 주도권을 취하신다는 것을 인식하는데 있다. 예수는 하나님께 강요하신 것이 아니며, 높아지심과 이름의 부여도 행위에 대한 보상이 아니다. 오히려 하나님이 예수의 높아지심을 주도하셨고, 그에게 가장 뛰어난 이름을 "자유로이 주셨다"('에카리사토').[31]

그 다음에 바울은 이 높아지심의 결과를 묘사한다(10-11절). 모든 피조된 존재의 무릎이 그 앞에 경배하고(10절), 모든 입이 그의 장엄한 이름을 고백하며, 하나님이 영화롭게 되실 것이다(11절). 그런데 두 질문이 이 단락의 마지막 부분을 연구하는 자들을 괴롭혔다. (1) "하늘에 있는 자들과 땅에 있는 자들과 땅 아래에 있는 자들"은 누구인가? 그들은 우주의 모든 피조물인가? 또는 그리스도의 승리의

---

30. Meyer, *The Epistles to the Philippians and Colossians and to Philemon*, 81에서의 목록을 보라. 하나님이 그의 아들에게 "예수"란 이름을 주셨다는 흥미로운 논증에 대해서는 Moule, "Further Reflexions on Philippians 2:5-11," 270을 보라.

31. 이 문제에 관해서는 Paul D. Feinberg, "The Kenosis and Christology: An Exegetical-Theological Analysis of Phil 2:6-11," *Trinity Journal* 1 NS(1980): 21-46을 보라.

능력에 복종하게 될 그리스도에 대항하는 영적 세력들인가? "모든 무릎"과 "모든 혀"란 두 어구가 이런 존재의 정체성을 가리킨다면, 바울이 그리스도를 반대하는 세력들만을 단순히 언급하고 있는 것이 아니라 모든 피조물을 언급하고 있는 것이 분명해 보인다. (2) 이 단락은 모든 것들이 그리스도를 자의로 고백할 것을 암시하는가 아니면 모든 것들이 타의든 자의든 그리스도를 인정할 것을 함축하고 있는가? 이 질문에 답할 수 있는 열쇠는 10b-11a절이 이사야 45:23-24을 가리키고 있음을 깨닫는 것에 달려 있다.

> 나의 입에서 의로운 말이 나갔은즉 돌아오지 아니하나니 내게 모든 무릎이 꿇겠고 모든 혀가 맹약하리라 하였노라 어떤 자의 내게 대한 말에 의와 힘은 여호와께만 있나니 사람들은 그에게로 나아갈 것이라 무릇 그를 노하는 자는 부끄러움을 당하리라

이 단락에서 무릎을 꿇고 주님의 위대함을 고백하는 사람들은 이제 수치를 당하게 될 대적자들이다. 이 단락이 바울이 10-11절에서 글을 썼을 때 바울의 사상에 영향을 주었다면—그리고 이사야 45:23의 명백한 반향은 그것이 그러했음을 보여준다—이 단락에 따르면, 마지막 날에 예수 앞에 엎드리고 그의 주되심을 고백하는 모든 사람들이 아주 기뻐할 것이라고 생각하는 것은 현명하지 않을 것이다.

그러나 바울의 강조가 대적자들에 대한 예수의 승리에 있다는 인상을 남기는 것도 역시 현명하지 않을 것이다. 이 시점에서 구체적인 것을 언급하지 않은 것은 그의 관심이 그를 대적했던 사람들에 대한 예수의 승리에 있지 않고 모든 피조물에 대한 예수의 주권에 있음을 보여준다. 어느 날 바울은 우주가 빌립보의 박해 받는 작은 공동체가 예배 시에 고백했던 것—"예수 그리스도는 주님이시다"—을 인정할 것이라고 말하고 있다.

이 외에 바울은 이 단락에서 빌립보인들의 모범으로서 그리스도를 여전히 묘사한다. 확실히 그들은 "근본 하나님의 본체"이신 분의 유일한 높아지심을 경험할 수는 없지만, 만약 그들이 예수가 신실하셨던 것처럼 신실하다면, 그들도 역시 그 날에 "순전하고 흠없고", "의의 열매로 가득하며"(1:10-11), "목표"에 이르고, "그리스도 예수 안에서 하나님이 부르신 상"(3:14)을 발견하게 될 것이다.[32] 이중에

32. 아마도 9-11절은 빌립보인들이 어느 날 예수 그리스도 앞에 무릎을 꿇고 동료 신자들과의 관계를 계수

어느 것도 봉사에 대한 보상으로 받지는 않을 것이다—하나님은 그들 안에서 그들의 신실함을 보증하기 위해서 일하셨고(2:13), 그의 주권적인 뜻으로 말미암아 은혜로 인정하실 것이다. 그러나 그리스도의 신실하심이 그의 직위의 우주적인 인정으로 이끄는 것처럼, 빌립보인들의 신실함도 그리스도와의 동일성과 마지막 날에 죽은 자로부터의 부활로 이끌 것이다(3:10-11). 그들은 정확히 그리스도가 높아지시고 만물 위에 권위자로 서시기 때문에, 어느 날 그들의 낮아진 몸은 그의 영광스러운 몸과 같이 변화될 것이라고 확신할 수 있다(3:20-21).[33]

그때에 2:5-11에서 바울은 분열된 빌립보 공동체 앞에 그리스도의 모범을 가져오고 있다. 예수가 하나님과의 동등성이 가져다주는 능력을 이용하지 않으시고 오히려 종의 역할로 그의 신성을 보이신 것처럼 그들은 겸손과 다른 이들의 이득을 추구해야 한다(2:4). 예수가 노예의 끔직한 죽음을 당하시기까지 순종하신 것처럼, 그들은 순종을 역시 추구해야 한다(2:12). 만약 그들이 예수가 신실하신 것처럼 신실하다면, 마지막 날은 그들의 깊은 바람이 성취되는 것을 의미할 것이다.

상황잇기

빌립보서 2:5-11이 예수와 바울간의 기독교적 발전에 관심이 있는 역사가들과 예수의 성육신과 신성의 성경적 증거에 관심이 있는 신학자들에게 주목을 끌었기 때문에, 이 단락은 바울 서신의 논증에서 위치한 부분과 상관없이 중요한 의미를 가졌다. 이 단락에 대한 많은 문학적인 작품에 직면해서 우리는 두 가지 공통된 원리, 즉 역사적인 원리와 신학적인 원리를 잊기가 쉽다. 바울 이전의 초대교회에서 그리스도의 본성과 성육신에 관한 개념의 발전된 증거를 위한 단락을 찾는 역사가들은 이 단락이 바울 이전의 찬가였다고 생각하는 경향이 있다. 그러나 이 이론은 확실하지 않고 우리가 분명히 알 수 있는 모든 것은 바울이 이 단락을 빌립보에 보내는 서신에 두었다는 사실이다. 그때에 역사적인 관점에서 빌립보서를 연구하는 자들의 주요한 이슈는 이 단락이 바울의 논증에서 어떻게 기능하고 있느냐에 있어야지 이 단락이 바울 이전의 시기에 어떤 가상적인 예배 환경에서 어떻게 기능했느냐에 있을 수는 없다.

해야한다는 것을 빌립보인들에게 교묘하게 교훈하고 있다. 바울이 롬 14:11에서 사 45:23을 사용한 것을 참조하라. 거기서 분열된 로마 공동체는 어느 날 하나님께 그들의 행동에 대해서 설명해야 한다는 것을 상기시킨다. 나는 이 요지를 나의 관심사로 가져오는데 클라인 스노드글래스 교수에게 빚을 졌다.

33. Hooker, "Philippians 2:6-11," 155, 157.

신학적인 관점에서는 이 단락을 주로 빌립보서의 문맥 내에서 이해하는 것이 훨씬 더 중요하다. 교회는 빌립보서 2:6-11을 그리스도를 찬미하는 신약성경 시편의 일종처럼 분리된 문서로 정경화하지 않았다. 실로 우리가 보았던 것처럼, 모국어로 바울의 용어를 말했던 교회 교부들은 이 단락에서 전혀 찬가적인 특성을 인식하지 못한 것으로 보인다. 그러므로 그들은 빌립보인들에 대한 바울 서신의 일부로서만 이 구절을 정경화했고, 따라서 이 단락은 정경적인 빌립보 서신의 논증에서 행한 역할과 동떨어져서 신자들을 위한 독립적인 권위를 갖지 않았다. 따라서 우리가 빌립보서 2:6-11을 원 문맥에서 현대 교회로 가져올 때, 5절이 1-4절에서 바울의 이전 교훈과 연결해주고, 12a절이 12b-16절의 뒤이은 호소와 연결시켜 준다는 것을 잊어서는 안 된다. 빌립보서 2:6-11은 의미심장한 조치이지만, 그것은 바울의 폭넓은 논증에서의 조치다.

이런 일반적인 해석적 걸림돌 외에도 이 단락에 대한 네 가지 더 좁은 양상들이 강렬한 논쟁과 심각한 오해를 불러일으켰다. 즉 이 단락이 독자들에게 요구하는 모방의 본질, 그리스도의 순종에 대한 하나님의 반응의 성격, 이 단락이 그리스도가 "자신을 비우셨다"고 주장하는 정도, 그리고 이 단락이 그리스도의 신성과 선존재를 가르치고 있느냐 하는 것 등이다.

(1) 그리스도의 모방에 대한 성경적인 개념은 다양한 오해를 일으켰다. 그것은 프란시스 아시시와 그가 세운 수도단의 영향으로 말미암아 13세기에 특히 두드러졌다. 중요한 단계에서 프란시스는 그의 커다란 유산을 포기하고, 그리스도의 삶에 대한 그의 이해를 따라 살기 위해 단순하고 가난한 삶을 살기를 시작했다. 그는 먹을 것을 구걸했고, 문둥병자에게 입을 맞추었으며, 하나님의 부르심에 절대적인 순종과 단순함으로 반응했다. 죽기 2년 전인 1224년에 투스카니의 은둔 지역에서 기도하였을 때, 그는 십자가에 못 박히신 그리스도의 신비스러운 환상을 보았고, 아울러 프란시스 자신도 그리스도와 마찬가지로 손과 발에 못이 박히고 계속해서 옆구리에 피를 흘리고 있는 상처 입은 모습으로 있는 것을 보게 되었다. 그의 추종자들은 프란시스가 죽을 때까지 이런 상태로 고통스러워했다고 보고했고, 그들은 이 기간을 십자가에 못 박히신 그리스도의 동일시되는 것으로 이해했다.[34] 프란시스와 그의 추종자들에게서 그리스도를 닮는 것은 방랑하는 가난한 그리스도의 삶을 어떻게든 거의 복제하는 시도와 관련이 있었고, 적어도 프란시스의 경우에 그

34. William R. Cook, *Francis of Assisi*(Collegebille, Minn.: Liturgical Press, 1989), 19-49, 94-114.

는 그리스도의 수난을 거의 복제하였다.

훨씬 뒤에, 그리고 아주 다른 이유로 그리스도를 닮는 것이 19세기와 20세기 초의 자유주의에서 역시 유명해졌다. 이들에게서 기독교적인 가치의 많은 것들은 단순한 갈릴리 랍비 나사렛 예수의 윤리적인 모범에 있었다. 기적이란 대체로 순진하고 교육받지 못한 추종자들의 산물이라고 치부한 이들은 예수는 평화와 사랑의 윤리 때문에 의미가 있었다.[35] 그런데 이들은 바울이 이 단순한 윤리를 성찬과 세례의 철저히 헬라적이고 신비적인 이해로 흐리게 했다고 생각했다. 이들에게서 그런 것들은 현대적 세계와 지속적인 연관을 갖지 않는 마술적인 요소였다.[36] 그러므로 이들은 예수의 삶과 가르침의 단순한 메시지를 재발견하고 따르는 곳에 지속할 만한 가치가 있음을 발견했다고 주장했다.

빌립보서 2:5-11의 "윤리적" 해석에 반대했던 학자들은 그리스도의 모방에 대한 이와 같은 개념들에 신임을 주지 않도록 하기 위해서 때로 그리 행했던 것으로 보인다. 그리스도를 모방하는 일에 매료됨은 윤리적인 이상주의를 지지함으로써 하나님의 은혜를 통한 이신칭의의 중심적인 교리를 떠나고 만다고 이 학자들은 믿는다.[37] 그러한 개념들에 대한 저항은 확실히 타당하다. 우리의 삶이 복음서에서 드러난 것처럼 그리스도의 행동을 모방하려는 기계적인 시도로 일관한다면, 우리는 율법의 행위와 상관없이 믿음으로 오는 구원을 잊어버릴 위험성이 있다. 유사하게 우리는 "그의 고난에 참여함"(3:10)이 오로지 우리의 육체적인 고난으로 십자가에 그리스도의 죽으심과 동일시하는 문제라고 생각할 위험성이 있다.

다른 한편으로 우리는 그리스도에 대한 모방의 개념을 남용하지 않아야 하지만, 이 본문이 가져다주는 의미를 놓쳐서는 안 된다. 2:6-11과 이 단락 전후에 논증간의 어구적인 연관은 바울이 그리스도의 성육신과 높아지심을 겸손과 순종의 모범으로 묘사하고 있음을 보여준다. 그는 빌립보인들이 다른 사람들과의 관계에서 이런 것들을 보이기를 원한다(2:3, 7-8, 12). 빌립보인들에게 그리스도에 대한

35. 예를 들어, Adolf von Harnack, *What Is Christianity?*(Gloucester, Mass.: Peter Smith, 1978), 1-151을 보라. 하르낙은 1899-1900의 겨울 동안에 베를린 대학에서 강연한 것에 기초해서 이 책을 만들었다.

36. 예를 들어, 20세기 초의 독일 학자의 작품인 Wilhelm Heitmüller in Werner Georg Kümmel, *The New Testament: The History of the Investigation of Its Problems*(Nashville, Tenn.: Abingdon, 1972), 257에서의 인용을 보라.

37. Ernst Käsemann, "A Critical Analysis of Philippians 2:5-11," 50-51을 보라. 그는 부분적으로 윤리적인 해석을 반대하는데, 그것이 불경건한 자의 칭의 교리를 배제하고 있기 때문이다. 참조. Barth, *Philippians*, 59-68.

모방은 그의 성육신의 문자적인 모방과 관련될 수 없고, 십자가상에서 그의 죽음과의 신비적인 정체성과 동등할 수 없다. 하지만 바울의 초점은 그리스도의 "태도"를 닮는데 있다(5절).[38] 데살로니가에서 이것은 그리스도가 고난당하신 것처럼 복음을 위해 신실하게 고난을 당하는 것을 의미했다(살전 1:6; 2:14-15). 고린도에서 그것은 교회 내에서 권리를 행사하는 것이 아님을 의미했다. 그렇게 하는 것이 다른 이들에게 걸림돌과 파괴를 야기할 경우에 말이다(고전 11:1). 빌립보에서 그것은 서로 사랑하고, 연합하며, 겸손하고, 다른 사람의 이득을 자기 자신의 이득보다 우선하는 것이다(빌 2:2-4).

신자가 그리스도의 태도를 닮아가는 방식은 상황마다 다를 것이다. 때로 교회는 아시스의 프란시스처럼 급진적인 방식으로 병들고 가난한 자를 위한 그리스도의 희생적 사랑을 따르는 사람들의 개혁적인 영향을 확실히 필요로 한다. 하지만 그리스도에 대한 모방은 그의 삶과 죽음의 특별한 것들을 재생하려는 시도가 되어서는 안 되고, "그리스도가 우리를 사랑하신 것처럼, 우리를 위해 자신을 내어주신 것처럼, 사랑의 삶을 살 수 있도록(엡 5:2), 자신의 상황에서 각각의 신자들을 이끌어야 한다.

(2) 이 단락의 적절한 적용의 방식을 때로 방해하는 두 번째 장애는 9-11절에서 바울이 그리스도의 순종으로 인해서 하나님이 그리스노에게 보상을 주셨다고 주장하는 것이다. 우리가 이미 이 단락의 원 의미에 관한 연구에서 보았던 것처럼, 바울은 이 구절들에서 그리스도가 선을 행한 노력의 대가로 얻은 보상을 묘사하고 있지 않고, 순종에 반응해서 하나님이 그의 아들에게 자유로이 수여하기를 선택하셨음을 찬양하고 있다. 순종과 높아짐은 그리스도를 위한 하나님의 주도하심에 있고, 그것은 우리들에게도 마찬가지다(2:12-13).

그러나 이따금씩 이 단락에서 보상의 개념을 피하려는 시도가 일방적인 해석으로 이끌어서 부적절한 적용의 문을 열었다. 예를 들어, 칼 바르트는 9-11절에서 높아지신 그리스도가 6-8절에서 낮아지신 그리스도 간에는 차이가 없다고 주장했다. 바르트는 그리스도가 고난 받고 순종하는 종의 모습 속에서 높아지셨다고 주장한다. 이 단락의 두 부분을 구분해주는 중요한 "이러므로"는

겸손하게 낮아지신 그는 나중에 높아지시고 참으로 자기 부인과 순종으로 인해 보상

38. Fee, "Philippians 2:5-11: Hymn or Exalted Prose?" 38.

을 받았음을 의미하지 않고, 십자가에서 죽기까지 순종하심으로 낮아지시고 천대를 받으신 그는 높아지신 주님이시다.[39]

다시 말해서 그리스도는 높아지심에서조차도 못 박히신 채 계시다.

그러나 우리가 이런 접근을 취한다면, "이러므로"가 분명히 그리스도의 상태에서의 변화가 그의 순종에 반응하여 발생했음을 의미하는 본문에 폭거를 행하는 것일 뿐 아니라, 성경 전반에 흐르는 주제를 무시하고 그리스도의 고난에 너무 큰 강조를 두는 것이다. 성경을 통해서 성경의 저자들은 하나님이 겸손한 자를 높이신다는 것을 확증하고, 이 주제는 힘 있는 자들의 억압 하에서 고통을 당하는 사람들에게 위로의 말씀으로 기능한다. 확실히 높아지신 그리스도는 십자가에 못 박히신 그리스도이고, 바르트가 말한 것처럼, 여전히 볼 수 있는 십자가의 상처를 가지고 하늘에 좌정하신 그리스도의 옛 모습이 부적절한 것은 아니다. 그렇지만 높아지신 그리스도는 승리적인 그리스도이시고, 그는 두 번째 오실 때에 낮아지심으로 오지 않고 묵시적인 흰말을 타고 오실 것이다(계 19:11-21). 그때에 그는 고난과 부정의를 끝내시고 독재자의 억압적인 손아래서 복음을 위해 신실하게 고난당한 사람들을 그의 무리로 환영하실 것이다. 그때에 빌립보서 2:9-11은 억압받는 자들에게 위로의 말씀이 된다. 특히 빌립보인들처럼 복음을 위해서 고난당하는 사람들에게 말이다.[40]

(3) 이 단락을 이해하는데 세 번째 걸림돌은 그리스도가 인간이 되셨을 때 완전히 신성을 버리셨다고 주장하는 유감스러운 역할들이다. 19세기에 그리스도의 성육신에 관한 견해는 그가 성육신하셨을 때에 신성의 어떤 요소를 포기하셨거나 제한받으셨다고 주장하는 것이 인기가 있었다. 이런 입장의 주창자들은 논지의 증거로서 그리스도가 "자기를 비웠다"는 빌립보서 2:7의 진술에 자주 호소했다. 관련된 헬라어가 '에케노센'(동사 '케누'로부터)이기 때문에 그러한 개념은 성육신의 '케노틱'(Kenotic) 이론으로 알려졌다.[41] 그러나 우리가 이 단락의 원 의미의 연구에서 이미 보았던 것처럼, 바울이 다른 곳에서 '케누'란 용어를 사용할 때, 그

---

39. Barth, *Philippians*, 66.
40. Fowl, *The Story of Christ in the Ethics of Paul*, 90-91을 보라.
41. Eugene R. Fairweather, "The 'Kenotic' Christology," in Beare, *Philippians*, 159-74에 의한 성육신의 케노틱 이론에 대한 유용한 개관과 반응을 보라. 또한 Erickson, *The Word Became Flesh*, 78-86을 보라.

는 그것을 비유적으로 사용하고 있고, 여기서도 어떤 다른 방식으로 사용하고 있음을 보여주지 않는다. 따라서 본문은 성육신에서 그리스도가 신성의 어느 부분을 문자적으로 비우셨다는 증거로 기능할 수 없다.

다른 한편으로 그리스도가 신성에 대해 자신을 비우셨다는 단락에 대한 어느 함축을 부정하려는 관심이 그리스도의 낮아지심에 관한 이 단락의 강조를 가볍게 다루는 반대편 실수를 범하지 않아야 한다. 이 단락이 그리스도가 인간이 되셨을 뿐 아니라 종이 되셨고, 그는 종의 끔찍한 죽음으로 죽으셨다는 것을 분명히 말하고 있다. 물론 이것은 그가 문자적으로 1세기의 로마 제국에 있었던 수백만 명의 노예 중에 한 사람이 되었음을 의미하지는 않는다. 하지만 그가 당시에 낮은 사회적 위치를 가지셨음을 내포한다. 그는 정복당하고 억압된 백성의 일부였고, 그 사람들 가운데서 아주 가난해서 머리 둘 곳조차 없으셨으며(마 8:20; 눅 9:58), 다른 이들의 친절을 통해 그의 쓸 곳을 채우셨다(마 27:55; 눅 8:3). 두드러지게 나타나는 것처럼, 그러한 낮은 지위가 그리스도의 신성과 양립할 수 없지 않으며, 어떤 면에서는 오히려 그 신성을 나타내고 있음을 확증한다. 우리가 인간적이고 낮은 예수의 측면을 경시할 때, 우리는 그의 신성도 역시 손상시키고 있다.

(4) 이 단락의 마지막 오해는 이 단락이 그리스도의 선존재를 가르치지 않으며, 오히려 그리스도가 하나님과의 동등성을 얻으려는 시도를 하지 않았기 때문에 하나님이 높이신 완전한 인간 예수를 전제하고 있다고 주장한다. 이런 논지의 가장 대중적인 형태는 이 단락이 그리스도와 아담간의 대조를 함축하고 있다고 주장한다.[42] 그리스도는 아담이 하나님의 "형상"이었던 것과 동일한 의미에서 하나님의 "형상"으로 계셨지만, 아담과 달리 그는 하나님과의 동등성을 취할 것으로 생각하지 않으셨다. 그 대신에 그는 겸손과 자기 봉사의 길을 취하셨다. 이에 반응해서 하나님은 그를 전보다 더 높은 위치로 높이셨고, 그에게 커다란 영광을 수여하셨다.

그러나 이렇게 아담과 예수의 비교가 이 단락의 배후에 있다는 것은 확실하지 않다. 정교한 대조의 논증에도 불구하고, 창세기 1:26에서 "형상"(image)은 히브

---

42. 예를 들어, James D. G. Dunn, *Christology in the Making: A New Testament Inquiry Into the Origins of the Doctrine of the Incarnation*(Philadelphia: Westminster, 1980), 114-21을 보라. 그러나 이 단락에서 아담과 그리스도 사이에 대조를 발견하는 모든 사람들은 이 단락이 그리스도의 선존재나 하나님과의 동등성을 가르친다는 것을 부정하지 않는다. 예를 들어, Wright, *The Climax of the Covenant*, 90-92를 보라. 그는 그리스도가 받아들이신 임무가 아담의 죄가 가져온 손상을 되돌리는 것이었다면, 그리스도와 아담 사이에 평행이 정확할 필요가 없고 실로 정확할 수도 없다고 주장한다.

리 성경의 헬라어 번역에서 "형상"(form)과 완전한 동의어가 아니고, 첫 번째 남자와 여자의 잘못은 하나님이 가지신 지식의 종류에 대한 갈망이었지 하나님과의 동등성에 대한 갈망이 아니었다.[43] 실로 이 단락이 그리스도와 하나님의 동등성과 성육신 이전에 그리스도의 존재를 전제하고 있다는 것을 부인하는 것은 거의 불가능해 보인다. 그리스도가 하나님과의 동등성을 소유하지 않으셨다면, 그가 어떻게 하나님과의 동등성을 이용하기를 거부하실 수 있었겠는가? 그가 영원한 존재가 아니었다면, 어떻게 그것을 소유하실 수 있었겠는가? 그리고 그가 사람 이외의 어떤 분으로 존재하지 않으셨다면, 바울은 왜 그리스도를 "인간의 모양으로 나타나셨다"고 말하였겠는가?[44]

그때에 빌립보서 2:6-11를 바울의 세계에서 우리의 세계로 가져옴에 있어서, 이 단락의 온전한 깊이와 높이를 이해하는 것이 필수적이다. 바울은 그리스도가 온전히 하나님이시며 하나님의 모든 특권이 부여되셨음을 확증하지만, 가장 낮아진 유형의 겸손과 순종 속에서 그의 신성을 표현하셨다고 주장한다. 이것이 그러하다면, 바울은 인간으로서 우리의 비교적 사소한 권리에 대한 희생이라도 복음이 전진되는데 큰 역할을 할 것임을 말하고 있는 것으로 보인다.

그렇다면, 빌립보서 2:5-11이 21세기의 전환기의 교회에 대해 말하고 있는 메시지는 무엇인가? (1) 그것은 우리들에게 하나님의 성품을 상기시킨다. 웨스트민스터 소요리문답에서 "그는 존재와 지혜와 능력과 거룩과 정의와 선하심과 진리에서 무한하시고, 영원하시며, 불변하실" 뿐만 아니라(A.4), 그는 고난을 당하셨다는 점에서 약하고 무기력한 자와 동일시하신다. 희생적인 목적을 위해 하나님으로서 그의 특권을 사용하시지 않으신 예수는 낮고 겸손한 봉사 속에서 그의 신성을 나타내셨다. (2) 이 단락은 하나님의 성품의 이런 양상에 우리의 성품을 일치시키는 과감한 행동을 취할 것을 우리에게 요청한다. 예수가 하나님에 대한 헌신적인 순종에서 그의 거룩한 성품을 나타내셨던 것처럼, 우리도 하나님의 말씀에 대한 순종에서 자기 자신의 이득보다 다른 이들의 이득을 우선 둠으로써 크리스천의 성품을 나타내야 한다. (3) 이 단락은 하나님이 그리스도의 순종하는 삶에 반응하셨던 것처럼, 하나님이 순종하는 종의 삶을 칭찬으로 반응하실 마지막 날을 상기

43. Erickson, *The Word Became Flesh*, 477; Vincent, *Philippians*, 86; O'Brien, *Philippians*, 263-68을 보라.

44. 참조. O'Brien, *Philippians*, 267.

시킨다. 우리 모두는 어느 날 하나님이 우리에게 주신 시간과 자원의 청지기로서 하나님과 계수하게 될 것이다(롬 14:10; 고전 3:15; 고후 5:10). 이 서신 전반에서 바울의 소망은 그와 그의 독자들이 그날에 하나님 앞에서 순결하고 흠없이 서는 것이다(빌 1:10; 참조. 2:16; 3:11-14). 예수의 성육신과 겸손과 높아지심의 이야기를 말함으로써, 이 단락은 우리가 마지막 날을 기다릴 때 따라야 하는 길을 보여준다.

현대적 의미

태어나는 순간부터 인간은 다른 이들이 자신의 필요를 충족시키도록 촉구한다. 아기는 엄마가 먹여주거나 기저귀를 갈아줄 때까지 운다. 아장아장 걷는 유아는 아빠가 더 어린 아기와 노는 것을 멈추고 자신에게 관심을 집중할 때까지 비행을 지지른다. 나이가 들면 형제들은 자기 형제들과 자매들과 적어도 동등한 비율로 그리고 더 좋은 비율로 특권을 차지하려고 한다. 성인들은 자주 가장 많이 봉급을 지불하는 직장과 가장 편안한 가정과 가장 멋있는 차와 가장 안락한 여행을 추구하고 이런 목적을 이루기 위해서 상당한 고통을 감내하려고 한다. 이렇게 생존 본능으로 시작된 것은 타락한 인간 본성의 표현이지만, 사람들이 다른 사람들과의 공동체에서 성공적으로 살아가기 위해서는 이 본능을 여러 방식으로 제어해야 한다. 많은 규칙들이 잘 기능하는 가정에서 작용하고, 더 커다란 사회에서 많은 법들이 다른 이들을 지배하려는 인간의 욕구를 제어하고 통제한다. 이런 욕구는 아주 강력하고 보편적이어서 효과적으로 제어의 의무를 이루지 못한 공동체는 자기 파괴적이 된다.

예수 그리스도의 성육신은 지배하려는 이런 인간 욕구의 대조를 보여준다. 하나님과의 동등성이 그리스도에게 부여된 모든 특권과 능력을 가능하게 하였을지라도, 또한 피조물들을 지배하는 특권과 능력을 이용할 수 있었을지라도, 그는 그의 신성을 봉사와 순종의 기회로 생각했다. 그의 신성은 얻는 것이 아니라 주고, 섬김을 받으려는 것이 아니라 섬기고, 지배하려는 것이 아니라 순종하는 본질이었다. 21세기의 신자들에게서 이 모든 것의 어려운 부분은 지배를 거절하신 그리스도에 대한 묘사를 바울이 추상적인 추측의 영역으로 남겨두지 않았다는 사실이다. 오히려 바울은 빌립보의 교회와 이 교회를 통해서 오늘날의 교회가 그리스도의 모범을 따를 것을 조언했다. 이는 교회와 신자들이 "성육신의" 태도를 적용해야 한다는 것을 의미한다.

하지만 현대 서방 사회에서 이것을 실천하는 것은 매우 힘든 일이다. 이 사회에서 크고 궁극적인 가치는 부와 매력과 권력과 위신에 자주 애착을 가지고, 이 목적을 이루기 위해 용인된 방식은 자주 다른 이들의 지배와 관련이 있다. 그러므로 광고는 잠재적인 소비자에 대한 생산물의 이용과 혜택을 단순히 선전하는 것만이 아니다. 그것은 자주 미묘하고 강력한 거짓말을 소통한다. 광고판에 있는 매력적이고 활력 있는 20살가량의 여성이 입에 담배를 머금고 멋진 젊은 남성의 어깨 위에서 높고 안전한 목마를 타고 있다. 그녀는 아무 말도 하지 않지만, 그녀가 강력하게 대변하는 사회적인 용인의 이미지는 인간의 마음의 가장 깊은 갈망 중에 하나가 그들이 광고하고 있는 담배를 피운다면 충족될 수 있음을 말하고 있다. 광고를 생산한 사람들이 광고판 밑에 적힌 강요된 경고문이 사실임을 알만큼 충분히 지식이 있다. 담배를 피우는 것은 사회적인 용인으로 이끌 수도 있고 그렇지 않을 수도 있으나, 그것은 자주 중독과 고통스러운 이른 죽음으로 이끈다. 강력한 이미지의 사용을 통해서 광고는 지배하고 남용하며, 그것을 생산하는 사람들이 부를 얻게 한다.

우리 마음이 매일 이런 종류의 권력에 대한 남용적인 사용으로 공격을 받음으로, 우리와 우리가 대변하고 있는 교회는 목적을 이루기 위해서 우리 자신의 방식으로 다른 이들을 지배하려는 것을 용인할 수 있다고 생각하기가 쉽다. 하나님께 돈을 드리거나 보류하는 일에 있어서 추종자들에게 미신적인 두려움의 먹이가 되게 함으로써 자신을 풍요롭게 하는 "번영 복음"의 주창자들 속에서 이런 것들을 보기가 쉽다. 하지만 우리는 동일한 원리가 일부 교회 건물 캠페인과 교인 등록에서 작용하고 있지는 않는지 곰곰이 생각해 보아야 한다. 이것은 복음이 진전되는 것을 보기 위한 진정한 노력인가, 아니면 위엄과 자신의 그룹의 안락을 확장하기 위한 방법인가?

몇 가지 진단적인 질문이 그러한 프로그램들이 선한 동기에서 기원하고 있는지 아니면 복음에 합당하지 않는 동기에서 기원하고 있는지를 결정하는데 도움이 될 수 있다.

- 이 전략은 인간 사회의 모든 부분에 필요를 충족시키는 것으로 계획되어 있는가 아니면 내가 편하게 느끼는 사회의 일부분의 필요만을 충족시키는가?
- 이 도시의 가난한 사람들이 새로운 교회 건물이 그들을 위한 자리라고 생각하는가, 아니면 심지어 그런 생각이 발생하지도 않는가?

- 복음전도 팀이 가난에 처한 공동체보다 부유한 이웃들에게 더 노력하고 있는가?

이와 같은 질문에 대한 정직한 대답이 우리가 우리 자신의 사회적 그룹을 세우고 모집하고 있음을 드러내고 있다면, 가장 깊은 차원에서 우리의 관심이 복음의 진전을 위한 것인지, 아니면 우리 자신에게 더 즐거운 부분을 제공하고 동료들 사이에서 인정을 얻음으로써 자신의 삶을 더욱더 안락하게 하려는 것에 있는지를 말하기 어렵게 만든다. 세상에서 지배하고자 하는 전략이 서방 교회에 철저하게 스며들어서 만약 말씀이 오늘날 육신이 되셨다면, 많은 교회들이 그의 존재를 심지어 알지도 못하였을 것이다. 빌립보서 2:7-8에 따르면, 그는 가난하고 권리를 빼앗긴 사람들 사이에 있으실 것이기 때문이다.

그러나 이 단락은 그룹으로서의 교회가 어떻게 구세주의 특징을 가장 잘 채택할 수 있는가에 관한 것만이 아니라, 개인 교회 구성원이 서로를 향해서 어떻게 행동해야 하는가에 관한 것이다. 결국에 그것은 바울이 무엇보다도 이 단락을 작성하도록 촉발시킨 문제다. 상호적인 관계에서 바울은 우리의 삶의 특징이 얻는 것보다 주는 것에, 섬김을 받는 것보다 섬기는 것에, 지배하기보다 순종하는 것에 있어야 한다고 말한다. 아주 자주 이것은 새로운 교회 건물을 세울 것인지를 선택하거나 복음전도 전략을 기획하는 문제가 아니라, 부모와 배우자와 자녀들과 동역자들과 친구들과 동료 교회 구성원들에게 날마다 사랑의 방식으로 행하는 것에 관한 문제다. 우리의 삶이 매주 다른 이들의 삶과 접하는 수많은 방식에서, 우리는 그리스도 예수의 태도를 가져야 한다고 바울은 말한다.

이것이 죄악되고 이기적인 사람들에게 어떻게 가능한가? 고전적인 『순전한 기독교』(*Mere Christianity*)란 책에서 C. S. 루이스는 오류를 범할 수 있는 신자가 일상생활의 주고받음 속에서 그리스도처럼 될 수 있는 방법을 유익하게 설명하고 있다. 루이스는 어린이가 병사나 가게 주인이 된 것을 가정하는 것처럼, 우리가 예수가 된 것으로 가정하는 것은 유익하다고 말한다. 어린이의 상상 게임이 그 어린이가 나중에 진정한 병사나 가게 주인으로서 유용할 수 있는 기술을 계발하도록 돕는 것처럼, 그리스도가 된다고 가정하는 "게임"은 신자가 향상할 수 있는 위상을 드러내고, 신자를 영적인 성숙으로 인도한다. 루이스는 우리가 그리스도처럼 옷을 입고 있음을 깨닫는 순간, 우리의 가성이 실제가 될 수 있는 방식을 발견하게 될 것이라고 주장한다. 우리는 그리스도가 갖지 않으셨던 생각과 그리스도가 소홀히 하지 않으셨던 이루지 못한 의무를 발견하고서 당황해할 것이다. 나아가서 그는 이런 깨달음이 우리를 더욱더 완전한 순종을 촉발시켜야 한다고 말한다.[45]

이것이 순전히 바울의 통찰이다. 고린도전서 8:1-11:1에서 바울은 일부 약한 크리스천들의 양심이 결과적으로 우상숭배에 빠질 수 있음에도 불구하고 이교도 신전에 바쳐진 음식을 먹을 권리가 있다고 생각했던 고린도교회 내의 어떤 그룹에게 말하고 있다. 그는 권리를 소유한 것이 그것을 반드시 사용해야 하는 것을 의미하지는 않는다고 이 그룹에게 말하고 있다. 권리의 소유가 아니라 사랑이 신자를 이끌어야 한다. 이것을 설명하기 위해서 바울은 고린도인들 사이에서 그의 선교사역으로 인해 지원을 받을 수 있는 권리가 있었지만, 그렇게 하는 것이 "그리스도의 복음에 장해가 될 수 있기"(9:12) 때문에 그런 권리를 취하기를 선택하지 않은 것임을 말하고 있다. 나중에 그는 그의 논증을 이렇게 요약한다. "나와 같이 모든 일에 모든 사람을 기쁘게 하여 나의 유익을 구치 아니하고 많은 사람의 유익을 구하여 저희로 구원을 얻게 하라"(10:33). 그리고 그는 이 논증을 이와 같은 교훈으로 결론짓는다. "내가 그리스도를 본받는 자 된 것 같이 너희는 나를 본받는 자 되라"(11:1).

유사하게 고린도후서 8:1-9:15에서 바울은 고린도인들에게 예루살렘의 가난한 유대 신자들을 위한 헌금에 참여할 것을 촉구한다. 바울은 다른 신자들의 그룹은 넉넉히 살면서 신자들의 한 그룹이 가난 속에 사는 것을 원치 않는다. 동등함이 있어야 한다. 고린도인들이 신자들의 동등성을 유지하는 일을 도와야 한다는 논증의 일부로서 그는 그리스도가 그들을 위해 행하신 것을 상기시킨다.

> 우리 주 예수 그리스도의 은혜를 너희가 알거니와 부요하신 자로서 너희를 위하여 가난하게 되심은 그의 가난함을 인하여 너희로 부요케 하려 하심이니라(8:9).

그리스도가 성육신에서 그들에게 내어주신 것처럼, 고린도인들은 동료 신자들에게 희생적으로 내어줌으로써 그리스도를 닮아야 한다.

에베소서 5:25-28에서 바울은 그리스도가 교회를 대하듯이 남편들이 아내를 대할 것을 말한다. 에스겔 16:1-14에서 이스라엘에 대한 하나님의 구속의 모습을 반영하는 바울은 그리스도가 교회를 사랑하시고 교회를 위해 자신을 내어주신 것

45. C. S. Lewis, *Mere Christianity*(New York: Macmillan, 1943), 161-62.

을 말한다. 교회가 거룩하고, 정결하며 말씀으로 씻음이 되며, "빛나는" 백성으로서 하나님께 드림이 되기 위해서다. "이와 동일한 방식으로" 바울은 "남편이 아내를 자기 몸처럼 사랑해야 한다"고 말한다(엡 5:28).

바울은 교회와 가정의 일상생활에서 우리가 그리스도의 모범을 따라 살아야 한다고 믿었다. 어디에서 먹을지, 돈을 무엇에 쓸지, 가족의 구성원들을 어떻게 대할지와 같은 사소한 문제들에 있어서도, 바울은 그리스도를 닮을 것을 말한다. 교회의 구성원들은 여성들에 대한 안수, 방언의 은사, 성경의 무오류, 그리고 칼빈주의와 웨슬리안주의의 신학적 접근 방식에 대한 장점들과 같은 분열적인 이슈들을 논할 때, 그리스도는 어떻게 하셨을가를 생각해야 한다. 교회의 고전적인 에큐메니칼 신조에서 표현된 것과 같은 기독교 정통의 필수적인 본질에 대한 깊은 헌신으로 연합된 신자들이 성경을 이해하고 그 권위에 복종하려는 신실한 노력이 있은 후에도 이런 이슈들에 대해서 서로 다를 수 있다. 확실히 그러한 경우에, 우리는 신앙의 정결이란 명목 하에 다른 신자들과의 교제를 깨뜨려서는 안 된다.

이는 그러한 이슈가 중요하지 않다거나 이런 질문에 대한 올바른 대답이 존재하지 않는다는 것을 의미하지 않는다. 그것은 이런 이슈들에 대한 다양한 주장에 대한 증거가 모호하기 때문에, 사려 깊고 헌신된 신자들이 그 이슈에서 하나같이 동의할 수 없음을 의미할 뿐이다. 크리스천들은 논쟁을 하는 동안에 서로를 존중하며 귀담아 들을 수 있어야 하고, 논쟁 이후에도 영적으로 연합을 유지해야 한다. 이것을 행하기 위해서는 바울이 이 단락에서 그리스도에게 귀결시킨 겸손의 종류를 필요로 한다. 이것은 모든 크리스천을 특징지어야 하는 겸손의 종류다.

그때에 하나님의 성품은 그리스도의 희생적인 봉사와 순종 속에서 가장 잘 나타난다. 다른 이들과의 관계에서 우리의 강조는 그리스도를 닮는데 있어야 한다. 하지만 우리는 어떻게 이 강조를 우리의 관계에서 중심이 되게 할 수 있는가? 결국에 그것은 다른 사람들을 지배하려는 인간의 경향을 역행해야 하는 것이고, 우리는 쉽게 그런 경향을 통제하지 못할 수 있다. 물론 우리는 하나님이 우리의 능으로 그를 순종할 것을 기대하지 않으시고 우리 안에서 순종으로 역사하신다는 것을 항상 기억해야 한다. 실로 바울은 2:13에서 이것을 명확하게 할 것이다. 그러나 여기서 그의 요지는 그것과는 다르다. 예수의 높아지심의 이야기에 관한 기사와 예수에 대한 전체 우주의 종말론적인 복종을 끝맺으면서 바울은 우리가 상호적인 관계에 대해서 하나님께 계수해야할 마지막 날을 상기시킨다. 그리고 그는 다가올 날에 비추어서 예수의 겸손의 모범을 우리가 따를 것을 암시적으로 촉구한다.

다른 곳에서처럼 여기서 바울은 우리가 마지막 날에 초점을 맞출 것을 촉구한다. 그렇다고 그는 성경이 아침 신문에 머리기사를 어떻게 예언하였는지를 보여줌으로써 복음의 대적자들을 논박하거나, 우리가 예수의 재림의 날을 설정하거나, 세상의 멸망에 대한 우리의 도표에 동의하지 않는 사람들을 저주하는 예언적 집회를 소집하라고 말하지 않는다. 여기서 그리고 그밖에 다른 곳에서 바울은 마지막 날이 오며, 그날이 올 때, 우리가 "의의 열매가 가득하여…진실하여 허물이 없도록" 해야 한다(1:11)는 것을 상기시킨다.

선지자들과 예수에게서처럼, 바울이 마지막 날을 언급한 가장 중요한 이유 중에 하나는 윤리적인 행위에 대한 자극을 제공하는 것이었다. "주의 날을 바라는 너희에게 화있을진저"라고 아모스는 동료 백성들을 향해서 정의를 소홀히 한 이스라엘 백성들에 대해 말한다. "너희가 어찌하여 여호와의 날을 사모하느뇨 그날은 어두움이요 빛이 아니라…캄캄하여 빛남이 없음이 아니냐"(암 5:18, 20). 대연회 비유에서 예수는 유대인들에게 그를 거부한다면 이방인들이 "하나님 나라의 다가올 연회"에서 그들의 자리를 차지할 것이라고 경고하신다(눅 14:15-24; 참조. 마 21:45-22:14). 바울도 역시 교회의 영적인 구성에 관해서 "각각 공력이 나타날 터인데 그날이 공력을 밝히리니 이는 불로 나타내고 그 불이 각 사람의 공력이 어떠한 것을 시험할 것임이니라"(고전 3:13)고 고린도인들에게 상기시킨다. 빌립보서 2:9-11은 신약성경의 종말론적 가르침의 이런 양상의 중요성을 다시금 보여준다.

우리 모두는 어느 날 하나님 앞에 설 것이다. 예수가 그의 높아지심에서 그리하셨던 것처럼 말이다. 우리 모두는 그리스도가 신실하신 것으로 발견되신 것처럼, 그날에 신실한 것으로 발견되어야 한다. 현대의 묵시적 시나리오가 바뀌고, 도표가 갱신되며, 연대가 개정되어야 하지만, 이 두 확증(즉, 종말에 하나님 앞에 서야 하고, 또 신실한 것으로 발견되어야 한다는 것)이 우리의 종말론적 사고에 확고하게 뿌리내린다면, 다른 것은 별로 문제가 되지 않는다.

빌립보서 2:12-18

12 그러므로 나의 사랑하는 자들아 너희가 나 있을 때뿐 아니라 더욱 지금 나 없을 때에도 항상 복종하여 두렵고 떨림으로 너희 구원을 이루라
13 너희 안에서 행하시는 이는 하나님이시니 자기의 기쁘신 뜻을 위하여 너희에게 소원을 두고 행하게 하시나니
14 모든 일을 원망과 시비가 없이 하라
15 이는 너희가 흠이 없고 순전하여 어그러지고 거스르는 세대 가운데서 하나님의 흠 없는 자녀로 세상에서 그들 가운데 빛들로 나타내며
16 생명의 말씀을 밝혀 나의 달음질이 헛되지 아니하고 수고도 헛되지 아니함으로 그리스도의 날에 내가 자랑할 것이 있게 하려 함이라
17 만일 너희 믿음의 제물과 섬김 위에 내가 나를 전제로 드릴지라도 나는 기뻐하고 너희 무리와 함께 기뻐하리니
18 이와 같이 너희도 기뻐하고 나와 함께 기뻐하라

원 의미

이 두 패러그래프에서 바울의 목적은 그리스도의 겸손한 자기 비움과 높아지심의 이야기를 빌립보인들의 상황에 적용하는 것이다. 그러므로 그는 새 항목을 "그러므로"란 강력한 접속사로 시작하고, 2:8에서 그리스도의 순종에 관한 언급을 반영하면서 이 새 항목의 첫 문장에서 빌립보인들의 순종을 말한다. 이 항목의 용어와 주제는 바울이 다시금 1:27-30의 주제로 되돌아가고 있음을 역시 보여준다. 그는 양 단락에서 빌립보인들이 최초에 복음에 반응한 의미를 따라 살아야 하고 바울이 그들과 함께 거하고 있든지 그렇지 않든지 간에 이 일을 행해야 한다는 것에 관심을 가진다(1:27/2:12). 양 단락은 빌립보인들이 연합해야 하고(1:27/2:14), 이 연합이 바깥에 믿지 않는 세상에 나타나야 한다는 것을 표현한다(1:28/2:15). 양 단락은 역시 마지막 날과 복음을 위한 고난의 경험에 관심을 공유하고 있고(1:28/2:16), 이 고난은 사도를 그의 친구들과 빌립보에서의 사도적 책임과 연관시켜준다(1:30/2:17). 그때에 2:12-18의 관심은 빌립보인들이 "그리스도의 복음에 합당한 방식으로" 행해야 한다는 바울의 더 큰 논증의 구조와 긴밀

하게 엮어져 있다(1:27).

사도는 세 단계로 이 관심을 표명한다. (1) 그는 빌립보인들에게 그리스도의 모범에 비추어 순종하는 그들의 선한 일을 계속할 것을 격려한다(2:12-13). (2) 그러고 나서 그는 빌립보인들이 특히 응답하기를 원하는 순종의 영역에 대해서 보다 정확하게 만든다. 그는 그들이 "불평"과 "논쟁"을 삼가기를 권면한다(2:14-16a). (3) 그는 "흠없고" "순결하려"는 그들의 투쟁이 자신의 소명에 충실하려는 바울의 투쟁과 연관되어 있음을 보여준다. 이런 소명에 비추어, 그는 그들에게 그와 함께 하나님께 합당한 제사를 드리고, 그리함으로써 오는 기쁨을 누릴 것을 격려한다(2:16b-18).

선한 행위를 지키라(2:12-13). 바울은 이제 그리스도의 희생적인 겸손과 순종의 모범을 빌립보인들의 상황에 적용하기를 시작한다. 그의 근본적인 의미는 명백하다. 그는 빌립보인들이 그리스도가 순종하셨던 것처럼 순종하기를 원하고, 이는 분쟁으로 이끄는 이기적인 야심의 종류를 피함으로써 연합을 위해 노력하는 것을 의미한다(2:1-4, 14). 그러나 바울의 진술에 대한 더 상세한 설명은 확실히 하기가 쉽지 않다. 바울은 빌립보인들이 누구에게 순종하기를 기대하고 있는가? 두렵고 떨림으로 그들의 구원을 이루라는 빌립보인들에 대한 그의 명령은 다른 곳에서 하나님의 은혜로 말미암은 믿음으로의 칭의에 대한 그의 강조와 모순을 일으키는가? 그것은 하나님이 그의 뜻을 이루기 위해서 신자의 능력과 의지를 창출하신다고 바울이 말하는 다음의 문장과 실로 모순을 일으키는가?

첫 번째 질문이 세 질문 중에 대답하기가 가장 쉽다. 바울이 같이 있든지 없든지 간에 빌립보인들이 순종할 것을 언급하고 있기 때문에 그는 복음을 그들에게 가져오고 그리스도의 날에 하나님에게 그들을 위해서 설명해야 하는 사도로서의 바울 자신에게 주어야 하는 순종을 아마도 언급하고 있을 것이다(2:16; 참조. 1:10). 바울은 그의 서신에서 이런 종류의 순종에 대해서 자주 언급하고, 회중들이 그가 그들에게 남겼던 가르침에 순종해야 함을 표현한다. 그가 그들과 같이 있든지 없든지 간에 말이다. 그러므로 고린도전서 4:14-21에서 바울은 고린도인들에게 그들이 그를 닮아야 하고, 그들에게 "그리스도 예수 안에서 그의 삶의 방식"을 상기시키기 위해서 디모데를 그들에게 보내는 것을 말한다(4:17). 이런 교훈과 디모데의 임박한 방문에 대한 이유는 고린도에서 어떤 이들이 "내가 너희에게 나아가지 아니할 것 같이 스스로 교만하여졌"기 때문인 것으로 보인다(4:18). 만약 그들이 그의 권위에 순복하지 않는다면, 그는 그들 가운데 "부드러운 영"이 아니라 매를 가지고 나타날 것이라고 계속해서 말한다(4:21). 유사하게 고린도후서 10:4에서 바울은 고린도인들에게 자신이 "불순종하는 모든 행위를 벌할 준비가 되어 있다"고 말한다(참조. 13:10).

아울러 이 개념은 다루기 힘들고 변덕스러운 고린도교회에 대한 바울의 편지로 제한되지 않았다. 바울은 그의 가까운 친구인 빌레몬에게 노예 오네시모와 관련해서 순종을 요청할 수 있는 권위가 있지만 사랑에 기초해서 그에게 호소한다고 말한다(몬 8-9절; 참조. 21-22절). 그는 또한 데살로니가인들에게 그의 서신에 조언을 따르지 않는 사람들에게 "특별한 조치를 취할" 것을 말한다(살후 3:14). 바울이 없을 때, 믿음의 공동체는 서신을 통해서 다루었던 가르침에 순종할 책임을 취해야 한다.

물론 이것은 바울이 자신의 개인적인 바람을 순종하라고 교회에 기대하고 있는 것이 아니라 그가 그들에게 전달했던 복음의 전통을 순종할 것을 기대했음을 의미한다. 결국에 그는 예수의 가르침에 주요한 통로였다. 그러므로 예를 들어, 고린도인들은 바울의 개인적인 습관을 모방하는 것이 아니라, 그의 "그리스도 예수 안에서 삶의 방식"을 따름으로써 바울을 순종해야 했다. 즉 바울만이 아니라 디모데가 보여주었던 삶의 패턴과 모든 교회들에 바울의 가르침에 일치하는 삶의 패턴을 순종해야 한다(고전 4:17; 참조. 빌 3:17; 살전 1:6). 그리고 당연하게 고린도인들은 바울을 순종하였던 것처럼 복음의 전통을 전달하는 디도를 순종하는 것이 중요하다(고후 7:15). 그러므로 빌립보서 2:12에서 바울은 그의 사랑하는 친구들에게 과거에 그러했던 것처럼 그들에게 건네어진 말씀을 장래에도 순종해야할 것을 촉구하고 있다.

두 번째 질문은 더 어렵다. 빌립보인들이 "두렵고 떨림으로 구원을 이룸으로" 순종을 추구해야 한다. 바울의 신학에서 가장 중요한 주제 중의 하나가 인간의 노력이 마지막 날에 하나님 앞에 올바르게 서게 하는 하나님의 은혜에 협력할 수 없다는 것이다. 바울에게서 모든 유대인들에게 가장 의롭다고 보통 생각되는 아브라함조차도 하나님 앞에서 올바르게 서는 문제에 있어서는 경건하지 않은 것으로 고려되어야 한다. 아브라함은 "일을 아니할지라도 경건치 아니한 자를 의롭다 하시는 이를 믿는 자에게는 그의 믿음을 의로 여기신다"(롬 4:5)는 바울의 원리의 사례로서 기능했다. 하나님의 백성들은 그들의 행위 때문이 아니라 은혜에 기초해서 선택되었다. 그렇지 않다면, "은혜가 더 이상 은혜가 아닐 것이다"(11:6). 그때에 빌립보인들이 "두려움과 떨림으로 [그들의] 구원을 이루어야 한다"고 말할 때 바울은 무엇을 의미하는가?

이 문제에 대한 한 가지 인기 있는 해결책은 여기서 "구원"을 "복지"의 약화된 의미로 이해하는 것이다. 그때에 바울은 빌립보인들이 그들의 공동체의 복지를 위해 노력해야 한다고 말하고 있다는 것이다. 이런 설명에 따르면, "두렵고 떨림으로"란 어구는 하나님을 향한 태도가 아니라 인간 서로에 대한 겸손의 태도를 일컫는다. 실로 바울이 하나님과 인간의 관계에 대해서 "두렵고 떨림"이란 어구를 사용하지 않고 항상 인간관계에 대해서 사용하고 있다고 자주 언급된다. 그때에 빌립보인들은 그들의 사회적 불화를 극복해야 하고, 서로에 대해서 정중하고 겸손한 태도를 취함으로써 그들의 관계를 서로 "구원해야" 한다.[1]

그러나 이 구절에 대한 이런 이해는 그것이 '구원'(salvation)이란 용어에 대해서 통상적이지 않은 의미를 할당하고, "두렵고 떨림"이란 어구를 바울이 다른 곳에서 사용한 주요한 뉘앙스를 놓치고 있기 때문에 설득력이 약하다. 바울은 그의 서신에서 '구원'이란 용어를 18번 사용한다. 이중에 15번에서 그 용어는 확실히 궁극적인 구원의 완전한 개념을 가리키고, 두 번 다른 곳에서(고후 1:6; 빌 1:19) 아마도 통상적인 의미가 가장 좋을 것이다. 그럴 경우에 2:12에서 그런 추측은 "복지"를 의미하는 바울의 유일한 용어 사용이 될 것이다.[2]

아울러 바울의 서신에서 "두렵고 떨림으로"란 어구의 세 가지 다른 출현에서도 하나님에 대한 언급이 고려되고 있지 않다는 것은 확실하지 않다. 바울은 다른 사람들과의 어떤 경험 때문이 아니라 십자가에 못 박히신 그리스도를 전파하는 두려운 임무 때문에 "두렵고 떨림으로"(고전 2:3) 고린도에 왔다(참조. 고후 2:16). 고린도인들은 디도를 "두렵고 떨림으로"(고후 7:15)으로 영접했는데, 디도에게서 말씀을 들으려는 그들의 의지를 나타내 보임으로써 과거에 바울을 거부한 일에 비추어 하나님에 대한 그들의 두려움을 나타낸다. 종은 "그리스도를 순종하듯이" 주인에게 두렵고 떨림으로 순종해야 한다(엡 6:5). 그러므로 바울이 빌립보서 2:12에서 언급하고 있는 "두렵고 떨림"은 아마도 빌립보인들이 하나님에 대해서 가져야 하는 태도를 가리킬 것이다.

---

1. 예를 들어, J. Hugh Michael, "Work Out Your Own Salvation," *Expositor* 12(1924), 439-50; idem, *Philippians*, 98-103; Hawthorne, *Philippians*, 98-99을 보라.
2. Walter Bauer, *A Greek-English Lexicon of the New Testament and Other Early Christian Literature*, 2d ed., trans., adapt., and rev. William F. Arndt, F. Wilbur Gingrich, Frederick W. Danker(Chicago: University of Chicago Press, 1979), 801.

이것이 그러하다면, 빌립보인들이 하나님 앞에서 두렵고 떨림의 태도로 그들의 영원한 구원을 이루어야 한다고 말할 때, 바울은 무엇을 의미하는가? 우리는 적절하게 이 진술을 이해하기 위해서 바울이 '구원'이란 용어와 '칭의'라는 용어를 사용한 것의 차이를 이해해야 한다. 두 용어는 동의어가 아니다.[3] 바울이 '칭의'와 그것의 다양한 형태('의로움', '의롭게 되다')의 용어를 사용할 때, 그는 하나님이 신자에게 수여하신 순결의 상태와 하나님이 신자에게 시작시키신 화목의 상태를 가리킨다. 그러므로 그는 자주 동사 '의롭게 되다'를 과거시제로 사용한다: "너희가 씻음과 거룩함과 의롭다 하심을 얻었느니라"(고전 6:11)고 고린도인들에게 말하고, 로마인들에게는 "우리가 믿음으로 말미암아 의롭게 되었기 때문에"(롬 5:1) 하나님과 화목을 이루었다고 설명한다. 이 칭의는 전적으로 하나님의 은혜로 말미암은 것이지 인간의 노력으로 말미암은 것이 아니다(롬 4:5; 11:6). 그리고 그것을 받았던 사람들은 어느 날 "하나님의 아들의 모습으로 변화될" 것이고 영원히 "영화롭게" 될 것이다(롬 8:29-30).

'구원'(salvation)과 '구원하다'(save)란 용어는 바울에게서 서로 다른 함축을 갖는다. 바울이 과거 시제로 구원에 대해 가끔 가리킬지라도(롬 8:24; 엡 2:5, 8; 딤후 1:9; 딛 3:5), 이 용어에 대한 그의 언급의 대부분은 미래에 있고, 그는 자주 주님의 날과 구원을 연관시킨다(고전 5:5; 참조. 3:15; 롬 13:11; 살전 5:9). 의롭게 된 사람들은 구원 받을 것임을 확신할 수 있지만 그들의 구원은 마지막 날을 기다리고 있다. 로마서 5:9은 바울의 사상에서 칭의와 구원간의 차이를 설명해준다. "이제 우리가 그 피를 인하여 의롭다 하심을 얻었은즉 더욱 그로 말미암아 진노하심에서 구원을 얻을 것이라."

바울이 빌립보서 2:12에서 신자들이 "구원을 이루어야 한다"고 말할 때, 그는 그들이 마지막 날의 구원을 위해 "노력해야" 한다는 것을 의미하지 않는다. 그 대신에 그는 그들이 "그리스도의 복음에 합당한 방식으로 살아야 한다"는 것을 의미하고 있다(1:27). 그리스도의 날에 하나님 앞에서 의롭게 서는 마지막 확증을 기다리면서 말이다. 그들은 "진실하여 허물없이 그리스도의 날까지 이르기" 위해서 "지극히 선한 것"(1:10)을 분별하는 일을 분주히 해야 한다. 그들은 "두렵고 떨림으로" 이 일을 행해야 한다. 그러한 진지함은 참된 신자임을 보여주는 방식으로 복

3. 특히 Georg Fohrer, "σῴζω," *Theological Dictionary of the New Testament*, ed. Gerhard Kittel and Gerhard Friedrich, 10 vols. (Grand Rapids: Eerdmans, 1964-76), 7:970-1012(here 992-95); Silva, *Philippians*, 137-38의 논의를 보라.

음에 헌신하여 살아가는 그들의 의무에 적절하기 때문이다. 다시 말해서 2:12에서 바울의 의도는 베드로후서 1:10-11에서 베드로의 의도와 멀지 않다.

> 그러므로 형제들아 더욱 힘써 너희 부르심과 택하심을 굳게 하라 너희가 이것을 행한즉 언제든지 실족하지 아니하리라 이같이 하면 우리 주 곧 구주 예수 그리스도의 영원한 나라에 들어감을 넉넉히 너희에게 주시리라.

그럼에도 불구하고 바울은 어떤 이들이 구원의 과정에서 신자들이 하나님과 협력함을 의미하는 것으로 그의 진술을 취할 위험성을 인식했다. 인간이 그들의 편의 일을 행한다면, 하나님이 중간에 그의 일을 하실 것이라는 식으로 말이다. 그러므로 13절에서 바울은 구원이 하나님의 주도하심에 전적으로 달려 있고, 하나님은 "그의 선한 목적"을 이루시기 위해서 그 의지와 능력을 제공하신다고 설명한다. 이렇게 말할 때 바울의 강조적인 방식("하나님이 너희 안에 역사하신다"라기보다는 "너희 안에 역사하시는 분은 하나님이시다")과 하나님을 섬기려는 의지와 그 능력의 신적인 기원을 지적하는 그의 세심함은 12절의 그의 진술을 오해하지 않아야 한다는 것에 그가 얼마나 관심을 가졌는지를 보여준다. 빌립보인들이 그들의 구원을 이루어야 할지라도, 그들의 구원은 그들 자신의 주도로 인해 오는 것이 아니다. 그들은 마지막 날에 구원을 고대하는 사람들에게 적절한 진지함으로 그들의 구원을 이루어야 하지만, 그날에 방면으로 이끄는 전체 과정을 그들이 주도하거나 완성하지 않는다는 것을 기억해야 한다. 구원은 처음부터 끝까지 하나님이 이루시는 것이다(참조. 1:6).[4]

이스라엘의 불순종의 증거를 통해 배우라(2:14-16a). 바울은 이 일반적인 교훈을 보다 구체적인 명령과 연결시킨다. 빌립보의 신자들은 타락한 세상의 어둠에 빛의 등대로서 비추일 수 있도록(15-16a절), 또한 마지막 날에 하나님이 받으시기에 합당한 제사를 드릴 수 있도록(16b-18절) 불평하고 다투는 것("원망과 시비"—개역개정)을 멈추어야 한다(14절)고 그는 말한다. 이런 명령에 함축되어 있는 것은 빌립보의 믿는 공동체가 하나님의 새로운 백성의 일부라는 가정이다. 그들은 성경의

4. 인간의 노력과 하나님의 은혜간의 관계에 대한 이와 동일한 이해가 고전 15:10에 깔려 있다. "그러나 나의 나 된 것은 하나님의 은혜로 된 것이니 내게 주신 그의 은혜가 헛되지 아니하여 내가 모든 사도보다 더 많이 수고하였으나 내가 아니요 오직 나와 함께 하신 하나님의 은혜로라."

이스라엘과 연속성을 이루고, 이스라엘의 사례로부터 배워야 한다.

바울은 보다 구체적인 권고를 빌립보인들이 "불평이나 다툼"이 없이 모든 것들을 행해야 한다는 명령으로 시작한다. NIV가 "불평"('곤기스몬')이라고 번역하는 용어는 신약성경에서는 거의 나타나지 않고, 바울 서신에서는 이것이 유일한 출현이다.[5] 그러나 그 용어가 이스라엘의 광야 유랑을 묘사하는 성경 헬라어의 이야기에서는 자주 나온다. 거기서 이스라엘 백성들은 모세에 대해 "불평하고", 모세는 그들의 불평이 자신에 대한 것이 아니라 하나님에 대한 것이라고 그들에게 명확히 말한다(출 16:2-9; 17:3; 민 11:1; 참조. 14:2).

일부 학자들은 이 용어에 대한 바울의 사용이 빌립보인들이 자신에 대해서 불평하고 있다거나 그들의 "감독과 집사들"(1:1)에게 불평하고 있음을 의미한다고 주장함으로써 그 평행을 아주 멀리까지 취할지라도, 아마도 그 용어의 특별함은 바울이 이스라엘의 광야 유랑의 성경 이야기를 반영하는 것을 의도하였음을 의미할 것이다.[6] 그렇다면 그는 빌립보인들이 이방인일지라도 하나님의 백성들의 일원을 형성하고 있음을 가리킬 뿐 아니라, 하나님의 백성으로서 그들이 영적인 조상들의 실수에서 배워야 한다는 것을 가리킬 것이다. 이스라엘은 광야에서 살인을 했고, 무서운 벌을 받았다. 빌립보인들은 그들의 구원을 전제하지 말고 오히려 그들 가운데 분열을 잠재울 수 있는 조치를 두렵고 떨림으로 취해야 한다.

다음 네 구절에서 바울은 그들이 이 일을 행해야 하는 두 가지 이유를 제공한다. 첫 번째 이유가 15-16a절에서 나타난다. 빌립보인들은 "어그러지고 거스르는 세대 가운데서 흠이 없고 순전하여 하나님의 흠 없는 자녀"가 되기 위해서 연합을 추구해야 한다. 여기서 바울은 신명기의 말미에 나타나는 "모세의 노래"의 용어를 사용하고, 하나님이 애굽에서 건져내신 이스라엘의 악한 세대의 불신앙을 묘사한다. 신명기 32:4-5의 헬라어 본문은 이렇게 번역할 수 있다.

하나님은 거짓이 없고, 진실하신 하나님이시다. 의로우시고 곧기만 하시다 그러나 너

5. 요 7:12; 행 6:1; 벧전 4:9을 보라. 참조. *Barnabas* 3:5; *Didache* 3:6.

6. 바울이 자신에 대한 빌립보인들의 태도와 모세에 대한 이스라엘 백성들의 태도를 비교하는 개념에 대해서는 Michael, *Philippians*, 99을 보라. 이스라엘의 불만족이 모세를 향하였던 것과 같은 방식으로 빌립보인들이 지도자들에게 불만이 있었다는 주장에 대해서는 Bonnard, *Philippiens*, 51; Silva, *Philippians*, 144을 보라. 참조. O'Brien, *Philippians*, 291-92. 첫 번째 주장은 이 서신을 통해 박동하는 바울과 빌립보인들 사이에 친근한 관계에 비추어 믿을 수 없는 것으로 보이고, 두 번째 주장은 과도하게 추측적인 것으로 보인다.

희가 하나님께 맞서 악한 짓을 하니, 수치스럽게도 너희는 이미 그의 **자녀**가 아니요, **비뚤어지고, 뒤틀리고, 타락한 세대이다**.

볼드로 강조된 용어들은 빌립보서 2:15에서 바울의 헬라어와 밀접하게 상응하고, 여기서 역시 바울은 빌립보인들이 하나님의 고대 백성들과 연속된다는 것을 믿고 있음을 보여준다. 바울은 그들의 영적인 조상들과 달리 그들이 비뚤어지고 뒤틀리고 타락한 세대가 아니라, 타락한 세상, 곧 모세의 노래가 불순종하는 이스라엘에게 적용한 용어로 묘사할 수 있는 세상에서 복음의 진리를 위해 빛의 등대가 되기를 소망한다.[7]

빌립보인들이 이 소명을 이루는데 성공한다면, 그들이 "생명의 말씀을 붙들 때 우주의 별처럼 빛날 것이다"라고 바울은 말한다.[8] 이것은 이사야 42:6-7과 49:6에 따르면, 하나님의 구원이 "땅끝까지"(사 49:6) 다가갈 수 있도록 이스라엘이 이방인들 사이에서 성취하도록 되어 있는 소명이다(사 49:6). 하나님의 새로이 형성된 백성들의 일부로서 빌립보 신자들은 이제 이 소명을 유산으로 이어받았다. 그러나 그들은 과거의 조상들의 실수를 삼가고, 그들의 불화를 끝내며, 주변의 어두운 세상에 통일된 증거를 내보인다면 그것을 성취할 수 있다.

용인된 희생제사를 드림으로써 바울에게 합세하라(2:16b-18). 바울은 빌립보인들의 순종이 두 번째 이유 때문에 중요하다고 믿는다. 마지막 날에 하나님에 대한 그들의 희생의 용인된 본질이 그것에 달려 있다. 그는 그의 자랑으로 그리스도의 날에 빌립보인들의 하나님에 대한 순결함과 흠없음을 내보일 수 있으리라는 소망을 언급하며 이 사상을 16b절에서 시작한다. 그가 이 일을 행할 수 있다면 그의 사도적 노력은 헛되지 않을 것이라고 계속해서 말한다. 바울은 경기장과 구약성경에서 가져온 용어로 이런 노력을 묘사한다. 여기서와 그밖에 다른 곳에서 바울은 그의 사도적 노력을 달리고, 또한 걸림돌이 방해하지 않는다면, 상을 받게 될 경주로 묘사한다(고전 9:24-27; 딤후 4:6-7; 참조. 갈 2:2). 이 걸림돌은 그의 소명에 대한

---

7. 바울이 이 단락에서 이스라엘의 광야 유랑의 성경 기사를 사용한 것에 대한 보다 상세한 논의가 Frank Thielman, *Paul and the Law: A Contextual Approach*(Downers Grove, Ill.: InterVarsity Press, 1994), 156-57에 나타나 있다.

8. NIV 본문은 16a절을 "생명의 말씀을 주장하다"('에페콘테스', "생명의 말씀을 밝혀"—개역개정)"로 번역하고 있다. 하지만 '에페코'란 용어의 보다 통상적인 의미는 "꽉 붙잡다"이고, 바울이 15절에서 말한 "어그러지고 거스르는 세대"의 손에 의해 빌립보인들이 지속적인 박해를 받았기 때문에(1:28-30), 보다 통상적인 이 의미가 아마도 정확할 것이다. NIV의 각주와 O'Brien, *Philippians*, 297의 철저한 논의를 보라.

바울 자신의 불충성(고전 9:24-27), 다른 크리스천들이 그의 앞에 둔 장애들(갈 2:2), 또는 여기서처럼 하나님이 바울로 하여금 돌보도록 맡긴 교회들의 불충성을 포함할 것이다.

바울은 이런 비유를 이사야서에서 가져온 것들로 풍부하게 만든다. 이사야 49:4에서 주의 종은 "내가 헛되이 수고하였으며, 무익하게 공연히 내 힘을 다하였다 하였도다"고 실망을 표현하지만, 또한 그의 보상이 주님의 손안에 있다는 확신을 표현한다. 나중에 선지자는 마지막 날에 하나님이 새 하늘과 새 땅을 창조할 때, 그의 백성들이 "헛되이 수고하지 않을 것이다"(사 65:23)라고 약속한다.

그때에 바울의 용어는 끝까지 좌절하지 않으면 결국에 보상을 얻을 것이라는 노고에 관한 헬라와 히브리의 문화적 심상에 빚을 지고 있다. 여기서 그는 빌립보인들이 그의 경주를 실족하지 않게 하거나 그의 수고를 좌절케 하지 않으며 또한 그의 수고의 생산물로서 그가 마지막 날에 하나님 앞에 그들을 내보이는 것을 가로막지 않으리라는 소망을 표현한다. 그날에 지금처럼 그들은 그의 기쁨과 면류관이 될 것이다(4:1).[9]

17a절에서 바울은 빌립보인들의 순종과 인내의 필연성에 관한 강조를 강화시키기 위해서 심상을 바꾼다. 아마도 그의 죽음을 암시하는 용어로(참조. 딤후 4:6), 그는 자신을 드려지는 전제로 묘사한다. 전제는 많은 고대 문화의 희생제사 제도의 흔한 특징이었고, 부어짐이 자주 희생 위에 주어졌다(그러므로 NIV는 "너희 믿음의 제물과 섬김 위에[on]라고 번역한다). 그러나 이 단락에서 바울의 심상의 많은 부분이 구약성경에 빚을 지고 있기 때문에 그는 민수기 15:1-10과 같은 단락에서 묘사된 관습을 염두에 두고 있을 것이다. 거기서 전제는 다른 제물과 '더불어' 주어졌다. 그러므로 바울은 박해 중에서 빌립보인들의 계속된 순종과 인내(2:15-16a)가 자신의 사도적 수고의 제물—아마도 그의 죽음으로 끝날 수고—과 동등하게 하나님께 드려지는 것으로 간주한다.

설사 그가 죽는 일이 발생할지라도 기뻐할 것이라고 그는 17b-18절에서 계속해서 말한다. 게다가 이 일이 일어난다면, 그는 빌립보인들이 그의 기쁨에 참여할 것을 기대한다. 감옥에서 바울의 죽음과 내적이고 외적인 고난에도 불구하고, 그들의 인내는 결국에 그들의 상호적인 목표의 성취를 의미할 것이다. 바울은 그리

9. Victor C. Pfitzner, *Paul and the Agon Motif: Traditional Athletic Imagery in the Pauline Literature*(Leiden: Brill, 1967), 102-8에서 2:16의 심상에 관한 유용한 논의를 보라.

스도와 함께 있을 것이고(1:21, 23), 빌립보인들은 그리스도의 날에 흠없이 정결하게 서게 될 것이다(1:10). 바울의 사도적 수고는 변호될 것이고, 빌립보인들은 하나님께 영광과 찬미를 주게 될 것이다(참조. 1:11).

상황잇기

이 단락의 주요한 요지는 비교적 분명하고 현대 교회에 쉽게 적용된다. 이 단락은 또한 중개하기에 보다 어려운 몇 가지 해석적인 걸림돌을 포함하고 있고 놓치기 쉬운 몇 가지 보조적인 요지를 담고 있다. 이 단락을 현대의 상황에 성공적으로 적용할 수 있는 열쇠는 덜 중요한 이슈들에도 민감하면서도 해석적인 잘못을 저지르지 않을 수 있도록 경계하는 방식으로 바울의 주요 관심사에 초점을 맞추는데 있다.

주요한 요지들. 12-13절에서 바울의 난해한 조언이 이 단락의 현대적인 논의에서 해석적인 관심을 가장 많이 받을지라도, 그것은 사실상 14절에서 그의 구체적인 관심("모든 일을 원망과 시비가 없이 하라")에 대한 서론으로 의도한 일반적인 조언이다. 우리가 이미 1:1(거기서 바울의 말은 회중의 연합을 강조한다)과 1:27(거기서 바울은 빌립보인들에게 성령의 연합으로 확고히 설 수 있기를 조언한다)에 관한 연구에서 보았던 것처럼 빌립보 공동체가 분열하고 있었다. 이 곤란의 기원이 주님 안에서 일치해야할 유오디아와 순두게 사이에 분쟁일 수 있었다(4:2). 그들의 분쟁은 분명히 사소한 문제가 아니었다. 바울이 주요한 분쟁자들의 이름을 거론하고 있을 뿐 아니라, 교회의 무명의 친구에게 화해의 임무를 가지고 "이 여인들을 도울 것"을 요구할 정도로 충분히 교회의 위협이 되었기 때문이다.

그들의 분쟁과 교회의 분열은 일반적으로 바울의 사역에 심각한 위협이 되었기에 그는 아주 진지하게 그들의 연루를 묘사하기 위해서 예외적으로 강력한 용어를 사용한다. 그는 빌립보인들에게 분열의 배후에 있는 이기심을 삼가는 것이 종말론적인 의미를 갖는다는 것을 상기시킨다. 생명의 말씀을 굳게 붙잡는 것이 중요하고, 이 문제에서 그들의 순종은 그리스도의 날에 하나님 앞에 서는 그들의 영원한 구원과 바울이 부여받은 임무를 완성하는 그의 능력에 관한 문제이다.

나아가서 바울은 성경의 이스라엘에게 부여된 임무를 완성하는 빌립보인들의 위임의 성취가 중요하다는 것을 그들에게 상기시킨다. 그들이 내적인 불화를 극복하지 못한다면, 주변에 "어그러지고 거스르는 세대"에 대한 그들의 증거가 방해를 받게 될 것이고, 그들은 "이방인에게 빛"이 되는 소명을 이루지 못할 것이다. 다시 말해서 그들의 내적인 분열은 복음의 외적인 선포를 변색시킬 것이다. 생명의 말씀을 붙잡는 것은 박해하는 대적자들에 대항해서 확고하게 서는 것 이상을 의미한다. 그것은 우리가 삶의 방식에서 믿음의 바깥에 있는 사람들에게 복음의 타당성을 보여주는 것이다.

이런 교훈과 더불어, 바울은 빌립보인들에게 그의 사도적 소명을 이루는 특권을 기뻐하고, 빌립보인들도 연합을 위해 힘쓰고 복음을 붙듦으로써 그들의 구원을 이루는 특권을 누려야 한다고 말한다(17b-18절). 우리가 1:18에 관한 연구에서 이미 보았던 것처럼, 이 서신에서 기쁨과 감사에 대한 바울의 지배적인 관심은 크리스천들이 미소 짓고 웃으며 항상 만족한 듯 보여야 한다는 피상적인 주장이 아니다. 신자들은 삶이 복음의 진전에 바쳐져 있기 때문에 풍족하거나 부족하든지 간에 그들을 수반하는 것은 평강의 확고한 감정이다. 이것이 바울로 하여금 죽음을 앞두고도 기뻐하게 하고(17a절), 빌립보인들이 그들의 공동체적 연합을 보유해야 하는 수고와 직면하고 있는 박해 가운데서 생명의 말씀을 고수해야 하는 곤란에도 불구하고 기뻐하게 한다.

바울이 18절에서 명령형으로 동사 "기뻐하다"를 사용한 것은 바로 그 때문이다. 미소와 웃음이 대체로 무의식적인 것이지만, 바울이 말하고 있는 기쁨은 복음의 진전에 헌신하고 어떤 어려움이 있든지 간에 이런 진전을 고무시키는 방식으로 삶을 살아가기를 결심하는 사람들에게 발생한다.

2:12-18에서 바울은 두 가지 주요한 요지를 만든다. 연합을 이루는 것은 지켜보는 세상에 구원을 이루는 중요한 요소이고, 구원을 이루는 싸움은 하나님께 대한 희생이기 때문에 기뻐할 이유가 된다. 이 단락이 제기하는 해석적인 난해함의 혼란 속에서도 우리는 이 두 근본적인 요지를 놓치지 않아야 한다.

보조적인 요지들. 우리는 이 단락이 직접적인 진술보다는 암시를 통해서 더 많이 제기하고 있는 두 가지 부차적인 요지를 소홀히 하지 않아야 한다. (1) 빌립보인들이 성경의 이스라엘과 연속성을 이루고 있다는 이 단락에서의 바울의 가정을 우리는 그냥 지나치지 않아야 한다. 빌립보와 사도행전 16장에서 언급된 아주 소수의 회심자들에 대한 묘사에서 빌립보에는 유대인이 거의 없었다는 것을 확실하게 말할 수 있다. 안식일에 지역의 회당에 가는 바울의 통상적인 습관과 달리 그는 성문 바깥의 기도 처소로 가서 여인들의 무리에게 말하기 시작했다(행 16:13). 이 여인들 중에 두아디라의 루디아라 하는 여인이 있었는데, 그녀는 "하나님을 예배하는 자"였다—유대의 하나님에게 관심이 있었지만 아직 유대교로 완전히 개종하지 않는 이방인에 대한 전문적인 용어. 게다가 바울과 실라에게 가해진 고소는 그들이 감옥에 있게 만들었는데, 그때에 그들이 유대인이기 '때문에' 도성에서 소란이 있었다(16:20). 유대인들이 빌립보에서 분명히 환영을 받지 못하고 있었고, 설사 있다하더라도 소그룹을 형성하고 있었음이 틀림없다.

이럼에도 불구하고, 이 단락에서 서신의 다른 곳에서 구약성경에 대한 바울의 암시는 그가 새로운 회심자들을 유대 성경으로 가르쳤음을 보여준다. 이것은 그가 그들을 하나님이 그의 백성으로 삼으신 약속의 상속자들로서 간주했음을 의미한다. 그러므로 크리스천은 이스라엘 백성들의 광야 세대와 비견할 수 있고, 따라서 그들의 행동에서 배워야 한다. 아울러 크리스천들은 이방인들에게 빛이 되는 이스라엘의 종말론적인 소명을 이어받았다. 그들은 모세 율법에 이스라엘에게 규정된 제사와 비견되는 희생이 있어야 한다.

이 모든 것들은 오늘날 크리스천이 간과하지 않아야 하는 구약성경에 대한 접근을 함축한다. 구약성경은 하나님의 영원히 유효한 말씀이지만, 새 언약의 여명은 그 해석을 근본적으로 바꾸어 놓았다. 교회는 더 이상 성경 이스라엘과 같은 정치적인 실체가 아니며, 그 구분은 예수가 오시기 이전과 같은 인종적인 경계가 아니다. 그러므로 옛 언약 하에서 하나님의 백성들의 거룩은 새 언약 하에서 하나님의 백성들의 거룩과 근본적으로 다른 형태를 취한다. 모세 율법은 민족적이고 인종적인 이스라엘을 통제하기 위해 의도되었기 때문에 그것은 더 이상 효과적이지 않다.

그럼에도 불구하고 구약성경에 규정된 하나님과 신자의 관계에 대한 패턴은 새 언약 하에서 하나님의 배성들이 따라야 하는 패러다임을 유지한다. 하나님의 백성됨의 소속은 하나님의 주도하심으로 이루어지고, 거룩은 하나님의 백성들을 그들이 살고 있는 "어그러지고 거스르는 세대"와 구분지어 주기 때문에 중요하다. 하나님의 새 백성들과 옛 백성들 간에 연속성의 요소는 강력하고, 오늘날 신자들은 성경 시대 당시의 빌립보인들처럼 하나님의 특징과 구약성경에서 하나님의 백성들에 대한 그의 기대에 대해서 많은 것을 배워야 한다.[10]

(2) 2:12-18의 주요한 논증을 통해 알 수 있는 두 번째 요지는 바울이 자기 자신을 빌립보인들이 따라야 하는 모델로 제시하고 있다는 것이다. 그가 1:12-26(참

10. 이 주제는 Thielman, *Paul and the Law*: on Paul's에서 더 상세하게 다루어진다. 빌립보서에서 율법에 관한 바울의 사용에 대해서는 145-59을 보라.

조. 1:3)과 3:4-16(3:16을 보라; 참조 4:9)에서 그리하는 것처럼 말이다. 바울은 빌립보인들이 겸손하게 그들보다 다른 이들을 더 생각하고(2:3), 자신의 이득보다 다른 이들의 이득을 먼저 두며(2:4), 겸손과 순종에 대한 그리스도의 모범을 따를 것(2:5-12)을 요구한다. 2:16b-17에서 빌립보인들을 위한 그의 노고를 언급하며, 그는 빌립보인들의 믿음의 희생을 완전하게 하기 위해서 그의 생명을 내어주기까지 할 것을 이야기한다(2:7-8에서 예수 그리스도처럼). 이런 종류의 윤리적인 가르침은 새 언약 하에서 거룩의 의미에 대한 정의를 제공한다. 모세 율법의 특별성은 더 이상 효과적이지 않다(3:7-8에서 바울은 그것을 "잃어버릴 것"과 "배설물"로 간주한다). 그 대신에 하나님의 새로이 형성된 백성들의 거룩은 그리스도의 모범과 바울처럼 그리스도의 삶의 모범적인 패턴을 아는 사람들의 모범을 따르는 문제다(고전 4:16-17; 11:1; 빌 3:17; 4:9; 살전 1:6).

해석적인 위험들. 바울의 환경에서 우리의 환경으로 이 단락을 가져오기를 시도할 때 몇 가지 함정이 우리에게 발생할 수 있다. 이런 위험의 상당 부분이 12-13절에 집중되어 있다. 이 구절들이 예리한 용어로 역설을 말하고 있기 때문에, 우리가 역설의 다른 부분을 희생하고 어느 한 부분을 너무 많이 강조하기가 쉽다. 12절에서 너무 많은 강조를 둔다면, 우리는 구원이 때 묻지 않은 우리 자신의 자유로운 선택의 문제이고 우리의 노력으로 두렵고 떨림으로 우리의 구원을 "이룰 수"(JB, NJB) 있다는 개념에 빠질 수 있다. 이것이 4세기와 5세기 초에 펠라기우스의 잘못이었고, 그것은 다양한 형태로 기독교 역사를 통해서 재현되었다. 이 견해는 그리스도의 대속적인 죽음의 필연성을 설명하는 것을 곤란하게 만들고, 바울이 로마서 4:5에서 확증한 것—아브라함과 같이 "의로운" 사람도 하나님 앞에서는 악하게 보이게 만드는 것—을 암묵적으로 부정한다.

그러나 우리가 13절에 너무 많은 강조를 둔다면, 순종을 시작하기 전에 거룩한 에너지의 주입을 수동적으로 기다리는 동등하게 비성경적인 정적주의에 빠질 위험이 있다. 모든 복음주의 크리스천들이 19세기에 "제2의 각성운동"의 지도자들에게 큰 빚을 지고 있을지라도, 그 운동은 불행한 부작용을 지니고 있었다. 그 사건의 영향으로 어떤 이들은 신자들이 최초의 회심과 유사한 두 번째 중요한 시기를 경험해야 한다고 주장했다. 이때에 성령이 그들의 삶을 제어하고 다른 신자들보다 순종과 크리스천의 헌신을 더 높은 단계로 그들을 올려놓는다고 여겼다. 그러한 사상에 영향을 받은 크리스천들은 성령의 능력을 보이는 것을 경험할 때까지 순종하는 것을 연기하였는데, 그들은 12절의 경고를 유념할 필요가 있다. 모든 신자는 성령을 갖고 있고(롬 8:9), 하나님의 말씀이 모든 신자들에게 "성령으로 살라"고 명하신다(갈 5:16). 신자라고 주장하지만 의식적으로 이 일을 행하고 있지 않는 사람은 아마도 믿음에 대한 그들의 헌신의 진정성을 의문해야 할 것이다(참조. 고후 13:5).

그때에 우리는 12-13절의 긴장감 있는 진술에 어떻게 반응해야 하는가? 하나님이 우리 안에서 역사하시는 분이시라면 우리는 어떻게 우리의 구원을 이룰 수 있는가? 그 해답은 바울이 그의 사도적 소명을 열심히 행했고 빌립보인들이 연합을 위해 노력할 것을 간절히 기대했던 것처럼 힘쓰지만, 하나님의 명령을 이룬 우리의 어느 성공도 하나님으로부터 왔다는 것을 마지막 날에 겸손하게 인정하는데 있는 것으로 보인다. 하나님의 내주하시는 성령이 하나님이 명하신 것을 행하기를 결정할 수 있는 의지를 우리에게 형성시키시고, 하나님의 성령이 하나님의 "선하신 목적"을 이루기 위한 에너지와 재능을 우리에게 주신다. 이 때문에 우리는 기를 쓰고 애를 쓰고 있다고 느낄 때에나 그렇게 하지 못하고 있다고 느낄 때조차도 하나님이 우리의 행위에 대한 신임을 가지신다는 것을 깨닫는다. 우리는 하나님에게 어떤 주장도 할 수 없다. 우리는 다만 "우리는 무익한 종입니다. 우리는 오로지 우리의 할 일을 했을 뿐입니다"(눅 17:10)라고 말할 뿐이다.

그러므로 우리가 이 단락을 현대 교회로 가져올 때, 바울의 주요한 강조를 확고하게 염두에 두어야 한다. 우리는 연합을 위해 힘써야 하며, 우리 주변에 어두운 세상에 빛이 되기 위한 소명을 이루기 위해서 이 일을 하는 것이 필요하다는 것을 깨달아야 한다. 아무리 어려울지라도, 우리는 그 임무를 이루는 데서 기쁨을 발견해야 한다. 우리 앞에 이런 강조를 둘 때, 하나님은 우리가 살기를 원하시는 삶의 임무를 성경의 이스라엘에서 얻을 수 있는 훌륭한 교훈 안에 두신다는 것을 기억해야 한다. 하지만 우리는 모세 율법이 아니라 새 언약 하에서 그리스도와 사도들의 글, 그리고 그들의 뒤를 이었던 자들이 우리의 거룩함에 대한 기준을 설정했던 것을 역시 기억해야 한다. 그리스도의 날에 하나님 앞에서 순결하고 흠없이 서는 노력을 추구할 때, 우리는 역시 우리 안에서 하나님의 성령의 움직임이 있기 전에 인간적으로 식별하는 것을 수동적으로 기다릴 수만은 없다. 또한 우리는 일단 순종하였다면 하나님이 우리에게 어떤 것을 빚지고 있다고 생각해서는 안 된다. "우리 안에서 행하시는 이는 자기의 기쁘신 뜻을 위하여 우리에게 소원을 두고 행하시는 하나님이시기"(2:13) 때문이다.

현대적 의미

예수의 마지막에 기록된 기도에서 그는 하나님이 제자들의 연합을 보호해주실 것을 간구하며(요 17:11), 나아가서 그들의 증거를 통해서 믿게 될 사람들을 포괄하는 것으로 간청을 확장시키신다.

> 내가 비옵는 것은 이 사람들만 위함이 아니요 또 그들의 말로 말미암아 나를 믿는 사람들도 위함이니 아버지여, 아버지께서 내 안에, 내가 아버지 안에 있는 것 같이 그들도 다 하나가 되어 우리 안에 있게 하사 세상으로 아버지께서 나를 보내신 것을 믿게 하옵소서 내게 주신 영광을 내가 그들에게 주었사오니 이는 우리가 하나가 된 것 같이 그들도 하나가 되게 하려 함이니이다 곧 내가 그들 안에 있고 아버지께서 내 안에 계시어 그들로 온전함을 이루어 하나가 되게 하려 함은 아버지께서 나를 보내신 것과 또 나를 사랑하심 같이 그들도 사랑하신 것을 세상으로 알게 하려 함이로소이다(요 17:20-23).

바울처럼 이 기도에서 예수는 믿지 않는 세상에 대한 교회의 효과적인 증거로 동일하게 연합에 대해서 말씀하신다. 게다가 여기서와 빌립보에서의 연합은 단순히 추상적—우호감이나 공통된 믿음의 인식—이 아니라, 실제적이다. 이 세상이 그것을 볼 수 있어야 하고, 그들이 본 것에서 결론을 내릴 수 있어야 한다(요 17:21, 23).[11] 교회의 연합은 밤에 빛나는 등불처럼 명확해야 한다(빌 2:15). 유감스럽게도 교회는 너무 자주 연합의 표현을 세상에 구체적으로 보이지 못하고 있고, 복음에 대한 중요한 증거를 흐리게 만든다. 커다란 교단에서 교회의 보이는 연합이 현상을 보호하려는 시도에 의해 자주 손상이 된다. 교인의 상실은 자원의 상실을 의미하고, 유감스럽게도 어떤 교회 지도자들에게는 자존심의 상실을 의미한다. 그 때문에 한 교회의 교인이 떠나서 다른 교회에 가입할 때, 비난이 뒤따르고 교회의 보이는 연합의 균열이 넓어진다.

물론 때로 떠났던 사람들의 영적인 건강에 대한 합법적인 관심이 작용하기도 한다. 그들은 뒤에 남기고 떠난 교우들에게 균열을 일으키면서 분노하며 떠났는가? 그들은 복음이 실제로는 전혀 복음이 아닌 일탈된 그룹에 합세하기 위해서 사도적 복음을 전파하고 있는 기독교 공동체를 떠났는가?

11. D. A. Carson, *The Gospel According to John*(Grand Rapids: Eerdmans, 1991), 568.

그러나 매번 이런 질문에 대한 확정적인 대답은 교인의 상실을 분개하는 더 깊으면서도 덜 용인되는 이유를 감추려는 기만적인 스크린일 수 있다. 따라서 소위 "주요한" 교단들은 보통 신학적인 이유 때문에 그들로부터 떨어져나가는 그룹으로 인해 최근에 소속 교인들의 큰 손실을 입었다. 이때에 보다 오래된 기존 교회가 받게 되는 유혹은 정교한 비방의 형태를 취하는 것이다. 분열한 교회들도 이런 복잡한 문제에 대한 손쉬운 "대답들"을 제공하고, 신학적이고 지적인 정직성에는 관심이 없는 사람들을 기존 교회로부터 '빼앗아온다.' 이 교회들은 보다 동질적이고, 공격적이다. 이들은 여성들, 가난한 자들, 그리고 소수 그룹에게 기꺼이 다가가려고 하지 않는다. 그들에게 매력적인 사람들은 인종차별적인 경향을 가지며, 억압받는 자들의 곤경에 대해서 동정하지 않는다.

물론 분열된 신생교회들은 자신들의 범주를 넓히기 위한 방법을 갖는다. 그들은 때로 자기 자신을 "연속되고 있는 교회"로 언급하고, 그들이 분열시킨 교회가 역사적인 기독교와 연속성이 없는 것으로 시사한다.[12] 이 분열된 그룹에 참여하지 않는 사람들은 옛 그룹과 계속 제휴하고 있기 때문에 설사 크리스천일지라도 미성숙하거나 용기 없는 크리스천으로 때로 간주된다.

복음을 형성하는 것에 관한 진정한 차이가 두 그룹에 존재하지만, 이런 차이 중에 가장 심각한 것은 양 그룹의 변두리에 있는 소수파(이런 소수파가 때로 교단의 사무를 제어할 수 있을지라도)에 의해 보통 발생한다. 양 그룹에서 중심적인 다수파는 설사 어떤 것이 다를지라도, 연합하기 위해서 믿음의 본질에 관한 공통된 토대를 충분히 갖고 있다. 예수와 바울은 믿지 않는 세계에 그러한 노력들이 복음의 타당성의 본질적인 증거가 된다는 것을 우리들에게 말한다. 또한 주요한 교회들이 공통된 대의를 만드는 것이 상당히 쉬운 것처럼, 다양한 분열된 교단들이 다른 그러한 교단들 내에서 크리스천들과 제휴하는 것이 상당히 쉽다. 그러나 분열된 그룹들과 그들이 뛰쳐나온 그룹들의 신자들 사이에서 교회는 참으로 연합을 이루고, 참으로 세상이 그 연합을 보게 할 필요가 있다. 그것은 기적일 것이나, 세상이 복음에 대한 신임을 주게 될 것이다.

교회의 보이는 연합은 큰 제도적 차원에서 유지될 필요가 있을 뿐 아니라 개인적인 교인들의 차원에서도 역시 있어야 한다. 여기서 연합은 바울이 빌립보에서

---

12. 예를 들어, Frank Joseph Smith, *The History of the Presbyterian Church in America: The Continuing Church*(Manassas, Va.: Reformation Educational Foundation, 1985)에서처럼.

억제하기를 시도한 언어적인 종류의 행위("원망과 시비")에 의해서 자주 깨어진다. 불만스러운 언어의 혼란한 기저에는 논쟁에서 거의 항상 다른 이들을 지배하려는 욕구가 있다. 즉 자신들의 관심사가 다른 이들의 관심을 소홀히 한다 할지라도 관철되어야 한다고 생각한다. 복음을 진전시키려는 관심은 씁쓸한 공방과 비난으로 상실되거나, 더 나쁘게는 다른 무리들보다 자신들의 무리에 대한 이기적인 관심을 촉진하기 위한 경건한 변명으로 사용된다. 그 과정은 소문에 의해 평판이 나빠졌기 때문에 교회를 떠난 사역자들, 잘못된 것을 인정하기를 거부하는 지도자에 의해 뿔뿔이 흩어진 회중들, 그리고 소문이나 용서하지 않는 영에 의해 부끄러움을 당하였기 때문에 결코 조용히 교회로 돌아오지 않는 교인들로 진행된다.

이에 대한 치료책은 무엇인가? 바울의 해결책은 경고를 발하는 것이다. 하나님의 백성들에 속하는 사람들은 그들의 구원을 이루어나감으로써 교인됨을 증거해야 한다. 그들의 목적은 고대 이스라엘의 실수를 범하지 않는 것이어야 한다. 이스라엘 백성들은 불평이 그들의 유업을 방해했고, 그들이 이방인에게 빛이 되지 못한 역사적인 실패는 하나님이 다른 이들에게 특권을 주는 것을 의미했다. 빌립보인들은 복음의 진전을 이루는 것에 기뻐해야 하고, 이 일에 소비한 에너지가 하나님께 대한 희생이 된다는 것을 기억해야 한다. 이에 대한 암묵적인 경고는 교회의 연합 즉 자신의 이득보다 복음의 진전을 먼저 두는 목표를 공감하지 않는 사람들은 자신들이 하나님의 백성에 전적으로 속하는지를 의문해 보아야 한다는 것이다. 바울은 영적으로 미성숙한 사람들의 또 다른 그룹에 말했던 것을 그들에게 말하고 있을 것이다.

> 너희는 믿음 안에 있는가 너희 자신을 시험하고 너희 자신을 확증하라 예수 그리스도께서 너희 안에 계신 줄을 너희가 스스로 알지 못하느냐 그렇지 않으면 너희는 버림받은 자니라(고후 13:5).

강력한 조치와 더불어, 바울은 다른 이들을 지배하려는 이기적인 요구에 기초한 비연합에 대한 처방을 제공한다. "너희 안에서 행하시는 이는 하나님이시니 자기의 기쁘신 뜻을 위하여 너희에게 소원을 두고 행하게 하시나니"(13절). 신자로서 우리들이 이루어야 하는 어느 선도 우리 안에서 하나님의 역사에 따른 결과다. 이것은 깊이 겸손하게 하는 진리다. 어느 누구도 자신의 행위를 자랑할 수 없게 만든다. 우리는 지옥에 떨어질 운명에 있었지만, 하나님이 은혜와 성령으로 우리를 그에게로 이끄시고, 이 동일한 성령으로 우리 안에 그의 선한 목적을 이루시게 역사하신다. 만약 우리가 하나님이 불경건한 자를 의롭게 하시는 진리를 이해한다면—예수는 의로운 자를 부르러 오신 것이 아니라 죄인들을 회개케 하기 위해서 오셨다—우리는 이기적인 이유로 다른 이들과의 교제를 깨는 것이 얼마나 어리석은지를 즉시 알게 될 것이다. "자기 의와 심판이 같은 부류에 속하고 은혜에 의한 의와 섬김이 같은 부류에 속한다"고 디트리히 본훼퍼가 말했다.[13]

마지막으로 종말론적인 이스라엘과 교회의 미묘한 동일시를 통해서 이 단락은 현대의복음주의 교회에 팔레스타인-이스라엘 문제에 대한 입장을 심사할 것을 도전한다. 많은 복음주의자들이 성지의 주권을 누가 가져야 하는 문제에 대해서 팔레스타인에 반대해서 이스라엘 편에 선다. 이런 크리스천들에게 그 땅에 대한 유대인의 권리는 성경에 분명하게 나타나 있는 것으로 보이고, 또 그 땅에 대한 유대인들의 재점거는 선지자의 종말론적인 비전의 확증으로 보인다. 그러나 그들의 눈앞에서 선지자의 예언이 성취되었다는 행복감에서 많은 미국의 복음주의자들은 수세기 동안 팔레스타인의 아랍인들이 이스라엘 땅에서 살았고, UN이 1948년에 그 지역에 독립된 유대 국가를 세운 후에 유대 이민자들이 팔레스타인들에게 때로 심각하게 대우를 받았다는 것을 잊는다. 이 학대받는 팔레스타인 중에 많은 이들이 그리스도의 몸의 지체이며, 하나님의 새로이 형성된 백성들의 일원이었던 크리스천들이었다. 유감스럽게도 1948년 이래로 수십 년 동안 그런 폭력이 계속되었고, 팔레스타인 크리스천들은 왜 서방의 믿음의 형제와 자매들이 이스라엘의 억압적인 행동을 무시하거나 변명하는지를 자주 이해하지 못한다.[14]

로마서 11:25-27에서 바울은 시대의 말미에 하나님의 백성들에서 인종적인 이스라엘을 위한 특별한 자리가 있음을 발견하고, 확실히 로마서 11:11-24은 복음을 유념하지 못하는 많은 유대인들의 실패를 이방인 신자들의 편에서 어떤 승리주의로 취하는 것을 금한다. 그러나 이 단락은 종말에 하나님의 백성들에게 약속되었던 복에 관한 예언적인 묘사들의 많은 부분을 교회가 성취했다는 그의 서신 전반

13. "Selbsstrechtfertigung und Richten gehört zusammen, wie Rechtfertigung aus Gnaden und zusammengehört," in Bonhoeffer's *Deitrch Bonhoeffer Werke*, vol. 5, *Gemeinsames Leben, Das Gebetbuch der Bible*, ed. Gerhard Ludwig Müller and Albrecht Schönherr(Munich: Chr. Kaiser Verlag, 1987), 78. 참조. *Life Together*, 91; 또한 *Philippians*, 71-72에서 12절에 관한 바르트의 언급을 참조하라.

14. Gary M. Burge, *Who Are God's People in the Middle East?*(Grand Rapids: Zondervan, 1993), 특히 101-24에서 이 문제에 관한 흥미 있는 분석을 보라.

에 걸친 많은 부분에서의 가정을 알 수 있게 한다. 이스라엘의 현재 상태가 시대의 끝을 둘러싼 사건에서 어떤 역할을 할 것이라는 불확실한 논지가 있을지라도, 어쨌든 크리스천은 이스라엘 정부와 시민이 하나님의 언약 백성들을 형성한다는 개념으로 그 정책을 지원하지 않아야 한다. 이스라엘의 땅에서 하나님의 백성은 유대인이건 아랍인이건 또는 어느 쪽도 아니건 간에, 메시아 예수를 믿는 사람들이다.

빌립보서 2:19-30

19 내가 디모데를 속히 너희에게 보내기를 주
안에서 바람은 너희의 사정을 앎으로 안위를
받으려 함이니
20 이는 뜻을 같이하여 너희 사정을 진실히 생
각할 자가 이밖에 내게 없음이라
21 그들이 다 자기 일을 구하고 그리스도 예수
의 일을 구하지 아니하되
22 디모데의 연단을 너희가 아나니 자식이 아버
지에게 함같이 나와 함께 복음을 위하여 수
고하였느니라
23 그러므로 내가 내 일이 어떻게 될지를 보아
서 곧 이 사람을 보내기를 바라고
24 나도 속히 가게 될 것을 주 안에서 확신하노라
25 그러나 에바브로디도를 너희에게 보내는 것
이 필요한 줄로 생각하노니 그는 나의 형제
요 함께 수고하고 함께 군사 된 자요 너희 사
자로 내가 쓸 것을 돕는 자라
26 그가 너희 무리를 간절히 사모하고 자기가
병든 것을 너희가 들은 줄을 알고 심히 근심
한지라
27 그가 병들어 죽게 되었으나 하나님이 그를
긍휼히 여기셨고 그뿐 아니라 또 나를 긍휼
히 여기사 내 근심 위에 근심을 면하게 하셨
느니라
28 그러므로 내가 더욱 급히 그를 보낸 것은 너
희로 그를 다시 보고 기뻐하게 하며 내 근심
도 덜려 함이니라
29 이러므로 너희가 주 안에서 모든 기쁨으로
그를 영접하고 또 이와 같은 자들을 존귀히
여기라
30 그가 그리스도의 일을 위하여 죽기에 이르러
도 자기 목숨을 돌보지 아니한 것은 나를 섬
기는 너희의 일에 부족함을 채우려 함이니라

원 의미

2:5-18의 신학적으로 풍부한 용어 이후에 우리는 갑자기 주요한 관심이 바울의 여행계획과 동역자들로 보이는 두 패러그래프를 만나는 것에 놀랍다. 바울은 이 서신의 이 시점에서 왜 그러한 일반적인 정보를 포함하고 있는 것일까? 칼 바르트가 말한 것처럼, "직접적인 가르침"을 포함하지 않는 단락의 이런 갑작스러운 서론을 왜 그는 포함시켰는가?[1] 일부 학자들이 믿는 것처럼 바울은 이 시점에서 서신을 종결지으려고 했는가? 즉 그의 통상적인 관습에 따라서, 여행 계획

1. Barth, *Philippians*, 79.

을 그의 결론적인 언급의 일부로서 말하고 있는가?[2] 그는 이 단락을 결론적인 방식이든 아니든 그가 없는 동안에 빌립보의 회중들에 대한 그의 권위를 주장하기 위해서 이 단락을 삽입시켰는가?[3]

이런 질문들에 대한 해답은 다른 사람들의 모범을 따름으로써 바울이 지금까지 "그리스도의 복음에 합당한"(1:27) 행위를 발견하는 것에 관한 논쟁에서 두었던 강조를 기억하는데 있다. 바울은 그리스도를 위해 확고히 서서 박해를 감당하고(1:12-14, 30), 신자들 사이에서 어려운 관계적 문제를 복음의 진전에 관한 보다 주요한 이슈 앞에 내려놓는(1:15-18a) 것이 무엇을 의미하는지에 관해서 빌립보인들에게 모범을 제공했다. 그리스도는 빌립보의 크리스천들이 관계적인 곤란함 속에서 서로를 향해 가져야 하는 태도의 모범을 제공했다(2:5-11). 구약의 이스라엘은 하나님의 백성들 사이에서 원망과 시비가 외부의 사람들 앞에서의 그들의 증거를 손상시킬 수 있다는 부정적인 모범을 제공했다(2:14-15).

바울이 이 단락에서 그의 여행 계획에 관해서 빌립보인들에게 알리기를 원했고, 아울러 그들에게 그의 권위를 상기시키기를 원했을지라도, 그럼에도 불구하고 그는 모범에 관한 그의 목록에 기여하기를 원했기 때문에 여기서 그 단락을 두었다. 디모데와 에바브로디도는 "그리스도의 복음에 합당한 방식으로" 자신을 "행하는" 사람들의 특성을 보여준다(1:27). 특히 "자기 일을 돌볼뿐더러 또한 각각 다른 사람들의 일을 돌봄"으로써 말이다(2:4).

이 단락은 두 단락으로 거의 나뉠 수 있다. 하나는 바울이 왜 디모데를 지금은 아니지만 궁극적으로 그들에게 보내려고 하는지를 설명하고 있고(19-24절), 다른 하나는 바울이 에바브로디도를 곧바로 보내려고 하는 이유를 설명한다(25-30절).

디모데는 왜 지금 보내지 않는가?(2:19-24) 바울은 빌립보인들에게 자신이 디모데를 "곧" 그들에게 보내기를 소망한다고 말함으로써 시작한다(20절). 그것은 물론 디모데를 당장 보내지는 않을 것임을 의미한다. 이 소식은 빌립보인들을 놀라게 했을 것이고, 실망시켰을 것이다. 바울은 이어지는 구절에서 디모데가 그의 재

2. 예를 들어, Collange, *Philippians*, 115; Beare, *Philippians*, 4-5, 95을 보라.

3. Robert W. Funk, "The Apostolic Parousia: Form and Significance," *Christian History and Interpretation: Studies Presented to John Knox*, ed. W. R. Farmer, C. F. D. Moule, and R. R. Niebuhr (Cambridge: Cambridge University Press, 1967), 249-68. 펑크는 빌 2:19-24과 2:25-30을 롬 1:8-13; 15:14-33; 고전 4:1-21; 8:16-23; 9:1-5; 16:1-12; 고후 12:14-13:13; 갈 4:12-20; 살전 2:17-3:13; 몬 21-22절과 비교한다. 이 모든 단락들에서 바울이 자기 자신이나 동역자들의 가능성 있는 방문을 언급함으로써 그의 부재 시에 회중들에 대한 그의 권위를 강조하기를 시도한다고 펑크는 말한다.

판의 결과를 알 때까지 자신과 함께 있어야 하는 이유를 길게 설명한다. 그러나 디모데가 마침내 자유롭게 여행할 수 있을 때, 바울은 빌립보로부터의 소식으로 기쁨을 얻기 위해 그를 보낼 것임을 말한다.

기쁨의 소식에 관한 바울의 예상은 어떤 해석자들이 주장하는 것처럼 빌립보인들이 결국에 비연합의 문제를 겪고 있지 않았고, 다른 사람들의 이득을 자신의 이득보다 먼저 두기를 추구하고 있었던 사람들(2:4)이 바울이 서신을 썼던 시기에 그의 주변에 있었다는 것을 의미하지 않는다(참조. 1:15-17; 2:21).[4] 그 대신에 이 진술은 칭찬의 권면을 하는 바울의 형태의 한 사례이다. 고린도전서에서 바울이 고린도의 신자들을 언어와 지식의 풍요함과 영적인 은사의 풍성함을 칭찬하였지만, 나중에 그 서신에서 정확히 이런 주제들에 관한 엄중한 교훈을 발한 것처럼, 그리고 그가 빌레몬에게 "나의 마음에 합한"(몬 10-12절) 오네시모를 용서하도록 요구하기 전에 "성도의 마음"을 새롭게 한 것에 대해서 빌레몬에게 칭찬한 것처럼(몬 7절), 여기서 그는 분쟁을 멈출 빌립보인들의 능력에 관한 낙관적인 견해를 취하고 있다.

그의 진술은 그의 예상을 실망시키지 않을 빌립보인들에 대한 격려이고(참조. 고후 7:14; 9:3-4), 그들의 영적인 성숙에 대한 실제적인 평가다. 만약 그가 박해 가운데서 데살로니가의 인내에 대해서 염려하였고, 그 다음에 그들이 잘 행하고 있다는 사실을 디모데로부터 들음으로써 경감되었다면(살전 3:2-6), 그리고 만약 그가 그를 향한 고린도인들의 태도에 대해서 염려하였지만 디도로부터 그들이 호전성을 회개하였다는 소식을 들었다면(고후 7:5-7), 그때에 바울이 빌립보인들이 이 서신에서 그의 교훈에 대해서 순종적으로 반응하지 않을 것이라고 생각할 이유는 없었다.

그러나 디모데가 이 서신을 전달하고 있지 않다. 왜 그러한가? 바울은 빌립보인들이 이미 알고 있는 것(22절)과 그들이 왜 디모데를 보기를 바라는가를 설명하는 것을 말함으로써 이 질문에 답한다. 디모데는 곤란의 시기에 특별한 동맹자다. 바울은 디모데에게 세 가지를 칭찬함으로써 이것을 보여준다. (1) 디모데는 다른 신자들 즉, 바울과 빌립보인들과 영으로 하나 되는 것이 무엇을 의미하는지를 알고 있다(20절). 2:2에서 바울은 빌립보인들에게 "영으로 하나 될"('쉼프쉬코이') 것을 촉구했고, 여기서 그는 유사한 용어를 사용하여 디모데가 그와 같은 마음을

4. 예를 들어, Caird, *Paul's Letters From Prison*, 117, 128을 보라.

가졌다고 말한다('이소프쉬코스'). 그러나 디모데가 바울과 같은 마음을 가진 방식은 그가 빌립보인들의 행복에 진정한 관심을 갖고 있다는 것이다. (2) 디모데는 바울이 빌립보인들에게 보냈었을 모든 다른 신자들과는 구분된다. 그들과 달리 그는 자신의 이득보다 예수 그리스도의 이득을 먼저 두었기 때문이다(21절). 바울이 감옥에 있거나(1:12) 다른 크리스천들이 그의 고난을 더 어렵게 만들든지(1:17-18) 간에 복음의 진전에 더 관심을 두었던 것처럼, 그리고 하나님으로서 가능한 특권을 이용하기보다 순종을 먼저 두신 그리스도처럼(2:6-8), 디모데는 "예수 그리스도의 일"에 그의 이득을 복종시켰다. (3) 디모데의 용기는 사도적 봉사의 어려움 속에서 검증되었고, 바울과 빌립보인들은 바울처럼 복음의 일에 기꺼이 종이 되고자 하는('둘류오', NIV "섬기다") 마음으로 아버지와 아들의 관계처럼 충실했든 디모데를 발견했다.[5]

이런 자질에 비추어 바울이 디모데를 자신의 투옥의 결과를 명확히 본 후에 보낼 수 있다고 느낀 것은 놀랍지 않다. 복음에 대한 이득보다 자기 자신의 이득을 먼저 두는 주변의 신자들(21절)과 바울의 고통을 더하고자 하는 사람들(1:17)이 아니라, 이런 신뢰할 수 있는 동료를 바울이 곁에 두기를 원한 것은 이해할 만하다. 궁극적으로 그는 디모데를 보낼 것이고, 바울 자신도 몸소 그곳에 것으로 예상하지만, 현재로서는 빌립보 교회는 다른 메신저들로 만족해야 한다.

왜 에바브로디도인가?(2:25-30) 빌립보인들은 에바브로디도를 다시 보는 것에 상당히 놀랐을 것이다! 그들은 교회의 재정적인 선물을 전달하기 위해서 에바브로디도를 바울에게 보냈을 뿐 아니라(4:18), 바울과 함께 있으면서 그의 다른 필요들을 돕도록 보내졌다. 그들이 멀리 있어서 그 일을 할 수 없기 때문이었다(2:30). 그런데 에바브로디도는 왜 바울이 계속해서 감옥에 있는데도 불구하고 곧바로 돌아왔는가? 분명히 이 질문에 대답하고, 에바브로디도가 그에게 부여된 의무를 다하지 못한 것으로 인해 그에 대한 악의를 갖는 것을 차단하기 위해서 바울은 이 단락에서 에바브로디도가 왜 돌아갔는지를 설명하고 그의 성실함을 빌립보인들에게 칭찬한다.

---

5. 디모데는 바울의 가장 촉망받는 동역자였다. 바울은 그를 자신의 아들(고전 4:17; 딤전 1:2, 18; 딤후 1:2)로 자주 말했고, 여기에 언급된 것 외에 몇 가지 중요한 임무를 그에게 맡겼고(행 17:14-15; 18:5; 19:22[이것은 빌 2:19의 방문을 가리킬 것이다]; 고전 4:17; 16:10-11; 살전 3:2-6; 딤전 1:3), 여섯 서신(데살로니가전서, 데살로니가후서, 고린도후서, 빌립보서, 골로새서, 빌레몬서)의 보증자로 포함시켰다.

에바브로디도가 돌아간 근본적인 이유는 분명하다. 그는 빌립보의 친구들와 재회하기를 바랐다. 특히 그들을 떠나온 이래로 그가 걸렸던 병에 대해서 그들이 알았기 때문이다(26절). 단순한 "향수병"으로 에바브로디도가 빌립보인들을 그리워한 것을 가볍게 만들 필요는 없다.[6] 바울은 1:8에서 빌립보인들을 보고자하는 바람을 묘사하기 위해서 이와 동일한 용어를 사용하고 있다. 고향에 있는 사람들을 사모하는 그러한 표현은 그 시기에 다른 서신들에도 알려져 있다.[7] 에바브로디도는 빌립보 교회로부터 받은 위임을 완성하기 위해서 생명의 위협을 느끼게 하는 병을 참아내었다(27, 30절). 어쨌든 교회는 이 병에 대해서 알았고, 에바브로디도를 걱정했다. 따라서 바울은 그를 보내기 위해서 바울의 필요를 돌보는 그의 책임을 면해주고, 바울의 축복과 함께 고향으로 돌아갈 수 있게 한다.

아울러 바울은 빌립보인들이 에바브로디도를 환영해야 한다는 것을 분명히 말한다. 바울은 에바브로디도와 그의 봉사를 묘사하는 방식에서 그가 따뜻한 환영을 받을 수 있도록 애쓴다. 바울은 먼저 자신이 에바브로디도를 대단히 인정한다는 것을 보여주는데, 그는 영예의 두 호칭인 "사자"(messenger)와 "사역자"(minister)로 에바브로디도를 묘사한다—바울 자신에게 올바르게 해당하는 칭호. "사자"(NIV)란 용어는 문자적으로는 "사도"(보냄을 받은 자)이고, 이는 바울이 예수의 부활의 증거를 이야기하는 서신들에서 복음을 전파하기 위해 특별히 위임받은 자들을 가리킨다(롬 1:1; 고전 15:7).[8] 바울은 여기서 완전한 의미로 그 용어를 사용하지는 않지만(참조. 고후 8:23), 그것은 "대통령"(president)이란 용어가 많은 공화국의 최고책임자를 가리키는 방식으로 우대를 받는 것처럼 영예로운 함축을 담고 있다.

바울은 또한 에바브로디도를 바울의 필요를 돕는 빌립보의 "사역자"('레이투르고스')라고 부른다. 이는 다시금 영예의 칭호다. 신약성경은 이 용어를 정부의 관료(롬 13:6), 하나님을 섬기는 천사들(히 1:7), 그리고 성전의 제사장(히 8:2)을 가리키는 것으로 사용한다. 바울은 이방인에 대한 그리스도 예수의 "제사장"으로서 그의 역할을 묘사하기 위해서 로마서 15:16에서 그 용어를 사용한다.[9] "사자"

6. Collange, *Philippians*, 120; 참조. Barth, *Philippians*, 88이 그리한 것처럼.
7. Hawthorne, *Philippians*, 117을 보라.
8. 이 용어를 바울이 34번 사용한 것 중에서 이런 정의에 대한 유일하게 분명한 예외가 빌 2:25과 고후 8:23에 나타난다.
9. 크랜필드(C. E. B. Cranfield)는 바울이 자기 자신을 제사장으로서가 아니라 예수를 돕는 레위인으로 언

란 용어와 마찬가지로 에바브로디도는 바울과 동일한 의미에서의 "사역자"는 아니지만, 바울은 에바브로디도에 대한 존중을 보여주기 위해서 기쁘게 그 칭호를 그에게 준다.

세 가지 다른 중요한 용어들이 에바브로디도를 묘사하기 위해서 사용된다. "형제", "동료 사역자", 그리고 "함께 군사된 자." 바울은 빌립보서에서 "형제"라는 용어를 일반적으로 신자들을 가리키기 위해서 사용한다. 심지어 그를 반대하는 사람들조차도 말이다. 하지만 아주 자주 그는 형제란 말을 애정 어린 뉘앙스로 사용하고(1:12; 3:1, 13, 17; 4:1, 8), 그것의 애정 어린 함축이 여기서도 울려 퍼진다. "함께 수고하는 자"란 용어는 복음의 대의에서 바울 곁에서 봉사하는 사람을 유사하게 가리킨다(참조. 4:3; 고후 8:23; 골 4:11; 살전 3:2; 몬 1, 24절). 드물지라도, "함께 군사된 자"는 바울과 더불어 복음에 대한 혹독한 봉사를 경험한 사람들을 의미한다(몬 2절; 참조. 딤후 2:3).

그때에 25절에서 바울은 에바브로디도를 칭찬하는 용어의 팡파르로 소개한다. 빌립보인들의 마음에 그들의 사자가 사도의 축복을 가지고 돌아가고 있음에 의심의 여지를 남기지 않는다. 그런데 이것으로 충분하지 않은 것처럼, 바울은 에바브로디도의 병이 사소한 것도 선교사역에 흔히 있는 일도 아니라고 독자들에게 설명한다. 그것이 그를 죽음에 거의 이르게 했고, 그것은 바울의 고통을 더할 수 있는 사건이 될 수 있었다(참조. 1:17). 그리고 그 일은 에바브로디도가 신실하게 그의 위임을 수행하려고 했기 때문에 발생했다(30절). 그러므로 바울은 그의 행위에 대해서 불만하여 내보내는 것이 아니라 간절함으로 내보낸다. 빌립보인들은 그가 안전하다는 사실을 알게 되어 안도할 것이고, 에바브로디도는 고향에 있게 됨으로 안위할 것이며, 바울 자신도 에바브로디도의 안위에 대해서 덜 염려하게 될 것이다(28절). 이 모든 이유 때문에 그리고 예상보다 일찍 에바브로디도를 보는 놀라움에도 불구하고, 빌립보인들은 "주 안에서 모든 기쁨으로 그를 영접"해야 한다(29절).

급하고 있다고 아마도 정확하게 제기한다. 그때에 예수가 제사장이 될 것이다. 이 논증은 약간의 장점을 지닌다. "제사장"('레이투르게인'과 '레이투르기아')과 긴밀하게 관련된 용어가 구약성경의 헬라어 번역에서 제사장과 레위의 봉사를 가리키는데 사용되었기 때문이다. 그럼에도 불구하고 바울이 어떻게 그 용어를 사용하고 있는지를 정확히 결정할 수 있을 만큼 그가 충분한 정보를 우리에게 주고 있지 않기 때문에 보다 통상적인 의미를 그것에 부여하는 것이 가장 좋아 보인다. Cranfield, *The Epistle to the Romans*, 2 vols. (Edinburgh: T. & T. Clark, 1975-79), 2:755을 보라.

모범으로서의 디모데와 에바브로디도. 바울의 다른 서신들은 (항상은 아닐지라도) 흔히 결론 근처에서 여행 계획을 논한다. 그러나 빌립보서에서 바울은 현 상황으로 그러한 논의를 앞당긴다. 디모데와 에바브로디도가 1:27과 서신의 첫 소절 이래로 바울이 암묵적으로 빌립보인들에게 촉구하고 있는 종류의 행위의 선한 모범으로 작용하기 때문이다. 빌립보인들은 그들 사이에 원망과 시비가 있었다(2:14; 4:2). 바울이 2장의 전반부에서 말하고 있는 것처럼, 이런 분쟁에 대한 치료책은 이기적인 야심과 허영을 잠재우고 연합과 겸손의 영을 배양하며 다른 이들의 관심을 먼저 두는 것이다—그리스도가 몸소 보이신 성품.

이제 2:19-30에서 바울은 디모데와 에바브로디도가 이런 태도를 어떻게 성공적으로 채택하였는지를 보여주기 위해서 그의 여행계획을 논한다. 디모데는 바울이 2:2에서 빌립보인들에게 촉구했던 연합의 영의 실제적인 의미와 목적을 이해하고 있다. 그는 빌립보인들을 위한 관심에서 바울과 하나이고, 이 하나됨은 그가 빌립보인들과 연합할 수 있게 해준다(2:20). 2:4에서 바울은 빌립보인들에게 그들 자신의 관심만을 추구하지 말고 다른 이들의 관심을 추구할 것을 고무시켰다. 디모데는 예수 그리스도의 이득을 추구하고(2:21), 이 목표는 다른 이들의 가장 좋은 이득을 추구하도록 이끈다(2:20). 그리스도 예수처럼(2:7), 그는 복음에 대한 종이 되었다(2:22).

유사하게 에바브로디도는 궁핍한 중에 있는 바울의 봉사자가 되었고(2:25), 그리스도 예수가 "죽기까지 복종하셨으니 곧 십자가에 죽으"신 것처럼 에바브로디도는 그의 위임에 대한 신실한 봉사로 거의 죽을 뻔했다(2:27, 30). 그리스도의 순종에 반응해서 하나님이 그리스도를 가장 높은 곳으로 높이신 것처럼, 에바브로디도는 기쁨과 영예로 빌립보에서 환영받아야 한다(2:29).

그러므로 디모데와 에바브로디도에 대한 바울의 논의는 단순한 "여행계획"이 아니다. 그것은 빌립보인들이 잘 알고 있는 두 동료 신자들이 어떻게 바울이 빌립보인들로 하여금 따르도록 제시하고 있는 행위의 원리를 실천하고 있는가를 보여준다. 이 두 동료들은 복음서에 함축된 윤리적인 원리가 하나님이 순종할 힘을 주시는 것 이상으로 요구하지 않는다는 실제적인 증거를 제공한다.

상황잇기

이 단락은 바울의 서신의 모든 주요한 해석적인 문제를 특별히 분명한 방식으로 제기한다. 고대의 문화적 환경에 전하고자 하는 것으로 의도된 서신이 어떻게 하나님의 영원히 유효한 말씀으로 기능할 수 있는가? 설사 우리가 이 질문에 대한 대답을 이해한다할지라도, 우리의 문화와 연대와 먼 거리가 있는 이 고대의 환경이 정확히 무엇인지를 어떻게 결정할 수 있는가? 이 단락에서 바울의 주요한 목적 중에 하나는 빌립보인들이 예상했던 것만큼 디모데가 곧바로 그들에게 가지 못하는 이유와 에바브로디도가 조만간에 가게 되는 이유를 말하는 것이다. 그러나 어쨌든 디모데와 에바브로디도는 누구이고 위에 제시한 시나리오가 정확한 것인지를 어떻게 확신할 수 있는가? 게다가 거의 잘 알려지지 않은 고대의 크리스천들의 여행이 나중에 21세기에 크리스천과 어떤 관련이 있는가? 칼 바르트는 명확하게 이 딜레마를 제시했다.

> 여기서 우리는 어떤 직접적인 "가르침"을 담고 있지 않는 단락을 갖는다. 바울은 자기 자신과 빌립보 교인들간에 관계와 교제와 관련한 순전히 인간적인 종류의 몇몇 요지를 논하고 있다. 우리가 그 상황을 알지 못한다면, 이 단락과 관련되어 의문시되고 있는 관계와 교제가 예수 그리스도의 대의와 어떤 특별한 연관이 있다고 결론짓는 것이 절대적으로 필요치는 않다고 말하는 유혹을 받게 될 것이다.[10]

특히 이와 같은 단락은 두 걸림돌을 보여주는데, 하나는 주해적이고 다른 하나는 신학적이다. 주해적인 관점에서 상세한 설명들이 없기 때문에 이 단락의 많은 것들을 이해하기는 어렵다. 바울은 빌립보인들이 그 상황에 관한 갭을 그들이 알고 있는 지식과 에바브로디도가 구두로 제공할 정보로 채울 것을 가정할 수 있었다. 물론 이 정보 중에 어느 것도 우리가 접할 수 없으므로 추측에 의존하게 하는 유혹이 강력하게 찾아온다. 그러므로 어떤 이들은 바울이 툭하면 싸우고 분열한 공동체로부터 디모데가 권위에서 저항을 받을 것임을 예상했고 또 "다소 유약한 성격" 때문에 디모데가 그의 추천을 필요로 한다는 것을 알았기 때문에 매우 디모데를 칭찬하고 있다고 말했다.[11] 다른 이는 반대편으로 말했다. 빌립보로부터의 즐

10. Barth, *Philippians*, 79.
11. Collange, *Philippians*, 116.

거운 소식에 대한 바울의 기대(19절)는 그 공동체가 전혀 분열되어 있지 않다는 것을 보여준다.[12] 또 어떤 이들은 바울이 그 서신을 썼을 때 에바브로디도가 떠나 왔던 빌립보의 친구들에 대한 향수병이 있었다고 믿는다.[13] 또 다른 이들은 에바브로디도가 "초기 기독교 연대기에서 발견할 수 있는 아주 매력적이고 영웅적인 인물 중에 한 사람"이라고 생각한다.[14] 또 어떤 이들은 에바브로디도가 바울과 함께 있는 동안에 아팠다고 믿고, 다른 이들은 그가 바울에게 가는 도중에 병에 걸렸다고 말한다.[15] 심지어 해석자들은 가끔 병의 특징을 제기하기도 한다.[16]

우리가 이 단락을 바울의 세계에서 우리의 세계로 가져오고자 할 때, 이 단락을 의미 있게 하는데 있어서 필요한 추측의 양을 최소한으로 줄여 이해하는 것이 현명한 것으로 보인다. 만약 우리가 이 방도를 따르지 않는다면, 우리가 이 단락에서 가져오는 적용의 요지는 그것이 기반하고 있는 추측처럼 단명할 것이다.

우리는 디모데와 에바브로디도가 바울과 그의 교회를 둘러싼 동료 사역자와 사자들의 복합적인 조직의 작은 부분을 대변하고 있다고 확실하게 말할 수 있다.[17] 동역자들은 사도의 노력을 확장하는 수단으로서 선교 사역에서 그를 항상 수반했던 것으로 보인다. 그러므로 디모데는 데살로니가로 파송되어 그 교회를 "강화시키고 격려하며" "믿음을 다질 수" 있었다(살전 2:2-5). 그는 또한 바울의 충분한 권위를 가지고 고린도를 방문하여 그리스도 예수 안에서 바울의 삶의 방식을 고린도인들에게 상기시킬 수 있었다(고전 4:17). 디도와 두기고는 상당히 동일한 방식으로 분명히 기능했다(고후 8:16, 24; 12:18; 엡 6:21-22; 골 4:7; 딤후 4:12; 딛 3:12).[18]

또한 바울은 지도자로서 각 교회에 남아 있을, 특정한 교회들로부터 협력자들을 모집했다. 그는 기독교적인 믿음과 윤리에 기초해서 그들을 분명히 가르쳤고

---

12. Caird, *Paul's Letters From Prison*, 128.
13. Bonnard, *Philippiens*, 57.
14. Michael, *Philippians*, 118.
15. 첫 번째 주장에 대해서는 Martin, *Philippians*, 121을 보고, 두 번째 주장에 대해서는 Bruce, *Philippians*, 71을 보라.
16. Martin, *Philippians*, 121은 그 병이 정신적인 혼란에 의해 야기되었거나 수반되었으며, 바울과 같이 감옥에 있음으로 인해 발생했다고 주장한다. Barclay, *The Letters to the Philippians, Colossians, and Thessalonians*, 49은 에바브로디도가 "전염병처럼 그 도시를 가끔 휩쓸었던 악명 높은 로마의 열병"에 걸렸다고 주장한다.
17. E. E. Ellis, "Coworkers, Paul and His," *Dictionary of Paul and His Letters*, ed. Gerald F. Hawthorne, Ralph P. Martin, and Daniel G. Reid(Downers Grove, Ill.: InterVarsity Press, 1993), 183-88.
18. Ibid., 187.

(살후 3:6-11; 참조. 고전 4:17b; 빌 3:17), 그의 교회들에 그들의 권위에 복종할 것을 촉구했다(갈 6:6; 살전 5:12-13). 빌립보에서 유오디아, 순두게, 글레멘트, 익명의 "같이 멍에를 한자"와 에바브로디도(2:25; 4:2-23)는 이런 특별한 협력자들 중에 속한다. 아마도 그들은 1:1의 "감독과 집사"였을 것이다.

그때에 디모데와 에바브로디도는 다양한 감독교회와 장로 교단에서 사제와 사역자들이 주교와 장로회의 권위 아래 있는 것과 동일한 방식으로 상당히 바울의 사도적 권위 아래 있었다. 로마 가톨릭의 주교나 정통교회의 대주교가 재량으로 사제를 관구에서 이동시키고 새로운 관구로 보내는 것처럼, 노회나 총회가 어떤 사역자가 관할 하에 있는 교회에서 봉사하지 못하게 할 수 있는 것처럼, 바울은 디모데를 그와 함께 있게 하고, 그가 가장 좋다고 생각할 때 예상했던 것보다 더 일찍 에바브로디도를 돌려보낼 수 있었다.[19]

그러나 우리가 이 모든 것을 이해한다할지라도 이 단락이 오늘날 우리에게 많은 것을 말할 수 있는지를 의문할 수 있을 것이다. 빌립보인들은 디모데와 에바브로디도를 알고 있었지만 우리는 그렇지 못하다. 이 두 신자들은 바울이 2:1-4에서 배양하기 위해 빌립보인들을 권면했던 자질의 모범으로 기능할 수 있었을 것이고, 빌립보인들은 알고 있는 친구들이 바울이 필요하다고 생각했던 것을 잘 하고 있다는 소식을 듣는 것에 감동했을 것이지만, 그것이 우리에게 도움이 될 수 있는가? 우리는 이 단락에서 2:1-4에서 자질의 목록을 반복하는 것 이상의 어떤 것을 엿볼 수 있는가?

우리가 이 단락이 직접적으로 말하는 것보다 더 많은 것을 함축하고 있음을 곰곰이 생각한다면, 그것은 신학적으로 우리에게 말할 많은 것을 갖고 있다. 이 단락을 통해서 에바브로디도의 발밑에 도로처럼 풍부한 신학적인 배후 의미가 흐르고 있다. 이 배후 의미는 복음에 대한 바울의 이해와 일상적인 존재 사이에 직접적인 연결을 함축한다. 그의 신학은 목회적인 상황 속에서 이해되고, 문맥과의 연관을 담고 있다. 믿음의 진술과 고백이 점차적으로 강렬한 논쟁의 대상이 되어 있는 신학적인 세계에서, 관념적이고, 여전히 믿는 사람들에게 복음이 무엇을 요구하는지에 대해서 분명하지 않은 것을 정확하게 교정할 수 있음을 우리는 기억해야 한다. 바울과 야고보에게서 행함이 없는 믿음은 죽은 것이고 사랑이 없는 지식은 아무것도 아니었다.[20]

---

19. Witherington, *Friendship and Finances in Philippi*, 126, 168 n. 19을 보라.

이것은 세심하게 사려된 신학이 중요하지 않다는 것을 말하고 있지 않다—바울은 분명하게 그것을 가졌고, 만약 목회적인 필요가 그렇게 할 것을 요구했다면, 그는 조직적인 형태로 그것을 썼을 것이다. 하지만 바울은 요구되고 있는 행동을 제거한 신학은 왜곡되고 부적절하다는 것을 이해했다. 20세기의 가장 영향력 있는 조직신학자 중에 한 사람인 칼 바르트는 이와 관련하여 이렇게 말했다.

> 인간이 이 사상들을 생각할 수 있을 뿐 아니라 그것이 참되고 필요한 사상이기 때문에 끊임없이 그 그늘에 거하고 구체적인 결정에서 그것들로부터 떠날 수 없다는 것은 아이러니다.[21]

이 단락은 역시 2:1-4에서 특히 언급되지는 않았지만, 바울이 이 두 신자들을 모방의 보넬로 세시했다면, 그럼에도 불구하고 주목해야 할 중요한 디모데와 에바브로디도의 공통된 특징을 조명하고 있다. 디모데와 에바브로디도는 고난에 직면해서도 부여된 의무에 충실하였다. "하지만 디모데가 자신을 입증한 것을 너희가 아나니"("디모데의 연단을 너희가 아나니"—개역개정)라는 어구를 "그가 입증한 가치를 너희가 아나니"라고 더욱 문자적으로 번역할 수 있었다. "입증한 가치"란 어구는 고난에도 불구하고 신실하였던 사람들의 "특징"을 가리키는 헬라어('도키메')를 해석한 것이다. 로마서 5:4에 따르면 그것은 인내에서 기인하고 하나님이 실망하지 않으실 종말론적인 소망을 낳는 자질이다. 디모데는 확실히 그것을 가졌다. 디모데는 바울과 함께 있었고, 바울이 2차선교여행에서 처음 그를 동역자로 모집했던 때부터(행 16:1-3) 바울의 죽음 이후에 그가 역사에서 사라진 시기까지(히 13:23) 복음으로 서 있었다.

에바브로디도는 역시 그러했다. 우리가 그에 관해서 이 짤막한 단락과 4:18에서만 알 수 있을지라도, 복음의 일에서 바울을 돕기 위해 생명을 무릅쓴 그의 의지는 그가 디모데의 전통에 서 있음을 보여준다. 바울은 빌립보인들에게 "그와 같이 영예로운 사람들"("이와 같은 자들을 존귀히 여기라"—개역개정)이라고 말할 때, 이 자질의 가치를 분명히 지적한다. 우리가 현대 교회에 이 단락을 가져올 때, 이런 강조를 간과하지 말아야 한다.

---

20. 고전 8:1-11:1과 약 2:14-26을 보라.
21. Barth, *Philippians*, 80.

이 단락은 바울이 신학적인 확신을 미묘하게 사람간에 일어나는 문제에서 행동으로 바꾸는 방식을 보여주고, 바울의 모범을 따르도록 독자들에게 조언하는 서신(3:17; 4:19)의 이런 상황에서 그의 행동으로부터 배우는 것은 부적절한 것이 아니다. 첫째로 바울이 빌립보인들이 행할 것을 요청했던 것과 빌립보인들이 디모데와 에바브로디도가 역시 행하는 것을 보기를 의도했던 것을 그가 행하고 있음을 우리는 주목해야 한다—바울은 자기보다 다른 이들의 이득을 먼저 두었다. 바울은 디모데와 에바브로디도의 도움을 활용할 수 있었다. 에바브로디도는 빌립보로부터 재정적인 도움을 바울에게 주기 위해서만이 아니라 빌립보 교인들이 할 수 없는 방식으로 바울의 필요를 돕기 위해서 위임을 받았었다. 그러므로 바울은 에바브로디도가 그와 함께 머물 것을 주장할 수 있었지만, 에바브로디도가 고향 사람들을 염려하고 사모함으로 그를 돌려보냈을 뿐 아니라 그를 강력하게 칭찬하는 말을 아끼지 않았다. 이것이 유오디아와 순두게 사이에서 바울이 보기를 원했던 종류의 존중이고(4:2), 전체 회중이 그들의 동료 신자들을 위해 보여야 하는 종류의 존중이다(2:14). 그것은 분명히 현대의 크리스천들, 특히 바울처럼 다른 이들에 대해서 권위를 갖는 교회 내의 사람들을 특징지어야 하는 자기희생의 특성이다.

둘째로 바울이 디모데를 보내고 빌립보를 몸소 방문할 계획을 말하는 방식은 신학적으로 의미가 있다. 19절과 24절에서 그는 자신이 "주(예수) 안에서" 이런 여행 계획을 만들었다고 말한다. 그는 이것으로 자신이 디모데를 보내고 몸소 방문할 것을 계획하고 있을지라도, 주 예수가 다른 방향으로 그를 보낼 수 있음을 의미할 것이다.[22] 이런 일은 바울의 선교 사역에서 자주 발생했다. 하나님은 바울이 본래 다른 곳에서 사역하려는 계획을 갖고 있었음에도 불구하고, 그를 빌립보로 가도록 지시하셨다(행 16:6-10). 바울은 에베소에서 마게도냐로 가는 여행에서 고린도를 두 번 방문할 것을 약속했지만, 첫 방문에서 고린도의 회중이 그를 경시함으로 재차 방문하지 않았다(고후 1:12-2:1; 참조. 고전 16:7). 그는 로마를 방문하기를 자주 바랐지만, 하나님이 지시하시는 동방에서의 봉사로 인해 그렇게 하지 못했다(롬 1:11; 15:23). 바울이 그리스도 예수의 종이었기 때문에(1:1), 그의 여행 계획은 그의 것이 아니었고, 주님의 명령 하에서 "주 안에서" 이루어졌다.

셋째로 고난에 대한 바울의 이해가 이 단락에서 명확하다. 바울은 빌립보인들

---

22. O'Brien, *Philippians*, 317, 327에서 이 어구에 관한 철저한 논의를 보라.

에게 만약 에바브로디도가 죽었다면 그가 "근심 위에 근심"을 경험했을 것이라고 말한다. 주석가들은 에바브로디도의 죽음이 강화시켰을 근심의 정확한 원인에 대해서 서로 다르게 주장한다. 그것은 친구의 병에 대한 바울의 근심이었는가? 그의 믿는 대적자들이 감옥에 있는 그에게 야기했던 근심인가? 아니면 감옥 자체에 대한 근심이었는가?[23] 그 원인을 확실하게 할 수는 없지만, 그럼에도 불구하고 고난 가운데서 바울의 기쁨의 태도는 슬픔의 정당한 감정을 배제시키지 않았다는 것은 확실하다. 에바브로디도를 보는 빌립보인들의 기쁨과 친구의 안위에 대한 안도가 바울에게 "덜 염려"를 하게 할 것이지만(보다 문자적으로는 "덜한 근심"), 그는 전적으로 근심의 감정이 없는 것은 아니다.[24]

그러므로 복음이 진전될 때 바울이 경험하는 기쁨은 고통과 고난을 간과하는 입심 좋은 행복이 아니라 인간의 고통 가운데서도 하나님의 목적을 번성하게 하시는 하나님의 능력에 대한 성숙한 이해다. 신자들은 그러한 고통에 대해서 슬퍼할 수 있으나, 바울이 다른 곳에서 말한 것처럼 "소망이 없는 사람들처럼 슬퍼해서는 안 된다"(살전 4:13). 이런 소망의 근심은 크리스천의 기쁨의 범주 내에 해당한다.

요컨대, 이 단락은 바울의 신학이 일상생활에서 살아가는 삶을 위한 신학이라는 것을 우리에게 상기시킨다. 그는 신학적인 확신과 행동 간에 건강치 못한 갭이 없이 정교하게 서로 엮여 있었다. 이 사실을 디모데와 에바브로디도가 예수 그리스도의 이득, 그러므로 다른 이들의 이득을 먼저 두는 것을 모범적으로 보여주었던 방식과 바울이 에바브로디도의 이득을 먼저 두고, 주님의 인도에 자신의 계획을 부수시키며, 기쁨에 관한 서신의 강조에도 불구하고 인간의 고통에 대한 슬픔을 정당화하는 방식에서 알 수 있다.

현대적 의미

아마도 교회가 그 가르침에 지적인 동의를 주고 예전의 형식을 통해 나아가지만, 복음으로 그들의 영혼을 깊이 침잠시키지 못하고 그들의 삶을 변화시키지 않는 성직자와 평신도의 오염들에서 자유로웠던 것은 박해의 시기 동안일 것이다. 오늘날 교회와 거의 연관을 갖지 않고, 죄로 물든 문화의 수용에 대해서

23. Meyer, *The Epistles to the Philippians and Colossians, and to Philemon*, 102-3에서 선택들에 관한 논의를 보라.

24. Ibid., 102.

무관심한 좌익적인 교단의 대학과 세미나들에서 전문적인 신학자들이 있다. 그들은 모든 사람들이 정확히 동일한 신조를 고백하는데 아주 관심이 있는 보수적인 기독교 제도에 대한 반작용을 갖고 있다. 즉 그들은 옛 바리새인들처럼 "내가 긍휼을 원하고 제사를 원치 아니하노라 하신 뜻이 무엇인지 배울"(마 9:13; 참조. 12:7; 호 6:6) 필요가 있는 아주 보수적인 기독교인들과 대응을 이룬다.[25] 어떤 복음 사역자들은 하나님의 말씀을 강대상에서 멋지게 설교하지만, 설교를 준비하는 시간을 떠나서 목회적인 봉사의 일상적인 문제(아픈 자를 돌보고, 궁핍한 자를 도우며, 낙심한 자에게 용기를 주는 것 등)에 많은 시간을 주는 것을 거부한다. 많은 평신도들이 교회의 예배에 출석하고, 교리문답, 신조, 예전, 그리고 성경의 어떤 항목들을 암송할 수 있지만 기독교적인 헌신을 주장하지 않는 주변 사람들과 별반 다르지 않은 일상생활을 영위한다. 어쨌든 기독교 교리에 대한 동의가 기독교적인 행위에 대한 헌신에서 이 모든 경우에 분리되어 있다.

행동과 믿음의 심리학적으로 그리고 영적으로 건강치 못한 분리에 반해서 빌립보서 2:19-30은 디모데, 에바브로디도, 그리고 바울의 모범을 제기한다. 복음에 대한 헌신 때문에 바울과 디모데는 종의 역할을 취했고(2:22; 참조. 1:1), 둘 다 그들 자신의 이득보다 빌립보인들의 영적인 복리를 우선해서 두었다(2:20). 마찬가지로 에바브로디도는 사도적 소명을 이루기를 추구하는 바울을 돕기 위해서 자신의 생명을 잃을 정도로 헌신했다(2:30). 디모데, 에바브로디도, 그리고 바울은 크리스천의 헌신이 생명을 발견하기 위해서 생명을 잃는 것이 의미하는 바를 이해했다. 그들은 그들의 전 세계를 상실하면서 생명을 얻는 일에 헌신했다. 예수가 끊임없이 다양한 방식으로 말씀하신 것처럼, 복음에 대한 분열된 헌신은 사실상 전혀 헌신이 아니다.[26]

복음에 대한 변치 않는 헌신을 표현할 수 있는 가장 중요한 방식 중에 하나는 디모데가 예증하는 것처럼 복음과 그 요구에 대해서 신실한 것이다. 그러한 신실함이 때로 고난을 요구할지라도 말이다. 디모데의 용기는 복음의 진전을 위해서 바울과 함께 종으로 수고한 오랜 시간을 통해 검증되었고, 바울과 빌립보인들은

---

25. 어떤 "주요한" 교단의 신학교들에서 신학 교육의 상태에 관한 언급은 Thomas Oden, *Requiem: A Lament in Three Movements*(Nashville, Tenn.: Abingdon, 1995), 40-41을 보라. 보수적인 측면에 관한 Scot McKnight, "The Nature of the Bodily Resurrection: A Debatable Issue," *Journal of the Evangelical Theological Society* 33(1990): 379-82의 불평을 보라.

26. 예를 들어, 마 6:24; 눅 9:24; 14:26, 31-33; 16:13을 보라.

이 자질을 높이 평가했다(2:22)—그것이 우리가 하나님의 백성들에 속해 있다는 확신을 낳고, 마지막 날에 하나님 앞에서 방면될 수 있기 때문에 중요한 자질이다(롬 5:4).

그러나 그것은 서방 특히 미국인들의 문화가 곧바로 강화시킬 수 있는 자질이 아니다. 이것은 미국에서 이혼에 관해 잘 알려진 통계에서 가장 분명하게 알 수 있다. 결혼하는 많은 이들이 "풍족할 때나 부족할 때나 기쁠 때 슬플 때나 아플 때나 건강할 때나 둘이 생명을 갖고 살아가는 한, 사랑하고 신실한 남편이나 아내"가 되겠다는 전통적인 서약과 유사한 것을 약속할지라도 미국인들은 놀라운 빈도로 이혼한다. 1989년에 나온 연구 보고서는 모든 결혼한 사람들의 50-60퍼센트가 이혼으로 끝날 것이며, 모든 자녀들의 절반 이상이 2000년경에는 배다른 자녀들이 될 것이라고 예언했다.[27] 사회 과학자들 중에 이혼은 규범에서 일탈된 것으로 간주하거나 바람직하지 않은 것으로 간주되지 않고, "정상적인 가정생활의 주기 속에 있는 하나의 길"로 자주 간주한다.[28] 다른 이들에게 불신실한 것은 결국에 자기 자신에게 충실한 개념으로 대체되었다.

그러한 분위기의 넓은 문화에서 크리스천이 고난에도 불구하고 복음에 대한 헌신에 충실하라는 것에 많은 격려를 받을 것 같지 않다. 어떤 이가 봉사에서 "종"이 되거나 더 높은 소명을 이루기 위해서 건강의 위험을 무릅쓴다는 개념은 예외적으로 심지어 비정상적으로 보인다. 하지만 바울이 이 단락에서 빌립보의 독자들과 우리들에게 깊이 존중을 보이라고 요청한 것은 바로 그러한 사람들이다(2:28). 실로 이 단락에서 디모데와 에바브로디도의 모범적인 기능은 바울이 모든 그의 독자들이 신자들이기 때문에 디모데와 에바브로디도의 헌신을 규범으로 간주하고, "예수 그리스도의 이득이 아니라 자기 자신의 이득"을 바라보는 사람들의 길을 따르지 말 것을 소망하고 있음을 보여준다(2:21).

복음에 대한 완전한 헌신과 신실의 이런 차원은 바울처럼 우리의 계획이 주님의 주권적인 제어에 복종할 필요가 있다는 것을 의미한다. 예수는 십자가의 죽음을 겪기를 원치 않으셨을지라도 하나님의 뜻을 따라 십자가상에서의 죽음으로 복종하셨다(마 26:39; 막 14:36; 눅 22:42; 빌 2:8). 바울은 비두니아(행 16:7)에

27. Bryan Strong and Christine DeVault, *The Marriage and Family Experience*, 5th ed. (St. Paul: West Publishing Company, 1992), 508.

28. Ibid., 509; 참조. Russell Chandler, *Racing Toward 2001: The Forces Shaping America's Religious Future*(Grand Rapids: Zondervan, 1992), 98.

서 복음을 전파하고 로마 교회를 방문하기를 원했지만(롬 1:13), 다른 곳으로 가라는 하나님의 뜻에 복종했다(행 16:7-10; 롬 15:23). 바울은 역시 빌립보를 방문하기를 원했고 그가 그렇게 할 수 있을 것이라고 확신하였을지라도, 그의 계획을 주님의 제어하심에 복종해야 한다는 것을 알고 있었다(빌 2:24).

시대를 통해서 크리스천들은 자신들의 계획에 대한 유사하게 거룩한 간섭을 경험했다. 1939년 6월에 디트리히 본훼퍼는 자신이 미국을 방문한다면, 투쟁하고 있는 '고백교회'(Confessing Church)—아돌프 히틀러와 타협하기를 거부했던 독일의 기독교 그룹—의 대의를 도울 수 있다고 믿었다. 그러한 방문이 고백교회와 독일 바깥의 기독교인들 사이에 영적인 유대를 제공할 수 있고, 또 그가 악하다고 생각했던 일에서 그의 나라의 불가피한 군사적 의무를 갖는 것을 피할 수 있으리라고 생각했다.

본훼퍼는 미국에서 교회와 관련한 다양한 형태의 일을 할 수 있는 몇 가지 초청을 받았다. 그 중에 하나는 히틀러의 제3제국으로부터의 독일 피난민들과 일하는 것이었다. 그러한 초청은 정부의 검열을 통과해야 했기에 위장된 방식으로 전달되었고, 본훼퍼는 그것을 오해했다. 텔레그람(전보)은 신학적인 강연을 하고, 대학교의 여름 집회를 갖는 것에 관해서 말했지만 그것을 보냈던 사람들의 의도는 본훼퍼가 적어도 3년 동안 독일 피난민들을 위해 일해야 한다는 것이었다. 본훼퍼가 뉴욕에 도착해서 초청의 본질을 알았을 때, 그는 위기에 직면했다. 그가 독일에서 뒤에 남기고 떠나온 고백교회는 나찌의 이상에 교회를 부합하게 하려는 히틀러의 노력에 맞서 투쟁하고 있는 동안에, 그가 미국에 남아 있어야 하는가 또는 황량한 개인의 장래에 직면할 수 있는 독일로 되돌아가야 하는가? 많은 선한 이유들이 미국에 남아 있을 것을 제시했지만 그는 돌아갈 것을 선택했다. 그는 라인홀드 니버에게 보낸 편지에서 독일의 크리스천 공동체가 그들 나라의 승리냐 문명의 파괴냐, 또는 문명의 생존이냐 그들 나라의 패배냐의 끔직한 대안을 곧바로 직면할 것이라고 설명했다. 그는 이미 자신의 선택을 알고 있었지만, 다른 나라의 안전한 피난처에서 그런 결정을 할 수 없었다고 설명했다.[29]

본훼퍼는 어려운 선택을 했다—미국에 있는 그의 친구들이 실망하고 놀라워했

---

29. Eberhard Bethge, *Dietrich Bonhoeffer: Man of Vision, Man of Courage*, trans. Edwin Robertson(New York: Harper & Row, 1970), 559을 보라. 본훼퍼의 삶에서 이런 중요한 시기에 관한 설명이 554-59에 나온다.

을 선택. 그것이 복음의 진전이 요구했던 선택임을 알고 있었기 때문이다. 그는 아마도 그의 신학을 따라 살았던 현대 시대의 탁월한 모범적인 신학자일 것이다. 그는 하나님이 원하시는 분명한 방향으로 반응하기 위해서 세상이 그를 위해 그려놓은 현저한 과정을 가지 않았다. 예수를 따름으로써 그는 그의 생명을 잃었고, 그 생명을 잃음으로써 그는 생명을 다시 얻었다.[30]

30. 본훼퍼의 딜레마를 이전에 동유럽의 공산주의 국가들에서 유명한 기독교인들이 자주 겪었다. 그들의 증거가 사람의 눈을 끌었을 때, 당국자들은 그들을 자주 감옥에 가두었지만 그들이 양심을 꺾기를 거부함으로 곤혹스럽게 되었다. 따라서 이런 딜레마에 대한 유일한 해결책은 이 구금자들에게 나라를 떠나도록 기회를 주는 것이었다. 하지만 그런 제안을 받은 사람들이 자주 그냥 그곳에 머물 것을 신택했다. Barbara von der Heydt, *Candles Behind the Wall: Heroes of the Peaceful Revolution That Shattered Communism*(Grand Rapids: Eerdmans, 1993)을 보라.

빌립보서 3:1-11

1 끝으로 나의 형제들아 주 안에서 기뻐하라
너희에게 같은 말을 쓰는 것이 내게는 수고
로움이 없고 너희에게는 안전하니라
2 개들을 삼가고 행악하는 자들을 삼가고 몸을
상해하는 일을 삼가라
3 하나님의 성령으로 봉사하며 그리스도 예수
로 자랑하고 육체를 신뢰하지 아니하는 우리
가 곧 할례파라
4 그러나 나도 육체를 신뢰할 만하며 만일 누
구든지 다른 이가 육체를 신뢰할 것이 있는
줄로 생각하면 나는 더욱 그러하리니
5 나는 팔일 만에 할례를 받고 이스라엘 족속
이요 베냐민 지파요 히브리인 중의 히브리인
이요 율법으로는 바리새인이요
6 열심으로는 교회를 박해하고 율법의 의로는
흠이 없는 자라
7 그러나 무엇이든지 내게 유익하던 것을 내가
그리스도를 위하여 다 해로 여길뿐더러
8 또한 모든 것을 해로 여김은 내 주 그리스도
예수를 아는 지식이 가장 고상하기 때문이라
내가 그를 위하여 모든 것을 잃어버리고 배
설물로 여김은 그리스도를 얻고
9 그 안에서 발견되려 함이니 내가 가진 의는
율법에서 난 것이 아니요 오직 그리스도를
믿음으로 말미암은 것이니 곧 믿음으로 하나
님께로부터 난 의라
10 내가 그리스도와 그 부활의 권능과 그 고난
에 참여함을 알고자 하여 그의 죽으심을 본
받아
11 어떻게 해서든지 죽은 자 가운데서 부활에
이르려 하노니

원 의미

3:1-11에서 바울은 신약신학의 가장 심오한 주제에 관한 논의로 들어간다. 이 단락은 아주 칭송할 만한 인간의 특권과 성취조차도 마지막 심판에서 방면되기 위한 하나님의 요건에 부족하며, 하나님이 이런 곤경에서 사람들을 구하실 수 있는 수단을 제공하셨다는 개념에 초점을 맞춘다. 바울의 디모데와 에바브로디도에 대한 부수적인 기사가 깊은 신학을 결여하고 있지 않았던 것처럼, 이 깊이 신학적인 단락은 바울의 교회에서 거짓교사들에 대한 그의 경험과 연관된 실제적인 이유들을 위해 작성되었다. 바울의 신학적인 확신의 저장소와 그의 교회들의 실제적인 필요들 간에 상호작용을 이해하는 것은 2:19-30에서만큼 이 단락에서도 역시 중요하다.

이 주석의 서론에서 논의하였던 문제들을 간략하게 개관하면, 3:1-11은 갈라디아 교회에 침투했던 자들과 같이 유대화된 선교사들이 빌립보로 들어올 것이라는 바울의 우려에서 발생한다. 그런 자들의 "복음"은 구원을 위해 그리스도를 믿는 것에 관한 견해와 하나님의 백성들에 속하기를 원하는 모든 사람들은 유대 율법의 멍에를 수용해야 한다는 개념과 혼합되어 있었다. 그들이 보기에 이방인 신자들은 구원받기 위해서 유대인이 되어야 했다. 이런 신학적 위험성에 대해서 빌립보의 사랑하는 형제와 자매들을 경각시키는 바울의 강력한 바람이 3:2에서 서신의 논조의 변화를 설명해준다. 빌립보인들만큼이나 유쾌한 서신에서는 놀라울지라도, 이런 변화는 1:17과 2:21의 직설적인 용어와 궤를 같이 한다.

바울의 경고를 네 부분으로 나눌 수 있다. 첫 부분(1절)은 2:19-30에서 여행 계획에 관한 바울의 논의 이후에 새로운 항목으로의 전환과 2:12-18과의 연결을 제공한다. 두 번째 세 번째 부분은 유대화된 사람의 진정한 본질을 드러내는데, 그들의.방식과 메시지를 크리스천의 특징과 대조시키고(2-4a), 그들의 신학적인 환신과 기독교인이 되기 이전에 바울의 확신과 비교한다(4b-6절). 네 번째 부분은 바울이 복음에 복종했을 때 그의 신학적 확신에서 발생했던 커다란 역전을 묘사하고, 그것은 암묵적으로 육체에 대한 신뢰와 그리스도에 대한 믿음의 부조화를 보여준다(7-11절).

서신의 논증의 이음매(3:1). 바울은 그의 서신의 이 새로운 항목을 "주 안에서 기뻐하라"(3:1)라는 교훈으로 도입한다. 이 명령은 2:19-30에서 디모데와 에바브로디도에 대한 바울의 논의와 그 논증 이전에 1:27-2:18의 논증과 3:2-4:1의 자료를 연결시키는 실마리로 기능한다. 그것이 싸우기를 좋아하는 영에 굴복하기보다 믿음의 인내를 유지하는 것이거나 복음을 위해 생명을 잃을 뻔했던 에바브로디도의 헌신을 인식하는 것이든지 간에, 이전의 두 항목들은 고난의 와중에서도 기쁨의 태도를 취하라는 교훈으로 결론을 맺었다(2:18, 29). 3:2-4:1에서 바울은 장래에 빌립보 공동체가 직면할 수 있는 교리적인 곤란을 묘사한다. 이런 시련 속에서도 역시 바울은 빌립보인들이 기쁨의 태도를 유지하기를 바란다.

그러나 처음으로 여기서 바울은 "주 안에서"라는 수식어로 기뻐하라는 교훈을 추가한다. 이 어구는 빌립보인들의 기쁨에 대한 근거를 묘사한다: 그들이 그리스도와 연합해 있기 때문에 기뻐한다. 더욱 그럴듯한 것은 그것이 의로운 자들에게 "주 안에서 기뻐하고 감사하라"(시 32:11)와 "주님에게 기쁨으로 노래하라"고 교훈하는 시편의 용어를 반영하고 있다는 것이다(33:1). 이 두 경우에 시편기자는 주님이 그들을 위해 행하심에 대해서 그를 찬양할 것을 예배 공동체에 촉구한다. 이것이 역시 바울의 교훈의 의도일 것이다.[1]

이런 전환적인 언급을 한 후에 바울은 뒤이어지는 경고를 발하는 이유를 진술한다. 그가 전에 빌립보인들에게 말했던 정보를 반복하고 있을지라도, "확실하게" 그 중요성을 강조하기를 원한다. 그때에 그의 목적은 그들의 믿음의 터가 틈과 약점에서 자유롭게 되어 복음으로 다른 교회들을 위해 헌신하는 것으로 발전하는 것을 보는 것이다.

거짓된 할례와 참된 할례(3:2-4a). 바울의 경고의 첫 번째 단계는 유대화된 사람들을 진정한 신자와 비교하는 것이다. 그의 용어의 의미는 영어로 복제하기에는 거의 불가능하고 또 그가 말하고 있는 거슬림이 일반적이지 않기 때문에 대부분의 영어 번역에서는 그것이 상실된다. 우리는 본래의 수사와 긴급성을 "똥개를 조심하라! 범죄자를 조심하라! 칼을 조심하라!"는 번역으로 거의 포착할 수 있다.

바울은 원치 않는 곳으로 침입하는 개들처럼(참조. 시 59:14-15), 그의 대적자들이 바울의 교회에 어슬렁거리고 있기 때문에(참조. 갈 2:5) 그들을 "개들"로 부른다.[2] 그들은 "악을 행하는 사람들"이다. 진정한 복음의 선교사들과 달리 그들은 악한 의도로 일하기 때문이다(참조. 고후 11:13). 그들은 "몸을 상해하는 자들"이다. 그들의 확신은 할례, 즉 예수 그리스도로 말미암은 하나님의 은혜로운 역사보다는 육체에 행해지는 물리적인 행위에 있기 때문이다(참조. 갈 5:12).[3]

다른 한편으로 바울은 신자들이 진정한 "할례파"에 속한다고 말한다. 대명사 "우리"에 대한 사용은 이 그룹에 바울 자신과 빌립보인들이 동시에 포함된다는 것을 보여준다. 물론 바울은 할례 받은 유대인이고(참조. 5절), 빌립보 교회는 물리적으로 할례를 받지 않은 이방인으로 주로 구성되어 있었다. 그들 사이에 공통된 토대는 복음에 대한 헌신이다. 신자로서 바울은 그들이 하나님의 참된 백성, 즉 참된 할례파에 속한다고 말한다.

바울은 이런 주장을 어떻게 할 수 있었는가? 구약성경은 육체적인 특징보다 인

---

1. Bruce, *Philippians*, 76; O'Brien, *Philippians*, 350.
2. 참조. Robert Jewett, "The Epistolary Thanksgiving and the Integrity of Philippians," *Novum Testamentum* 12(1970): 40-53(특히 44).
3. 헬라어 본문은 언어유희를 보여줌으로 사실상 영어로 번역하기가 불가능하다. "몸을 상해하는 일"이란 어구는 '카타토메'를 번역하고 있고 "할례"란 용어는 '페리토메'를 번역하고 있다. 두 용어 간의 유일한 차이는 전치사어구다. 하나는 '카타'이고 다른 하나는 '페리'다.

간의 마음이 하나님의 진정한 관심이라는 것을 인식하고(삼상 16:7), 때로 구체적으로 할례에 이 원리를 적용한다. 육체적인 할례는 그것을 행한 사람들을 이스라엘의 구성원, 즉 하나님의 선택된 백성과 동일시하는 눈에 보이는 특징이었다(창 17장). 그러나 때로 이스라엘 백성들은 육체적인 특징의 소유를 과신하여 그들의 마음이 다른 신들을 쫓을지라도 그들의 선택이 확실하다고 느꼈다. 이 경우에 구약성경의 저자들은 이 육체적인 의식은 더 깊은 헌신의 단지 상징이 되어야 한다고 상기시켰다. 그들은 이 헌신을 "마음의 할례"로 불렀고, 그들이 하나님께 헌신할 수 있도록 하나님이 그의 백성들의 마음에 이 행위를 비유적으로 행하실 때를 고대하였다(렘 4:4; 참조. 6:10; 9:25; 신 10:16; 30:6). 3절에서 바울의 요지는 이때가 도달했고, '마음'의 할례가 새로운 시대에 하나님의 백성들의 허입에 가장 중요한 자격이기 때문에 육체적인 할례는 무관하다는 것이다(참조. 롬 2:25-29; 고전 7:19; 갈 5:6; 6:15; 엡 2:11; 골 2:11).[4]

하나님의 새로이 형성된 백성들은 세 가지 특징을 보여준다고 바울은 말한다. 그들은 "성령으로 예배하고", "그리스도를 높이며"("그리스도 예수로 자랑하고"—개역개정), "육체에 확신을 두지 않는다"("육체를 신뢰하지 않는다"—개역개정). 전적으로 유대인이었던 초기 예루살렘 교회는 그들 사이에 성령이 임함으로써 하나님이 할례 받지 않은 이방인 신자들도 그의 백성들 안에 포함시켰다는 것을 인식하게 되었다(행 10:44-48; 11:15-17; 15:7-9). 유사하게 사람들이 할례를 받을 때까지 하나님의 백성의 일원이 될 수 없다고 주장했던 유대화된 사람들의 영향에 갈라디아서의 이방인 신자들이 흔들렸을 때, 바울은 그들 사이에 성령의 임재는 그들이 이미 하나님의 백성들의 지체이며 부가적인 자격이 필요치 않은 논쟁할 수 없는 증거임을 갈라디아인들에게 상기시켰다(갈 3:1-5). 그러므로 여기서 바울은 할례 받은 신자와 할례 받지 않은 신자의 예배하는 공동체에서 성령의 역사를 참된 할례와 동일시한다.

참된 할례의 다음 두 특징들은 서로 연관이 있다. 참으로 할례 받은 우리들은 "그리스도 예수를 높이며" "육체를 신뢰하지 않는다"고 바울은 말한다. "높이다"('카우카오마이', "자랑하다"—개역개정)란 바울의 용어는 "자랑하다"를 의미할 수 있고, 밀접하게 관련된 두 다른 용어들('카우케마'와 '카우케시스')은 확신의

4. 그러나 바울은 육체적인 할례가 유대 크리스천들을 위해 가치가 있을 수 있음을 믿었다. 아브라함처럼 그들이 이 의식을 "믿음으로" 오는 "의의 표지"(롬 4:11)로서 간주한다면 말이다.

근거를 나타나기 위해서 그의 서신에서 자주 사용된다. 예를 들어, 고린도후서에서 바울은 고린도 교회에 침투해서 바울을 반대하고 있는 거짓 선지자들이 "그들 자신을 천거하지만" 이와는 대조적으로 바울은 이런 식으로 "자랑하지" 않는다고 말한다(고후 10:12-13). 유사하게 로마서에서 바울은 율법의 소유나 행위에 기초해서 유대인들이 마지막 날의 심판에서 면제될 것을 주장할 수 없다는 논증을 "자랑"이 배제되는 진술로 결론을 맺는다(롬 3:27). 로마서 1:18-3:26의 논증에 따르면, 이방인들처럼 유대인도 죄스럽고 오직 그리스도의 대속의 죽음을 믿음으로써만 하나님의 진노를 피할 수 있기 때문에 자랑은 배제되었다. 그때에 빌립보서 3:3에서 바울의 요지는 크리스천의 확신의 근거는 인간의 사회적 특권이 아니라 그리스도라는 것이다.

바울은 신자들이 육체를 신뢰하지 않아야 한다('페포이도테스')는 진술로 그 뒤를 잇는다. 이 진술의 두 양상은 흥미롭다. (1) 그것은 바울이 육체에 대한 신뢰와 그리스도에 대한 신뢰를 상호 배타적인 것으로 간주하고 있음을 보여준다. 이 관점에서 육체의 터에 영적인 발 한쪽을 두고 그리스도의 터에 다른 영적인 발 한쪽을 두는 것은 불가능하다. 두 발이 어느 한 기초에 확고하게 두어져야 한다. (2) "육체"란 바울의 용어는 심오한 의미를 갖는다. 바울은 이 용어를 유대화된 사람들의 문제를 보이는데 특히 적절한 것으로 생각했다. 그들은 육체에 문자적인 수술을 주창했고, 신약성경과 바울의 시대에 예언적인 문서에서 '육체'란 용어는 자주 인간의 약점과 부실, 그리고 죄의 경향을 의미했기 때문이다. 간단히 말해서, 바울의 요지란 크리스천들은 그들의 확신을 그리스도에게 둔 반면에 유대화된 사람의 발은 결국에 무너질 타락한 인간의 기초에 두고 있다는 것이다.

이 모든 것은 바울에게 그의 육체적인 이력서를 상기시키고, 그는 다음 부분과 전환을 이루는 어구로 4a절에서 이 부분을 결론짓는다. 만약 인간의 특권과 획득이 마지막 날에 설 수 있는 안정된 터를 형성한다면, 기독교인이 되기 이전에 그의 터는 실로 확고하였을 것이라고 그는 말한다.

바울의 육체적 이득(3:4b-6). 이 부분에서 바울은 할례의 육체적인 의식에 확신을 두고 있는 유대화된 사람들의 생각을 회심 이전에 바울의 육체적인 이득('케르데', NIV "이득")과 비교한다. 이 이득은 단순한 할례만이 아니며, 특별한 범주에 바울을 두게 했다(참조. 갈 1:14). 그는 이득의 두 유형을 열거한다: 태생 적부터 그가 갖고 있는 것과 그가 나중에 획득한 것. 양 범주에서 그는 탁월했다. 그의 부모들은 하나님의 백성으로서 결함이 없는 신임을 그에게 공급했다: 할례, 이스라엘의 인종적인 정체성, 이스라엘에 첫 왕을 배출한 이스라엘 지파의 구성원, 하나님의 백성들의 언어를 말할 수 있는 능력.[5] 바울은 바리새인의 방식을 쫓아 율법을 지키고, 그의 열심이 교회를 박해하도록 이끌 만큼 율법에 헌신함으로써 이런 이득을 보충했다.

바울의 마지막 진술은 이 모든 이득의 요약으로 기능한다. 그는 "율법의 의로는 흠이 없는 자"라고 말한다. 이것은 바울이 회심 이전에 죄가 없는 자로 자신을 생각했음을 의미하지 않는다. 흠이 없다고 말한 것은 율법이 죄를 지은 사람들에게 제공했던 보속의 수단에 관심을 기울이고 있기 때문이다.[6] 오히려 그의 부모들이 유대인들로 하여금 율법이 행하도록 요구했던 모든 것을 그를 위해 행했으며 그 자신도 그 율법을 성실하게 지켰다는 것을 의미한다. 바울은 어느 날 이런 유산과 성취가 하나님 앞에서 그를 방면할 수 있게 할 것이라고 믿었다.

이득이 불이익이 되다(3:7-11). 그러나 마른 하늘에 번개처럼 하나님은 바울을 사로잡으셨고 그는 그의 특권과 성취에 대한 태도가 잘못되었음을 깨달았다. 그의 특권과 성취가 마지막 날에 그가 방면되리라는 확신의 기초를 형성했지만, 즉 하나님이 그를 영예롭게 하시고 의롭다고 선포하시는 "이득"으로 생각했지만, 하나님이 그를 사로잡으셨을 때, 그는 그러한 것들이 진정 무엇인지를 깨달았다—육체적이고 죄에 물든 타락한 인간의 노력일 뿐이고 하나님의 인정을 받을 수 없다는 사실. 그는 이제 그것들을 "그리스도를 위해서 해로"(7절) 간주할 수 있었다.

바울은 8-11절에서 이런 커다란 역전의 결과를 탐구한다. 이 신학적으로 풍부한 진술은 헬라어 본문에서는 긴 한 문장으로 되어 있다. 그것은 보다 강렬한 형태로 이 커다란 역전의 사실을 재진술하고(8절), 나아가서 그것의 두 결과를 묘사한다(9-11절).

바울은 방금 7절에서 언급한 것을 보다 강렬한 형태로 8절에서 재진술함으로써 시작한다. 단순히 그의 육체적인 이득을 해로 간주한다고 말하기보다 이제 그는 "모든 것"을 해로 여긴다고 말하고, 그가 "그리스도를 위해서" 그리한다고 단순히 말하기보다 "내 주 그리스도 예수를 아는 지식이 가장 위대하기 때문이라"고

5. 존 크리소스톰(A.D. 354-407)의 모국어는 바울이 사용했던 언어였다. 그는 "히브리인 중에 히브리인"('헤브라이오스 엑스 헤브라이온')이란 어구를 바울이 1세기 팔레스타인 유대교의 언어인 아람어를 말하면서 양육되었음을 의미하는 것으로 취했다. 대부분의 현대 주석가들은 이 어구에 대해서 이런 이해를 갖는 것에 동의한다.

6. Thomas R. Schreiner, *The Law and Its Fulfillment: A Pauline Theology of Law*(Grand Rapids: Baker, 1993), 70-71을 보라.

말한다. 모든 것을 해로 여긴다고 말함으로써 바울은 그의 유대적 유산, 율법, 그리고 다른 "모든 것"이 악한 것이 아니라 그것들에 대한 그의 태도가 악하다는 것을 의미한다. 회심에서 그는 하나님과 그가 칭의의 계획에서 협력자가 되었다는 개념을 없애버리고, 오직 하나님만이 제공하시는 의의 수단들—바울이 "내 주 예수 그리스도를 아는"이란 어구에서 요약한 수단들—을 받아들여야 했다.

이 어구는 하나님의 계시에 대한 인간의 인식과 순종을 가리키기 위해서 구약성경이 다양한 형태로 '알다'라는 용어를 사용하고 있음을 반영해준다. 예를 들어, 이사야는 바벨론에 의한 파괴와 유배의 황폐함 이후에 갑자기 푸르러지고 꽃을 피우기 시작하는 사막의 아름다운 용어로 이스라엘의 장래의 회복을 묘사한다. 하나님은 "무리가 그것을 보고 여호와의 손이 지은 바요 이스라엘의 거룩한 자가 창조한 바인줄 알며 헤아리며 깨닫게"(사 41:20) 하실 것이라고 선지자는 말한다.[7] 예레미야도 회복의 시기는 하나님에 관한 자연스러운 지식으로 특징지어질 것이라고 예언한다. 그날에 "그들이 다시는 각기 이웃과 형제를 가리켜 이르기를 너는 여호와를 알라 하지 아니하리니 이는 작은 자로부터 큰 자까지 다 나를 앎이니라 내가 그들의 죄악을 사하고 다시는 그 죄를 기억지 아니하리라"(렘 31:34)고 하나님은 말씀하신다. 바울이 "내 주 그리스도 예수를 안다"고 말할 때, 그는 그리스도 안에서 하나님의 구원의 위대한 행위를 인식하고 그리스도의 주되심에 순복했음을 의미한다.

바울은 그 다음에 이런 중대한 결정의 두 결과를 묘사한다. 첫 번째는 그가 "그리스도를 얻었다"는 것이다. 바울은 그 의미를 설명함으로써 이 짤막한 진술을 뒤잇는다. 바울이 그리스도를 얻은 것은 마지막 날에 그가 하나님 앞에서 자신을 계수하기 위해 섰을 때 "그리스도 안에서 발견될" 것임을 의미한다(롬 2:1-16; 14:10; 고후 5:10).[8] 그날에 바울은 율법을 통해서 난 것이 아닌 하나님으로부터 오며 그리스도를 믿음으로 오는 의를 발견하게 되기를 원한다고 설명한다.[9]

---

7. 구약성경에서 "지식"의 개념에 관한 충분한 논의는 Rudolf Bultmann, "γινώσκω," *Theological Dictionary of the New Testament*, ed. Gerhard Kittel, 10 vols. (Grand Rapids: Eerdmans, 1964-76), 1:696-701을 보라.

8. 빌 3:11에서 마지막 부활에 대한 언급은 "그 안에서 발견되다"란 어구가 역시 마지막 날을 가리킨다는 것을 보여준다. 대부분의 주석가들은 이 어구를 이런 식으로 이해한다. 특히 O'Brien, *Philippians*, 392-83에서의 논의를 보라.

9. "그리스도 안에 믿음"('피스테오스 크리스투')이란 어구는 역시 "그리스도의 신실하심"으로 번역될 수 있었고, 학자들의 점증하는 수가 여기서와 다른 곳에서 이것이 가장 좋은 번역이라고 믿는다(참조. 롬

이 진술은 대단히 논쟁을 일으켰다. '의'란 용어의 의미가 신학자들 사이에서 논쟁의 핵심이고, 여기서 그것에 대한 바울의 사용이 모호하기 때문이다. 바울이 자신의 의를 가리킬 때, 그는 하나님의 인정을 얻으려는 "율법적"인 노력을 의미하는가? 그는 그의 유대적인 준수가 율법적이었다는 어떤 함축도 없이 유대인으로서 하나님과 관련한 그의 이전의 방식을 단순히 의미하는가? 또는 그는 전적으로 다른 어떤 것을 가리키고 있는가? 한편으로 그가 하나님으로부터 난 의를 말할 때, 그는 하나님이 신자들을 무고하고 용납할 만한 것으로 간주하신다는 것을 의미하는가? 그는 하나님이 신자들에게 윤리적인 고결성을 주시는 것을 의미하는가? 아니면 신자들이 변화될 수 있는 능력을 갖게 하는 은사를 하나님이 그들에게 주신 것을 의미하는가? 또는 다시금 그는 그밖에 다른 것을 의미하는가?[10]

구약성경과 다른 바울서신의 몇몇 본문들은 이 문제에 관한 학문적인 논의의 혼란을 헤쳐 나갈 수 있도록 우리를 돕는다. 첫째로 바울이 "나의 자신의 의"를 말할 때, 그는 구약성경에서 낯선 용어로 말하고 있지 않다. 예를 들어, 신명기에서 이스라엘 자신의 의는 '부적절한' 의이고, 하나님이 명하신 것을 행하지 못하였다(신 9:4-29; 참조. 단 9:7). 유사하게 바울이 그 자신의 의를 말할 때, 그는 모세 율법을 지킬 수 없는 그 자신의 무능력을 가리킨다. 마지막 날에 그가 하나님 앞에 설 때 그는 이런 부적절한 의를 붙잡은 것으로 발견되기를 원치 않는다.

아울러 바울은 그의 서신의 다른 곳에서 빌립보서 3:9에서 의미하는 바를 발견

3:22, 26; 갈 2:16, 20; 3:22; 엡 3:12). 그렇다면, 그때에 그들은 이 어구가 죽음에 대한 그리스도의 순종을 가리킨다고 주장한다(참조. 2:8). 그러나 이 어구의 전통적인 이해가 정확할 것이다. 바울이 그리스도의 신실함에 대해서는 명확하게 말하고 있지 않지만, 그리스도에 대한 믿음에 관해서는 자주 단호한 어조로 말하고 있기 때문이다. 빌 3:9에 특별한 관심을 두며 논증에서 서로 반대되는 입장을 취하는 두 학자들은 Morna D. Hooker, "ΠΙΣΤΙΣ ΧΡΙΣΤΟΓ," *New Testament Studies* 35(1989): 321-42와 James D. G. Dunn, "Once More, ΠΙΣΤΙΣ ΧΡΙΣΤΟΓ," *Society of Biblical Literature 1991 Seminar Papers*, ed. Eugene H. Lovering(Atlanta, Ga.: Scholars Press, 1991), 730-44이다.

10. Rudolf Bultmann, *New Testament Theology*, 2 vols. (New York: Charles Scribner's Sons, 1951-55), 1:270-85; David Hill, *Greek Words and Hebrew Meanings: Studies in the Semantics of Soteriological Terms*(Cambridge: Cambridge University Press, 1967), 139-62; Ernst Käsemann, " 'The Righteousness of God' in Paul," *New Testament Questions of Today*(Philadelphia: Fortress, 1969), 168-82; Manfred T. Brauch, "Perspectives on 'God's Righteousness' in Recent German Discussion," in E. P. Sanders, *Paul and Palestinian Judaism: A Comparison of Patterns of Religion*(Philadelphia: Fortress, 1977), 523-42; John Reumann, *"Righteousness" in the New Testament: "Justification" in the United States Lutheran-Roman Catholic Dialogue*(Philadelphia/New York: Fortress/Paulist, 1982); Mark A. Seifrid, *Justification by Faith: The Origin and Development of a Central Pauline Theme*(Leiden: Brill, 1992)에서 이 문제에 관한 논의를 보라.

하는데 유익한 방식으로 "하나님의 의"를 인간의 죄성과 대조시킨다. 고린도후서 5:1에서 바울은 "하나님이 죄를 알지도 못하신 자로 우리를 대신하여 죄를 삼으신 것은 우리로 하여금 저의 안에서 하나님의 의가 되게 하려 하심이니라"고 말한다. 물론 하나님이 그리스도를 죄인으로 만드시지는 않았지만 그는 그리스도를 죄인으로 간주하셨다. 동일한 방식으로 하나님은 신자를 고결한 사람으로 만드시지는 않지만 신자를 방면된 사람으로 간주하신다. 유사하게 로마서 3:21-26에서 바울은 "하나님으로부터 난 의"를 그리스도의 희생적인 죽음의 보속하는 효과와 동일시한다. 그때에 빌립보서 3:9에서 "하나님으로부터 믿음으로 난 의"는 아마도 그리스도의 대속의 죽음에 기초해서 죄인들을 방면하시는 하나님의 의지일 것이다.[11] 요컨대, 그리스도를 얻음으로 오는 첫 번째 결과는 바울이 마지막 날에 하나님 앞에 설 때 하나님의 명령에 대한 불완전한 순종을 붙잡은 것으로 발견되는 것이 아니라 그리스도의 죽음으로 인해서 방면된 것으로 생각하시는 하나님의 의지를 믿는 것으로 발견되는 것이다.

바울은 10-11절에서 그리스도께 참여함으로 오는 두 번째 결과를 묘사한다. 그것은 바울의 삶이 그리스도의 죽음과 부활의 모습을 취할 것임을 의미한다. 바울이 다른 곳에서 그의 삶을 그리스도의 죽음의 모습을 취한 것으로 묘사할 때, 그는 이방인에게 복음을 전파하는 소명으로 말미암아 인내하는 고난을 주로 가리킨다(고후 4:7-12; 6:4-10; 11:23-29; 12:10). 그 고난은 그의 선교 여행 동안에 만난 육체적인 위험(고후 6:4-5; 11:23-27), 교회의 어린 믿음을 손상시키려고 하는 사나운 늑대들을 저지하는 신학적인 위험(고후 11:26), 그리고 교회 내의 미성숙한 사람들이 믿음에서 그들의 아버지에게 가하는 감정적인 혼란(고후 2:1-4; 11:29; 참조. 갈 4:19)을 포함했다. 그리스도의 죽음이 하나님이 부활의 기적을 이루시는 수단이었던 것처럼, 자신의 소명에 충실한 바울의 고난도 세워져가고 있는 신자들의 모임에 하나님이 영적인 생명을 가져다주시는 수단이다(고후 4:7-11; 참조. 골 1:24). 따라서 바울은 고린도인들에게 "사망은 우리 안에서 역사하고 생명은 너희 안에서 역사한다"(고후 4:12)고 말한다.

하지만 바울은 10-11절에서 그리스도의 생명의 부활능력으로 말미암은 사람들의 현재의 변화 그 이상을 염두에 두고 있다. 이 구절들은 바울이 참여하게 될 마지막 부활을 역시 고대하고 있고, 11절을 시작하고 있는 "어떻게 해서든지"

11. Bultman, *Theology*, 1:277.

(somehow)는 7-9절을 통해 흐르는 하나님에 대해 의존하는 확신의 주제 이후에 불확실성의 놀라운 논조를 보여준다.[12] 바울은 하나님이 그와 그의 회중들로 하여금 소명에 충실하게 하고, 마지막 심판을 통해 그들을 안전하게 하실 것을 확신하지만(참조. 1:10; 고전 1:8-9; 고후 1:7, 14, 21; 딤후 1:12), 그는 하나님의 소명에 충실하려는 그의 노력을 완화시키기를 일관되게 거부하고(고전 9:24-26; 딤후 4:7), 회중들이 하나님의 자비에 대한 그들 자신의 확신을 가정하지 않도록 자주 조언한다(예. 빌 1:9-11; 골 1:21-23; 딤전 6:12). 서신의 다음 항목에서 이 주제는 바울의 주요한 관심사가 될 것이고, 11절을 시작하고 있는 "어떻게 해서든지"는 중요한 논의로의 기술적인 전환을 제공한다.[13]

3:1-11의 전반적인 목적은 기독교인이 되기 이전의 바울과 바울의 유대적인 대적자들간에 비교를 이끌어내는 것이고, 그리하여 바울이 복음에 복종하였을 때에 자신의 과거를 완전히 배격하였던 것처럼 빌립보인들에게 유대적인 사람들을 거부할 수 있는 신학적인 근거를 제공하는 것이다. 기독교인이 되기 이전의 바울과 유대적인 사람들은 모두 하나님의 은혜의 복음을 배격했다. 유대인으로서 바울의 사회적 지위와 그의 성취에서 오는 확신이 그가 하나님의 은혜의 복음을 품지 못하게 하고 오히려 복음을 품은 사람들을 박해하게 했다. 유대적인 사람들은 하나님의 백성들을 받아들이기 위해서 믿음의 영적 요구에 육체적인 의식을 추가함으로써 기독교인이 되기 이전의 바울과 동일한 길을 지금 따르고 있다. 그러므로 기독교인이 되기 이전의 바울과 유대적인 사람들은 하나님과 평화를 이루려는 그들의 인간적인 노력이 구원을 위해 필요하다고 시사한다. 이런 개념에 대항해서 바울은 이 단락에서 마지막 날의 방면은 처음부터 끝까지 하나님의 행위이고 타락한 인간 육체의 노력은 오직 재앙에 이른다는 것을 진술한다.

12. 어떤 주석가들은 바울의 "어떻게 해서든지"('에피 포스')가 그가 부활을 경험할 것인지가 아니라 부활에 이르는 '방식'—순교인지, 그리스도의 오심에서인지, 또는 자연적인 죽음에 의해서인지—에 대해서 불확실성의 요소를 포함하고 있다고 믿는다(Martin, *Philippians*, 135-36; Bruce, *Philippians*, 92; O'Brien, *Philippians*, 413). 그러나 신약성경에서 이 어구의 다른 사용들은 가정이 확신으로 표현될 수 있었던 열렬한 소망을 말하고 있음을 보여준다(행 27:12; 롬 1:10; 11:14). Silva, *Philippians*, 192-93을 보라.

13. Silva, *Philippians*, 193을 보라.

상황잇기

이 단락은 신학적으로 아주 풍성한데, 그것을 해석하는데 있어서 가장 커다란 도전은 그 신학적 주류에 머물고 다른 흥미롭지만 종속적인 지류로 너무 흘러가지 않는 것이다. 주요한 요지는 명확하다. 마지막 날에 하나님 앞에서 의는 오로지 하나님으로부터 출원하고, 하나님이 은혜로 주신 것에 인간이 만든 요건을 추가하려는 어느 시도도 복음의 거부에 상응한다. 바울이 보기에, 복음의 유대적인 형태는 그가 복음을 거부했던 것과 마찬가지이며, 유대적인 사람들은 박해자 바울처럼 교회에 유해하다. 이 단락을 현대적인 상황에서 해석하려는 사람들은 이런 유사성에 특별한 강조를 두어야 할 것이다. 바울의 관점에서 하나님의 은혜의 참된 복음에 다른 요건들을 추가하는 어느 누구도 복음을 전적으로 거부하는 것이다. 사도가 다른 곳에서 말한 것처럼, 그러한 복음은 "다른 복음—그것은 실로 전혀 복음이 아니다"—이다(갈 1:6-7; 참조. 고후 11:4).

세 가지 문화적 걸림돌. 이런 주요한 요지를 바울이 빌립보인들에게 전달하고자 했던 의미와 긴급성을 가지고 소통하기 위해서, 우리는 세 가지 잠재적인 걸림돌을 제거해야 할 것이다. 첫째로 3:2에서 바울의 용어의 거슬림을 그냥 지나치기가 쉽다. 그 수사적인 것들을 재생산하기가 어렵고, 문학적이고 신학적인 배경을 떠나서는 바울의 용어가 모욕적으로 들리기 때문이다. 그 때문에 현대의 번역에서 바울의 용어의 거슬림을 제거하려고 시도하기도 한다. 예를 들어, 어떤 한 번역은 이 구절을 "개들과 해롭게 하는 사람들 그리고 몸을 상해하는 자들—나는 그것을 '할례'라고 부르지 않을 것이다—을 조심하라"(REB)고 말한다. 그러한 번역은 바울의 수사적인 딱딱한 리듬을 놓치고 그 진술의 긴급성을 전달하지 못한다.

이 구절에서 수사적 매개는 이 메시지의 중요한 부분이다—바울의 수사는 유대적인 사람들과의 논쟁에서 이 문제의 중요성을 강조하고, 고대의 상황에서 가졌던 바울이 의도한 모든 강조를 현대의 상황에 가져오는 것이 중요하다. 어떤 그룹을 "개들", "행악하는 사람들" 그리고 "몸을 해롭게 하는 자들"이라고 칭한 것은 예외적으로 혹독한 용어를 사용한 것이다. 이런 종류의 용어는 선지자들의 전형인데, 그들의 메시지는 아주 긴급해서 청중들이 만족하지 못하게 흔들어놓는 형태를 의도하였다. 그러므로 바리새인과 사두개인에 대한 세례요한의 경고는 "너희 독사의 자식들아"(마 3:7; 눅 3:7)라고 시작하고, 바리새인들에 대한 예수의 설교는 "너희 화있을진저, 율법사와 바리새인들이여 너희는 외식하는 자라"고 후렴구를 포함한다. 그때에 바울의 진술의 예언적인 형태가 그 의미에 기여하고, 그것이 현대적인 상황에 전달될 필요가 있다.

둘째로 세심하게 몇 가지 난해한 용어들을 정의하지 않는다면, 우리가 이 단락에서 바울의 주요한 요지를 이해할 수 없다. '할례'란 용어는 오늘날 대부분의 사람들을 복잡하게 만들 것이다. 그 수술이 유아들에게 여전히 자주 행해지고 있기 때문에 많은 이들이 그 절차의 물리적인 세부사항을 알고 있다. 그러나 사람들은 그 의식이 유대인들에게 왜 영적인 의미를 가졌는지 그리고 그것이 왜 초대교회에서 논쟁의 핵심이 되었는지를 알지 못한다. 이런 문제에 대한 가장 좋은 교과서는 성경 자체다. 창세기 17장은 그 의식의 제도를 기록하고 있고, 그 단락에 대한 연구는 유대적인 사람들이 할례를 왜 그렇게 강조했는지를 드러낸다. 거기서 하나님은 아브라함에게 수많은 자손들을 주시겠다는 약속을 비준하셨고(창 12:2; 15:5), 하나님은 이 언약의 증표로서 아브라함이 가정에서 모든 남성을 할례해야 한다고 명령하셨다. 이 증표를 수용하지 않는 자마다 "하나님의 백성에서 제외될 것"(14절)이고 그 증표는 "영원할" 것이라고 연속해서 말씀하신다(19절).

교회의 초기 시대에 유대적인 크리스천들은 복음이 옴으로써 이 의식의 문자적인 준수가 불필요하게 되었다는 것을 인정하지 않으려 했다. 한 유명한 사건에서 이런 부류의 사람들이 안디옥으로 가서 이방인들에게 "너희가 모세의 법대로 할례를 받지 아니하면 능히 구원을 얻지 못하리라"(행 15:1; 참조. 11:1-3)고 말했다. 바울이 "복음의 진리"를 외친 것을 이해하는 사람들(갈 2:5, 14)은 명확하게 이런 도전으로 반응했다: 하나님이 할례 받지 않은 신자들에게도 성령을 주셨기에, 그들도 하나님의 백성들 가운데 속하게 되는 변치 않는 증거를 얻었다(행 11:15-18; 15:7-11; 갈 2:11-5:6). 유대인들처럼 이방인들도 율법의 정죄를 받았지만, 유대인처럼 십자가상에서 그리스도의 죽으심이 믿는 많은 사람들에게 구속을 가져왔다(롬 1:18-5:21; 갈 2:11-5:6). 하나님의 백성들에 속하는 다른 증표는 불필요하다.

유대적인 크리스천들이 이방인들이 할례를 받지 않고서는 구원을 받을 수 없다고 주장하였기 때문에, 바울은 빌립보서 3:3에서 그들을 '육체'를 신뢰하는 사람들로 비난했다. 이 용어는 오해할 가능성이 많다. 어떤 이들은 이 문맥에서 그 용어를 전적으로 이해하지 못한다. 그들에게서 육체는 인간의 신체의 일부이며, 육체에 확신을 둔다는 개념은 어떤 이들이 "머리카락"에 확신을 둔다고 하는 개념처럼 당혹스러운 것이다. 다른 이들은 그 용어가 신학적인 범주에서 일반적으로 인간이나 창조된 질서를 가리키는 것으로 비유적으로 사용되었다는 것을 알지만, 바울이 하나님의 창조를 악하다고 칭하고 있다고 그들은 믿는다. 이 양 그룹은 육체에 대한 바울의 이해와 구약성경의 이해가 서로 연관되어 있다는 사실을 알 필요가 있다. 구약성경에서 그 용어는 때로 하나님의 능력과 비교해서 인간의 연약함을 가리키는데 사용된다(대하 32:8; 사 31:3; 참조. 창 6:3). 이런 개념에서 인간은 연약하기 때문에 죄를 지을 수 있는 경향이 있다는 개념으로 이동할 수 있다.

바울은 많은 단락에서 육체가 영적이고 선한 것보다 세상적이고 죄스러운 것과 긴밀하게 연관되어 있다는 조치를 취한다(예를 들어, 롬 7:5, 18, 25; 8:3-13; 갈 3:3; 5:13-24). 하지만 분명히 바울은 육체 자체가 죄스럽다는 것을 믿지 않았다. 죄가 아담의 창조 이후에 인간의 세계에 들어왔지 창조의 시간에 들어오지 않았으며(롬 5:12), 예수가 "죄스러운 육체"로 오셨지만(롬 8:3), 죄에 오염되시지 않았다(고후 5:21). 요컨대, 바울에게서 "육체"는 스스로를 도울 수 없고 하나님의 구속을 필요로 하는 타락한 연약한 상태의 인간이다. 그러나 육체는 하나님의 창조물이기 때문에 본질적으로 그 자체가 죄스럽지는 않다.[14]

인간의 죄에 대한 하나님의 응답은 그리스도 안에서 믿음으로 말미암아 하나님으로부터 오는 '의'라고 빌립보서 3:9에서 바울은 말한다. 형용사 "의로운"은 오늘날 흔히 사용되지 않고, 그것이 사용될 때, 이는 "도덕적으로 의로운, 정당한, 고결한, 덕스러운, 법을 준수하는"을 의미한다.[15] 이 용어에 대한 이런 이해는 고전 헬라 문학에서 "관습을 지키는", "정당한", "당연한"을 의미하는 용어의 사용에서 유래한다.[16] 고대 그리스와 로마의 법정에서 그리고 현대의 서구 민주주의 국가의 법정에서 의로운 재판관은 죄지은 자를 정죄하고 무고한 자를 정당한 마무리를 따라서 방면한다. 이 용어에 대한 바울의 사용을 손쉽게 이런 이해로 전환하는 문제는 재판관으로서 자신의 의를 연기하시고, 법적인 가설로, 우리가 그렇지 못할 때에 의롭다고 생각할 수 있는 "자격을 얻었다"고 주장하시는 하나님의 뜻으로 이해할 수 있다.

그러나 대부분의 영어 전달자와 달리, 이 용어에 대한 바울의 이해는 구약성경

14. "육체"('사르크스')의 의미에 관해서는 W. David Stacey, *The Pauline View of Man*(London: Macmillan, 1956), 154-80; John M. G. Barclay, *Obeying the Truth: A Study of Paul's Ethics in Galatians*(Edinburgh: T. & T. Clark, 1988), 178-81을 보라.

15. *The Concise Oxford Dictionary of Current English*, ed. J. B. Sykes, 6th ed. (Oxford: Clarendon, 1976), 969.

16. Henry George Liddell and Robert Scott, *A Greek-English Lexicon*, 9th ed., rev. and aug. Henry Stuart Jones(Oxford: Oxford Univeristy Press, 1940), 429을 보라.

에 뿌리내려 있었다. 확실히 이 용어가 법적인 맥락에서 사용될 수 있지만, 그런 문맥에서도 하나님의 백성인 이스라엘과 하나님의 언약의 개념이 자주 이면에 있다. 언약의 목적은 그의 백성들과의 하나님의 관계를 확증하고 보증하는 것이었다. 그러므로 언약의 위반은 관습이나 정당한 행위에서의 일탈만이 아니라 하나님과의 믿음을 단절시키는 것이다—하나님이 그의 백성들과 갖기를 원했던 관계를 짓밟는 것이다. 유사하게 하나님이 그리스도 안에서 믿음을 갖는 사람들에게 주시는 의는 법적인 야바위 게임이 아니라 예수가 십자가에 있으시는 동안에 예수와의 관계를 단절시키시고("죄를 알지도 못하신 자로 우리를 대신하여 죄를 삼으신 것", 고후 5:21a) 우리와의 관계를 형성하신("우리로 하여금 저의 안에서 하나님의 의가 되게 하려 하심이니라", 고후 5:21b) 하나님의 의지다.

이 모든 것에는 확실히 법정적인 요소가 있지만—예수는 우리가 받아야할 벌을 당하신다—재판관과 기소된 자와의 관계적인 요소가 동등하게 중요하다.[17] 관계적인 요소를 강조하는 것은 대속의 복잡한 결과를 더욱 분명하게 이해하게 만들고, 우리가 하나님의 성품을 더 완전하게 파악하게 만든다. 대속은 하나님이 우리를 보실 때 그리스도를 보신다는 것을 단지 의미하는 것이 아니고, 또한 우리의 죄와 그리스도의 무고 사이에 단지 호환이 발생했다는 것을 의미하지도 않는다. 그것은 하나님이 우리를 무고한 자로 인정하시고 탕자의 비유에서 아버지처럼 우리를 품으신다는 것을 의미한다(눅 15:11-32).

그러나 이 단락은 9절에서 중단되지 않는다. 1-11절에서 바울은 그리스도를 앎으로 모든 것을 배설물로 여긴다고 말한다(참조. 8절). "그리스도를 아는 것"은 부활하시고 살아계신 그리스도와의 인격적인 관계를 갖고, 날마다 삶에서 그리스도의 임재를 경험하는 것으로 자주 이해된다. 바울은 이런 방식으로 그리스도를 확실히 알았고, 이 단락은 바울이 죽으시고 부활하신 주님과 가졌던 밀접한 관계의 표현으로 적절히 이해된다(참조. 1:21; 롬 14:8; 고후 5:16; 갈 2:19b-20).

그러나 '알다'란 용어를 이런 관계적인 의미로 제한할 때에 문제가 발생한다. 성경적인 의미로 하나님을 아는 것은 그의 뜻을 인식하고 그를 기꺼이 순종하는 것이다. 그러므로 그리스도의 죽음과 바울의 연합은 주로 이방인 교회를 세우고 목양하도록 하나님이 바울에게 주신 위임에 대한 희생적인 순종과 관련되었다(고

---

17. Bultmann, *Theology*, 1:272, 277; Paul Achtemeier, *Romans*(Atlanta: John Knox, 1985), 61-66을 보라.

후 4:7-12; 참조. 롬 15:17-19; 고전 9:16-17; 골 1:24-29). 그리스도의 부활과 바울의 연합은 적어도 현재에 이 위임을 실현하려는 노력에서 그가 직면했던 절망적인 상황에서 하나님이 그를 은혜로 구원하시는 것을 역시 의미했다. 또한 그것은 바울이 복음을 전파했던 사람들 사이에서 영적인 생명을 생산하도록 하나님이 바울의 사역을 사용하시는 것을 의미했다(고후 4:7-15). 이 단락을 바울의 상황에서 우리의 상황으로 가져오는데 있어서 우리는 그리스도를 아는 것이 그의 임재를 느끼는 것만이 아니라, 특히 하나님과 하나님의 말씀을 날마다 신실하게 지키는 것을 의미한다는 것을 역시 강조해야 한다.[18]

세 가지 초월적인 원리들. 바울의 수사와 용어법에 대처한 후에 우리는 적용하는 일을 시작할 준비가 되어 있다. 이 단락에서 바울의 주요한 관심은 할례를 하나님의 백성들을 허입하는 요건으로 만드는 시도는 하나님이 아니라 육체에 확신을 두는 것과 미친가지이므로, 이는 복음을 전적으로 거부하는 것과 같다는 사실을 보여주는 것이다.

주요한 관심은 세 가지 근본적인 원리를 함축한다. 첫 번째 원리는 바울의 주요한 요지와 직접적으로 관련이 있기 때문에 가장 중요하고, 다른 두 원리는 첫 번째 원리에서 정당하게 유래한다. 이 원리는 구원에 대해 그리스도 안에서 믿음 이외에 요건들을 부과하는 어느 시도도 복음의 왜곡이라는 것이다. 이것은 그리스도를 믿는 믿음이 모호하게 정의되지 않아야 하며, 그리스도를 믿는다고 주장하는 사람들이 모두 크리스천이라는 것을 의미하지 않는다. "믿음"은 지적인 동의나 단순히 말로 "나는 예수님을 믿습니다"라고 하는 것 이상을 의미한다. 야고보가 우리에게 상기시킨 것처럼, 마귀도 그런 종류의 믿음을 갖는다(약 2:19; 참조. 요일 3:18). 구원하는 믿음은 순종으로 이끄는 확실한 신뢰다(롬 1:5; 16:26). 유사하게 "그리스도"는 예수의 존재에 대해서 현재에 순환하고 있는 다양한 개념들에 적용할 수 있도록 주조할 수 있는 유순한 용어가 아니다. "그리스도"는 사도들이 전파하고, 신약성경으로 장래의 세대들에게 전수된 복음으로 묘사된 예수이시다(참조. 고후 11:4; 요일 1:1-3; 2:22; 4:2; 요이 9절). 그러나 일단 그리스도 안에 믿음이 신약성경이 정의하는 방식으로 설정되었다면, 그 믿음을 가진 사람들이 하나님의 지체의 일부가 되기 위해서 어떤 다른 규범을 순응해야 한다고 주장하는 시도는 복음의 왜곡이다.

18. 그리스도를 아는 것이 윤리적인 측면에서 정의되는 엡 4:20-23을 참조하라.

아울러 어떤 제기된 부과적인 요건이 낯설거나 의문 나는 것이 될 수 없음을 아는 것이 중요하다. 보통 그런 것은 할례와 같이 적절한 장소에서는 좋은 것이지만, 그 장소를 떠나서 그리스도 안에 있는 믿음과 동등한 위치로 올려놓을 때, 그것은 우상의 교묘한 수단이 된다. 그때에, 빌립보서 3:1-11은 좋지만 부차적인 원리를 구원을 위한 그리스도 안에 믿음의 중요성과 동등하게 만듦으로써 그 위치에 대한 그럴듯한 주장을 하는 종교적인 운동을 조심하도록, 우리를 가르친다. 우리는 바울이 이런 운동들에 대해서 복음을 거부한 것과 마찬가지라고 말한 것처럼 담대해야 한다.

이것이 이 단락의 주요한 신학적인 원리일지라도, 그것은 역시 두 번째 원리를 시사한다. 이 단락은 기독교 복음에 순복하지 않고 하나님과 평화할 수 있다고 생각하는 모든 사람들에게 경고로서 기능한다. 바울이 자신의 특권과 성취를 상세히 묘사한 이유는 어느 누구가 개인적인 의의 취득을 통해 마지막 날에 하나님과 평화할 수 있다고 여긴다면, 바울이 그렇게 할 수 있었다는 것이다. 그는 모세의 율법과 관련해서 "흠이 없었다." 하나님이 무엇을 더 요구하실 수 있었는가? 하나님은 모세의 율법에 대한 순종과는 다른 것을 요구하셨다—하나님은 복음에 순종하는 것을 요구하셨다. 바울은 이것을 할 수가 없었다. 그러므로 만약 하나님이 다메섹 도상에서 바울을 사로잡으시지 않았다면, 그는 마지막 날에 정죄를 받았을 것이다.

동일한 진리가 오늘날 복음에 순복하기를 거부하는 사람들에게 해당된다. 다른 종교적 제도들이 자주 고귀한 이상들을 담고 있고, 그 이상들을 따르거나 또는 전혀 종교적 제도를 따르지 않는다고 주장하는 사람들이 자주 모범적인 삶을 주도한다. 자주 그들은 하나님에 대한 "올바른" 길을 따르고 있는지는 궁극적으로 중요하지 않다고 믿는다. 어쨌든 하나님이 그들을 인정하실 것이기 때문이라는 것이다. 도덕적인 삶을 주도하고 신실한 확신을 갖는 것보다 하나님이 무엇을 더 요구하실 수 있는가? 이런 모든 것에 대해서 빌립보서 3:1-11은 하나님이 복음에 대한 복종을 요구하고, 이와 다른 어떤 것도 마지막 날에 재앙에 이를 것이라고 말한다. 그때에 아무리 고귀해보일지라도 다른 종교적 철학적 제도를 버리고 복음을 품을 것을 우리 문화의 비그리스도인들에게 호소하고 있는 것으로 이 단락을 적절히 사용할 수 있다.

육체에 확신을 두지 말라는 바울의 언급은 복음의 형태를 왜곡시키거나 전적으로 거부하는 사람들에 대한 경고만이 아니다. 세 번째 신학적인 원리—크리스천들에게 적용되는 원리—가 역시 이 단락의 이면에 있다. 크리스천들은 초점을 그리스도에게서 이동하여 타락한 세상이 궁극적으로 중요하다고 생각하는 특징—바울은 그것을 "육체"라고 부른다—에 관심을 둘 가능성이 있다. 신자나 교회의 삶에서 이런 일이 일어날 때, 이 단락의 메시지를 귀담아 들을 필요가 있다. 불신자로서 바울 자신의 특권과 성취는 동료들의 관점에서 필적할 사람이 없지만(3:4b-6; 참조. 갈 1:13-14), 신자로서 바울의 관점에서 그것들은 진리를 방해하는 걸림돌이었다(3:7-8; 참조. 딤전 1:12-16). 복음을 품은 사람들은 이 단락에서 그들에게 말하는 것을 역시 상기해야 한다. 성공에 대한 세상의 정의는 하나님의 것이 아니며, 조심스럽게 다루지 않는다면, 신자들의 사고와 행위에서 세속적인 성공은 부적절한 차원의 중요성을 가질 수 있음을 상기시키는 것으로 그것은 기능한다.

세 가지 해석적인 함정. 이 단락의 해석은 세 가지 요지에 초점을 맞추어야 할 뿐 아니라 이떤 흔힌 함정을 피해야 한다. 신자들이 육체적인 특권과 획득보다 그리스도에 확신을 둘 것을 복음이 요구한다는 요지를 만듦에 있어서 우리는 조심스럽게 전개해야 한다. 바울은 그의 특권과 획득을 그 자체로 악하다고 간주하지 않았고, 또한 육체가 그 자체로 악하다고 믿지 않았다. 악은 복음 대신에 육체를 신뢰하는 것에 있다. 말하자면 육체적인 특권과 획득을 마지막 날에 하나님 앞에서 방면되리라는 확신의 기초로 삼으려는 것이 잘못이다. 이 단락에 대한 유명한 해석가가 말한 것처럼 바울의 "율법에 대한 전적인 불쾌"를 말하는 것은 바울이 결코 의도하지 않았던 극단으로 바울의 용어를 취하는 것이다.[19] 이 단락에서 바울은 자기 아들을 할례 시킨 부모의 계명에 대한 신실함과 그의 유대적 유산이나 모세 율법을 "쓰레기"로 거부하였다고 생각할 필요가 없다. 이것은 그의 유대적 유산에 대한 접근과 어느 곳에서도 일치하지 않으며(롬 7:12; 9:1-5), 이 단락에서 그의 가르침을 넘어서는 것이다. 이 특권과 획득이 악한 것이 아니라 그것들에 확신을 두는 것이 악하다.

또는 밀접하게 연관된 함정은 이 단락을 일반적으로 유대교를 비난하는 것으로 취하는 것이다. 이런 입장을 취하는 해석자들은 때로 이 단락을 바울의 시대에 유대인들, 특히 바리새인들이 율법주의자이며 바울이 그들의 율법적인 종교를 하나님의 은혜의 타협 없는 진술로 논박하고 있다는 증거로 사용한다. 이런 실수는 고대의 것이지만 적어도 칼빈으로까지 거슬러 올라간다. 그는 이 단락을 주석함에

19. Barclay, *The Letters to the Philippians, Colossians, and Thessalonians*, 63.

있어서 그의 시대의 로마 가톨릭을 바리새파와 동일시하고 로마 가톨릭과 바리새파가 인간의 공로에 의한 구원을 믿었던 변질된 종교에 속한다고 주장했다.[20] 보다 최근에도 이 단락의 해석을 "개인의 인간적인 노력"으로 구원이 얻어지는 "유대적 입장"을 묘사하고 있다고 주장하는 것으로 독법하는 게 흔하다.[21]

물론 복음서들은 일부 유대인들이 예수와 바울의 시대에 율법주의적이었고, 그들 가운데 많은 바리새인들이 있음을 분명히 보여준다.[22] 하지만 1세기에 일반적으로 유대교나 특히 바리새주의에서 필연적으로 율법적인 것은 없었다. 누가는 스가랴와 엘리사벳, 시므온과 안나, 요셉, 마리아, 그리고 소년 예수를 이런 방식으로 묘사하지 않는다(눅 1:6, 59; 2:22-52). 결국에 1세기 유대교는 구약성경 위에 세워져 있었고, 구약성경은 율법적인 책이 아니다. 바울에게서처럼 구약성경에서 하나님의 은혜가 순종하라는 명령에 앞선다(출 20:2; 레 11:45; 빌 2:12-13; 엡 2:8-10). 빌립보서 3:4-6에서 복음을 듣기 전에 바울은 예수의 비유에서 스스로 의로운 바리새인처럼(눅 18:11), 그의 육체적인 특권과 획득에 확신을 두었다. 하지만 자기 자신에 대한 바울의 진술이 "율법적"인 것으로 유대 종교를 싸잡아서 비난하고 있지는 않다.[23]

이 위험한 함정을 성공적으로 항해해 나갈 때, 서로의 경계선을 지나치게 구분하지 않는 것이 중요하다. 바울에 대한 연구는 최근에 코페르니쿠스적인 비율의 혁명을 경험했고, 그 혁명의 중심에는 루터, 칼빈, 그리고 다른 종교개혁가들이 율법의 행위와 구분되는 믿음으로의 구원이라는 바울의 교리를 정확하게 이해했는지에 관한 문제가 있다. 바울은 선한 행위들에 의해 하나님의 인정을 받으려고 일하는 족쇄에서 사람들을 자유롭게 하는데 관심이 있었는가? 그렇다면, 바울은 유대교가 그러한 입장을 주창했다고 믿었는가? 그렇지 않다면, 믿음과 행위간의 바

---

20. John Calvin, *Commentaries on the Epistles to the Philippians, Colossians, and Thessalonians*(Grand Rapids: Eerdmans, 1948), 271, 274.

21. Lloyd-Jones, *The Life of Peace*, 60.

22. 충분한 바리새인들이 예수의 비유에 바리새인과 세리에서처럼 자기 의의 사람의 전형으로 기능할 수 있었던 율법주의자였다(눅 18:9-14).

23. 1세기의 유대교가 율법적이었는지 아닌지에 관한 전반적인 이슈는 E. P. Sanders, *Judaism: Practice and Belief 63 BCE-66CE*(London/Philadelphia: Trinity Press International, 1992)을 보라. 다른 관점에 대해서는 Seifrid, *Justification by Faith*, and Schreiner, *The Law of Its Fulfillment*을 보라. 1세기 유대교에 관한 보다 전통적인 견해와 샌더스의 견해간의 중립적인 경로를 걷는 시도에 대해서는 Frank Thielman, *Paul and the Law: A Contextual Approach*(Downers Grove, Ill.: InterVarsity Press, 1994)을 보라.

울의 대조는 무엇을 의미하는가? 많은 목소리들이 오늘날 율법과 믿음간의 바울의 대조가 단순히 두 종교의 대조라고 주장한다. 가장 중요한 종교적 제도가 모세의 율법이었던 유대교와 가장 중요한 종교적 상징이 그리스도 안에 있는 믿음이었던 기독교의 대조를 말이다.[24] 다른 이들은 모세의 율법에 간직된 민족적인 이스라엘의 관습을 지킴으로써만 하나님의 백성들의 일원이 될 수 있었던 유대적 개념에 바울이 반대하고 있음을 대변한다고 믿는다.[25]

우리는 조심성 있게 바울에 관한 이 "새로운 관점"을 접근해야 한다. 제2성전 유대교가 하나님의 은혜에 관한 이해가 없는 율법적인 종교가 아니었다는 새로운 관점의 주장은 유용한 통찰이고, 치우치고 무자비한 학계에 필요한 교정이다. 바울의 통찰을 우리 자신에게 적용하려고 하기 전에 역사적인 맥락에서 바울을 이해할 필요에 초점을 맞추는 것은 근본적인 해석적 원리에 유익한 조언이다. 그럼에도 불구하고 이 새로운 관점은 바울에 관한 종교개혁가들의 이해를 구시대적인 해석의 신기한 진열로 할당하는 것은 너무 성급하다. 유대교가 일반적으로 하나님의 은혜에 관한 이해를 결여하고 있지는 않지만, 어떤 유대인들(그리고 롬 11:11-24에 따르면 일부 이방인들)은 인종적인 특권과 인간의 업적을 신뢰했다. 이렇게 함으로써 그들은 사람들이 그 의에 기여할 수 없을 만큼 그렇게 나쁘지 않다고 시사했다.[26]

따라서 바울은 이런 개념에 대항해서 자신의 의가 악으로 물들었고, 마지막 날에 하나님의 인정을 받을 수 없다고 주장한다. 구원은 "하나님으로부터" 와야 하고 그리스도 예수의 공로를 통해 하나님으로부터 온다. 이 개념의 해석을 위해서 우리가 루터에게 의뢰하는 것보다 더 좋은 것은 없다. 1535년에 갈라디아서에 관한 강연에서 갈라디아서 2:16을 해석한 루터는 빌립보서 3:1-11에 숨어 있는 신학적인 진리를 정확히 설명했다.

> 바울에게서…"육신"은 최고의 의로움, 지혜, 예배, 종교, 명철, 그리고 세상이 가능케 하는 의지를 의미한다. 그러므로 수도사는 자신의 수도로 의롭게 되지 않고 사제는 미

24. Sanders, *Paul and Palestinian Judaism*, 474-511, and *Paul, the Law and the Jewish People*(Philadelphia: Fortress, 1983)을 보라.
25. James D. G. Dunn, *Jesus, Paul, and the Law: Studies in Mark and Galatians*(Louisville: Westminster/John Knox, 1990), 108-264, and *Romans 1-8*(Dallas: Word, 1988) Ixiii-Ixxii.
26. 어떤 이들은 1세기 유대교가 구원의 의미를 율법의 행위를 하는 것에 부속시켰다는 샌더스에 반하여 주장했다. Seifrid, *Justification by Faith*; Schreiner, *The Law and Its Fulfillment*을 보라.

> 사와 다른 의례로 의롭게 되지 않는다. 또한 철학자는 지혜로, 신학자는 신학으로, 터키족은 코란으로, 유대인은 모세로 의롭게 되지 않는다. 다시 말해서 아무리 현명하고 의로운 사람들이 이성과 거룩한 율법에 따라서 존재할지라도, 그 모든 노력과 장점과 미사와 의와 예배 행위에도 불구하고 그들은 의롭지 않다.[27]

루터의 요지는 자신이 열거하고 있는 많은 제도와 이상이 복음을 대신하는 것은 구원을 위해 육체를 신뢰하는 것을 의미하며, 그것은 결국 마지막 날에 재앙으로 끝날 수 있다는 것이다. 또한 그것은 빌립보서 3:1-11에서 바울의 근본적인 요지다.

이 단락은 아마도 빌립보서에서 바울의 문화적 상황을 우리 시대에 안전하게 전달하는데 가장 어려운 부분이다. 그가 중심적인 요지를 만들기 위해서 사용하고 있는 용어법은 현대인들의 귀에 낯설고, 오해하기 쉽다. 그가 표현하고 있는 신학적인 원리는 몇 문장으로 압축되어 있어서 우리는 과거의 역사적인 실수와 현재의 해석적인 과도함을 피하기 위해서 조심스럽게 해독해야 한다. 그러나 이 단락은 우리가 전념할 만한 충분한 가치가 있다. 그것은 복음이 요약되어 있기 때문이다. 인간은 어쩔 수 없는 죄인이고, 하나님은 죄없음을 요구하시며, 그리고 하나님은 그의 은혜로 예수 그리스도의 공로를 통해서 이 상황을 치유하셨다.

현대적 의미

많은 현대의 서방 유럽과 북아메리카의 크리스천들은 신학적인 경계선을 긋는 것이 어렵다는 것을 발견한다.[28] 이에 대한 많은 이유들이 있겠지만 두 가지 이유가 특별히 중요한 것으로 보인다. (1) 많은 크리스천들이 진리를 위한 운동이라고 주장하지만 자신을 위한 운동이었고, 복음을 왜곡시키는 것을 보호한다는 위장 하에 권력을 쥐고 동의하지 않는 사람들을 추방하고 다른 이들의 견해를 좌지우지한 교회의 사람들에 의해 감정적으로 깊이 상처를 입었다. 옛날의 디오드레베처럼 그들은 우선되는 것을 좋아했고, 목표하는 바를 얻기 위해서 기독교 형제와 자매들에 대항해서 이단의 죄를 이용했다(요이 9-10절). (2) 성경과 교회가 인

27. *Luther's Works*, vol. 26, *Lectures on Galatians, 1535*, ed. Jaroslav Pelikan(Saint Louis: Concordia, 1963), 140.
28. Thomas C. Oden, *Requiem: A Lament in Three Movements*(Nashville, Tenn.: Abingdon, 1995), 46-48, 152-61의 언급을 보라.

간의 본질, 하나님, 인간의 곤경, 그리고 구원에 대한 진리의 저장소라는 기독교인들의 주장은 오늘날 아주 인기가 없다. 많은 사회 이론가들, 정치 과학자들, 그리고 신학자들은 이 문제에 대해서 진리를 안다는 기독교인들의 주장이 과거에 말할 수 없는 고통을 낳았으며, 현재에 자유로운 사회의 평화와 안정을 위협한다고 믿는다. 이렇게 생각하는 이들은 "우리가 정죄 받았다고 믿는 사람들과 평화롭게 사는 것은 불가능하다"고 말한 18세기의 철학자인 장자크 루소에게 동의할 것이다.[29] 대중적인 단계에서 이것은 진리를 안다고 주장하는 크리스천들을 극단적인 이슬람 그룹과 비교하는 개념으로 치부하고, 이들을 "근본주의자"라고 부른다. 오늘날 사람들은 이 칭호를 받아들이기를 거의 원치 않는다. 그것은 무지, 엄격함, 집착, 그리고 폭력을 함축하는 것으로 확장되었기 때문이다.

이 모든 일로 인해 크리스천들은 오늘날 이단을 이단으로 지칭하기를 자주 꺼려한다. 기독교 교단들은 목사들을 신학적인 토대 위에서 거의 징계하지 않고, 목사들은 회중들에게 잠재적으로 분열할 가능성이 있는 교리적인 이슈를 피하고 기분을 좋게 만드는 설교를 행하며 교인들은 사도신경의 의미를 설명하는데 어려움을 느낀다. 신학적인 문제에 대한 입장을 많이 취하는 것은 너무 위험하고, 권력에 굶주린 사람들로 치부되며, 폭넓은 문화에서 불관용과 무지와 동일시된다.

이런 입장에 진리의 요소가 있음을 누가 부정할 수 있는가? 이단을 찾아서 이탈리아의 벼두리까지 순회하며, 세속정부의 도움으로 완고한 자들을 감옥과 고문과 죽음으로 내몰았던 도미니칸과 프란시스칸 수도사의 종교재판소의 시대로 인해 발생한 이미지는 사람들이 치를 떨게 했었다. 최근에 흑인 아메리카 어린이들을 교회로 초대하기 위한 일로 보내진 미국의 시골지역에 백인 젊은이 사역자들의 모습도 마찬가지로 눈살을 찌푸리게 만든다.

이렇게 신학적인 경계선을 긋는 것은 거짓된 동기와 비윤리적인 방식으로 그 일이 쉽게 탈선할 수 있기 때문에 실로 위험스러울 수 있다. 하지만 경계선을 긋지 않는 것은 더 위험하다. 만약 교회가 과거에 이런 경계선을 긋지 않았다면, 복음은 남아 있지 않았을 것이다. 예를 들어, 2세기와 3세기에 정통교회는 말시온의 가르침에 거의 압도되어 있었다. 2세기 동안에 말시온파 교회 건물이 중동, 애굽, 그리

29. Jean-Jacques Rousseau, "The Social Contract," *Social Contract: Essays by Locke, Hume, and Rousseau*(Oxford: Oxford University Press, 1962), 306. Richard J. Mouw and Sander Griffon, *Pluralisms and Horizons: An Essay in Christian Public Philosophy*(Grand Rapids: Eerdmans, 1993)에서 이 문제에 관한 유익한 논의를 보라.

고 이탈리아 전역의 도시와 지방에 산재해 있었다. 이 교회들의 가르침의 많은 부분을 반대할 수 없었다. 말시온파들은 바울의 서신으로부터 활발한 설교를 했고 예수에 대한 강력한 헌신을 표현했다. 그들의 봉사의 형태는 정통 교회의 예배 순서를 긴밀하게 따른 것으로 보인다.[30] 게다가 말시온파들은 육신의 방종을 배격한 대단히 훈련된 그룹을 형성했고, 정통 교회의 크리스천들처럼 용감하게 순교를 견뎌냈다.[31]

말시온이 처음에 자신의 위치를 주장하기를 시작했던 로마 교회의 지도자들은 말시온의 개념에 대해서 처음에 아무것도 말하지 않는 것으로 유혹을 받았다. 결국에 말시온은 기존 교회의 구조에 만족했고, 한 전승에 따르면, 말시온은 상당한 돈을 로마 교회에 제공했다. 그럼에도 불구하고 로마 교회의 지도자들은 A.D. 144년에 그를 정죄했고 그의 가르침을 논박하기 위해서 다음 한 세기 반에 걸쳐서 활발한 운동을 전개했다.

우리는 그들이 한 일에 대해서 감사해야 한다. 말시온 종교의 본질은 두 신의 존재였다–"악"한 세계를 창조한 구약성경의 신과 잔인한 창조자로부터 믿는 자들을 구원하려고 예수 그리스도의 형태로 나타나신 신. 이런 개념을 지지하기 위해서 말시온은 권위 있는 성경으로 오직 누가복음을 상당히 편집한 판본과 열세 바울서신 가운데 열 개를 채택했다. 교회가 말시온파의 위협에 대항하지 않았다면, 복음은 인정할 수 없는 형태로 왜곡되었을 것이고 "성도에게 단번에 주신 믿음의 도"(유 3절)는 파산되었을 것이다.

이것은 많은 사례 중에 하나일 뿐이다. 아타나시우스는 성자와 성부의 영원한 동등성을 위해 아리안 황제에 대항했다. 루터는 율법의 행위와 구분되는 이신칭의를 위해 교회의 고위성직자들과 싸웠다. 제3제국의 독일에서 고백교회는 사악한 독재자의 지배에서 자유로운 권리를 위해 소위 독일 크리스천들과 싸웠다. 보다 최근에 일부 주류 기독교인들은 비성경적인 방식으로 하나님의 형상을 재정의하는 교단 내의 급진적인 여성주의자들의 시도와 맞서고 있다.[32] 이 모든 사건들은 모든 시대의 교회가 신학적인 경계선을 긋는 것이 얼마나 중요한지를 보여준다.

---

30. 정통교회와 말시온파 교회의 예배가 아주 유사했음으로 예루살렘의 주교인 시릴은 예루살렘으로 간 기독교 순례자들이 실수로 말시온파 교회의 예배에 참석하지 않도록 조심할 것을 경고해야 했다.
31. 말시온파 교회의 역사에 관해서는 Adolf von Harnack, *Marcion: The Gospel of the Alien God*(Durham, N.C.: Labyrinth, 1990; 본래의 1924 작품에서 편집함), 99-121을 보라.
32. Oden, *Requiem*, 27-32, 140-51을 보라.

빌립보서 3:1-11에서 동일한 길을 가는 바울의 의지는 교회의 경건한 임무를 위한 성경적인 보증을 제공해준다.

그러나 교회는 어떻게 이 임무를 이루며, 동시에 때로 교회를 오염시키고 복음 증거를 방해하는 경계선의 남용을 막을 수 있는가? 적어도 두 원리가 복음의 진리에서 일탈하는 자들을 합법적으로 정죄하는 가이드가 되어야 한다. 첫째로 제기된 잘못된 가르침이 복음의 핵심이나 성경의 가르침의 원리에서 명확하게 일탈했는가 하는 것이다. 바울은 유대적인 기독교인들에 대한 파문을 종말론의 정확한 요지와 세례의 특별한 형태, 또는 예배 시에 음악적인 도구를 사용할 것인지에 관한 문제로 선언하지는 않았다. 그들의 거짓된 가르침은 어떻게 하나님의 백성들이 될 수 있는지—마지막 날에 구원을 받을 것이냐 정죄를 받을 것이냐—의 핵심과 관련되었다. 유사하게 바울은 고린도 교회의 회개하지 않는 지체를 복음이 명한 윤리적인 기준에서 사소하게 일탈한 것 때문이 아니라, 이교도들조차도 혐오스러운 것으로 생각했던 가증스러운 성적인 부도덕성으로 인해 출교하였다(고전 5:1-5). 크리스천은 유사한 투쟁의 성경적 기사의 인도하심에 항상 의존하면서 조심스럽게 그들의 전쟁을 선택해야 한다.

둘째로 신학적인 경계선을 긋는 사람들은 만약 그들이 권력을 쥐고 있다면, 끊임없이 그 동기를 심사해 보아야 한다. 그들은 "내가 이 경계선으로 감정적으로나 어떤 다른 방식에서 이득이 되는가, 그렇다면, 내가 나 자신의 이득을 위해 이 경계선을 긋고 있는가"라고 자문해 보아야 한다. 우리가 이와 같은 질문에 대답하는 데 있어서 스스로를 속이는 경향이 있기 때문에 매 단계에서 그 문제에 관해서 성숙하고 믿을 수 있는 크리스천들의 조언과 그것을 다루는 적절한 방법을 추구하는 것이 역시 중요하다. 그러므로 1934년에 독일의 고백교회는 그들이 "독일 크리스천들"에 대항해서 취하고 있는 희생적인 단계들이 루터파, 개혁파, 그리고 연합교회의 기독교 지도자들의 여론에 기초하고 있는지를 앎으로써 확신을 가졌다.[33] 그들은 홀로 행하지 않았다. 물론 때로 안디옥에서의 바울과 보름스에서의 루터처럼 홀로 서는 것이 필요할 수도 있다. 그러나 이런 상황에서조차도, 과거 시대에 교회의 가르침과 일치하는지를 추구할 수 있고, 또 필요하다. 만약 교회 역사에서 주요한 인물이 지금 우리를 괴롭히는 문제를 놓고 싸우지 않았거나 그 중요성을

33. "The Theological Declaration of Barmen," *The Constitution of the Presbyterian Church(U.S.A.), Part 1, Book of Confessions*(New York/Atlanta: The Office of the General Assembly, 1983), §§ 8.01-2.28을 보라.

언급하지 않았다면, 신중하게 그 일을 진행하는 것이 현명할 것이다.

이기적인 목적으로 이단의 정죄를 사용하지 않도록 조심할 때, 모든 신자들, 특히 사역자들과 교회의 다른 교사들이 믿음의 신학적 경계선을 어디에 두고 있는지를 알고 타협없이 그것을 준수하는 것이 중요하다. 이런 목적을 위해서 다양한 믿음의 보편적인 요약들을 잘 아는 것이 유익하다. 모든 신자들은 사도신경을 잘 알아야 하고, 그 내용을 설명할 수 있어야 한다.[34] 또한 아우크스부르크 고백, 하이델베르크 교리, 그리고 웨스트민스터 기준과 같은 다른 보다 구체적인 고백들의 공통된 요소를 잘 아는 것이 역시 도움이 된다. 이런 커다란 역사적인 교회 신앙의 진술들을 모든 것에서 동의할 수는 없고, 그들의 역사적이고 문화적인 배경 때문에 더 이상 현대 교회에 말할 수 없는 진술들을 때로 갖고 있을지라도, 그것들이 공통적으로 갖고 있는 것은 기독교 신앙에 핵심으로 안전하게 간주할 수 있고, 이런 공통된 본질에 대한 교회 내에서의 위협들은 확고히 저항해야 한다.

바울이 빌립보서 3:1-11에서 굳건하게 붙잡고 있는 교리는 구원이 하나님의 주도하심과 예수 안에서의 믿음을 통해서 온다는 것이고, 이 가르침은 바울과 루터 시대에 그랬던 것처럼 오늘날도 공격을 받고 있다. 이 교리에 대한 침해는 자주 두 가지 방식으로 이루어진다. 하나는 직접적이고 다른 하나는 보다 기묘하다. 첫째로 자신을 크리스천과 동일시하고 옛날의 말시온파처럼 외적인 모양과 예배의 형태에서 기독교와 거반 다르지 않은 어떤 그룹들이, 그럼에도 불구하고, 그리스도 안에서의 신앙만이 오직 구원에 충분하다는 것을 효과적으로 부정하는 신념을 갖고 있다. 유대적인 크리스천들처럼 부가적인 요소가 그 자체로 자주 선한 것이고 성경의 증거 본문들이 이 그룹의 입장을 지원하는 것으로 쉽게 인용된다. 하지만 모든 논증들이 결론이 나는 그날의 끝에, 바울이 구원을 위해 그리스도 안에서 믿음의 완전한 충족성을 부인하는 것들을 복음의 범주로 받아들이기를 끊임없이 주장한 것과 이 그룹은 화합될 수 없다.

예를 들어, 미국의 19세기 "회복" 운동의 주요한 지도자인 알렉산더 캠벨은 "믿는 참회자에게" 침수에 의한 세례가 "죄책에서 놓임을 받거나, 공식적이고 구분되며 구체적인 사면을 받는 '수단'"이라고 가르쳤다. 결과적으로 "처음 하나님의 증언을 믿고, 죄를 회개하며, 그리스도의 죽음으로 지적으로 침수된 자만이 하나님

34. 현대적인 측면에서 사도신경에 관한 명확한 해석에 대해서는 C. E. B. Cranfield, *The Apostles' Creed: A Faith to Live By*(Grand Rapids: Eerdmans, 1993)을 보라.

의 충만하고 명백한 증언을 가진 것이다."[35] 여기서 캠벨의 운동과 관련이 있는 그리스도의 교회와 크리스천 교회의 일부 회중들은 침수에 의한 세례가 구원을 위해 꼭 필요하다고 주장하는 것으로 진전되었다. 그들은 이런 가르침을 지원하는 것으로 구원이나 중생을 세례와 연관시킨 디도서 3:5, 베드로전서 3:21, 그리고 요한일서 3:5과 같은 본문을 자주 지적한다.

물론 세례는 좋고 필수적인 기독교 성례이지만, 그것의 가치는 그리스도의 피와 성령이 사람들을 죄에서 깨끗하게 하실 때에 실제로 발생하는 것을 신자들에게 눈으로 보여주는 것에 있다. 그렇다면 성경은 왜 베드로전서 3:21과 같은 단락에서 세례를 구원과 명백하게 연관시켜주는가? 하이델베르크 요리문답은 그것을 잘 설명한다.

> 하나님은 그런 주장에 대한 좋은 이유를 제공한다. 하나님은 그리스도의 피와 영이 우리의 몸에서 물이 먼지를 씻는 것처럼 죄를 씻는다는 것을 우리에게 가르쳐주기를 원한다. 하지만 더욱 중요한 것은 하나님은 이 거룩한 서약과 표지로 우리의 죄의 씻음이 물로 몸을 씻는 것처럼 영적으로 실재한다는 것을 우리에게 확신시켜주기를 원하신다.[36]

성례적으로 유익할지라도, 세례가 구원의 역사에 기여할 수는 없다. 믿음만이 의롭게 한다. 빌립보서 3:1-11은 이 위대한 교리에 대한 파수꾼과 같고, 이 말씀의 응시를 안전하게 통과할 수 없는 신앙적인 개념은 교회에 허입될 수 없다.

그러나 복음에 대한 이런 특별한 일탈이 공식적인 정책과 교리가 그것을 신봉하는 그룹 내에서만 나타난다고 생각하는 것은 심각한 실수가 될 것이다. 하나님이 행위에 근거해서 결국에 사람들을 구원하시리라는 믿음은 침례교와 장로교, 감리교, 그리고 감독교회의 교인으로 스스로 생각하는 사람들에게도 흔하다. 이 사람들은 예수가 중요하고 그의 죽음이 죄와 관련이 있다는 것을 이해하지만, 천국

35. Alexander Campbell, *An Alexander Campbell Reader*, ed. Lester G. McAllister(St. Louis, Mo.: CBP Press, 1988), 82. 이 인용은 캠벨(Campbell)의 *The Christian System, in Reference to the Union of Christian and a Restoration of Primitive Christianity, as Pled in the Current Reformation*(1839)의 세례에 관한 장에서 가져왔다.

36. Lord's Day 27, A. 73. 이 해석은 1988년 기독교개혁교회 대회에서 채택된 하이델베르크 신조(Heidelberg Catechism)의 판본에 속한다. 이 교단의 *Psalter Hymnal*(Grand Rapids: CRC Publications, 1987), 892을 보라.

이 고결함에 대한 보상이라고 믿기를 계속한다. 이런 사람들은 이 개념을 자주 확신한다.

그러나 구원이 사람들이 행하는 선행으로 온다고 믿는 사람들은 깊이 낙심해야 한다. 구원의 이해에 관한 성경적인 관점은 만약 구원이 선행으로 온다면, 어느 누구도 구원 받을 수 없다는 것이다. "주의 종에게 심판을 행치 마소서 주의 목전에는 의로운 인생이 하나도 없나이다"(시 143:2)라고 시편기자는 말하고, 바울은 "율법의 행위로 그의 앞에 의롭다 하심을 얻을 육체가 없나니 율법으로는 죄를 깨달음이니라"(롬 3:20)고 주장한다. 그때에 구원이 행위로 온다고 믿는 사람들은 에스라의 이름을 닮은 묵시적인 책 중의 하나에서 에스라의 한탄에 가세해야 한다. 에스라는 구원이 행위로 왔다고 믿었으나 아주 많은 현대인들과 달리, 그는 이 확신의 중대한 암시를 이해했다.

> 살아 있는 모든 사람들은 악으로 둘러싸여 더럽혀졌으며, 나날이 죄스럽다. 죽음 이후에 우리를 기다리고 있는 심판이 없었다면, 그것이 우리에게 더 좋았을 것인가(제2에스드라서 7:65-69 REB).

그러나 구원이 그리스도를 통해서 '아울러' 어떤 기술적인 의식이나 일련의 선행으로 온다고 주장하는 사람들은 죄악된 인간이 얼마나 절망적인지 그리고 인간이 구원을 위해 절대적으로 하나님께 의존해야 한다는 것을 자주 이해하지 못하고 있다. 빌립보서 3:1-11은 인간의 곤경의 본질에 관한 성경적인 관점을 설명할 기회를 우리에게 제공한다. 바울이 흠없는 이력을 갖고 있고 율법을 신실하게 지켰음에도 불구하고, 그의 의가 마지막 날에 방면을 얻는데 여전히 불충분하였다. 이렇게 율법에 대한 열심에서 많은 다른 이들을 능가했던 바울이 인간의 특권과 성취에 근거해서 구원을 주장할 수 없었다면, 행위에 의한 구원을 주창하는 자들도 마찬가지일 것이다.

이신칭의 교리에 대한 침해가 자주 만들어지는 두 번째 보다 교묘한 방식은 신자들이 그 원리를 실천하지 않는다는 것이다. 예수가 "의로운 자"를 부르러 온 것이 아니라 회개하는 죄인들을 부르려고 오셨고, 하나님이 불경건한 자를 행위와 관계없이 의롭다고 간주하시며, 이 모든 것이 우리가 얻을 수 있는 특권이나 획득이라기보다 하나님으로부터 온다는 것이 사실이라면, 신자들은 어떤 외적인 특징에 근거해서 그들의 교제를 서로 제한하지 않아야 한다. 유대적인 크리스천들은 스스로를 크리스천이라고 주장하였을지라도, 이방인들이 할례를 받지 않았기 때문에 믿는 이방인들과 관계하기를 원치 않았다(갈 2:12; 참조. 행 11:2-3). 빌립보서 3:1-11과 갈라디아서에서 표면적으로 나타난 분노는 율법의 행위와 상관없는 이신칭의의 교리가 유대적인 사람들의 가르침에 의해 위협을 받았을 뿐 아니라, 이 교리에서 나온 중요한 윤리적 원리(크리스천들은 외적인 이유로 서로에 대한 교제를 제한할 수 없다)가 역시 문제가 되었기 때문이다. 하나님이 수용한 사람들은 서로를 수용해야 한다.

애석하고 아이러니하게도 개신교 교회가 16세기의 로마 가톨릭 교회에 믿음으로만 의롭게 된다는 교리를 위반한다고 항의함으로써 세워졌을지라도, 대체로 인종과 사회적인 부류에 의해 분리된 채로 있다. 톰 신(Tom Sine)은 "주일 아침 11시에는 미국생활에서 가장 분열적인 시간이다"라고 말했다.[37] 대부분의 미국의 개신교인들은 다음 주일에 주위를 돌아봄으로써 그의 말을 확인할 수 있다. 기독교 예배와 교제의 동질성이 인종과 사회경제적이고 세대적인 구분에 기초해서 확장하고 있다. 이 중에 어떤 것은, 자주 무지와 두려움에 의해 가중된, 우리와는 다른 사람들과 삶을 공유하기를 꺼려하는 이기심으로 인종차별주의와 계급주의에 기여하고 있다. 그러나 그 대부분은 현상에 대한 만족이나 동질적인 단위의 변화가 자신의 교회의 성장에 해롭게 영향을 미칠 것이라는 두려움에서 발생하는 것으로 보인다.[38] 그 원인이 무엇이든지 간에 크리스천들은 그들을 나누는 외적인 장벽을 극복할 수 있는 방법을 역동적으로 추구해야 한다. 우리가 그렇게 하지 않는다면, 믿지 않는 사람들에게 예수 그리스도가 "우리 죄를 위한 화목 제물이니 우리만 위할 뿐 아니요 온 세상의 죄를 위하심이라"(요일 2:2)고 거의 선언할 수가 없다.

빌립보서 3:1-11은 크리스천들이 믿는 것을 따라서 행동할 것을 도전할 뿐 아니라, 불신자들은 그들의 확신을 심사해볼 것을 촉구한다. 설문조사에 따르면, 미국인들의 88퍼센트는 하나님의 존재를 의심하지 않으며, 81퍼센트는 "죄에 대해

---

37. Russell Chandler, *Racing Toward 2001: The Forces Shaping America's Religious Future*(Grand Rapids: Zondervan, 1992), 31에서 인용된 것처럼 톰 신(Tom Sine).

38. 그러므로 "동질적인 단위의 원리"는 교회 성장 전략의 표준적인 이론이 되었다. Donald A. McGavaran, *Understanding Church Growth*, rev. ed. (Grand Rapids: Eerdmans, 1980), 306-7; Donald A. McGavaran and Winfield C. Arn, *Ten Steps for Church Growth*(New York: Harper & Row, 1977), 74-79을 보라. 물론 이 원리가 작용하지만, 부분적으로 이런 문제로 인해서 바나바, 베드로, 그리고 안디옥 교회의 "다른 유대인들"과 갈라진 바울이 그것을 신학적으로 타당하다고 생각했다고 보기가 어렵다(갈 2:11-13).

서 응답하기 위해서 하나님 앞에 서게" 되는 심판날을 믿으며, 71퍼센트는 죽은 후에 삶을 믿지만, 오직 69퍼센트만이 자신들이 교회에 소속되어 있다고 말한다.[39] 우리 대부분은 곧바로 이 통계치를 이해할 수 있다. 우리는 하나님과 죽음 이후의 삶, 그리고 심판날을 믿지만, 크리스천이 아닌 사람들을 안다. 그들과 대화에 참여하면, 그들이 복음을 믿지 않고 교회에 다니지 않을지라도, 어쨌든 하나님이 자신들을 인정할 것이며, 다음 생애가 있다면 그것은 나쁘지 않을 것이라고 분명히 생각한다.

이 단락은 모든 그러한 안일한 생각을 도전한다. 바울은 하나님과 하나님의 요구에 대해서 생각하지만, 그럼에도 불구하고 복음을 거부하는 사람들은 마지막 날에 자기 자신의 의 외에는 하나님께 드릴 것이 없음을 발견하게 될 것이라고 명백하게 말한다. 그러나 하나님이 제공하시는 의가 아닌 어떤 의도 심판의 시간에 견딜 수 없게 할 것이다. 다시 말해서 교회 바깥에 있는 사람들은 구원이 어떤 종교적인 확신에서 오는 것이 아니라는 사실을 아는 것이 영원히 중요하다. 구원은 성경에 나타나고 온 세대를 통해서 신실한 교회에서 설파된 것처럼, 예수 그리스도의 복음을 믿는 믿음을 통해서 온다.

한편으로 이 단락은 교회 내의 사람들에게 복음에 관한 그들의 이해가 성경의 기준을 따른 올바른 것인지를 확실히 하라고 도전한다. 영원히 중요한 질문은 교회가 세상에 복음을 증거하는 것과 관련하여 나타난다. 신학교육은 진지한 임무이고 복음의 사역자가 되는 소명은 매우 진지한 도전이다. 그런데 너무 자주 그 반대편 경우가 발생한다. 스탠리 하우어워스(Stanley Hauerwas)는 신학교와 의대 사이의 차이와 대중들이 의사에게 갖는 관용과 목사들에게 갖는 관용의 차이를 관찰함으로써 이에 관해서 언급했다. 신학교는 학생들의 바람을 충족시키기 위해서 학교의 요구사항을 완화시킨다. 반면에 의학생이 고약한 해부학을 행하지 않으려 한다면, 학교 당국은 그 학생에게 "집에 가서 쉬라"고 말할 것이다. 유사하게 대중들은 의사들이 자신들로 하여금 몇 시간을 기다리게 하거나 불쾌하게 하더라도 이해하지만, 목사는 어떤 환경에서든지 바르고 정확할 것을 기대한다. 하우어워스는 이런 문제에 대한 이유를 묵상한다.

---

39. George Gallup Jr. and Jim Castelli, *The People's Religion: American Faith in the 90's*(New York/London: Macmillan/Collier, 1989), 58-59, 132을 보라.

그것은 어느 누구도 유능하게 훈련되지 않은 사제가 그들의 구원을 위협할 것이라고 믿지 않는다는 사실에서 유래한다고 나는 생각한다. 사실상 어느 누구도 어떤 것이 구원을 위태롭게 한다고 믿지 않지만, 유능하게 훈련되지 않은 의사는 자신들을 해칠 수 있다고 생각하기 때문이다.[40]

그러나 빌립보서 3:1-11은 구원이 위태로울 수 있음을 우리에게 보여준다. 그리스도 안에서 믿음이 없다면, 우리는 마지막 날에 방면될 수 없다. 이 의를 얻는 것이 교회의 영적인 건강과 말씀을 받은 사람들의 영원한 행복을 위해 중요하다.

신자들이 육체에 확신을 두지 말고, 성령으로 예배하며 영적으로 할례를 받는 마음을 가지라는 3:3에서의 바울의 주장은 이 단락과 현대 교회의 연결에 관한 마지막 주요한 요지를 제공한다. 교회와 각각의 신자들은 바울이 이 단락에서 표현한 것처럼, 형식적으로는 복음에 헌신하였을지라도 마음의 "육체적"인 구조로 쉽게 전락할 수 있다. 교회의 지도부는 건물 프로그램, 교회성장 전략, 또는 교회 생활의 어떤 다른 양상들을 세상이 이루기를 추구하는 것과 유사한 방식으로 보충하고 전개할 수 있다. 이런 일이 발생할 때, 우리가 이신칭의 교리를 따라 나아가려고 할지라도, 우리는 그 믿음과는 양립할 수 없는 방식으로 행동하고 있다. 성령으로 충만하여 하나님께 순종하는 교회의 주요한 임무에서 멀어져서 세상이나 특별한 프로그램을 교회의 어젠더(일정)가 되게 하는 것은 그리스도 안에 확신을 두는 것을 멈추고 육체에 확신을 두기를 시작하는 것이다.

교회 지도부는 복음의 전파를 돕는 것으로 의도하였을지라도, 역시 근본적으로 세상의 관점에 붙잡혀 있는 프로그램과 전략을 채택할 수 있다. 그러므로 크리스천들은 비즈니스 세계의 마케팅 전략을 교회에 적용하는 것을 조심해야 한다. 이 전략을 사용하는 사람들은 아주 많은 수의 사람들에게 가능한 한 분명하게 복음을 전달하려는 칭찬할 만한 목표를 갖고 있고, 과거의 작고 불편하고 지루한 교회에서 가졌던 나쁜 경험에 의해 자주 동기부여가 되었다. 하지만 타락하고 불신하는 세계에서 발전된 프로그램으로 복음을 마케팅 하는 대가는 너무 커서 교회가 대대적으로 그것을 채택할 수는 없다.

교회 마케팅의 세계의 한 사례가 그 문제를 보여주기에 충분하다. 한 교회 성장

---

40. Stanley Hauerwas, "Communitarians and Medical Ethicists, or 'Why I Am None of the Above,'" *Christian Scholars Review* 23(1994): 293-94.

전략가는 표준적인 마케팅 교본을 언급함으로써 교회 성장에 관한 그의 핸드북을 시작한다. 그 책은 네 가지 근본적인 원리를 이렇게 묘사한다. "생산", "장소", "촉진", 그리고 "가격." 생산은 소비자의 필요를 충족시키는 것으로 묘사된다. 장소는 생산이 소비자에게 전달되는 지역이다. 촉진(프로모션)은 생산에 대해서 잠재적인 소비자에게 말해주고 그것을 갖게 하기 위한 적극적인 이유를 제공하는 것과 관련이 있다. 생산의 가격은 생산자가 투자의 보답으로 가져오게 될 양과 소비자가 지불하고자 하는 양을 세심하게 균형 잡음으로써 결정된다.[41]

이 책의 저자는 이 전략을 따르는데 있어서 교회가 돈의 측면에서 "생산"을 바꾸거나 바라봐야 하는 것을 의도하지 않는다고 조심스럽게 설명한다. 하지만 교회의 "비즈니스"가 상품과 서비스를 팔기 위한 소비자 지향적인 사회가 발전시킨 모형으로 형성될 수 있는가라고 성가신 질문이 계속될 수 있다. 세속적인 마케팅 전략의 목표는 사람들이 살 상품을 기획하고 그것을 사람들이 사도록 설득하는 일에 있다. 그리고 만약 사람들이 생산에 대한 필요를 보지 못하고, 그 필요를 보도록 설득할 수 없다면, 좋은 마케팅 원리는 생산 라인을 근본적으로 바꾸거나 가격을 내리거나 보다 많이 판매할 수 있는 것을 선호하여 전적으로 그것을 폐기하라고 말할 수 있다.

그러나 그리스도와 십자가에 못 박히신 그를 전파하는 것은 마케팅 전략가에게는 악몽이다. 그리스도의 사역 초기에 그를 따랐던 사람들은 십자가의 메시지에 "이것은 어려운 가르침이다. 누가 그것을 받아들일 수 있는가?"라고 반응했고, 예수가 십자가의 중심성을 강조했을 때, 요한은 "제자들 중에 많은 이들이 돌아서서 더 이상 그를 따르지 않았다"(요 6:53-66)라고 우리에게 말해준다. 예수의 가장 가까운 제자들 중에 한 사람인 베드로는 예수가 "인자가 많은 고난을 받고 장로들과 대제사장들 그리고 율법사들에 의해 배척을 당할"(막 8:31-32; 참조. 마 16:21-22) 것이라고 가르쳤을 때 그에게 불평했다. 십자가에 못 박히신 주님의 개념은 부활 이후에도 인기를 얻지 못했다. 바울은 초대 크리스천에 의해 전파된 "십자가의 메시지"를 많은 사람들이 "어리석다"고 생각하고(고전 1:18), "유대인에게는 걸림돌이요 이방인에게는 어리석은 것"(1:23)이라고 주장한다.

어째서 강력한 반작용이 있었는가? 두 가지 이유가 신약성경에 나타난다. (1) 우리가 빌립보서 2:5-11의 논의에서 이미 보았던 것처럼, 십자가는 고대의 그리스

41. George Barna, *Marketing the Church*(Colorado Springs, Colo.: NavPress, 1988), 41-44.

로마 세계에서 치욕이었다. 그것은 낮은 부류의 사람들 중에 최악의 범죄자들에게 주어지는 잔인한 사형이었고 배척과 무기력의 사회적 상징이었다. (2) 못 박히신 그리스도의 걸림돌에도 불구하고 예수는 그를 따르는 자들에게 이렇게 말씀하셨다. "아무든지 나를 따라 오려거든 자기를 부인하고 날마다 제 십자가를 지고 나를 좇을 것이니라"(눅 9:23; 참조. 마 16:24; 막 8:34). 바울은 "그리스도의 고난에 참여하고 그의 죽음을 본받기 위해서" 자신의 육체적인 특권과 업적들을 포기할 때 이 길을 따랐다(빌 3:10).

신약성경은 이렇게 전적으로 매력이 없는 메시지가 하나님의 영이 사람들의 마음속에 그것을 받아들이도록 역사하셨기 때문에 전적으로 성공했다고 증거한다(고전 1:26-31; 고후 2:14-3:6). 그러므로 우리가 다른 사람들에게 효과적으로 복음을 전달하기 위해 사용하는 전략들은 호화로운 교회 건물을 더 많은 사람들로 채우거나 점점 더 증가하는 예산의 재정적인 요건들을 충족시키기 위해서 그 메시지를 완화시키거나 수정해서는 안 된다(갈 2:19).[42] 그렇게 하는 것은 그리스도로부터 멀어져서 우리의 확신을 갖는 것이고, 육체에 신뢰를 두는 것이다. 하나님보다 하나님의 비즈니스를 행하는 방법을 아는 것은 유대적인 크리스천들과 그리스도인이 되기 이전의 바울처럼 복음의 순결에서 떠나 인간의 고안물과 형상으로 전환하는 것을 의미한다.

42. 교회성장을 촉진하기 위해서 세속적인 마케팅 전략을 사용하는 문제에 관한 적당한 비판에 대해서는 Douglas D. Webster, *Selling Jesus: What's Wrong With Marketing the Church*(Downers Grove, Ill.: InterVarsity Press, 1992)을 보라.

빌립보서 3:12-4:1

12 내가 이미 얻었다 함도 아니요 온전히 이루
었다 함도 아니라 오직 내가 그리스도 예수
께 잡힌 바 된 그것을 잡으려고 달려가노라
13 형제들아 나는 아직 내가 잡은 줄로 여기지
아니하고 오직 한 일 즉 뒤에 있는 것은 잊어
버리고 앞에 있는 것을 잡으려고
14 푯대를 향하여 그리스도 예수 안에서 하나님
이 위에서 부르신 부름의 상을 위하여 달려
가노라
15 그러므로 누구든지 우리 온전히 이룬 자들은
이렇게 생각할지니 만일 어떤 일에 너희가
달리 생각하면 하나님이 이것도 너희에게 나
타내시리라
16 오직 우리가 어디까지 이르렀든지 그대로 행
할 것이라
17 형제들아 너희는 함께 나를 본받으라 그리고
너희가 우리를 본받은 것처럼 그와 같이 행
하는 자들을 눈여겨 보라
18 내가 여러 번 너희에게 말하였거니와 이제도
눈물을 흘리며 말하노니 여러 사람들이 그리
스도의 십자가의 원수로 행하느니라
19 그들의 마침은 멸망이요 그들의 신은 배요
그 영광은 그들의 부끄러움에 있고 땅의 일
을 생각하는 자라
20 그러나 우리의 시민권은 하늘에 있는지라 거
기로부터 구원하는 자 곧 주 예수 그리스도
를 기다리노니
21 그는 만물을 자기에게 복종하게 하실 수 있
는 자의 역사로 우리의 낮은 몸을 자기 영광
의 몸의 형체와 같이 변하게 하시리라

4:1 그러므로 나의 사랑하고 사모하는 형제들,
나의 기쁨이요 면류관인 사랑하는 자들아 이
와 같이 주 안에 서라

원 의미

3:12-4:1에서 바울은 유대적인 사람들이 빌립보 교회를 침해할 가능성에서 두 가지 다른 가능한 문제로 전환한다. (1) 그리스도를 얻기 위해서 모든 것을 잃어버리는 것에 관한 그의 가르침이 그가 이미 영적인 완전함에 이르렀다고 오해할 수 있음을 염려한다. (2) 이런 우려가 빌립보인들이 그들의 배의 신들을 만들고, 부끄러워해야 하는 것들을 영광스럽게 하며, 세상적인 것들에 마음을 둠으로써 그리스도의 십자가의 대적이 되는 것을 그가 경고하도록 이끈다. 그는 주님 안에서 확고히 서라는 교훈으로(4:1) 경고의 전체 부분을 결론짓는다(3:1-21).

주석의 서론이 제기한 것처럼, 이 단락에서 바울은 고린도의 크리스천들을 오염시켰던 잘못을 빌립보인들에게 경각시킨다. 고린도의 서신은 지식과 성령, 능력의 외적인 표지와 영적인 완전함(고전 4:6-13; 8:1-13; 14:12)에 매료된 교회를 드러낸다(고전 4:6-13; 8:1-13; 14:12). 고린도의 어떤 사람들은 영적인 성숙이 이런 요소들에 의해서 정의되어야 하고, "모든 것이 나에게 허락되어 있다"라는 슬로건을 좋아했으며(6:12; 10:23), 서로 사랑하고 성적으로 순결하며 우상숭배를 피하는 것과 같은 근본적인 윤리적 요건을 소홀히 했다(5:1-13; 6:12-20; 8:1-13; 10:1-22). 고린도인들은 자신들의 입장이 바울의 복음에 부합한다는 증거로 모세의 율법이 구식이라는 바울의 주장에 호소했다.[1]

복음에 대한 이런 왜곡은 빌립보에서 심각한 문제가 되지는 않았을 것이지만, 바울이 고린도전서를 저작한 후에 언젠가 에베소로부터 이 빌립보서를 썼다면, 빌립보서 3:12-4:1은 빌립보의 토양에 이런 개념이 자라가는 것을 막고자 하는 시도일 것이다. 그러므로 바울은 이 단락에서 빌립보의 거짓 교사들에 대해서 우려하고 있지는 않을 것이다. 그 대신에 율법을 지키는 이전의 의를 이제 배설물로 여기고 있다고 말함으로써 그는 고린도 교회의 잘못된 방향으로 이 가르침을 순전히 오독하는 것을 차단하기를 희망한다.

바울이 오해를 차단하다(3:12-16). 3:8-11에 따르면, 바울은 그리스도를 얻고 그 안에서 발견되며, 그리스도의 고난과 부활의 능력 속에서 그를 알고, 죽은 자의 부활을 얻기 위해서 모든 것의 상실을 겪었다. 이것은 그가 영적인 완전함에 도달한 것을 의미하는가? 바울은 적어도 고린도에서 어떤 이들이 그의 말에서 그런 결론을 도출했다는 것을 인식하고 있었다(고전 4:8; 15:12). 그러나 그는 그러한 개념들이 빌립보에 뿌리를 내리는 것을 허락할 수 없었다. 그러므로 빌립보서 3:12-16에서 그는 마지막 날을 향한 그의 여행이 아직 불완전함을 확증한다. 역설적으로 완전함의 부족('테테레이오마이')을 알고 있는 사람들만이 영적인 성숙('텔레이오스')에 이른 것이라고 설명하면서 말이다.

12-14절에서 바울은 빌립보인들이 8-11절을 두 가지 방식으로 영적인 완전함의 주장으로 오해하지 않아야 한다는 강렬한 관심을 보여준다. (1) 그는 그가 불완전하다는 것을 반복해서 진술하고—그는 "획득하지" 못했고, "완전하지 않으며",

1. 바울은 모세의 율법이 신자들에게 더 이상 구속하지 않는다고 믿었다. 그러므로 고린도인들은 윤리적인 규범이 신자들을 규제할 수 없음을 의미하는 것으로 이 원리를 확대하였다. Gordon D. Fee, *The First Epistles of Paul to the Corinthians*(Grand Rapids: Eerdmans, 1987), 251-52. 바울의 가르침에 대한 그러한 왜곡이 흔하였다는 증거에 대해서는 롬 3:8; 6:1; 6:15; 약 2:14-26을 보라.

그리고 그의 궁극적인 목표를 "이루지" 못했다. (2) NIV가 12절에서 동사 "획득했다" 다음에 "이 모든 것"(all this)이란 어구를 공급할지라도, 헬라어 본문은 동사의 목적어를 표현하지 않고 남겨둔다. 직역하면 바울의 헬라어는 "내가 이미 얻었다 함도 아니요 이미 완전해졌다 함도 아니라"라고 독법할 수 있다. 이렇게 하는 효과는 바울이 완전하지 않다는 개념에 독자의 관심을 충분히 초점을 맞추게 한다. 영어에서 우리는 "존이 그가 도달했다고 생각한다"라고 말할 때 동일한 효과를 갖는다. "도달했다"는 말은 존이 그가 도달했다고 생각하는 것을 우리에게 말해주는 수식어를 갖지 않는다. 그러므로 모든 강조가 동사와 그것이 전달하는 오만함의 태도에 두어진다. 바울이 무엇을 얻었는지를 질문 받는다면, 그는 NIV가 가정하는 것처럼, 8-11절에 열거된 목표를 지적함으로써 자신의 영적인 여행의 미완성을 강조하기 위해서 그 대상을 구체적이지 않게 만든다.[2]

바울은 또한 그의 영적인 여행의 미완성에 비추어서 그가 행하고 있는 것에 관해서 12-14절에서 긍정적으로 말한다. 그의 용어는 전쟁과 운동의 세계에서 나타나고, 소명을 이루려는 노력의 진력하는 특성을 강조한다. 12절에서 그는 8-11절에서 열거한 목표를 붙잡기 위해서 노력하고 있음을 말한다. 군사적인 정황에서 한 군대가 다른 군대를 쫓는 것을 가리킬 수 있는 두 용어들을 선택함으로써 말이다.[3] 두 용어들은 모두 특별한 목표에 이르기 위한 단일한 마음의 시도를 나타낸다.

NIV에 따르면, 바울의 목표는 "내가 그리스도 예수께 잡힌 바 된 그것"에 이르는 것이다. 하지만 "그것"('에포 호')이라는 헬라어구는 보통 바울의 서신에서 원

2. "이 모든 것"이 그 동사의 올바른 보족어라면, 그때에 그것은 그리스도와 그의 부활의 능력을 아는 것(8a, 10절), 그리스도 자신(8b절), 그리스도 안에서 발견되는 것(9a절), 그리스도의 고난의 교제(10b절), 그리고 죽은 자의 부활에 이르는 것(11절)을 포함할 것이다. 적절한 직접적인 목적어에 대한 다른 주장들은 (1) 부활(11절), (2) 상(14절), (3) 하나님으로부터 오는 의(9절), 그리고 (4) 그리스도를 얻는 바울의 목표(8절)이다. 혹자는 바울이 그리스도인의 삶에서 개인적인 성취에 대한 어떤 자리도 내어주는 것을 부정하기 위해서 그 목적어를 표현하지 않은 채로 남겨두었다고 믿는다. O'Brien, *Philippians*, 420-22에서 이런 선택에 관한 철저한 논의를 보라.

3. Walter Bauer, *A Greek-English Lexicon of the New Testament and Other Early Christian Literature*, 2d ed., trans., adapt., and rev. William F. Arndt, F. Wilbur Gingrich, Frederick W. Danker(Chicago: University of Chicago Press, 1979), 201을 보라. 고대 역사가인 헤로도투스(Herodotus, B.C. 약 490-425)는 페르시아 군대가 그리스의 대적자들을 이런 식으로 추격하는 것을 묘사한다. "오래된 옛 전략을 계속 사용한 페르시아 기병대는 지난 며칠 동안 정주했던 곳에서 대적자들이 사라진 것을 발견하고서, '추격'을 계속했다. 이제 후퇴하는 무리를 '따라잡은' 그들은 그들의 공격을 활발하게 전개했다"(9.58; Herodotus, *The Histories*[Hammondsworth, Middlesex, Eng.: Penguin Books, 1972], 600을 보라). 이 탤릭체로 된 용어들은 12절에서 "잡으려고 달려 간다"는 바울의 표현에 상응한다.

인을 표현하고, 아마도 여기서 그것은 원인적인 의미를 담고 있을 것이다. 그러므로 바울이 추구하고 있는 목표는 그가 8-11절에서 묘사한 모든 것에 이르는 것이고, 12절의 두 번째 부분은 "그리스도가 나를 붙드셨기 때문에"라고 번역해야 한다.[4] 말하자면, 바울은 다메섹 도상에서 그리스도가 그를 붙잡으셨기 때문에 그리스도에 관한 지식, 그의 고난, 부활의 능력, 그리고 마지막 날에 그리스도와의 연합을 활발하게 추구하고 있다(행 9:1-19; 22:3-16; 26:9-18). 이 사건이 발생하지 않았다면, 바울은 이런 목표들을 향해 나아가는('디오코', 12, 14절) 대신에 여전히 "교회를 박해하는('디오코') 일"(빌 3:6)에 바빴을 것이다.

이 목표에 이르려는 바울의 노력에 어려움을 더욱더 표현해주는 것은 12-14절에 운동의 심상이다. 이미 출발한 경주에서 뒤를 돌아보는 것은 마지막을 향해 나아가는 것을 늦어지게 할 뿐임을 아는 경주자처럼 바울은 경주를 완수하고 상을 얻기 위해서 뒤에 것은 잊어버리고 앞에 것을 향해 나아간다고 말한다.[5] 일부 해석자들은 뒤에 것은 잊어버린다는 바울의 주장을 그가 기독교인이 되기 이전의 과거로 취급하지만(참조. 5-6절), 두 가지 고려사항이 그런 해석과는 거리가 있음을 만들어준다. (1) 여기서 논의하고 있는 요지는 신자로서 바울의 진보이지 그 이전에 교회를 박해하였던 때의 진보를 가리키지 않는다. (2) 바울이 다른 곳에서 운동의 심상을 사용할 때, 그 주제는 사도의 수고다(참조. 2:16; 고전 9:24-26). 이런 수고가 여기서도 역시 초점이 되고 있다. 그때에 바울의 요지는 그의 과거의 성공에 안주하지 않고 빌립보인들과 그의 다른 교인들을 그리스도께 흠없이 드릴 날을 향해 나아가고 있다는 것이다(1:10; 2:14-18; 고전 1:8; 살전 3:13; 5:23).

이 상은 무엇인가? 바울의 서신에서 명사와 동사로서 "부르심, 부르다"(call)란 용어는 풍부한 신학적 의미를 지닌다. 하나님이 이스라엘을 구약성경에서 그의 백성으로 부르신 것처럼(사 48:12; 5:12), 바울의 서신에서 하나님은 많은 윤리적 사회적 배경의 사람들을 예수 그리스도와 함께 하는 교제(고전 1:9)와 그의 나라(살전 2:12)로 부르시고(고전 1:26; 엡 3:1; 4:1), 그의 은혜로 이 일을 행하신다(갈 1:6). 게다가 이 소명은 현재에 완전히 실현되는 어떤 것이 아니라 신자들이

---

4. Bauer, *Greek-English Lexicon*, 287; F. Blass and A. Debrunner, *A Greek Grammar of the New Testament and Other Early Christian Literature*, trans. and ed. Robert W. Funk(Chicago: University of Chicago Press, 1961), 123(§235[2]); O'Brien, *Philippians*, 425을 보라.

5. Victor C. Pfitzner, *Paul and the Agon Motif: Traditional Athletic Imagery in the Pauline Literature*(Leiden: Brill, 1967), 140-41을 보라.

지금 소망하는 장래에 실현될 것이다(엡 1:18; 4:4). 그러므로 바울이 그의 모든 능력으로 나아가고 있는 하늘의 부르심은 그리스도와의 동일시로 인해서 마지막 날에 하나님 앞에 의롭게 서게 될, 유대인과 이방인들로 구성된, 사람들의 일부가 되는 하나님의 부르심이다(8-11절).

적어도 헬라어 본문에서 바울의 다음 진술(15절)은 놀라움으로 다가온다. 직역하면 그는 "완전해진 우리들은 이렇게 생각할지니"라고 말한다. 자신이 "완전해졌다"('테틀레이오마이', 12절)라는 것을 부정했던 바울은 이제 자신을 "완전한 자들"('텔레이오이') 중에 둔다. 왜 그런가? 그 대답을 그의 다른 서신에서 '텔레이오스'란 용어의 사용을 밀접하게 관찰함으로써 알 수 있다. 바울이 이 용어를 신자들에게 적용할 때, 그것은 궁극적인 의미에서 완전함이 아니라, 하나님의 지혜와 세상의 지혜를 구분하고(고전 2:6; 참조. 골 1:28), 적절하게 영적인 은사들을 사용하는데 필요한 성숙을 함축한다(고전 14:20; 엡 4:11-13).

고린도전서 14:20에서 바울은 이 용어를 사용한 사례를 제공한다. 바울은 "형제들아 지혜에는 아이가 되지 말고 악에는 어린 아이가 되라 지혜에 장성한 사람이 되라"고 말한다. "어린 아이"처럼 생각하는 사람들과 생각이 "완전한" 사람들 간에 바울의 대조는 그의 주요한 관심이 궁극적인 완전에 있는 것이 아니라 영적인 성숙에 있음을 보여준다.[6] 그때에 빌립보서 3:15에서 성숙은 과거의 영적인 도달에 초점을 맞추는 것을 거부하고, 앞에 놓여 있는 과정에 얼마나 많은 노력을 기울여야하는지를 깨닫는 문제이다.

바울은 방금 말했던 모든 것이 일부 신자들, 심지어 빌립보의 일부 신자들에게조차도 용인되지 않을 것을 인식한다. 빌립보의 일부 사람들은 고린도의 교회에 깊이 침투한 완전주의의 징조를 이미 보이고 있다고 하는 것이 가능한가? 고린도에서의 비연합처럼 빌립보에서의 비연합이 이런 방식의 사상의 발아와 관련이 있는가? 여기서 고린도에 논쟁을 일으키고 빌립보에도 역시 그 전략을 확산시키고 있는 말썽쟁이의 순회 그룹을 상상할 필요는 없다. 헬라 세계는 종교적인 완전성과 구원의 개념으로 가득했고, 고린도에서처럼 빌립보에서도 복음에 이런 개념이 혼합되기가 쉬웠을 것이다. 만약 이런 일이 일어났다면, 그 혼합은 고린도에서만큼 심각하지는 않았을 것이다(1:3-11). 그러므로 바울은 3:15b에서 온화한 교정

6. 고전 14:20의 NIV 번역은 이런 뉘앙스를 잘 포착한다. "형제들아 지혜에는 아이가 되지 말고 악에는 어린 아이가 되라 지혜에 장성한 사람['텔레이오이']이 되라."

을 주고 있다. 만일 빌립보의 신자들 가운데 다른 입장을 취한다면, 하나님이 그들에게 진리를 나타내실 것이라.

바울은 반면에 그들에게 한 가지 요청을 한다(16절). 빌립보의 신자들은 복음에 합당한 삶을 살아감으로써 이미 만들었던 진보에서 후퇴하지 않아야 한다. NIV가 "그대로 행하라"(live up to)고 번역하고 있는 동사는 바울에게서 드문 용어이고('스토이케오'), 그의 서신에서 다른 곳에서 오직 세 번만 사용된다. 이와 다른 출현들에서 그 용어는 믿음의 삶, 즉 "사랑, 기쁨, 평화, 인내, 자비 양선, 믿음, 온유, 절제"의 성령의 열매로 특징지어지고(갈 5:22-25), 하나님이 재창조하신 삶을 가리킨다(롬 4:12). 하나님은 빌립보에서 선한 일을 시작하셨고, 이런 자질들 중에 많은 것이 그들 가운데 나타났지만(1:6, 9-11), 바울은 그들이 이미 이루었던 진보를 파괴하게 만드는, 그들 사이에 내재되어 있던 진리로부터의 일탈을 원치 않는다. 이는 그들을 위한 그의 사도적 수고를 헛되게 하는 것이며, 그가 마지막 날에 하나님 앞에서 적어도 빌립보인들과 관련하여 빈손으로 서게 할 것임을 의미한다(2:16).

바울이 잘못을 경각시키다(3:17-4:1). 이런 가능성을 차단하기 위해서 바울은 이제 직접적으로 보다 심각한 신학적 잘못에 관한 문제를 언급한다. 그 잘못은 새로운 것이 아니다. 바울이 자주 그것에 관해서 빌립보인들에게 경각시켰기 때문이다(18a절). 하지만 여기서 그는 그의 경고의 강렬함을 가중시켜야 하는 책임을 느낀다(18b절). 우리는 바울이 왜 이런 긴급함을 느꼈는지를 오직 추측할 수 있을 뿐이지만, 아마도 고린도 교회에서의 경험이 원인이 되었을 것이다.

만약 바울이 에베소에서 당한 달리 알려지지 않은 구금에서 이 서신을 썼다면, 고린도의 상황이 그의 마음에 아주 새로웠을 것이다.[7] 고린도인들은 바울이 전파한 십자가에 못 박히신 구세주의 연약한 특징을 채택한 사도의 고난의 삶을 더 피곤하게 했다(고전 1:18-25; 2:1-5l 4:8-13; 고후 4:7-12; 13:4). 지식과 능력이 그들의 슬로건이었고, 이 둘의 소유가 우상 신전의 제의 음식에 참여하지 말라는 바울의 명령에서 자유롭게 하는 영적인 성숙의 소유를 의미했다(고전 8:1-10:22). 그것은 역시 그들 가운데 부유한 사람들이 성찬에서 그들의 육체적인 식욕을 만끽하고, 공동체의 가난한 지체들의 필요와 감정을 망각하게 했다(11:17-34).[8] 게

7. 고린도전서와 고린도후서는 바울의 에베소 사역의 시기 경에 작성되었다. 고린도전서는 바울이 여전히 에베소에 있는 동안에(고전 16:8), 그리고 고린도후서는 그가 에베소를 떠난 직후에(고후 2:13; 7:5-7)에 작성되었다.

다가 영적인 조명과 능력만이 중요하기 때문에 부끄러운 성적 행위로 육체적으로 방종하는 것이 그들 가운데서 관용되었을 뿐 아니라 영적인 자유의 표지로 칭송되었다(5:1-13; 6:12-20; 고후 12:21).

이것들은 바울이 "그리스도의 십자가의 원수"(18절)에 대해 빌립보인들에게 경고할 때 염두에 두었던 문제일 것이다. "그들의 신은 배요 그 영광은 그들의 부끄러움에 있다"(19절). 그러한 사상은 그것을 붙잡는 사람들의 영원한 멸망을 가져올 뿐이다(참조. 1:28). 그러므로 그것은 하나님의 것보다 세상의 것에 초점을 맞춘 마음의 생산물(19절)이라고 바울은 말한다. "땅의 일"은 모든 삶의 실제적인 사건들이 아니라 하나님과 반대되는 세속적인 삶을 특징짓는 것들을 일컫는다— "성적인 부도덕, 불결, 탐욕, 악한 욕구…탐심, 분, 격노, 악의, 중상, 그리고 속된 말"(골 3:1-11).[9] 이 목록 가운데 오직 불결과 악한 욕구만 특별히 사회적인 죄가 아니고, 목록의 나머지 것들은 교회의 연합을 파괴하는 신랄한 것들로 작용한다. 사고의 이런 유형이 빌립보에 이미 토대를 놓기 시작했다면, 그것은 부분적으로 바울이 이 서신 전반에서 언급한(특히 2:14; 4:2에서) 원망과 시비에 대한 설명이 되어준다.

바울은 이 문제에 대한 두 가지 해독제를 추천한다. 그는 그와 다른 성숙한 크리스천들이 빌립보인들에게 제공했던 모범을 따르는 노력에 그들이 연합할 것을 촉구하고(17절), 그들이 하늘의 시민권을 갖고 있음을 기억하도록 교훈한다(20절).

바울은 빌립보인들에게 서신 전반을 통해서 미묘한 방식으로 자신의 모범에 관해서 자주 상기시켰다. 그는 그의 고난과 빌립보인들의 고난이 유사하다고 주장했다(1:29-30). 빌립보인들이 고난에 관한 그의 관점에서 배워야 한다는 것을 암시함으로써 말이다(1:12-26). 그는 에바브로디도를 칭찬하여 보내려고 함으로써 자신의 이득보다 다른 사람의 이득을 우선하는 것(2:4)이 무엇을 의미하는지를 보여주었다(2:25, 29-30). 하나님의 의에 확신을 두는 것보다 자신의 의에 확신을 두는 것으로 특징지어지는 과거를 기꺼이 배격한 것은 빌립보인들이 그들의 해변에 당도할 유대적인 사람들에게 어떻게 반응해야하는지를 예증했다(3:1-11). 그리고 그가 그리스도와의 완전한 합일의 최종 목표를 위해 진력할 필요를 생각하고 있

8. 또한 고전 6:13과 15:32을 보라. 고린도교회가 사회적인 부류들 사이의 분쟁에 의해서 분열되었을 가능성에 관해서는 Gerd Theissen, *The Social Setting of Pauline Christianity: Essays on Corinth* (Philadelphia: Fotress, 1982)을 보라.

9. 참조. O'Brien, *Philippians*, 458.

는 것처럼, 빌립보인들도 그렇게 생각할 것을 촉구했다(3:15). 빌립보인들이 그를 닮아야할 추론의 모든 것이 이제 17절에서 명시적이 된다.

우리들에게서 바울이 빌립보인들이 자신을 닮을 것을 촉구한 것이 얼핏 보기에 거슬려 보일 수 있다. 그것은 그가 영적으로 "온전함에 도달하지" 않았다고 방금 말한 것과 조화될 수 있는가? 그러나 바울의 말은 모든 사람들이 그가 행한 대로 정확히 행해야 한다는 자기중심적인 주장이 아니다. 바울은 닮아야 할 사람들의 한 부분만을 차지할 뿐이다. 바울이 17절에서 말한 것처럼, 다른 이들도 그 모형을 따르는 방법의 모범으로 기능할 수 있고(참조. 고전 4:17), 그가 다른 곳에서 말한 것처럼, 그의 모범은 그리스도의 모범을 따를 때만이 닮아야할 가치가 있다(고전 11:1; 참조. 살전 1:6).[10]

바울의 모범을 따르는 것과 더불어 빌립보인들은 그들의 "시민권이 하늘에 있다"(3:20)는 것을 기억해야 한다. NIV가 "시민권"(citizenship, '폴리튜마')이라고 번역하고 있는 용어는 신약성경에서 여기서만 나타나고, 1:27에서 "생활하라"('폴리튜에스데')란 동사처럼 정치적인 뉘앙스를 갖는다.[11] 바울은 그것을 조심스럽게 선택했을 것이다. 바울이 이 서신을 썼던 당시에 빌립보는 로마의 속국이었다. 이는 민족적인 관습보다는 로마법에 의해 통치되고 있었음을 의미하고, 적어도 로마의 시민은 그것을 자랑하고 있었다(행 16:21). 바울은 아마도 이 시민권에 대한 자랑을 조롱하고 있을 것이다. 그는 빌립보인들에게 하늘에 있는 시민권의 지체로서 그들 자신을 생각할 것을 촉구하고 있다. 하늘의 영역의 시민권자로서 그들은 타락한 인간 영역이 그들의 존재의 핵심이 될 수 없다는 것을 20b-21절에서 설명한다. 그들의 존재의 목표는 주 예수 그리스도가 돌아오실 어느 날에 도달하게 될 것이다(20b절).

이 일이 일어날 때, 그리스도가 타락한 존재를 영광스러운 존재로 변화시키시고, 이미 바울의 기쁨이요 면류관인 빌립보의 사랑하는 바울의 친구들은 충만한 의미에서 그의 면류관이 될 것이라고 바울은 말한다(3:21-4:1). 이런 진술은 빌립

---

10. NIV의 "모범"에 해당하는 헬라어는 '티포스'이다. 바울의 시기에 철학적인 작가들은 이 용어를 도장이 왁스에 인상을 남기는 것처럼 배움이 마음에 남기는 "인상"을 가리키기 위해서 사용했다. Robert A. J. Gagnon, "Heart of Wax and a Teaching That Stamps: ΤΥΠΟΣ ΔΙΔΑΧΗΣ(롬 6:17b) Once More," *Journal of Biblical Literature* 112(1993): 667-87을 보라.

11. 이 용어는 아마도 "시민권"보다는 "국가"로 가장 번역될 것이다(Bauer, *Greek-English Lexicon*, 686을 보라).

보인들에게 세 가지 진리를 상기시킨다. (1) 그리스도의 오심에 대한 언급은 바울과 빌립보인들이 그리스도 앞에서 그들 자신을 계수할 날을 상기시킨다. 바울은 그날에 빌립보인들이 구세주 앞에서 그의 사도적 수고의 열매로서(2:14-16) 순결하고 흠없이 설 수 있기를 바란다(1:10). 심지어 지금도 그들은 그의 기쁨이고 그의 면류관이다(4:1). 바울의 시대에 승리한 운동선수의 이마에 나뭇잎의 면류관이 씌여지는 것처럼(참조. 살전 2:19) 그들이 마지막날에 그의 이마를 장식해줄 것이라고 확신하기 때문이다(1:6).[12] 그러나 그들이 오직 그리스도의 십자가의 원수들의 과도함을 피함으로써 확고히 선다면, 그것이 가능할 것이다.

(2) 바울이 21절에서 그리스도의 오심을 묘사하는 방식은 빌립보인들에게 타락한 "저급한" 육체로 있는 한, 그들은 그들의 궁극적인 목표에 도달하지 못할 것이라고 상기시킨다(참조. 12-14절). 그리스도의 부활 능력을 완전히 이해하고 죽은 자의 부활을 온전히 입는 것은 장래의 일이고, 신자들은 열심과 인내로 그리스도의 출현과 그리스도의 부활의 몸과 완전히 합하기를 기다려야 한다.

(3) 21절은 2:6-11절에서 그리스도의 겸손과 높아지심에 관한 묘사를 반영하고, 빌립보인들에게 그들을 위한 그 사건의 결과를 상기시킨다. 그리스도가 스스로 낮아지시고('에타페이노센 헤아우톤'), 십자가에 죽기까지 순종하시어(2:8), 결과적으로 높아지신 것처럼(2:9-11), 마지막 날에 그리스도는 만물이 그에게 복종하는 높아지신 위치에서(21b절; 참조. 2:10-11) 신자들의 낮은 몸('토 소마 테스 타페이노세오스 헤몬')을 영광스러운 존재로 이끄실 것이다. 그가 그들의 낮은 몸을 입으셨으므로, 그들이 그의 부활의 몸으로 화할 수 있다.[13]

3:12-4:1에서 바울은 3:1-11에서 발생할 수 있는 오해를 차단하고 그가 고린도에서 직면했던 것과 유사한 문제를 차단하기를 바란다. 시대가 바뀌었고, 모세의 율법은 더 이상 중심이 되지 못하며, 신자들은 이제 그리스도와 연합했다. 하지만 이것은 그들이 영적으로 "완전함에 도달했다"는 것을 의미하지 않는다. 영성이

12. Bauer, *Greek-English Lexicon*, 767; Walter Grundmann, "στέφανος, στεφανόω," *Theological Dictionary of the New Testament*, ed. Gerhard Kittel and Gerhard Friedrich, 10 vols. (Grand Rapids: Eerdmans, 1964-76), 7:620, 629-30; Pfitzner, *Paul and the Agon Motif*, 105-6을 보라.

13. Morna D. Hooker, "Philippians 2:6-11," in E. Earle Ellis and Erich Grässer, eds., *Jesus und Paulus: Festschrift für Werner Georg Kümmel zum 70. Geburtstag*(Göttingen: Vandenhoeck & Ruprecht, 1978), 155-56; idem., "Interchange in Christ," *Journal of Theological Studies* 22(1971): 349-61(355-59). 두 단락 사이에 언어의 유사성에 관한 철저한 목록에 대해서는 Andrew T. Lincoln, *Paradise Now and Not Yet: Studies in the Role of the Heavenly Dimension in Paul's Thought With Special Reference to His Eschatology*(Cambridge: Cambridge University Press, 1981), 88을 보라.

행위와 분리된다는 것은 더더욱 아니다. 하나님이 타락한 피조물을 구속하실 마지막 장면을 기다릴 때, 복음은 신자들이 따라야 할 행위의 모형을 드러낸다.

상황잇기

우리가 첫 세기에서 우리의 시대로 이 단락과 함께 여행할 때, 그리스도의 날 이전에 영적으로 "완전에 도달할" 수 있다는 개념 그리고 이 진리를 영적인 의식 속으로 깊이 침잠시키지 않고 재앙적인 단편적 효과를 추구하는 개념에 저항하라고 경고하고 있음을 기억해야 한다. 신자들이 행위로 세상의 나머지 사람들과 구분되어야 한다는 하나님의 요건과 주 예수 그리스도의 장래의 출현으로 이 세상에서 현재의 고통과 죄를 끝내시려는 하나님의 의도를 올바르게 이해해야 할 것을 주장함으로써, 이 단락은 이런 문제들에 대한 해독제를 제공하고 있다. 우리가 바울의 상황과 우리의 상황간에 진정한 상관관계를 발견하고, 공통된 해석적 함정을 피해야 하는 사실을 살펴본다면, 그 문제들과 해결책은 현대 교회에 말할 많은 것들을 갖고 있다.

고대와 현대의 상황의 진정한 유사성들. 바울의 시대에 문제는 인간이 존재하는 세상이 피하거나 조정해야 하는 변화무쌍하고 예견할 수 없으며 부패한 곳이라는 개념을 공통적으로 갖고 있었다. 그러므로 점성술과 마술은 세상을 통제한다고 생각하는 세력들을 "조정할" 수 있는 방법을 제공했고, 제국의 동쪽 지역에서 다양한 새 종교들은 세상으로부터의 구속을 제공했다.

고린도와 빌립보와 같은 지역에서 최근의 회심자들이 대중적인 종교적인 확신의 요소들을 최근에 그들이 수용한 복음의 메시지와 조화시키려 했는지를 알기는 그리 어렵지 않다. 기적적인 치유와 황홀경의 말들 속에서 성령의 능력의 표지는 신자들이 이미 부패한 세계의 영역에서 순전하고 영적인 하늘 세계의 영역으로 이동되었다는 표지가 될 수 있었다. 게다가 몸이 부패한 영역에 속했기 때문에, 그 행위는 상관이 없었다—결혼 내에서 성교와 같은 합법적인 육체적 쾌락을 부인하는 것은 그들의 새로운 신분과 일치한다고 느낀 반면에(고전 7:1-7), 다른 이들은 육체적 욕구를 제한 없이 누릴 수 있었고 주장했다(고전 6:12-13).[14]

14. 1세기 지중해 세계의 일반적인 종교적 정신에 대해서는 Helmut Koester, *Introduction to the New Testament*, vol. 1, *History, Culture, and Religion of the Hellenistic Age*(Philadelphia/Berlin: Fortress/Walter de Gruyter, 1982), 355-89을 보라. 고린도에서 복음과 이 개념들과의 혼합에 대해서는 Gordon D. Fee, *The First Epistle to the Corinthians*(Grand Rapids: Eerdmans, 1987), 10-15을 보라.

현대 교회의 어떤 일부들에서 "뉴에이지" 운동의 형태로 점성술, 마술, 그리고 동방의 신비주의의 유사한 융합이 위협하는 일을 계속하고 있다. 그들의 고대의 대응자들처럼 뉴에이지 운동을 형성하는 종교들은 실제보다 마음에 더 큰 중요성을 두고, 합리적인 사고보다 상상에 더 큰 무게를 둔다. 그것이 고대시대에서처럼 자주 도덕적인 상대주의를 낳았다. 뉴에이지 출판가인 잭 언더힐은 "이 삶이나 어떤 다른 삶에서 희생이란 없다. 실수도 없다. 잘못된 길도 없다. 승리자도 없다. 진자도 없다. 그것을 그대로 수용하고, 당신이 되기를 원하는 것을 만들기 위한 책임을 당신의 삶이 지게 하라"고 말한다.[15] 악은 환상이고, 구원은 안에서부터 온다. 고대시대에서처럼, 교회의 어떤 부분에 대한 그 위협은 실제적이다. 뉴에이지 대변가들은 일부 로마 가톨릭 그룹들과 주요한 프로테스탄트 교단들에서 가끔 따뜻한 대접을 받았다.[16]

그러나 교회의 보다 신학적으로 보수적인 일부들은 이런 고대의 잘못을 그들 나름의 방식으로 가졌다. 신학적인 유산이 19세기 후반에 미국의 '거룩' 운동에서 유래하는 일부 극단적인 그룹들은 하나님이 예수 그리스도의 죽음과 부활에서 그의 백성들을 위해 이루시고 또 앞으로 이루실 것에 대해서 불균형적인 이해의 먹이가 되었다. 이 그룹에서 교회의 종말론적인 시대의 임재에 너무 많은 강조는 때로 성숙한 크리스천들이 병을 경험하지 않아야 하며, 모든 그들의 물질적인 욕구가 충족되어야 하며, 또는 죄를 전적으로 극복해야 한다는 주장을 낳았다.[17] 이런 다른 복음의 주창자들은 물리적인 부요함과 육체적인 건강은 부정할 수 없는 "번영의 법"을 따르는 사람들에게 해당될 수 있다고 말한다. 비록 다른 이유일지라도, 고대시대에서처럼 윤리적인 행위에 관한 성경적인 강조가 성령의 능력의 기적적인 표지에 관한 모든 흥분 속에서 사라지고, 현대의 뉴에이지 운동에서처럼, 인간의 악에 관한 냉철한 이해가 현재에 유토피아의 자기 구동적인 이상 속에서 해체

---

15. Russell Chandler's *Understanding the New Age*, rev. ed. (Grand Rapids: Zondervan, 1993), 28에서 인용된 것처럼.

16. 189-99을 보라. 뉴에이지 사상이 교회로 침투한 사례는 *New Age Spirituality: An Assessment*, ed. Duncan S. Ferguson(Louisville, Ky.: Westminster/John Knox, 1993)을 보라. 이 책이 출간할 시기에 퍼거슨은 '장로교회의 고등교육 위원회'를 지도했다(U.S.A.). 뉴에이지 운동에 관한 이 책의 "평가"는 대체로 긍정적이다.

17. 승리적인 기독교인의 삶이란 병과 가난에서 자유로운 것과 관련이 있다는 개념의 주요한 주창자인 코프랜드(Kenneth Copeland)는 "세싱의 결핍은 이미 천국에 간 사람들에게는 영향이 없다. 그러므로 그런 결핍들이 예수를 삶의 주인으로 삼은 우리들에게 영향을 갖지 않아야 한다"고 주장한다. 그의 책인 *The Laws of Prosperity*(Fort Worth, Tex.: KCP Publications, 1974), 8을 보라.

되어 버린다.

이것들은 이 단락이 교정 수단을 제공하는 신학적인 일탈의 사례들이다. 이 단락은 현재의 물리적 세계에 관한 성경적 가치와 인간의 타락에 관한 성경적 강조를 하찮게 여기는 어느 신학적 잘못에도 동등하게 적용할 수 있다. 바울의 해독제는 두 요소들로 구성되어 있다.

첫째로 바울은 그 자신과 그가 설명한 행위의 패턴을 따르는 그와 유사한 다른 사람들을 모방하도록 빌립보인들에게 촉구한다. 물론 오늘날, 우리는 우리를 인도하는 바울의 물리적인 실존에 관한 기억을 가질 수 없다. 그러므로 우리는 그의 서신에서 그런 행동의 유형을 추론해야 한다. 몇 가지 단락이 그 내용에 대한 분명한 암시를 제공한다. 고린도전서 4:16-17에서 바울에 대한 모방은 "그리스도 예수 안에서 그의 삶의 방식"을 따르는 문제이다. 이 어구는 나아가서 나중에 이 서신의 몇 단락들에 의해 정의되는데, 고린도인들은 바울이 그리스도를 모방한 것처럼 바울을 모방해야 한다. 그러므로 바울의 모범을 따르는 것은 그리스도의 모범을 따르는 것을 의미한다. 우리가 빌립보서 2:5-11의 연구에서 이미 보았던 것처럼, 그것은 주로 다른 사람에 대한 겸손의 봉사의 문제이다. 즉 우리의 이득보다 그들의 이득을 앞에 두는 것이다(참조. 2:4; 고후 8:9). 예수가 말씀하셨던 것처럼,

> 이방인의 집권자들이 그들을 임의로 주관하고 그 고관들이 그들에게 권세를 부리는 줄을 너희가 알거니와 너희 중에는 그렇지 않을지니 너희 중에 누구든지 크고자 하는 자는 너희를 섬기는 자가 되고 너희 중에 누구든지 으뜸이 되고자 하는 자는 모든 사람의 종이 되어야 하리라 인자가 온 것은 섬김을 받으려 함이 아니라 도리어 섬기려 하고 자기 목숨을 많은 사람의 대속물로 주려 함이니라(막 10:42-45; 참조. 마 20:25-28; 눅 22:24-27).

바울처럼, 예수는 겸손한 봉사의 삶이 그의 제자들이 따라야 하는 모범을 제공한다고 말씀하신다. 예수가 섬기러 오셨기 '때문에' 그들은 모든 이들의 종이 되어야 한다.

그렇다고 시내 산 언약이 더 이상 유효하지 않다는 새 시대의 서언(3:5-9)은 신자들이 사실상 어느 것도 합리화할 수 있는 불명확한 윤리적 가이드라인의 세계에 던져졌다는 것을 의미하지 않는다. 실수와 잘못된 길이 오직 왜곡된 의식의 허구라거나 "그러므로 성령이 나를 그렇게 인도하셨다"고 주장함으로써 말이다. 그

대신에 우리는 그리스도를 따라야 하고, 여기서 우리는 빌립보인들보다 혜택을 가지고 있다. 빌립보인들은 예수의 이야기에 대해서 바울의 직접적이지만 제한된 지식을 가졌지만, 우리는 각기 다른 성령으로 영감된 관점을 갖는 예수의 가르침과 사역의 기사로 풍부한 사복음서를 갖고 있다. 그들은 예수의 삶과 교훈의 윤리적 결과를 해석하는 바울의 가르침과 모범을 가졌지만, 우리는 바울의 열세 서신들과 초대교회의 기사, 다른 사도적 서신들, 그리고 복음의 윤리적 의미를 드러내는 요한계시록을 갖고 있다.

이 새 언약들은 고대의 대응관계에 있던 사람들이 그러했던 것처럼 명확한 윤리적 지침을 담고 있고, 바울이 빌립보인들에게 남긴 "유형"을 오직 그들이 따를 것을 기대했을지라도, 현대 교회는 그러한 유형을 드러내고 설명하는 모든 것들이 적용에 포함되는 것으로 바울의 조언을 이해해야 한다. 옛 언약과 새 언약 사이에 차이는 옛 언약이 행위에 의해 지배되고 새 언약이 은혜에 의해 지배되었다는 것이 아니다. 두 언약이 다 은혜롭고, 둘 다 행위를 요구하는데, 그것은 구원을 위한 것이 아니라 하나님의 백성들을 특징지어야 하는 거룩의 외보로서 그러하다.

둘째로 바울은 빌립보인들에게 그리스도가 그의 영광스러운 몸처럼 신자들을 만들기 위해서 그들의 몸을 변화시킬 마지막 날을 고대할 것을 지시했다. 그날을 여전히 기다려야 하기 때문에 과거의 성취에 안주하는 것이 아니라, 경주의 끝에 얻을 상을 고대하며 앞으로 진력해 나아가는 것이 중요하다. 하나님이 빌립보인들 안에 시작하신 "선한 행위"를 "완수하시려"는 의지와 능력을 바울은 확신할지라도(1:6), 그들은 "순전하고 흠없이"(2:15; 참조. 1:10) 되기 위한 노력을 완화시킬 수 없고, 그는 빌립보인들을 도우려는 노력을 쉴 수 없음(2:16)을 그들이 알기를 원했다.

현대 교회에서 우리는 역시 보이는 교회란 혼합된 무리라는 성경의 증거를 진지하게 생각해야 한다. 마태복음은 어떤 다른 성경의 부분보다 더 분명하게 이것을 확증한다. 거기서 예수는 그를 주라고 부르며 예언하고 그의 이름으로 기적을 행한다고 하는 사람들이 하나님의 백성들의 참된 지체의 표지인 열매가 없기 때문에 그를 따르는 자가 아니라는 것을 가르치신다(마 7:15-23; 참조. 25:11).[18] 그는 역시 보이는 교회가 밀과 가라지로 구성되어 있고, 이 둘 간의 확실한 구분은

18. 마 25:11에서 지각한 처녀들의 긴급한 호소에 관한 NIV의 번역인 "선생님, 선생님"은 직역하면 "주여 주여"('퀴리에 퀴리에')이다.

마지막 추수의 날에만 가능할 것이라고 시사하신다(마 13:24-30, 36-43; 참조. 25:10-13).[19] 이 모든 것들은 자신들의 소명과 선택을 확실히 하고(벧후 1:10), 하나님이 오셔서 세상의 모든 잘못들을 깨끗하게 하실 마지막 추수날에 대한 건강한 관점을 유지하고자 하는 모든 시대의 크리스천들에게 교훈으로 작용한다. 그것은 신자들이 구원에 관해서 너무 완전하게 확신함으로써 만족감을 파생시키는 모든 가르침 그리고 영적인 교만과 도덕적인 해이를 고무시키는 새 시대의 표증과 이적에 아주 초점을 맞추는 모든 가르침에 대한 경고로 작용한다.

피해야할 주요한 해석적 실수. 그러나 이 중에 어느 것도 바울이 구원에서 인간적인 노력에 어떤 역할을 할당했음을 의미하는 것으로 취해서는 안 된다. 그가 마지막 날에 하나님 앞에서 서게 될 의는 여전히 그의 자신의 의가 아니라 하나님의 의이며, 그것은 여전히 믿음으로 온다(9절). 이 단락의 두 요소가 이것을 보여준다. (1) 바울이 8-11절에서 그가 묘사했던 모든 것을 붙잡으려는 격렬한 노력에 관해서 이야기할지라도, 그는 역시 그리스도가 그를 먼저 붙잡았기 때문에 이것을 행한다고 설명한다. 다시 말해서 그리스도가 다메섹 도상에서 먼저 간섭하시고 극적으로 그의 삶을 재조정하시지 않았다면, 그의 노력은 그 자신의 노력이고 오도된 것일 뿐이었다. 그럴 경우에 그는 경주의 끝에 구원 대신에 오직 정죄를 발견했을 것이다. 그 자신의 노력이 그를 성공적인 종착지로 인도하지 못할 것이기 때문이다(참조. 9절; 롬 9:30-33). 그러므로 바울이 빌립보서 3:12-14에서 묘사한 노력은 그의 구원을 위한 '노력'이 아니라 그의 구원을 따라 '살아가는' 것이다—그의 삶에서 그리스도의 간섭의 의미를 구현하는 것이다(참조. 2:12-13; 참조. 엡 2:8-10).

(2) 바울은 8-11절에서 언급한 모든 것을 획득하려는 그의 노력이 "그리스도 예수 안에서 하나님이 위에서 부르신 부름의 상"(14절)을 위한 것이라고 주장한다. 그의 노력은 하나님의 부르심에 대한 반응이고, 하나님의 부르심은 항상 효과적이다. 하나님의 부르심은 무에서 우주가 존재하게 하셨고, 그것은 구원을 이루는데 동등하게 효과적이며(참조. 고후 4:6; 롬 4:17), 그것은 철회될 수 없다(롬 11:29).[20] 그러므로 바울은 하나님이 시작하신 것을 마치실 것이라고 확신하고,

---

19. 참조. David Hill, *The Gospel According to Matthew*(Grand Rapids/London: Eerdmans/Marshall, Morgan & Scott, 1972), 230-33, 235-37. 그러나 이 비유가 보이는 교회 내에 "잡초"의 존재를 함축한다는 것을 모든 사람들이 동의하지는 않는다. 예를 들어, Craig L. Blomberg, *Matthew*(Nashville, Tenn.: Broadman, 1992), 222을 보라.

그날의 끝에 바울이 힘써 달리고 있는 목표를 이룬 공로를 하나님께 둘 수 있다.

그때에 이 단락에서 바울은 에베소서에서 보다 분명하게 표명한 원리를 본질적으로 자기 자신에게 적용하고 있다. 에베소인들에게 속한 광대한 특권을 묘사한 후에, 이방인일지라도 그들이 하나님의 백성들 가운데 포함되었기 때문에(엡 2:11-22), 그는 "내가 너희를 권하노니 너희가 부르심을 입은 부름에 합당하게 행하여"(엡 4:1; 참조. 살전 2:12; 4:7)라고 말한다. 부름을 받은 사람들은 그들의 소명을 따라 살아가도록 매사에 힘써야 하지만, "그들을 부르신 분은 신실하시고 그가 그것을 이루실 것"(살전 5:24)을 기억해야 한다.

우리는 바울이 빌립보서 3:1-11에서 만든 요지를 상실하지 않도록 이 단락을 해석하는데 조심해야 한다. 복음을 처음 만난 순간부터 그 의미를 따라 열심히 살아갈지라도, 우리가 마지막 날에 서게 되는 의는 우리의 의가 아니라 하나님의 의다. 그것은 선물로서 하나님이 우리에게 주신 것이다. 그것은 우리의 노력이 아니라 믿음으로 얻어진다.

피해야할 네 가지 부차적인 해석적 실수들. 이런 주요한 해석적 실수를 피해야하는 것과 더불어, 이 단락을 적용할 때 네 가지 덜 심각한 함정을 피하는 것이 중요하다. 첫째로 바울이 그의 마지막 목표를 향해 나아갈 때, 뒤에 있는 것은 잊어버린다고 주장한 것을 오독하기가 쉽다. 이 진술은 바울이 기독교인이 되기 이전의 죄의 무게, 특히 6절에서 언급했던 교회의 박해를 계속해서 느끼지 않을 것을 의미하는 것으로 자주 취해진다. 그러므로 빌립보서에 대한 한 가지 유명한 해석은 바울이 훼방자요 박해자요 폭력자였지만 하나님이 그에게 자비를 베푸셨다는 디모데전서 2:12-17에서 바울의 주장의 렌즈를 통해서 이 진술을 해석한다. 그때에 일반적으로 유익한 그 작품의 저자는 바울이 이 사건을 기억할 때 그에 대한 하나님의 자비를 기억하고 더 커다란 확신을 가지고 앞에 있는 것들을 직면할 것임을 시사한다.[21]

그러나 그것은 여기서의 바울의 요지가 아니다. 바울이 12-14절에서 그리고 있는 대조는 그가 영적으로 이미 "도달했다"는 잘못된 개념과 그가 목표에 아직 이르지 못하였고 지금 그 상을 얻으려고 경주하고 있다는 사실 간에 있다. 이런 정황 속에서 그가 앞으로 나아가기 위해 잊어버려야 하는 과거 일은 그가 이미 완전해

---

20. J. Eckert, "καλέω," *Exegetical Dictionary of the New Testament*, ed. Horst Balz and Gerhard Schneider, 3 vols. (Grand Rapids: Eerdmans, 1990-93), 2:240-44을 보라.

21. Wiersbe, *Be Joyful*, 109.

졌다는 잘못된 생각을 지원할 수 있는 영적인 성공에 관한 것이다. 이 단락은 회심 이전의 죄에 대한 후회를 극복하는 것에 관한 것이 아니라, 영적인 성숙을 평가하는데 있어서 겸손과 실제에 관한 것이다. 성숙한 신자는 과거의 순종에 의존하는 것이 아니라 그리스도의 날까지 순결함과 흠없음을 유지하기 위해 수고한다고 바울은 말한다.

둘째로 바울이 끊임없이 더 좋은 일을 행하도록 노력한다고 말하고 있는 것처럼, 빌립보서 3:12-14을 도덕적인 진보에 관한 묘사로 해석하도록 유혹할 수 있다. 바울의 시대에 스토아 철학자들은 사람들을 "현명한 자"와 "어리석은 자"의 두 부류로, 행동을 "덕스러운 것"과 "죄스러운 것"의 두 부류로 나누었다. "현명한 자"와 "어리석은 자" 사이에 지혜를 향해 나아가기를 시도하는 사람들이 있었고, "덕스러운" 행위와 "죄스러운" 행위 사이에 주어진 상황에서 "적당하게" 행하는 사람들이 있었다. 완전한 지혜를 향해 나아가기를 원했던 사람들의 목표는 가능할 때마다 "덕스러운" 것을 행하는 것이었고, 현명한 성향에서 나오는 것을 확실히 "적용하는" 것이었다.[22]

우리 시대에 도덕적인 진보에 관한 유추적인 개념들은 역시 이해할 만하고 아주 가치가 있다. 지역의 책방에서 "자립"에 관한 섹션은 사람들이 재정적인 훈련과 좋은 부모 되는 방법, 그리고 다른 이들과 잘 관계할 수 있는 능력을 향상시키기 위한 방법을 찾는 많은 사람들이 있음을 증거해준다. 물론 그러한 문학의 배후에 있는 개념은 나쁘지 않고, 크리스천들은 성경적인 관점에서 다양한 주제들에 관한 자기 향상적인 문학을 적절하게 제공했다. 하지만 이것은 이 단락에서 바울의 관심사가 아니다.

여기서 바울은 그의 시대에 스토아적인 개념처럼 우리 시대에 도덕적인 진보의 개념과는 거리가 먼 종말론적인 개념에서 말하고 있다.[23] 그는 하나님의 부르심에 신실하려고 열심히 노력하지만, 그것은 주어진 상황에서 가장 좋은 것을 항상 결정할 수 있는 현명한 사람이 되기 위한 것이 아니라, 그리스도의 날에 하나님 앞에 설 때 그가 헛되이 경주를 하지 않기 위한 것이다(2:16; 참조. 갈 2:2). 그때에 그의 현재의 진력은 우리의 문화에서는 낯설게 보이는 방식으로 마지막 날을 지향하고 있다. 이런 낯설음에도 불구하고 그것을 "업데이트" 하지 않음으로써 그가

22. A. A. Long and D. N. Sedley, *The Hellenistic Philosophers*, 2 vols. (Cambridge: Cambridge University Press, 1987), 1:359-68.

23. Pfitzner, *Paul and the Agon Motif*, 151-52.

단순히 더 좋은 사람이 되기 위해서 노력하고 있다는 개념으로 그의 의미를 흐리지 않게 하는 것이 중요하다. 그는 그와 모든 신자들이 어느 날 서게 될 그리스도의 심판석에 비추어 그의 삶을 평가하고 있다(고후 5:10; 참조. 롬 14:10).

세 번째로 바울이 서신의 다른 곳에서처럼 빌립보인들이 모방해야할 개인적인 사례를 제공하고 있는 방식을 놓치는 것은 실수가 될 것이다(15절). 빌립보 교회 내에서의 비연합(2:1-18; 4:2-3)은 신학적인 문제에 대한 분쟁으로부터 기인한다. 15절에서 바울은 겸손의 모델을 제공하여 서로간에 불일치를 보이고 있는 빌립보인들을 교훈했다. 한편으로 바울은 아직 완전에 이르지 않았다는 그의 확신을 타협하지 않는다. 성숙한 사람들은 그의 관점에 동의할 것이라고 주장함으로써 말이다(15a절). 다른 한편으로 그는 교제를 깨뜨리고 이 문제에 관해서 서로 다르게 생각하는 사람들을 비난하기를 원치 않음을 보여준다(15b절). 그 대신에 그는 하나님이 정한 시간에 그들에게 진리를 명확하게 나타내실 것을 믿는다.[24]

이 단락은 단순하지만 자주 소홀히 되는 원리, 즉 모든 신자들이 완전히 성숙할 것을 우리가 기대하지 않아야 하는 원리를 보여준다. 교회가 오류가 있는 사람들로 구성되어 있는 한, 성숙한 신자의 인내를 시험하는 사람들을 포함할 것이다. 그런 일이 일어날 때, 바울의 모범은 우리가 그러한 사람들을 하나님의 돌보심에 맡겨야 하고, 그들과의 불일치가 교회의 연합을 방해하지 않게 해야 한다는 것을 보여준다.

넷째로 이 단락이 신자의 몸이 부활하신 주님의 몸처럼 변화된다는 것을 언급하고 있기 때문에, 때로 복음주의 크리스천들 사이에서 논쟁을 야기한 이슈를 발생시킨다. 그리스도의 부활의 몸의 본질은 무엇이고, 신자의 부활의 몸의 본질은 무엇이 될 것인가? 부활의 몸에 관한 신약성경의 증거는 전적으로 분명하지 않고, 이런 모호성은 예수의 부활하신 몸이 육체적인 몸인지 아니면 새로운 비육체적인 몸으로 변화되셨는지에 대한 논쟁을 파생시켰다.[25]

---

24. 참조. Beare, *Philippians*, 131. 물론 이런 접근이 "그리스도의 십자가의 원수들"이라고 직설적인 용어로 말하지 못하게 하지는 않는다(18-19절). 2절의 "개들"처럼 그리스도의 십자가의 원수들은 신자라고 주장하지만, 오히려 다른 사람들을 유리(astray)하게 하도록 이끈다는 것이다.

25. 신약성경의 증거가 모호한 것은 예수가 부활하신 후에 제자들에게 "살과 뼈를 가지셨다"(눅 24:39)고 주장하시는 것과 다른 한편으로 "문을 그대로 통과하신" 그의 명백한 능력(눅 24:36; 요 20:19, 26)에서 나타난다. 상세한 논쟁에 대해서는 Murray J. Harris, *Raised Immortal: Resurrection and Immortality in the New Testament*(Grand Rapids: Eerdmans, 1983), 53-57; idem, *From Grave to Glory: Resurrection in New Testament*(Grand Rapids: Zondervan, 1990); N. L. Geisler, *The Battle*

예수가 살과 뼈를 갖고 계신다는 예수 자신의 확증에 비추어서(눅 24:39), 그리고 예수가 비물질적일 것을 요구하는 것으로 보이는 단락이 예수에 관한 제자들의 인식만을 언급하고 있기 때문에(눅 24:31b, 36; 요 20:19, 26), 예수의 부활이 죽으셨던 몸의 완전한 육체적 부활이었다고 확증하는 것이 가장 좋아 보인다.[26] 빌립보서 3:12이 말하는 것처럼, 그리고 성경의 많은 다른 단락들이 확증하는 것처럼, 그것은 새로운 속성을 취하신 몸이었지만(눅 24:31a, 37; 요 20:15b, 17; 참조. 고전 15:42-44), 그럼에도 불구하고 음식을 잡수시고 소화시킬 수 있었던 살과 뼈가 있는 육체적 몸이었다(눅 24:39-43).[27] 이것이 그렇다면, 부활은 죄의 부패한 영이 있기 전에 하나님의 물리적 창조의 선하심을 강력하게 확증해주는 것이며, 아울러 그리스도의 행위를 통해서 이 부패한 영향들을 바꾸어놓으시는 하나님의 능력을 보여준다. 아타나시우스가 오래 전에 기록한 것처럼, 예수는 인간의 황폐케 하는 죄의 영향을 보셨고, 우리의 제한을 긍휼히 여기시어

> 스스로 우리와 같은 인간의 몸을 취하셨고…우리의 모든 몸들이 죄의 부패에 처해 있었기 때문에 그는 우리와 같은 몸을 취하셔서 모든 이들을 대신해서 그의 몸을 죽음으로 내어주셨고, 아버지께 그것을 드리셨다. 그는 우리를 위한 순전한 사랑으로부터 이 일을 하셨다. 그의 죽음으로 모든 이들이 죽고 죽음의 법이 폐지될 수 있도록 말이다. 그가 그의 몸으로 약정된 것을 이루셨을 때, 인간을 위해서 그 능력을 비우셨기 때문이다. 그는 부패한 인간이 부패하지 않은 것으로 다시 돌아갈 수 있도록 이 일을 행하셨다. 그의 몸으로 죽음을 통해 그리고 그의 부활의 은혜로 그들이 살게 하셨다.[28]

3:12-4:1의 해석: 요약. 이 단락을 현대 교회로 가져오는데 있어서, 만약 하나님

---

for the Resurrection(Nashville, Tenn.: Thomas Nelson, 1989)을 보라. 이 논쟁의 유용한 개관이 *Journal of the Evangelical Theological Society* 33(1990): 369-82의 일련의 세 글에서 나타난다.

26. Francis J. Beckwith, "Identity and Resurrection: A Review Article," *Journal of the Evangelical Theological Society* 33(1990), 369-73(372).

27. "혈과 육은 하나님 나라를 이어받을 수 없다"(고전 15:50)는 바울의 진술은 "혈과 육"이란 어구가 죽을 운명을 의미하는 것으로 사용하고 있을 것이다. 그 어구가 "썩는 것은 썩지 아니하는 것을 유업으로 받을 수 없다"는 진술과 동의어적인 평행을 나타내고 있기 때문이다. 그것은 문자적인 살과 피를 가리키는 것이 아니라 썩게 되어 있는 몸의 종류를 일컬을 것이다. Fee, *First Corinthians*, 798-99의 유익한 논의를 보라.

28. Athanasius, *On the Incarnation*(Crestwood, N.Y.: St. Vladimir's Orthodox Theological Seminary, 1989), 34.

이 이미 이루신 것과 하나님이 그리스도 안에서 이루실 것 사이에 긴장이 무너진다면, 성숙한 영적 조망은 불가능하다는 바울의 주요한 요지를 우리는 적용해야 한다. 이런 잘못의 극단적인 형태는 불신자가 아니라 "그리스도의 십자가의 원수"를 낳는다. 그들은 하나님이 그의 백성들을 부르신 마지막 목표를 향해 힘써야할 필요를 충분히 진지하게 취하지 않는다. 그러나 우리가 이 관점을 적용할 때, 바울이 지금 인간의 성취를 구원의 과정에 재도입시키고 있다고 생각하는 또 다른 잘못을 삼가야 한다. 그 개념이 모든 참된 신자의 삶에서 진력하는 노력을 낳을지라도, 그 과정은 그럼에도 불구하고 처음부터 끝까지 하나님의 것이다. 또한 우리는 이 단락이 충분한 영향력을 갖지 못하게 하고 그 주요한 메시지의 예리함을 둔하게 만드는, 몇몇 더 작은 해석적인 실수들을 삼가야 한다. 신자들은 과거의 성공에 거하지 말고, 이미 그들을 붙드신 분을 붙잡으려고 열심히 애쓰며, 먼저 우리를 사랑하신 그를 사랑하기 위해 힘써야 한다.

현대적 의미

1741년에 요한 웨슬리는 빌립보서 3장에서 "그리스도인의 완전"이란 설교를 했다. 그것은 개신교회 내에서 성화의 교리에 관한 개혁교회와 웨슬리 그룹간에 커다란 분열의 지표가 되었다. 웨슬리는 설교에서 신자가 죄없음을 얻을 수 있는 가르침을 조심스럽게 정의하려고 했다. 그는 바울이 이 장에서 두 번 완전에 대해서 언급하고 있는 것을 지적했다. 한번 12절에서 그가 이미 완전하지 않다는 것을 유지하고, 다른 한번은 15절에서 그가 완전하다는 것을 함축한다. 이로부터 웨슬리는 크리스천은 어떤 면에서 이 생에서 불완전하면서도 다른 면에서는 완전하다고 추론했다.[29] 신자가 불완전하다는 의미는 "무지나 실수, 병약함 또는 유혹" 속에 있지만, 신자는 "악한 생각"과 "악한 기질"을 포함하여 외적인 죄와 마음의 죄에서 자유함을 얻을 수 있고 또 얻어야 한다고 말한다.[30] 이 설교는 빌립보서 3:13-14의 단락으로 마쳐지는데, 신자는 "부패의 속박에서 하나님의 아들들의 영광스러운 자유함으로"(참조. 롬 8:21) 들어갈 때까지 "밤낮" 하나님께 간구해야 한다고 교훈한다.[31]

---

29. John Wesley, "Christian Perfection," *John Wesley's Fifty-Three Sermons*, ed. Edward H. Sugden(Nashville, Tenn.: Abingdon, 1983), 508-9.
30. Ibid., 512, 523, 525.
31. Ibid., 526.

이런 강조에 대한 개혁교회의 반응은 인간에 대한 죄의 침입의 깊이와 복잡함 그리고 하나님이 죄를 현재에 완전하게 발본하지 않으셨다는 것에 초점을 맞추었다. 만약 사도 요한이 우리가 죄없다고 주장하면 자기를 속이는 것이라고 말했다면(요일 1:8), 예수가 우리의 죄에 대한 용서를 위해 우리가 기도할 것을 가르치셨다면(마 6:12), 그리고 신자란 타락한 육체가 하나님의 내주하시는 성령에 대항하여 전쟁을 하고 있는 전쟁터라고 바울이 가정하였다면(5:16-17), 확실히 성경은 그리스도의 재림 때까지 그리스도인의 완전을 상정하지 않고 있다.[32] 웨슬리의 견해는 만약 죄와 완전에 관한 정의가 인간이 명백히 지을 가능성이 있는 유약한 것들을 그냥 인정하는 것으로 약화시킬 경우에만 오직 실제적일 수 있다.

웨슬리와 개혁교회 전통은 성경적인 증거에 기초해서 사려있게 구성되었다. 웨슬리가 "진리의 유일한 기준이자 순수한 신앙의 유일한 모델인" 성경의 조심스러운 연구 후에 그의 결론에 이르렀다고 주장했다.[33] 개혁교회의 반응은 성경적 가르침에서 안출된 죄와 아담의 죄의 깊이에 관한 존 칼빈의 이해 위에 세워져 있었다. 웨슬리는 하나님이 그리스도 안에서 죄를 이기셨고 성경이 모든 신자들에게 구세주에 대한 끊임없는 헌신을 따라 살 것을 요구하셨다는 성경적 증거를 강조했다. 개혁교회 전통은 성화가 필수적이고 중요할지라도, 갈라디아서 5:17에 기초하여 신자의 "모든 부분에서 부패의 찌꺼기가 여전히 있고, 이 상태는 마지막 날까지 계속될 것이라는 개념을 포기하지 않았다.[34]

두 전통들은 그들의 주요한 대표자의 특징적인 강조를 강화시키는 그룹들을 형성했다. 웨슬리는 하나님의 은혜의 두 번째 역사의 중요성을 강조했다. 이 두 번째 은혜로 신자의 성화가 완전해지지만, 이런 경험조차도 영적인 성장을 추구하는 일에서 신자를 면제할 수 없다는 것을 유지했다. 그러나 미국의 거룩 운동에서 웨슬리의 추종자들 가운데는 이런 위기 경험에 무게를 두어 웨슬리가 성화에 필요하다고 믿었던 영적 성장에 불충분한 관심을 두었다.[35] 그 때문에 세세하게 정의된 세상적인 방식을 절대적으로 거부할 것을 가끔 가혹하게 주장하였고, 즉각적인 성화를 경험한 사람들은 어떤 도덕적 코드의 성가신 규칙에서 자유롭다고 종종 자

32. Anthony A. Hoekema, "The Reformed Perspective," *Five Views on Sanctification*, 59-90(83-84).

33. John Wesley, *A Plain Account of Christian Perfection*(London: Epworth Press, 1952), 6.

34. *The Westminster Confession of Faith*, 13.2.

35. Melvin E. Dieter, "The Wesleyan Perspective," *Five Views on Sanctification*, 41: R. G. Tuttle, "Wesley, John," *Evangelical Dictionary of Theology*, ed. Walter A. Elwell(Grand Rapids: Baker, 1984), 1164을 보라.

유분방하게 주장하였다.[36] 한편으로 개혁교회 전통은 성령의 능력에 너무 관심이 없는 교회와 그룹들을 낳아서 그들은 메마르고 외적으로 생명력이 없는 스콜라주의로 후퇴하였다. 교리적인 정확함이 그들에게서 너무 중요해서 신자의 삶이 웨슬리가 말한 것처럼 하나님과 사람들을 위한 진정어린 실제적 사랑으로 특징지어져야 하는 것을 잊었다.[37]

빌립보서 3:12-21은 두 고귀한 기독교 전통을 따르는 자들 사이에서 논쟁에 많이 기여했다. 첫 번째 기여는 논쟁의 규칙에 대한 것이다. 웨슬리파와 칼빈주의자들은 바울이 성화의 성숙한 견해를 요청하고 있다는 것을 믿었고(15절), 둘 다 이 성숙한 견해로부터 떠나는 것은 심각한 문제라고 믿었다. 이 주제가 중요하고 그것에 대한 오해는 심각한 영향을 미칠 수 있기 때문에 바울은 이 논쟁을 계속할 것을 가르칠 것이다. 하지만 바울은 논쟁에 참여하는 자들에게 그의 사례를 역시 추천할 것이다. 각 사람은 주 안에서 형제나 자매로서 다른 이들을 인정해야 하고, 신랄한 비난이 논쟁에서 자리를 잡지 않아야 하며, 만약 일치가 불가능하다면, 진리를 다른 이들에게 드러내는 임무를 단지 하나님께 맡겨드릴 것을 바울은 추천하고 있다.

둘째로 이 단락은 역시 논쟁의 본질에 기여한다. 이 단락은 논쟁의 양편에서 극단적인 입장이 잘못되었음을 보여준다. '거룩'의 그룹들은 현재에 두렵고 떨리는 마음으로 그들의 구원을 이루는 것을 잊을 정도로 하나님의 은혜의 두 번째 역사에 대한 과거 경험에 너무 강조를 두어서는 안 된다. 또한 개혁교회 그룹은 성화에서 하나님의 은혜의 표지를 소홀히 할 정도로 칭의에서 하나님의 은혜의 표지를 너무 강조하지 않아야 한다. 두 입장의 지지자들에게 바울은 과거를 돌아보지 말고 장래를 바라보며, 구원에 대한 하나님의 은혜로운 부르심에 신실하게 이루려는 노력에 모든 영적인 근육을 긴장시킬 것을 조언할 것이다.

부분적으로 각자 바울의 서신과 신학에 열중했기 때문에, 칼빈과 웨슬리는 이 개념을 수용했다. "복음적인 완전"을 이루지 않고서도 크리스천이 되는 것이 가능하고, 모든 사람들이 그러한 상태에서 아직 거리가 있다고 말한 후에, 칼빈은 그의

---

36. 첫 번째 주장에 대해서는 유용한 글인 "Holiness Movement, American" by R. V. Pierard in *Evangelical Dictionary of Theology*, 516-18(517)을 보고, 두 번째 주장에 대해서는 Robert Pearsall Smith's ministry in Benjamin Breckinridge Warfield, *Perfectionism*, 2 vols. (New York: Oxford, 1931-32), 2:505-8의 종말에 관한 묘사를 보라.

37. 예를 들어, *Perfectionism*, 2:463-58에서 "더 높은 삶"의 운동에 관한 B. B. Warfield의 공격은 때로 그 운동의 주요한 주창자들에 대한 불필요하게 가혹한 묘사에 빠져든다.

입장을 이런 식으로 제한했다.

> 그렇다면 무엇을 할 것인가? 우리가 정직하게 바라는 목표를 우리 눈앞에 두자. 그 목표를 우리가 진력하고 투쟁해야 하는 목표가 되게 하자. 하나님이 말씀으로 당신들에게 명하신 것들의 일부를 취하고 당신의 판단에 따라서 일부를 생략하는 방식으로 하나님과의 일을 분리하는 것은 불법이다.
>
> …단순함으로 우리의 표지를 바라보고 목표를 열망하라. 우리 자신을 자랑하지 말고 우리의 악한 행위를 변명하지도 말라. 이 목표를 향해 계속해서 힘써라. 우리가 선에 도달할 때까지 이 목표를 바라보고 선으로 우리 자신을 이기라.[38]

크리스천의 완전에 관한 가르침을 설명하려는 시도에서, 웨슬리는 1738년에 미국에서 영국으로 돌아오는 길에 다음의 구절로 완전에 관한 그의 이해를 표명했다.

> 나의 영혼에 당신의 순전한 사랑 이외에 어느 것도 거하지 않게 하소서!
> 그대의 사랑이 나를 온전하게 소유하소서
> 　나의 기쁨과 감사와 면류관을,
> 나의 마음에서 이상스러운 불들을 제하여 주소서
> 　나의 모든 행동과 말과 사상이 사랑이 되게 하소서!

칼빈처럼 그의 요지는 신자의 마음이 하나님에 대한 헌신으로 일관되어야 한다는 것이었다. 웨슬리는 적절하게 "나는 어느 누구도 이것에 대해 반대했다는 것을 들어보지 못했다. 실로 누가 그것을 반대할 수 있는가?"라고 말했다.[39] 웨슬리와 칼빈은 이 삶에서 하나님에 때한 끊임없는 헌신의 이상에 신자가 어떻게 가까이 나아갈 수 있는가에 대해서 서로 다른 마음을 가졌지만, 그 강조가 이상과 그것을 위해 노력할 필요성에 있었지 신자가 그것에 도달할 수 있느냐 없느냐에 있지 않았다. 마지막 날까지 완전에 도달할 수 없다는 바울의 강조는 성화에 관한 칼빈의 이해를 선호하게 하는 것으로 보인다. 하지만 칼빈만큼이나 웨슬리도 대체로 이

---

38. John Calvin, *Institutes of the Christian Religion*, ed. John T. McNeill, 2 vols. (Philadelphia: Westminster, 1960), 1:688-89(3.6.5).

39. Wesley, *A Plain Account of Christian Perfection*, 9.

단락 때문에 완전한 경건을 위해 노력할 필요성을 강조했다.[40] 그것은 모든 신자의 강조가 되어야 하고, 그것은 바울이 빌립보인들에게 바랐던 연합의 종류로 웨슬리파와 개혁파의 크리스천들이 더 가깝게 나아갈 수 있게 하는 강조다.

그러나 하나님의 하늘의 부르심에 신실하게 응답하는 신자의 노력이 이 단락의 요지라면, 그것을 보통 케스위크(Keswick) 집회와 관련한 영향력 있는 가르침과 일치시키기는 어렵다. 이 사상 학교는 신자들을 두 그룹, 즉 정상과 비정상의 사람으로 나눌 수 있다고 가르친다. 여기서 정상적인 크리스천은 경건을 이루기 위한 개인적인 노력을 "상관하지 않고", 하나님이 성화의 일을 하게 하시게 하는 것이다. 정상적인 크리스천은 보통 소수에 해당하고, 평균적인 크리스천의 경험은 비정상에 상태에 있는 것으로 생각한다. 이 견해의 주창자들은 믿음의 위기가 평균적이고 비정상적인 신자가 하나님께 전적으로 순복하고 정상적인 크리스천의 경험의 영역으로 나아가게 하는 데 필요하다고 믿는다. 1875년 이래로 매년 영국의 케스위크에서 열렸던 집회는 신앙의 중대 국면에 대한 기회를 제공했다.[41]

많은 좋은 것이 케스위크 운동에서 나왔고, 그 주창자들이 모든 신자들이 따라야할 가치가 있는 모범을 제공한 자주 경건하고 자비로운 사람들이었을지라도, 신자들을 패배한 자와 승리한 자로 구분하고 하나님께 수동적으로 순복하는 것에 대한 강조는 빌립보서 3:12-14과 고린도전서 9:24-27과 같은 단락과 조화를 이루지 못하는 것으로 보인다. 바울은 크리스천의 삶에서 승리를 스스로 주장하기를 꺼려했다. 그러므로 하나님이 선한 일을 시작하셨을 때, 그것을 완성시키실 것을 확신했을지라도(고전 1:8-9; 빌 1:6), 그는 여전히 장래에 있을 승리를 현재에 스스로 주장하기를 꺼려했다. 그의 사도적 수고의 영적인 위험들이 너무도 생생했고, 그 수고가 아직 승리를 주장하기에는 너무 격렬했다(고전 9:27). 그 대신에 사도는 경주자처럼, 엄격한 훈련을 행했고, 마지막 날에 그의 경주와 수고가 헛되지 않도록 마지막 목표를 향해 진력했다.

아울러 케스위크 집회가 크리스천을 정상과 비정상으로 분리한 것을 바울이 기뻐했을 것 같지 않다. 바울은 성숙한 신자들과 성숙하지 못한 신자들 사이에 구분을 알고 있지만(빌 3:15), 성숙한 신자들은 마침내 승리를 거머쥐기 전에 가야할 길이 멀다는 것을 인식한 것으로 보이지만, 성숙하지 못한 신자는 분명히 너무 일

40. Wesley, "Christian Perfection," 526.

41. J. Robertson McQuilkin, "The Keswick Perspective," *Five Views on Sanctification*, 151-90이 성화에 대한 "케스위크"의 이해를 요약한 것을 보라.

찍 승리를 주장하였다. 보다 성경적인 견해는 전적으로 크리스천이라면, 하나님의 진노에서 구원을 이루셨을 뿐 아니라(롬 1:18-3:26; 5:9) 죄의 지배에서 구원하신, 그리스도의 죽음과 부활의 영향을 이해한다는 것이다(6:1-23; 8:1-17).

생물학적인 구성과 가족 역사로 인해 어떤 이들은 그들에게 거하시는 성령과의 단계를 유지하는 것이 투쟁인 반면에, 생물학적이고 환경적인 혜택으로 인해 다른 이들은 성령의 능력 하에서 율법의 의로운 요건을 유지하는 것이 더 쉽다는 것을 발견한다. 필사적인 상황에서 회심한 신자는 신자들을 그러한 그룹으로 나누는 사람들에게 비정상적인 크리스천처럼 항상 보이지만, 하나님이 보시기에 그 사람이 양육과정에서 크리스천의 덕성의 많은 것들을 흡수한 신자로 신실할 것이고, 그리스도의 모범을 따르기가 쉽다는 것을 발견할 것이다.

C. S. 루이스가 말했던 것처럼, 우리가 마지막 날에 하나님 앞에 설 때, 모든 외적인 혜택과 비혜택이 해소되고, 우리의 참된 자아 즉, 선이나 악, 순종이나 불순종을 선택하는 우리의 일부만이 남아 있을 것이다. 그때에 우리는 우리가 어떠한 사람인지를 알게 될 것이고, 계시의 이 순간은 놀라운 일이 있게 될 것이다.[42]

42. C. S. Lewis, *Mere Christianity*(New York: Macmillan, 1943), 86.

빌립보서 4:2-9

2 내가 유오디아를 권하고 순두게를 권하노니
주 안에서 같은 마음을 품으라
3 또 참으로 나와 멍에를 같이한 네게 구하노
니 복음에 나와 함께 힘쓰던 저 여인들을 돕
고 또한 글레멘트와 그 외에 나의 동역자들
을 도우라 그 이름들이 생명책에 있느니라
4 주 안에서 항상 기뻐하라 내가 다시 말하노
니 기뻐하라
5 너희 관용을 모든 사람에게 알게 하라 주께
서 가까우시니라
6 아무 것도 염려하지 말고 다만 모든 일에 기
도와 간구로, 너희 구할 것을 감사함으로 하
나님께 아뢰라
7 그리하면 모든 지각에 뛰어난 하나님의 평강
이 그리스도 예수 안에서 너희 마음과 생각
을 지키시리라
8 끝으로 형제들아 무엇에든지 참되며 무엇에
든지 경건하며 무엇에든지 옳으며 무엇에든
지 정결하며 무엇에든지 사랑 받을 만하며
무엇에든지 칭찬 받을 만하며 무슨 덕이 있
든지 무슨 기림이 있든지 이것들을 생각하라
9 너희는 내게 배우고 받고 듣고 본 바를 행하
라 그리하면 평강의 하나님이 너희와 함께
계시리라

원 의미

이 새 항목에서 바울은 빌립보인들이 "그리스도의 복음에 합당한 방식으로 행해야"(1:27) 하는 방식에 관한 논의를 계속한다. 다시 한 번 그는 서신 전반에서 있었던 것처럼(1:1, 18a, 27; 2:1-4, 14, 29; 3:15), 빌립보인들의 연합에 관심을 둔다. 그럼에도 불구하고 이 항목은 이전 항목과 분명히 구분된다. 그것은 3장과 연결시키는 분사가 없고, 4절로 시작해서 사도는 지원하는 논증 대신에 짤막하고 연속되지 않는 진술을 사용한다. 데살로니가전서 5:12-25과 골로새서 3:18-4:6에서 짤막하고 간결한 권면이 보여주는 것처럼 이런 방식은 바울 서신의 결론에서 비전형적인 것은 아니다. 아울러 이 서신에서 처음으로 바울은 빌립보 독자들의 몇몇 이름들을 부른다. 그것은 서신의 말미에 이르고 있음을 안 그가 결론적인 조언에서 가능할 수 있는 많은 강조를 두고, 그것을 가장 많이 들을 필요가 있는 빌립보 사람들이 집중해야 할 것에 확실히 관심을 두고 있는 것처럼 보인다.

서신의 이 부분을 두 단락으로 나눌 수 있는데, 한 단락은 두 여인이 서로 연합할 것을 권고하고(2-3절), 다른 단락은 빌립보인들이 겪고 있는 박해 가운데서 그들이 살아가는 방법을 조언한다(4-9절).

두 동역자들에 대한 간청(2-3절). 2절에서 바울은 빌립보의 독자들 가운데 두 사람의 이름을 부르고, "주 안에서" 같은 마음을 가질 것을 간청한다. 주석자들 사이에서 그 요지가 논쟁이 될지라도, 이 두 여성들 간에 불일치가 서신 전반에서 바울이 우려했던 분열의 기저에 있었다. 두 가지 사실이 이런 방향을 가리킨다. (1) 전체 회중들에게 읽어주는 서신에서 이름으로 여인들을 부르는 특이한 전략(참조. 살전 5:27; 골 4:16)은 바울이 그들의 불일치를 특별히 중요한 문제로 생각했었음을 보여준다. (2) NIV가 "서로 일치하라"("같은 마음을 품으라"—개역개정)고 번역하고 있는 어구는 바울이 2:2에서 "마음을 같이하여"라는 일반적인 권고로 사용했던 용어('토 아우토 프로네테')와 거의 동일한 헬라어구('토 아우토 프로네인')를 대변한다. 이런 총칭적으로 사용한 어구를 분명히 반영하고 있는 것은 유오디아와 순두게가 다른 어떤 사람들보다도 상대방의 이득을 먼저 두고, "주 안에서" 싸움을 끝내는 것이 필요하다는 것을 나타내준다.

우리가 이 서신에서 자주 보았던 것처럼, 바울이 독자들에게 권면하고 있는 방식은 내용만큼이나 중요하다. 그가 유오디아와 순두게를 권면하는 방식의 세 요소는 특히 의미심장하다. (1) 그는 동등하게 이 성들을 호칭한다. "권하노니"란 말의 반복은 문법적으로 불필요하고 약간 볼품없는 문장을 만들어 버리지만, 각 사람의 이름 앞에 그 용어를 사용한 것은 각 사람에게 공평하고자 하는 바람을 전달한다—편을 드는 것이 아니라 동등하게 분쟁의 참여자에게 권고하는 것.[1] 전체 회중에게 읽히는 서신에서 바울은 공평함을 매우 중요한 것으로 고려했다.

(2) 바울은 이름을 밝히지 않은 세 번째 사람에게 도움을 구한다. 그 사람은 우리는 누구인지 모르고, 바울은 단지 "나와 멍에를 같이한 자"라고만 밝힌다. 만약 바울이 고린도전서를 쓴 직후에 빌립보서를 썼다면, 아마도 그는 믿지 않는 권세자 앞에서 당혹스러운 소송으로 진행되었던 고린도의 두 신자들 간에 분쟁을 염두에 두었을 것이다(고전 6:1-11). 바울은 고린도 서신에서 고린도인들에게 "너희 가운데 그 형제간 일을 판단할 만한 지혜 있는 자가 이같이 하나도 없느냐"(6:5)라고 진노함으로 물었다. 빌립보인들은 고린도인들보다 사도와 더 좋은 관계에 확

1. 참조. Beare, *Philippians*, 114; Bruce, *Philippians*, 114.

실히 있고, 유오디아와 순두게의 분쟁은 세상 권세자들 앞에서 다룰 수 있는 유형은 아니라는 것을 보여준다. 하지만 고린도인들처럼, 바울은 분쟁을 판결하기 위해서 제삼자를 요청하고 있는 것은 가치가 있다. 교회의 연합과 거룩은 너무 중요해서 그 분쟁을 여인들만으로 해결할 수 있는 사적인 문제로 생각할 수 없다.

(3) 바울은 이 두 여인에 대한 권고를 칭찬과 뒤섞는다. 이는 전체 회중을 교훈할 때(고전 1:4-7; 살전 1:2-10)와 개인을 교훈할 때에 바울의 권고적인 유형의 흔한 특징이다. 예를 들어, 빌레몬서에서 바울은 빌레몬이 노예인 오네시모를 용서하고 그를 바울에게로 돌려보내라는 간청을 빌레몬이 "주 예수 안에 믿음과 온 성도를 위한 사랑"(몬 5, 7절)이 있다고 칭찬한 것과 혼합시킨다. 그러므로 바울이 유오디아와 순두게를 권고할 때, "복음의 대의에서 나의 편에서 싸웠던 이 여성들"("복음에 나와 함께 힘쓰던 저 여인들"—개역개정)이라고 따뜻하게 말한다(빌 4:3). 그는 또한 그들을 바울의 동역자 중에 한 사람인 글레멘트와 한 무리에 둔다. 글레멘트는 달리 알려져 있지 않지만, 빌립보 교회의 지체들 중에서 매우 존경을 받았음이 틀림없다.[2] 더불어 바울은 그의 다른 동역자들과 함께 그들의 이름이 "생명책에 있다"(3절)는 것을 언급한다. 이는 박해를 받지만 그럼에도 불구하고 믿음을 유지하는 하나님의 백성들에 대해서 유대 문헌이 자주 사용하는 영예의 전통적인 칭호이다(단 12:1; 계 3:5; 참조. 사 4:3; 눅 10:20).[3]

유오디아와 순두게에 대한 바울의 실제적인 권면은 단순하다. 그는 그들이 서로 분쟁을 극복할 것을 요청한다. 그가 사용하는 용어는 이 권면을 발행함에 있어서 바울의 주요한 관심을 알 수 있게 해준다. 그의 용어가 2:2를 반영해주기 때문에 바울은 아마도 유오디아와 순두게가 2:1-4에서 언급한 자질을 서로에게 실천하기를 원한다. 그들은 서로에 대해서 성령이 생성하는 교제 속에 있어야 하고, 이 관계는 "온유와 긍휼", 상호적인 사랑, 그리고 뜻의 연합으로 특징지어져야 한다. 아울러 그들은 자신의 이득보다 다른 이들의 이득을 먼저 두어야 한다.

---

2. 참조. Hawthorne, *Philippians*, 181. 여기서 언급된 글레멘트를 A.D. 96년에 고린도로 보내는 글을 썼던 로마의 클레멘트와 동일시하는 것은 얼핏 보기에 그럴듯해 보이지만, 그 클레멘트는 로마와 관련이 있지 빌립보와는 관련이 없다. 그리고 로마의 클레멘트가 A.D. 110년에 죽었기 때문에 그러한 동일시가 옳다면, 그가 특이하게 오래 산 것이 될 것이다. Lightfoot, *Philippians*, 168-69을 보라.

3. O'Brien, *Philippians*, 482-83; Robert H. Mounce, *The Book of Revelation*(Grand Rapids: Eerdmans, 1977), 113-14을 보라. 고대 그리스와 로마 도시들이 도성의 거주자들의 등록을 보통 받았기 때문에 빌립보도 역시 거주자들의 등록을 받았을 것이다(Hawthorne, *Philippians*, 181). 이 어구는 빌립보 공동체에게 하늘의 시민권을 또 다시 상기시켰을 것이다(3:20; 참조. 1:27).

그러나 바울은 유오디아와 순두게가 순전히 인간적인 근거에 의해 서로에 대한 분쟁을 끝내리라는 환상을 갖지 않았다. 그러므로 그는 그들의 일치가 "주 안에서"여야 한다는 제한을 그의 교훈에 추가한다. "주 안에서"란 어구는 놀라운 인간의 행위의 근원이 주님이시라는 한정사로서 이 서신에서 주요한 역할을 행했다. 바울의 투옥이 동료 신자들 안에 복음을 전파하는 용기를 낳으리라는 것은 이상해 보이지만, 그것이 "주 안에서"(1:14) 발생한다는 것이다. 유사하게 바울의 여행계획은 그가 "주 안에서" 그것을 만들기 때문에 보다 임의적일 수 있다(2:19, 24). 빌립보인들은 에바브로디도가 일찍 돌아간 것에 대해 분개하지 않아야 하고, 오히려 그를 "주 안에서" 환영해야 하며, 박해에도 불구하고 "주 안에서" 기뻐해야 한다(3:1; 4:4). 동일한 방식으로 바울은 이 단락에서 유오디아와 순두게가 "주 안에" 있기 때문에 서로 연합을 추구해야 한다고 말한다. 그들의 불일치는 일반적으로 그들의 교제를 손상시킬 것이다. 그리스도의 주되심의 영역 안에 살고 있는 사람들은 불신자들을 실망시키고 교우관계를 방해하는 환경을 극복할 수 있어야 한다. 바울은 유오디아와 순두게가 서로의 관계에서 이 원리를 실천할 수 있기를 바란다.

간략한 권면의 말들(4-9절). 이 단락의 첫 부분처럼 두 번째 부분은 이전의 문장과 접속사로 연결되어 있지 않다. 적어도 8절에 이르기까지 이 단락은 접속사를 최소한으로 사용하고 있다(NIV에서 6절에 "but", 7절에 "and", 그리고 8절에 "finally"는 예외다). 이렇게 접속자가 적은 것은 바울 시대의 문법학자들에 의해 "연사 생략"이라 불리는 형태적인 고안물이었다. 그것은 강조를 위해 사용되었고, 특히 강화의 말미에 효과적이었다.[4] 실로 이 고안물은 현대 시대에서도 유사한 방식으로 사용되기를 계속하고 있다. 존 F. 케네디는 한 유명한 연설에서 "생존과 자유의 성공을 확실히 하기 위해서 우리는 어느 대가를 치룰 것이고, 어느 부담을 질 것이며, 어느 고난도 감당할 것이며, 어느 친구도 지원할 것이며, 어느 대적도 반대할 것이다"[5]라고 말했다. 바울은 여기서 유사한 효과를 갖는 고안물을 사용하고 있다. 그가 서신의 충고적인 부분을 마감하기를 시작할 때, 가능한 한 정확하고 강조적이며, 설득적인 그의 의미를 전달하기 위해서 최소한으로 그의 말을 정제하고 있다.

---

4. *Ad Herennium*, 4.30; Quintilian, *Institutio Oratoria*, 9.3.50; Aristotle, *Rhetoric*, 3.19.6.
5. 이런 저런 현대적인 사례에 대해서는 P. J. Corbett, *Classical Rhetoric for the Modern Student*, 2d ed. (New York: Oxford, 1971), 470을 보라.

4-7절은 네 가지 조언("기뻐하라", "너희 관용을 모든 사람에게 알게 하라", "염려하지 말라", "하나님께 아뢰라")을 담고 있고, 처음에 그것은 서로 관련이 거의 없는 것으로 보인다. 그러나 이 조언의 배후에 있는 용어들의 의미를 자세히 살펴보면, 그 모든 것의 공통된 배경을 발견할 수 있다. "관용"('에피에이케스')이란 용어는 통상적이거나 예상되는 반응이 보복인 곳에 친절의 태도를 갖는 것에 자주 사용되었다. 그러므로 지혜의 묵시문헌에서 인생이 짧고 어느 것도 무덤 이후에는 존재하지 않는다고 믿는 악한 사람들의 무리는 "자신들이 죽기 전에, 모든 곳에 기쁨의 표지가 사라지기 전에" 그들 자신에게 "면류관을 씌우려고" 결정한다(Wisd. 2:8-9, NRSV), 그러나 의로운 사람이 그들의 무책임한 쾌락을 인정할 수 없기 때문에 그들은 그를 박해할 것을 결심한다. 그들은 "그가 얼마나 온유하고('텐 에피에이케이안 아우투') 시련을 참아내는지를 알 수 있도록, 그를 모욕과 고문으로 시험해보자"(2:19, NRSV)라고 말한다. 이것은 아마도 고린도후서 10:1에서의 용어의 함축일 것이다. 거기서 바울은 고집 센 고린도인들에 대한 그의 온유의 이유로서 그리스도의 "온유와 관용"('에피에이케이아스')에 호소한다. 바울은 그리스도처럼 그를 비난하는 자들에게 같은 방식으로 반응하지 않는다.

"염려하지 말라"('메림나오', 4:6)란 말은 어떤 것에 대해서 부적절하게 근심하는 것을 가리키지만, 그것은 자주 박해가 있는 상황에서 사용된다. 그러므로 마태와 누가는 제자들에 대한 예수의 조언에 관한 기록에서 이 용어를 사용하여 복음에 대한 헌신 때문에 제자들을 박해하는 왕과 공의회, 그리고 관리들 앞에서 그들이 무엇을 말할 것인지를 근심하지 말라고 말한다(마 10:19; 눅 12:11). 마찬가지로 "지키리라"('프루레오')란 용어는 싸움터에서 가져온 비유이고, 도성 안에 정주하는 군대의 행위를 가리키기 위해 자주 사용된다(유딧서 3:6; 참조. 고후 11:32).

이 모든 것이 바울의 조언에 대한 배경으로서 박해의 상황을 가리킨다. 빌립보인들은 이교 이웃들로부터 박해의 고난을 겪고 있다. 바울과 실라가 그들 사이에 있을 때에 고난을 당한 것처럼 말이다(행 16:19-24; 빌 1:28-30). 그러므로 바울이 박해에도 불구하고 복음에 합당한 방식으로 행하라고 빌립보인들에 대한 명령으로 서신의 조언 부분을 시작했던 것처럼(1:27-30), 그는 이 항목의 말미에서 빌립보인들이 항상 "주 안에서" 기쁨의 태도를 유지하기를 구하고(4절, 참조. 3:1), 박해자들을 향해서 온유한 비복수의 그리스도적인 접근방식을 채택할 것을 촉구하면서(5절, 참조. 롬 12:17-21; 15:3; 벧전 2:23; 3:8-9; 참조. 사 53:7-9), 그리고 어느 것도 염려하지 말 것을 그들에게 교훈하면서(6절, 참조. 벧전 5:7) 이 주제로 다시 돌아온다. 오히려 빌립보인들은 주님이 가까이 오시고 있다(5절; 참조. 3:20-21)는 것을 기억하고 그들의 고난에 대해서 감사의 기도로 염려를 대신해야 한다(6절).[6]

7절의 시작에서 "and"("그리하면"—개역개정)는 겉으로 보이는 것보다 훨씬 더 중요하다. 그것은 4-6절의 다른 진술을 단순히 연결하는 것이 아니라, 바울이 6절에서 묘사했던 감사 기도의 결과를 제공한다.[7] 빌립보인들이 바울의 조언을 따른다면, 그때에 "모든 지각을 초월하는 하나님의 평강"("모든 지각에 뛰어난 하나님의 평강"—개역개정)이 그들의 마음과 생각을 요새처럼 지킬 것이다. 하지만 "하나님의 평강"은 무엇인가? 그것은 내적인 만족을 압도적으로 인식하는 것인가? 그것은 결코 염려하지 않으시는 하나님 자신을 특징짓는 평강인가? 그리스도 예수 안에서 하나님의 의롭게 하시는 역사에서 기인하는 평강인가?(참조. 롬 5:1)[8] 여기서 언급된 평강이 6절에서 언급된 염려와 대조를 이루기 때문에, 그것은 하나님이 공급하신 만족의 내적 인식일 것이다. 그것은 모든 지각을 초월하는데, 빌립보인들이 경험하는 박해에 대해 예상된 반응은 염려이기 때문이다. 이 서신 전반에서 바울이 통상적인 행위의 방식을 초월하는 크리스천의 행위를 기대하고 있는 것처럼, 여기서 하나님은 역경에 직면해서 통상적인 범주에 해당하지 않는 태도를 공급하신다(참조. 고후 1:3-11).[9]

바울의 다음 단락은 3:1에서 사용했던 동일한 느슨한 접속어로 시작한다. NIV는 그것을 "끝으로"(finally)라고 번역하고 있고, 실로 그 어구와 아주 가까운 어구가 데살로니가전서(4:1)와 고린도후서(13:11)의 말미에 나타난다. 하지만 3:1에서처럼(그것은 서신의 결론과는 거리가 있다), 그 어구는 여기서 "나머지와 관련해

---

6. 그러므로 "주께서 가까우시니라"는 어구는 시간적이고 공간적인 함축을 담고 있지 않을 것이다(O'Brien, *Philippians*, 488-89이 논증하는 것처럼). 그 대신에 바울은 박해받는 빌립보인들에게 잘못된 자에 대한 보복이 그들에게 있는 것이 아니라 어느 때이고 돌아오실 수 있는 주님에게 있다는 것을 상기시키고 있다(참조. 롬 12:19; 벧전 2:23; 3:9).

7. 참조. O'Brien, *Philippians*, 495. 헬라어 '카이'에 관한 사용에 대해서는 Walter Bauer, *A Greek-English Lexicon of the New Testament and Other Early Christian Literature*, 2d ed., trans., adapt. and rev. William F. Arndt, F. Wilbur Gingrich, Frederick W. Danker(Chicago: University of Chicago Press, 1979), 392(I.f.)을 보라.

8. 다양한 선택들에 대해서는 Caird, *Paul's Letters From Prison*, 151; Bruce, *Philippians*, 119; O'Brien, *Philippians*, 496을 보라.

9. Silva, *Philippians*, 226.

서", "그것을 넘어서서", 또는 "아울러"와 같은 것을 의미할 것이다.[10] 그것은 8-9절과 4-7절 간의 논리적인 연결을 표현하는 것이 아니라, 바울이 조언의 다른 장면으로 지금 이동하고 있음을 단순히 보여준다. 교훈의 새로운 장면은 그것을 표현하는 형태와 내용의 균형에 의해 긴밀하게 연결되어 있다. 8절에서 바울은 빌립보인들이 '생각해야' 하는 방법을 말하고, 4-7절에서처럼 강조를 위해 접속어구를 거의 생략한다(연사생략). 9절에서 바울은 빌립보인들에게 '행동하는' 방법을 말하고, 정확히 반대편 형태의 고안물을 사용하여('연속접속사') "or"(또는)라는 접속어를 반복한다. 다시금 그 효과는 강조적이다.

바울이 빌립보인들에게 "생각하라"고 요구하는 덕의 목록은 구별된 기독교적 목록이 아니고, 고대 시대에 많은 의롭다고 생각되는 사람들이 품을 수 있는 것들이었다.[11] 바울은 반복해서 막연한 형용사인 "whatever"('호사', "무엇에든지"—개역개정)를 사용함으로써 이런 자질의 폭에 특별한 강조를 둔 것으로 보인다. 그는 빌립보인들에게 참되며, 경건하며, 옳으며, 순결하며, 사랑 받을 만하며, 훌륭하고, 뛰어나고, 주변의 모든 곳에서 칭찬 받을 만한 것들을 추구하며, 이런 자질들을 보일 수 있는 것들을 생각하라고 말한다. 아마도 바울은 빌립보인들이 주변 사회에서 박해를 받고 있기 때문에 교회 바깥의 모든 것을 악한 것에 영원히 물든 것으로 거부하도록 유혹을 받을 것임을 알고 있다. 그렇다면 그때에 이 목록은 더 넓은 세계에서 덕('아레테', NIV의 "탁월한"[excellent])을 찾는 조언과 더불어 빌립보인들에게 사회가 가끔 적대적이고 악하게 보일지라도, 그것은 여전히 하나님의 세계의 일부이고 신자가 확증할 수 있는 많은 선을 포함하고 있다는 것을 상기시킨다.

---

10. Bauer, *Greek-English Lexicon*, 480을 보라.

11. 덕의 목록들은 고대 문헌에서 흔하다. 예를 들어, 스토아 철학자인 클린데스(Cleanthes, 331-232 B.C.)는 "선"을 "질서 잡히고, 정의롭고, 거룩하고, 경건하며, 절제하며, 유익하고, 명예롭고, 적절하고, 금욕적이며, 솔직하며, 항상 안정적이며, 친근하며, 소중하고,…지속적이며, 귀감이 되며, 신중하며, 돌아보며, 온유하고, 예리하며, 참을성 있고, 잘못을 저지르지 않으며, 지속적"인 것으로 정의한다. A. A. Long and D. N. Sedley, *The Hellenistic Philosophers*, 2vols. (Cambridge: Cambridge University Press, 1987), 1:373을 보라.

8절

무엇에든지 참되며
무엇에든지 경건하며
무엇에든지 옳으며
무엇에든지 정결하며
무엇에든지 사랑 받을 만하며
무엇에든지 칭찬 받을 만하며
무슨 덕이 있든지 무슨 기림이 있든지
이것들을 생각하라

9절

너희는 내게 배우고
받고
듣고
본 바를
[이것들을] 행하라

4:8-9의 수사법

이 목록을 주는데 있어서 바울의 의도가 무엇이든지간에 그는 빌립보인들이 그의 가르침과 행함에서 예시된 명백한 기독교 윤리를 실천해야 한다고 말하기를 계속한다(9절). 바울이 여기서 사용하고 있는 네 동사들은 모두 그가 그의 독자들과 함께 있을 동안에 몸소 행했던 것과 그가 그들에게 전수한 기독교 전통을 상기시킨다는 것을 보여준다. "배웠다"('만다노'로부터)란 용어는 다른 이의 모범에서 배운 것을 가리킨다(참조. 예. 고전 4:6).[12] 다른 한편으로 "받았다"('파라람바노')란 용어는 때로 그리스도인이 살아가야 하는 방식에 대해서 특별히 가르치는(참조. 살전 4:1) 교육의 특별한 본론(참조. 고전 11:23; 15:3; 갈 1:9, 12; 골 2:6; 살전 2:13; 3:6)의 수용을 말한다.[13] 빌립보인들은 바울에게 들음으로써 이 가르

12. Bauer, *Greek-English Lexicon*, 490.

침을 받았고, 그들은 바울이 몸소 행하는 방식을 봄으로써 그의 모범으로부터 배웠다. 그러므로 그들은 단순히 주변의 문화에서 가치 있게 여기는 도덕적 표준의 베스트를 생각하는 것만이 아니라, 바울의 말과 행위에서 배웠던 그리스도의 행동 유형을 따라야 한다.

상황잇기

이 단락은 두 전통적인 해석적 문제의 좋은 사례를 제공해 준다. 첫 번째 부분(2-3절)은 현대 교회의 적용에 더 적합하게 이 단락을 만들기 위해서 유오디아, 순두게, 글레멘트, 그리고 신비스러운 "충성스러운 멍에를 같이 한자"의 정체성에 대해서 공상적인 추측에 의존하여 그 의미에 대한 서신의 역사적 정황에 아주 많이 의존할 수 있다. 한편으로 두 번째 부분(4-9절)은 일반적인 조언을 담고 있어서 빌립보의 상황과의 연관성—이 구절들의 주요한 의미를 발견하는데 핵심적인 연관성—을 놓치기가 쉽다. 우리가 이 두 항목을 현대 교회에 적용할 때, 신학적인 토대를 발견하고, 바울이 이 신학적인 원리를 빌립보인들에게 어떻게 적용하는지를 발견하며, 그 다음에 현대의 상황에 동일한 방식으로 이 원리를 적용해야 한다.

4:2-3에서 신학과 적용. 유오디아와 순두게에 대한 바울의 간청은 두 가지 신학적인 원리 위에 세워져 있다. (1) 그가 이 서신 전반을 통해서 일반적인 방식으로 그룹으로서의 빌립보인들에게 촉구했던 연합(1:1, 27; 2:1-16, 29)이 구체적인 논쟁에서 실천적인 방식으로 시행되어야 한다. 바울은 단순히 추상적인 차원으로 그의 조언을 두는 것에 관심이 없다. 그는 단순히 일반적인 명령을 발행하고, 빌립보인들이 알아서 행하도록 남겨두지 않는다. 여기서 그는 크리스천의 연합의 개념을 곧바로 시행해야 한다는 것을 보여준다. 그러므로 바울은 유오디아와 순누게를 지목하고, 교회의 분열에 원인이 되었던 두 사람을 확인시키며, 그들이 "주 안에서 하나가 될" 것을 촉구한다. 그들이 2:6-11에서 묘사된 그리스도의 주되심으로 특징되는 영역의 삶의 의미를 이해하고 있기 때문에 그들은 서로 화합해야 한다. 4:2에서 바울은 2:6-11의 모든 신학적인 풍부함을 두 사람간의 단일한 분쟁에 쏟아 붓는다. 그에게서 성육신에 관한 묵상과 성육신이 개인 크리스천들에게 요구하는 행동간에 이분법이 있을 수 없다.

13. Ibid., 619.

유사하게 현대 교회에서 우리가 믿는 것과 행하는 것에 이분법이 존재할 수 없다. 만약 우리가 하나님이 "하늘과 땅의 창조주"라는 것을 믿는다면, 그 하나님을 영화롭지 못하게 하는 방식으로 그의 창조물을 착취할 수 없다. 만약 우리가 예수 그리스도의 죽음을 통한 "죄 용서"를 믿는다면, 다른 사람의 죄를 용서하기를 거부할 수 없다. 만약 우리가 몸의 부활과 영원히 사는 생명을 믿는다면, 마치 소망이 없는 것처럼 죽음을 슬퍼할 수는 없다. 하지만 특히 이 단락에 비추어 우리가 "거룩한 공교회"와 "성도의 교제"를 믿는다면, 교회에서의 관계가 손상될 때, 화해를 추구해야 한다. 사도신경의 말씀을 우리의 신앙으로 고백하면서 교회 복도에서 형제와 자매들과의 교제를 거부하는 것은 상상할 수 없다.[14]

(2) 바울은 이 서신을 통해 아주 관심을 가졌고, 또 여기서 특별히 관심을 두고 있는 연합을 이루는 방법의 사례를 독자들에게 제공한다. 그러한 분쟁은 다툼의 개인적인 관심사가 아니라 전체 교회의 관심사다. 그때에 교회가 차이를 극복하게 하는 은사가 있는 신자의 중재를 통해 그러한 분쟁을 중재하기를 추구하는 것은 적절하다. 아울러 바울의 모범은 교회가 그러한 문제를 다루어야 할 때 온유함과 공평함으로 해야 한다는 것을 보여준다. 관련된 사람들의 은사를 인정하고, 어느 한 파를 선호하는 편향됨을 보이지 않도록 조심해야 한다.

그때에 2-3절은 우리가 하나님에 대해서 생각하는 방식이 매일의 삶에서 행동하는 방식 속에서 실천되어야 하는 원리를 보여준다. 이 단락은 교회의 연합을 위해 필요하다고 믿는 것을 우리 교회 내의 분쟁에 적용하는 일의 중요성을 특히 보여준다. 사도가 빌립보 교회에 이것을 적용하는 방식은 우리에게 모델을 제공해준다. 교회는 서로 대적하는 사람들 사이에서 기꺼이 중재할 수 있어야 하지만, 바울이 여기서 보여주는 온유와 공평의 방식으로 그리해야 한다.

4:4-9에서 신학과 적용. 4-9절의 간결하고 함축적이며 수사적으로 정교한 조언은 네 가지 신학적인 자원에서 발생한다. 첫째, 주님이 가까이 오시고 있다. 둘째, 하나님은 주권적이시고 긍휼이 많으시다. 셋째, 세상은 하나님께 속해 있다. 마지막으로 세상에 살고 있는 사람들은 복음에서의 하나님의 계시를 따름으로써 그에게 온전히 순종할 수 있다. 앞의 두 원리는 서로 긴밀하게 연관되어 있고, 5-7절을 지배한다. 뒤에 두 원리도 역시 긴밀하게 연관되어 있고, 8-9절에서 나타난다.

---

14. 그의 현명한 책인 *The Apostles' Creed: A Faith to Live By*(Grand Rapids: Eerdmans, 1993), 7에서 C. E. B. 크란필드(Cranfield)는 "현대 세상의 삶 그리고 이 세상이 드러내고 있는 모든 문제들과 신조의 상관 관계를 보지 못한다면, 우리는 확실히 [신조]를 이해하지 못한 것이다"라고 말한다.

많이 암송하는 두 어구에서 바울은 빌립보인들에게 주 안에서 항상 기뻐하고 그들의 온유("관용"—개역개정)를 모든 이들에게 보일 것을 요청한다. 이 조언이 박해를 받고 있는 빌립보인들의 상황에 특히 중요하였을지라도(고난이 기쁨을 상쇄시키고 복수의 반응을 촉발시킬 수 있었다), 바울이 그 어구들을 설명한 방식은 그가 이런 박해의 상황으로 적용을 제한하기를 의도하지 않았음을 보여준다. 신자들은 "항상" 기뻐해야 하고, "모든 이들"에게 온유해야 한다. 심지어 박해가 현대적 상황에서 나타나지 않을 때조차도, 이 조언은 복음이 신자들에게 요구하는 태도와 행위에 대한 가이드를 제공한다. 우리는 좋을 때나 나쁠 때나 "기뻐해야" 하고, 보복의 행위가 아니라 관용으로 평판을 얻어야 한다.

문법적으로 어느 것도 이 두 교훈을 "주께서 가까우시니라"는 바울의 진술과 연결하고 있지 않을지라도, 그럼에도 불구하고 그 어구는 바울이 조언하는 태도와 행위를 채택하기 위한 논리적인 토대를 형성한다. 이 말들은 그리스도가 즉시 나타날 것이라고 사도가 실수로 생각했음을 의미하지 않는다. 그가 그렇게 생각했다면, 1:18b-26에서 자신의 죽음의 가능성을 염두에 두거나, 그가 2:19-30에서 디모데, 자기 자신, 그리고 에바브로디도를 위한 복잡한 여행 계획을 가진 것을 이해하기 어려울 것이다. 바울은 주님이 빌립보인들이 처음에 믿었을 때보다 이제 더 가까이 오셨다는 의미에서 주가 가까우시니라고 의미할 것이다(참조. 롬 13:11). 일반적으로 신약성경과 특히 바울 서신은 순종의 자극으로 그리스도의 나타나심을 이야기한다(예를 들어, 롬 13:11-14; 빌 1:10; 2:16; 살전 5:4-11). 그것이 여기서 바울이 이야기하고 있는 방식이고, 우리는 윤리적 행동에 대한 이런 합법적이고 중요한 자극에서 일탈하는 묵시적 사상으로 말미암아 현대인들의 조롱을 받지 않아야 한다.

이미도 바울은 신자가 하나님의 주권에 대한 환상을 갖고 그의 백성들을 위한 자비로운 공급을 얻을 수 있는 주의 재림을 기다려야 한다는 개념을 차단하기를 원하기 때문에, 주님이 가까이 오셨다는 상기를 기도하라는 조언으로 곧바로 이어준다. 신자는 모든 환경에 대해서 기도해야 하고, 감사로 간구해야 한다. 그러한 기도가 생산할, 모든 지각을 넘어서는 평강 속에서 신자들은 하나님의 임재를 즉시 경험할 것이다. 그들의 영적인 복리와 상관없이 그리스도의 출현의 시간을 만들면서 말이다.[15]

---

15. 참조. Caird, *Paul's Letters From Prison*, 150-51.

8절에서 바울의 덕의 목록은 세상이 신자의 고찰과 확증을 받을 만한 많은 좋은 자질들을 포함하고 있다고 가정한다.[16] 그것은 이교 세계가 선하고 나쁜, 옳고 그른, 의무와 무책임, 아름다운 것과 추한 것, 영예와 수치에 관한 개념을 갖고 있다고 가정한다. 다른 곳에서 바울은 마음에 새겨진 하나님의 율법의 요건을 갖는 이방인들에 대해서 말하고 가끔 이방인들이 사실상 이런 것들을 행한다고 말한다(롬 2:14-15). 그는 역시 정부의 이교 권위자들이 대체로 사회에서 옳고 그름을 판단하는 하나님의 대리자로 기능할 수 있음을 역시 말한다(13:1-7). 다시 말해서 바울은 절대적인 도덕적 기준이 존재하고, 유대인들과 크리스천들 외에 사람들도 그것을 확증했으며, 신자는 이교세계에서조차도 도덕적 기준이 나타나는 곳마다 그 사례들을 곰곰이 생각함으로 이득을 얻을 수 있다고 가정한다.

현재의 도덕적 상대주의의 기후에서 현대 교회는 이런 신학적 원리를 재확증하는 것이 역시 좋다. 도덕과 아름다움에 대한 크리스천의 기준은 단순히 주관적인 감정의 표현이 아니라 하나님의 백성들과 모든 피조물의 행복을 위해서 하나님으로부터 은혜롭게 계시된 진리다.[17] 크리스천 이외의 사람들도 그것의 타당성을 자주 인식하고, 또한 그들이 그리할 때, 크리스천들은 그들을 지원해야 하고, 그들로부터 배워야 한다. 아울러 세상의 나머지 사람들이 세상과 사회가 어떻게 가장 잘 기능할 것인가에 관한 그들 자신의 이해에 기초해서, 크리스천이 하나님의 말씀에 기초해서 옳다고 인식한 것을 그들이 옳다고 자주 인정하는 것은 위안이 된다.

하지만 크리스천은 불신 세계가 그들의 윤리적 결정을 인도하게 한다면 무기력한 것이다. 다른 곳에서 바울은 죄의 음험한 영향 때문에 불신자들은 옳고 그름에 대해 자주 잘못 인도된다—참으로 그러한 잘못된 인도는 그들이 때로 창조주보다 피조물을 숭배하고, 아주 잘못된 장소에서 인간의 친밀성을 추구한다(롬 1:21-27). 게다가 불신자들이 옳고 그름의 분명한 이해를 보유하고 있을 때조차도, 그들은 자주 그것을 행할 수 있는 능력이 없다(롬 1:28-32; 참조. 빌 2:15). 그러므로 9절에서 바울은 올바른 도덕적 행위에 대한 특히 크리스천의 증거의 중요성을 빌립보인들에게 상기시킨다. 2:14-16에서 부정적인 사례로서 바울이 이스라엘을 다소 미묘하게 사용하고 있음이 보여주는 것처럼 빌립보인들이 구약성경에 익숙했을

---

16. Cf, Witherington, *Friendship and Finances in Philippi*, 52, 117.

17. 이 신학적인 원리의 타당성에 대한 고전적인 논증과 자녀교육의 의미에 대한 간결한 진술이 C. S. Lewis, *The Abolition of Man or Reflections on Education With Special Reference to the Teaching of English in the Upper Forms of Schools*(New York: Macmillan, 1947)에서 나타난다.

지라도, 그것은 구약성경에 단순히 담겨 있지 않고, 만약 바울의 다른 서신들의 도덕적 내용이 그가 빌립보인들에게 가르쳤던 방식에 어떤 통찰을 제공한다면, 그는 그 안에 담겨져 있는 도덕성의 많은 것을 재확증했음이 틀림없다. 그럼에도 불구하고 그리스도에 관한 지식으로 형성된 바울 자신의 모범과 가르침(고전 4:17; 11:1)은 빌립보인들에게 "어그러지고 거스르는 세대 가운데서"(빌 2:15) 확실한 도덕적 범위를 제공했다.

현대 교회는 역시 진리와 아름다움에 관한 불신자들의 표현을 칭찬할 수 있고 배울 수 있다. 성숙한 크리스천은 다른 크리스천이 쓴 문학만을 읽고 동료 신자들이 생산한 영화와 연극만을 보거나 기독교 음악만 들어야 할 의무가 없다. 바울은 신자들이 어디서나 참되고 고귀하고, 옳고, 순결하며, 사랑스럽고, 감탄스럽고, 탁월하며, 칭찬할 만한 것을 발견하고 배워야 한다고 촉구한다. 이 일을 행하는 신자들은 하나님이 바라시는 형태로 그들의 삶을 형성할 뿐만 아니라, 진리를 알 수 없다고 주장하는 상대주의적인 시대에서 진리를 고수할 수 있을 것이다. 하지만 크리스천은 참되고 좋은 것의 진정한 이정표가 하나님의 말씀이며 더 넓은 불신 세계에서 모든 도덕적 표현은 성경에서 보존된 복음의 기준으로 측정되어야 한다는 것을 잊어서는 안 된다.[18]

그러나 고대와 현대의 상황을 연결하는 임무는 이 난락에 깔려 있는 일반적인 신학적 원리를 단순히 확인한 후에도 완전하지 않다. 이 일반적인 원리를 현대의 상황에 적용하는 것이 확실히 합법적일지라도, 이 난락은 박해받는 고대의 빌립보의 상황과 유사한 현대 교회의 상황에 가장 분명하게 적용된다. 고대 세계에서 자신에게 상처를 준 사람에게 복수하려는 마음을 가지려고 하는 것처럼 현대의 박해 받는 상황에서 복수하고, 또한 우리 자신과 가족, 그리고 재산에 대해서 염려하게 만드는 유혹이 강력하다. 아울러 세상에 대해서 이원론적인 견해를 발전시키게 할 유혹이 강력하다—어떤 이유에서든 박해를 경험하지 않은 동료 크리스천들을 포함하여, 박해 받는 교회 이외에 모든 것들은 악하다고 생각하는 것. 만약 이것이 우리의 상황이라면, 빌립보서 4:2-9은 우리가 복수보다는 관용으로, 염려보다는 기도로, 그리고 좁은 이념의 요새에 지적으로 갇혀 있기보다는 우리 문화에서 선한 것을 인식할 수 있기를 촉구한다.

18. 세상이 교회의 도덕적 어젠더를 설정하게 하는 크리스천들의 결과에 관해서는 Dorothy L. Sayers, "Christian Morality," in *Unpopular Opinions*(London: Victor Gollancz, 1946), 9-12을 보라.

피해야할 두 가지 해석적인 함정. 이 단락을 적용하는 기술적인 방식에서 떠나기 전에 우리는 두 가지 해석적인 함정에 대한 경고가 있어야 하고, 그것들은 이 단락에서 같은 동일한 요소와 관련이 있다. 이 단락은 빌립보 교회의 생활에서 중요한 참여자로, 복음의 대의에 바울과 함께 한 동료 경쟁자로, 그리고 바울의 동료 사역자로 두 여인을 확인하고 있다. 이것은 아주 인상적인 신임을 주고 있다. "함께 힘쓰던"('쉰아뗄로', NIV "나의 편에서 애쓴")이란 동사에 대한 바울의 유일한 다른 사용이 1:27에 나타나는데, 거기서 그는 "복음의 신앙을 위하여 협력해야 한다"고 전체 회중에게 말한다. 바울이 1:27에서 박해에 직면해서 인내를 언급하고 있기 때문에 그가 4:2에서 다른 어떤 것을 언급하고 있다고 생각할 이유가 없다. 그때에 유오디아와 순두게는 바울을 더불어 용감하게 박해를 견디어내었다. 바울이 빌립보에서 처음에 복음을 전파하던 시기에 말이다.[19]

여전히 더욱 인상적인 것은 이 여인들이 바울의 "동역자들"인데, 이 용어는 사도가 이방인들 중에서 복음을 전파하는 소명을 이루는 일에 특히 그를 도운 친구들의 범주에 대해 사용되었다. 이 무리 가운데는 브리스길라와 아굴라(롬 16:3; 참조 16:9), 디모데(롬 16:21; 살전 3:2), 디도(고후 8:23), 에바브로디도(빌 2:25), 빌레몬(몬 1절), 마가(몬 24절), 그리고 누가(몬 24절)가 포함된다.[20] 바울이 유오디아와 순두게를 이름으로 부르며 조언하는 특이한 조치를 취하고 있기 때문에 그들은 아마도 빌립보 교회 내에서 저명한 위치를 차지하고 있었을 것이다. 그들은 심지어 바울이 서신의 서두에서 언급했던 "감독과 집사들" 가운데 포함되어 있을 수도 있었다(1:1).

이 모든 것이 때로 이 단락의 해석자들이 폭이 넓지만 이탈된 해석으로 나아가게 했다. 어떤 이들은 바울이 여성들에게 그의 사역과 교회 생활에서 그러한 중요한 역할을 주었다는 것에 아주 놀라서 그들은 이 여성들을 남자로 둔갑시키거나 적어도 유오디아는 남편이고 순두게는 그의 아내이게 만들려고 애썼다. 그러므로 17세기의 화란 법학자이자 신학자인 휴고 그로티우스는 이 두 사람을 남성으로 취급하였고, 4세기의 교부인 몹수에티아의 데오도르는 유오디아를 유오디아스(남성형)로 철자하고 순두게를 "그의" 아내로 만듦으로써 당시에 그 단락에 대한 대

19. Francis X. Malinowski, "The Brave Women of Philippi," *Biblical Theology Bulletin* 15(1985): 60-64(특히 62).

20. 아울러 바울은 우르바노(롬 16:9), 유스도(골 4:11), 아리스다고(골 4:10-11; 몬 24절), 악명 높은 데마(몬 24절; 참조. 딤후 4:10)를 그의 "동역자"로 부른다.

중적인 해석을 기록하고 있다. 이런 전통은 킹 제임스역의 해석자들에 의해 분명히 수납되었다.[21] 이런 노력들은 단순히 성공할 수가 없다. 두 이름이 헬라어 본문에서 여성형이고, 바울이 여성 대명사로 그 이름을 대변하고 있기 때문이다('하우타이스'와 '하이티네스').[22]

또한 현대 교회의 사역에서 여성들의 참여에 대한 성경적인 전례를 열심히 찾으려고 노력하는 사람들은 빌립보 교회 내에서의 유오디아와 순두게의 역할을 성경이 보여주는 증거를 넘어서서 나아가게 할당했다. 바울이 그들을 복음에 힘쓰던 자와 동역자들이라고 부른 것 때문에 유오디아와 순두게가 복음 설교자요 전파자였다고 그들은 가끔 말한다.[23] 그러나 바울이 유오디아와 순두게를 함께 힘쓰던 자라고 언급한 것은 그가 1:27에서 전체 회중에게 말한 것에 지나지 않고, 또 그것이 중요한 리더십을 나타낼지라도 "동역자들"이 유오디아와 순두게가 설교자나 교사였다고 말할 만큼 충분히 정확하지 않다는 것을 인정해야 한다. 이 용어는 확실히 그러한 역할을 배제할 수는 없지만, 그렇다고 그러한 역할을 주장할 수도 없다.

이 단락을 해석하는데 있어서 교회에서 여성의 수동적인 역할에 대한 사전에 인식된 개념에 맞추려고 본문을 바꾸는 것은 최선이 아니며, 또한 반대편 입장에 더 큰 지지를 보내기 위해서 본문을 확장하는 것도 최선은 아니다. 이 여성들이 공동체의 수동적인 참여자가 아니며, 복음의 진전에 가치 있는 기여를 했다는 것을 보이기 위해서 본문을 확장하는 일은 필연적이지 않다.[24] 확실히 현대 교회의 여성들은 이에 못지않은 일을 할 수 있도록 격려를 받아야 한다. 하지만 그들의 봉사가 취해야 하는 정확한 형태는 이 단락에 기초해서 결정할 수는 없다. 4:2-3에서 바울의 관심은 다른 곳에 있다.

4:2-9의 적용: 요약. 그때에 이 단락은 믿음의 커다란 신학적 원리, 특히 그리스천의 연합의 중요성에 입술만의 봉사가 주어지고 이 원리의 실제적인 적용이 보이지 않는 상황에 대해 말한다. 더욱 특별하게는 이 단락은 교회 내의 경쟁하는 자

---

21. Meyer, *The Epistles to the Philippians and Colossians, and to Philemon*, 160-61; Lightfood, *Philippians*, 158.

22. Hawthorne, *Philippians*, 179.

23. 예를 들어, W. Derek Thomas, "The Place of Women in the Church at Philippi," *The Expository Times* 83(1971-72): 117-20, 특히 119을 보라.

24. Malinowski, "The Brave Women of Philippi," 60-64, 특히 p. 62을 보라.

들 사이에서 중재의 가치와 공평의 중요성을 보여준다. 또한 이 단락은 박해로 인해 발생할 수 있는 상황에 적용할 수 있다. 신자들은 박해 중에 악을 악으로 되갚고 장래에 대해서 염려하며, 세상이 어느 가치도 갖고 있지 않다는 입장을 취할 정도로 범람하는 이교문화를 의심하도록 유혹하는 상황에 이 단락을 적용할 수 있다. 다른 한편으로 이 단락은 전적으로 세상의 기준을 품도록 유혹을 받는 사람들에게 오직 복음 전통으로 채워진 마음만이 무엇이 선한 것인지를 보여주고 어디에서 세상이 다양한 방식으로 선한 것을 왜곡시켰는지를 식별할 수 있도록 구비시킴을 상기시킨다.

1:27-30과 2:14-16에서처럼 이 단락에서 바울은 교회의 내적인 분쟁에 대한 우려를 믿지 않는 적대적인 세상과의 만남으로 인한 우려와 혼합시킨다. 그러므로 이 단락은 현대에 동등한 상황에 아주 강력하게 말한다.

현대적 의미

교회에서 가장 깊은 분열 중에 하나는 인종이라는 것은 많은 서방의 크리스천들에게 놀라움으로 다가올 것이다. "인종차별주의자"란 용어가 처음부터 가져야 했던 악한 내포를 대부분의 공동체들에서 마침내 발전시켰기 때문에 북유럽의 가계에 속한 사람들이 아프리카와 라틴 국가 출신들의 사람들과 혼합되지 않아야 한다고 믿는 것은 더 이상 사회적으로 용인되지 않는다. 오늘날 인종차별 문제가 이슈가 된다고 생각하면, 대부분의 백인 크리스천들은 인종적인 평등성의 흐름과 연합의 필요에 고개를 끄덕이고, 많은 사람들은 더 이상 그 문제가 존재하지 않는다고 생각한다.

하지만 아프리카계 미국인 신자들은 보통 동의하지 않는다. 그들은 일반적으로 아프리카계 미국인들의 곤경에 대해 백인 신자들이 침묵하는 것에 좌절하고 강대상에서는 나타나지 않아 보이는 백인 크리스천들과의 관계에서 차별의 지속적인 저의에 분노를 느낀다고 지적한다.[25] 백인 교회에 속하는 아프리카계 미국인 가족

25. 통계는 아프리카계 미국인들의 곤경이 시민권 투쟁의 시기 때보다 지금 더 악화되어 있음을 보여준다. 이 나라에서, 1960년에서 1990년 사이에 아프리카계 미국인들의 유아사망률은 백인들의 유아사망률보다 두 배가 약간 안 되었으나 두 배가 약간 더 되는 것으로 증가하였다. 1960년에 아프리카계 미국인 자녀들의 19.9퍼센트가 오직 어머니들과 살았지만, 1990년에 그 수치는 51.2퍼센트로 상승하였다. 1960에 아프리카계 미국인 자녀들의 2.1퍼센트만이 미혼모에게서 태어났지만 1990년에 그 수치는 35.3퍼센트로 상승하였다. Andrew Hacker, *Two Nations: Black and White, Separate, Hostile, Unequal*(New York: Charles Scribner's Sons, 1992), 231을 보라.

은 해변으로의 교회 야유회에 참석하도록 초청을 받지 못한다. "우리는 미르틀 해변에 흑인들이 많지 않다는 것을 당신이 알고 있다고 느꼈고…그리고 우리가 당신이 불편해할 것이라고 단지 생각했기" 때문이다.[26] 아프리카계 미국인 목사는 지역의 백인목사들로부터 교회에 출석하기를 원하는 가족들을 소개하는 전화를 받는다. 당연히 이런 추천은 백인 교회를 방문했던 아프리카계 미국인 가족을 아프리카계 미국인들이 주로 출석하는 교회로 보내려는 노력인 것으로 나타난다.[27] 아울러 많은 아프리카계 미국인 교회의 리더들은 백인 복음주의자들이 아프리카계 미국인 공동체의 곤경을 인식조차 하지 않고, 설사 인식했다할지라도 자주 공감하지 않는 보수적인 정치적 일정에 아주 몰두한다는 것을 안다.

이런 문제를 어떻게 해결할 수 있는가? 아마도 경쟁적인 양 그룹간에 중재자를 두는 바울의 모범을 따르는 것은 현명한 과정일 수 있다. 바울은 유오디아와 순두게를 주 안에서 서로 일치할 수 있도록 공평하고 풍부한 격려로 조언함으로써 이 서신에서 그러한 중재자로 행동했다. 또한 그는 공동체 내의 어떤 사람에게 그를 대신해서 두 여인들 사이에 갭을 다뤄주고 그들이 화해할 수 있도록 도와줄 것을 요청했다. 그 문제를 알고 있고 사회가 할 수 없는 것을 할 수 있는 능력과 위임을 가질 수 있다고 믿는 그러한 "멍에를 같이 한 자들"이 오늘날의 교회에서 부상하고 있다.[28] 빌립보인들이 어그러지고 거스르는 세대 가운데서 별처럼 빛날 수 있다는 바울의 소망을 우리 자신의 시대에 현대 교회가 성취할 수 있는 어떤 더 좋은 방법이 있는가?(2:15)

교회의 역사는 크리스천이 사회의 도덕적 나침반으로 기능할 때 그들은 자주 피뢰침처럼 비판을 도맡는 것으로 행동할 수 있음을 보여주었다. 베드로가 편지를 썼던 크리스천들은 좋은 행동에 대해서 중상모략을 당하고 있었고(벧전 2:16), 그들이 이교도 이웃들이 즐겼던 "방탕의 홍수"에 사로잡히지 않았기 때문에 비방을 받았다(4:4). 2세기와 3세기에 크리스천들은 낮은 사회적 신분의 지체들을 기꺼이 받아들임으로 인해 자주 조롱을 받았고, (억압적일지라도) 널리 용인된 사회적

---

26. Kay Coles James, "Separate Vacations," *Christianity Today*(October 4, 1993), 18.
27. Robert Suggs, "The Issue In Sin," *Christianity Today*(October 4, 1993), 19.
28. 예를 들어, Raleigh Washington, Glenn Kehrein, and Chicago's "Rock Church" in *Breaking Down Walls: A Model for Reconciliation in an Age of Racial Strife*(Chicago: Moody Press, 1993)의 감동적이 이야기와 Joe Maxwell, "Racial Healing in the Land of Lynching," *Christianity Today*(January 10, 1994), 24-26의 미시시피 선교회의 이야기를 보라. 인종적인 화해의 이런 성공적인 이야기들에는 이상적인 중재자가 주요한 역할을 했다.

질서를 심각하게 위협하는 것으로 간주되었다.[29] 히틀러의 제3제국 시에 유대인들과 정신적으로 미성숙한 사람들을 다루는 방식에 반대했던 독일의 신자들은 그 나라의 대적자로 간주되었다.[30] 오늘날 인종의 동등성을 위해 애쓰는 크리스천들은 때로 배척을 당하고, 기독교적인 확신을 공개적인 정책 토론으로 가져오려고 시도하는 사람들은 비아냥거림을 받고 꺼지라는 말을 듣게 된다.

그러한 환경에서 되받아치려고 하기가 쉽다—글자 그대로는 아닐지라도 적어도 태도에서 그럴 수 있다. 정당하든 그렇지 않든 간에 크리스천은 때로 얼굴에 불만을 품고 가정에서 일터로 나아감으로써 괴팍하다는 평판을 받기도 한다. 그러나 바울은 이런 상황에서 크리스천은 주 안에서 기뻐하고 그들의 삶의 명확한 특징을 온유로 만들어야 한다고 조언한다. 나아가서 그는 신자들이 염려하지 말고 그 대신에 감사의 영으로 하나님 앞에 고통스러운 상황과 이슈를 맡겨드려야 한다고 조언한다.[31] 곤란을 대면하지 않으려고 경건한 척하는 태도를 삼가는 것이 중요한 반면에, 복음의 성공과 우리의 개인적인 환경의 형성은 우리의 노력에 달려 있는 것이 아니라 전능하시고 은혜로우신 하나님의 손에 달려 있음을 기억하는 것이 중요하다.

타락했을지라도 이 세상은 하나님께 속해 있다는 것을 기억하는 것이 역시 중요하다. 우리의 문화에서 복음주의적인 경건의 평화로운 실존을 위협하는 극적인 사회적 변화에 직면해서 최근에 많은 복음주의 크리스천들이 주변 세상에 대해서 염세적인 태도를 취하여 반지적인 입장으로 물러났다. 하나님의 창조와 탐구의 적절한 대상으로서 자연 세계를 바라보는 대신에, 복음주의 크리스천들은 때로 초자연적인 것에 오로지 집중했다. 그 때문에 과거 시대의 더 좋은 날에 대한 동경을 가졌고, 중동의 최근 소식이 그리스도의 재림과 우리가 알고 있는 것처럼 세상의 종말이 가까웠음을 증거한다는 흥분된 소망을 가졌다. 그러므로 근년에 종말의 시간표에 대한 최근의 개정을 요약하는 책들과 기독교 소설들이 종교의 베스트셀러 목록에 상위를 차지하고 있다.[32]

---

29. 예를 들어, Origen's *Contra Celsum*, 68-76에서 보존되는 것처럼 2세기 기독교 반대자인 셀수스(Celsus)의 견해를 보라.

30. Voctproam Barnett, *For the Soul of the People: Protestant Protest Against Hitler*(Oxford: Oxford University Press, 1992), 104-54.

31. 물론 "어느 것"도 염려하지 말하는 바울의 조언은 신자들을 염려하게 만드는 어느 상황에서도 적용할 수 있을 것이지만, 본문의 가장 직접적인 적용은 복음에 대한 헌신으로 인해 고난을 경험하고 있는 상황에서다.

그러나 이 단락에서 바울은 신자들이 지적인 그물을 넓게 던질 필요가 있음을 주장한다—그들의 사고를 참되고, 고귀하고, 옳고, 순결하고, 사랑스럽고, 감탄스럽고, 탁월하고, 칭찬을 받을 만하게 할 수 있도록 말이다. 그때에 바울은 그들이 기독교 전통에 관해서 그로부터 배웠던 것을 실천하기를 촉구한다. 오늘날 크리스천들은 믿지 않지만 시대의 거장들의 사고와 만나서 대면하기를 꺼려해서는 안 된다. 그들의 책을 읽고 그들로부터 진리와 정의와 탁월성을 배우려는 희망으로 그들에게서 들을 수 있어야 하며, 이로 인해 더욱더 그리스도의 순종하는 제자가 될 수 있어야 한다. 동시에 크리스천은 성경과 기독교 전통에 적셔진 마음을 추구함으로써 믿지 않는 세계의 가치를 비판적인 안목, 즉 사실로 보이지만 미묘한 방식에서 거짓임을 식별할 수 있는 안목으로 접근할 수 있어야 한다.

크리스천은 역사의 과정에서 자주 사회적인 배척과 노골적인 박해를 겪었다. 그러나 이런 비극에 대한 적절한 반응은 불신 세계로부터 은거하거나 반사적으로 반응하지 않는 것이다. 그 대신에 세상에서 발견할 수 있는 진리를 포용하고, 성경에서 발견할 수 있는 진리와 그것을 통합시키려는 적극적인 시도를 해야 한다.[33]

이 모든 것은 아주 중요하다. 우리가 생각하는 방식이 행동하는 방식을 결정하기 때문이다. 8절에서 "생각하다"란 용어와 9절에서 "행하다"란 표현을 사용할 때, 바울은 8-9절에서 행위와 사상을 분리하려는 시도는 잘못임을 드러낸다. 빌립보인들이 실천하기 위해서 바울의 가르침과 모범을 생각해야 하기 때문에, 그리고 빌립보인들이 그 덕성들을 행동으로 옮기지 않는다면 그가 열거한 덕성을 생각하라는 명령을 순종하였다고 믿을 수 없기 때문에, "생각하라"와 "행하라"는 두 용어는 거의 같은 의미를 갖는다.[34] 우리의 사고와 행동은 서로 긴밀하게 연결되어 있다. 악한 생각에 빠지고 삐뚤어진 생각을 관용하는 것은 끔찍한 결과를 낳을 수 있다. 따라서 나의 원수를 사랑하는 내신에 그 사람에게 보복하려는 유혹에 빠진다면, 이 분개는 화로, 이 화는 미움으로 그리고 미움과 살인 사이에 연관은 예수가 말씀하셨던 것처럼 아주 가깝다(마 5:21-22).[35]

---

32. Elizabeth Cody Newenhuyse, "Our Novels, Our Selves," *Christianity Today*(April 25, 1994), 35-36; Mark A. Noll, *The Scandal of the Evangelical Mind*(Grand Rapids/Leicester, Eng.: Eerdmans/Inter-Varsity, 1994), 14.
33. 이것을 적절하게 행하지 못하는 복음주의자들의 실패에 대한 자극적인 기록 그리고 기독교적인 마음의 삶에 기여하는 풍부한 전통을 복음주의자들이 어떻게 발견할 수 있는가에 관한 제시에 대해서는 Noll, *The Scandal of the Evangelical Mind*을 보라.
34. O'Brien, *Philippians*, 511.

박식한 성경학자인 게하르드 킷텔은 유대인들의 홀로코스트(대량학살)를 촉진하는 개념으로 그의 경력을 시작하지는 않았지만, 1933년에 히틀러가 조국에 기적을 행하고 있는 것으로 보였을 때, 그는 다음과 같은 대중적인 강연을 했다.

> 유대인의 문제는 절대적으로 개인 유대인의 문제가 아니라 집합적인 유대인, 즉 유대 민족의 문제다. 그러므로 이 문제의 근원을 도달하기를 원하는 자는 개인적인 유대인에 대해서 어떻게 할 것인가를 묻기 보다는 유대 민족을 어떻게 할 것이냐를 물을 수 있다.[36]

크리스천으로서 우리는 생각하는 것이 중요하다. 생각이 우리와 우리의 영향을 받고 있는 사람들이 행동하는 것에 불가피하게 영향을 줄 것이기 때문이다.

---

35. C. S. Lewis, *Mere Christianity*(New York: Macmillan, 1943), 106에서 악한 생각이 악한 행동이 될 수 있는 교활한 방식에 관한 통찰력 있는 언급을 보라.
36. Robert P. Ericksen, *Theologians Under Hitler: Gerhard Kittel/Paul Althaus/Emanuel Hirsch*(New Haven, Conn.: Yale University Press, 1985), 55에서 인용함.

빌립보서 4:10-23

10 내가 주 안에서 크게 기뻐함은 너희가 나를
생각하던 것이 이제 다시 싹이 남이니 너희
가 또한 이를 위하여 생각은 하였으나 기회
가 없었느니라
11 내가 궁핍하므로 말하는 것이 아니니라 어떠
한 형편에든지 나는 자족하기를 배웠노니
12 나는 비천에 처할 줄도 알고 풍부에 처할 줄
도 알아 모든 일 곧 배부름과 배고픔과 풍부
와 궁핍에도 처할 줄 아는 일체의 비결을 배
웠노라
13 내게 능력 주시는 자 안에서 내가 모든 것을
할 수 있느니라
14 그러나 너희가 내 괴로움에 함께 참여하였으
니 잘하였도다
15 빌립보 사람들이 너희도 알거니와 복음의 시
초에 내가 마게도냐를 떠날 때에 주고 받는
내 일에 참여한 교회가 너희 외에 아무도 없
었느니라
16 데살로니가에 있을 때에도 너희가 한 번뿐
아니라 두 번이나 나의 쓸 것을 보내었도다
17 내가 선물을 구함이 아니요 오직 너희에게
유익하도록 풍성한 열매를 구함이라
18 내게는 모든 것이 있고 또 풍부한지라 에바
브로디도 편에 너희가 준 것을 받으므로 내
가 풍족하니 이는 받으실 만한 향기로운 제
물이요 하나님을 기쁘시게 한 것이라
19 나의 하나님이 그리스도 예수 안에서 영광
가운데 그 풍성한 대로 너희 모든 쓸 것을 채
우시리라
20 하나님 곧 우리 아버지께 세세 무궁하도록
영광을 돌릴지어다 아멘
21 그리스도 예수 안에 있는 성도에게 각각 문
안하라 나와 함께 있는 형제들이 너희에게
문안하고
22 모든 성도들이 너희에게 문안하되 특히 가이
사의 집 사람들 중 몇이니라
23 주 예수 그리스도의 은혜가 너희 심령에 있
을지어다

원 의미

바울은 에바브로디도를 통해 그에게 선물을 가져다준 빌립보인들에 대한 감사의 말(4:10-20), 마지막 인사말들(4:21-22), 그리고 축원(4:23)으로 그의 서신을 끝낸다. 첫 항목은 가장 길고 아주 신학적으로 의미가 있으며, 마지막 인사와 축원은 의례적인 인사말보다 더 많은 것을 담고 있다.

일종의 감사(4:10-20). 4:10-20에서 바울은 서신의 서두 기도의 주제와 형태(1:3-11)로 되돌아간다. 이 두 항목들 사이에 유사성은 각 항목을 시작하는 기쁨의 논조(1:4/4:10), 복음의 역사에서 바울과 빌립보인들의 실제적인 교제의 모습과 관련한 관심(1:5, 7/4:10, 14, 18), 믿음에서 빌립보인들의 진보의 중요성(1:6, 9-11/4:17b), 그리고 하나님께 영광을 돌리는 결론(1:11/4:20)을 포함한다. 그때에 4:10-20에서 바울은 서신의 서두의 중심적인 주제를 다시 재점검함으로써 서신의 본론에 대한 적절한 결론을 제공한다.

이 항목은 근본적으로 전달자인 에바브로디도를 통해 바울에게 보내진 금전적인 선물에 대해 빌립보인들에게 감사를 표하고 있다. 감사의 논조는 세군데서 나타난다. 10절에서 바울은 그를 위한 빌립보인들의 관심의 표현 때문에 그의 커다란 기쁨에 관해서 말하고, 14절에서는 그들이 곤란 중에 있는 그를 도운 것이 "잘한 일"이라는 것을 그들에게 말하며, 18절에서는 그에 대한 그들의 선물의 놀라운 가치를 묘사하기 위해서 금전적이고 제의적인 비유를 사용한다. 그러나 감사에 대한 바울의 표현은 빌립보인들의 금전적인 선물에서 자신을 멀리하고자 하는 두 가지 노력으로 제한을 받는다. 11-13절에서 바울은 궁극적으로 그가 그들의 선물을 필요로 하지 않았다고 주장하고, 17절에서는 그것을 추구하지 않았다고 말한다.

이런 우려는 왜 그러한가? 17b-18a절에서 바울이 일련의 재정적인 용어를 사용한 것은 적어도 돈을 포함하고 있었거나 아마도 전적으로 돈을 의미할 것이다. 하지만 바울은 돈의 문제에 대해서 항상 신중하다. 엉터리 철학자들은 고대 시대에 빌립보와 같은 도시들의 거리 모퉁이에서 자주 나타났다. 그들은 철학자처럼 옷을 입고, 그들에게서 듣고 순종하고 따르는 자들을 얻을 수 있었다. 2세기의 풍자가인 루시안에 따르면, "그들은 이 가정 저 가정을 다니면서 기부금을 모으거나 그들이 표현하는 것처럼, '양의 털을 깎아준다'. 그리고 그들은 그들의 옷차림에 대한 존경이나 그들의 거친 용어가 두려워서 많은 이들이 그들에게 줄 것을 기대한다."[1]

신실하든 그렇지 않든지 간에 순회 철학자처럼 바울은 공개된 장소에서 설교했고, 때로 복음적인 노력을 위한 교두보로서 일터를 사용했다.[2] 이런 유사성 때문

1. Lucian, *Fugitivi*, 14. 이 용어들은 "철학"에 속하고 루시안의 관점에서 견유철학자들의 전략을 묘사한다. 그 번역은 루시안의 작품에 대한 Loeb Classical Library 판본에서 가져왔다.
2. 따르는 자를 얻는 바울의 복음주의적인 전략과 고대 철학자들의 전략간에 유사성에 관해서는 Abraham J. Malherbe, *Paul and the Thessalonians: The Philosophical Tradition of Pastoral Care*(Philadelphia: Fortress, 1987)을 보라.

에 바울은 교회에 의존한다면 그가 재정적인 지원을 위해 교회를 세웠다는 오해가 발생할 수 있음을 인식했다. 기독교 공동체의 영적인 양육에 주로 책임이 있는 사람들이 공동체의 재정적인 지원을 요청할 수 있었던 원리를 그가 인식했을지라도(고전 9:3-14; 살후 3:9; 딤전 5:17-18), 그는 복음의 선포에 대한 부당한 스캔들의 어떤 암시도 피하기 위해서 그러한 지원을 보통 거부했다. "우리가 이 권을 쓰지 아니하고 범사에 참는 것은 그리스도의 복음에 아무 장애가 없게 하려 함이로다"(고전 9:12b; 참조. 살전 2:1-12)라고 그는 고린도인들에게 설명한다.[3]

아울러 바울은 예루살렘의 궁핍한 신자들을 위한 헌금에도 조심성을 취하여 모든 이들이 그의 의도를 이해하게 하고, 소문(스캔들)의 원인이 발생할 수 없게 확실히 하였다. 그러므로 바울이 고린도인들에게 헌금에 기여하라고 요구하였을 때, 그는 기금을 모은 후에는 고린도 교회의 사절단들이 예루살렘으로 그것을 갖고 가게 하고, 단지 도움이 될 수 있다면 자신은 그 무리에 동참할 것이라고 말했다(고전 16:4). 바울이 이 특별한 기획을 위한 재원에 동참케 한 다른 교회들은 사절단에 그들 자신의 대표자를 파견했다(행 20:4; 고후 8:18-19). 바울은 "우리가 주 앞에서만 아니라 사람 앞에서도 선한 일에 조심하려 함이라"(고후 8:21)고 명확하게 설명한다.

그러므로 빌립보서 4:10-20에서 바울은 빌립보인들에게 과거와 현재의 재정적인 지원에 대한 참된 감사를 보이는 임무를 행하지만, 그의 사역이 이런 지원에 의해 동기부여가 되거나 의존하지 않는다는 것을 역시 보인다. 그는 오해를 막기 위해 의도한 제한과 더불어 감사의 조합된 표현을 통해 이 일을 행한다.

바울은 빌립보인들이 그에게 다시 관심을 보이는 것을 열정적인 기쁨의 표현으로 10절을 시작한다. 빌립보인들은 바울이 마게도냐(4:15-16)와 아가야(고후 11:7-9)에서 다른 교회들을 세우려고 노력하는 동안에 바울이 일터에서 벌었던 수입을 관대하게 보충해주었다.[4] 그러나 아마도 빌립보인들의 가난 때문에 그들

---

3. 고대 시대에 특히 철학자들에게서 재정적인 선물은 때로 주는 자가 철학자의 후원자였음을 함축했다. 위에서 언급했던 오해를 피하는 것과 더불어 감사에 대한 바울의 조심스러운 말들은 바울이 빌립보인들과 후원자-고객의 관계라는 유형에서 멀어지게 하는 이점이 있었다. Witherington, *Friendship and Finances in Philippi*, 123-24, 127을 보라.

4. 이 진술은 고후 11:9에서 "마게도냐로부터 온 형제들"은 빌립보인들을 포함했음을 가정하지만, 고후 11:8에서 바울을 지원했던 "교회들"에 대한 언급은 데살로니가와 베뢰아 교회와 같은 다른 교회들이 역시 바울을 후원했음을 의미할 수도 있다. Verlyn D. Verbrugge(*Paul's Style of Church Leadership Illustrated by His Instructions to the Corinthians on the Collection*[San Francisco: Mellen Research Univ. Press, 1992], 118-27)은 바울이 그 교회들과 같이 있는 동안에는 그를 지원하도록 허락하지 않았

은 얼마 동안 그런 식으로 바울을 도울 수가 없었다. 그러므로 바울은 그들이 다시금 그를 돕는데 관심을 보이는 기회를 갖게 된 것을 "크게" 기뻐한다.

이럼에도 불구하고 바울은 그의 기쁨이 육체적인 위안의 경감에 달려 있지 않다는 것을 빌립보인들이 알기를 원한다. 따라서 감옥에 있을지라도, 바울은 자신이 궁핍하지 않다고 말한다(11-13절). 그는 모든 환경에서 자족하는 것을 배웠다. "만족"('아우타르케스', 11절)이란 용어는 바울의 시대에 스토아 철학자들에 의해 "자족"을 의미하는 것으로 사용되었고, 그들의 관점에서 이런 특징은 현명한 사람들의 가장 소중한 속성이었다.[5] 실로 현명한 스토아 철학자처럼 바울은 육체적인 궁핍이 순전한 재앙이고 육체적인 위안은 성공의 표지라고 생각하지 않는다. 하지만 그는 스토아 철학자와 달리 이런 태도의 근원들을 자기 자신 안에서 찾지 않는다. 오히려 그 근원들은 주님 안에 있고, 이 주님을 통해서 그는 모든 것에 직면할 수 있다(13절).[6]

그러므로 바울은 자신의 구금과 죽을 가능성 또는 자신의 고통을 더하게 하기를 추구하고 있는 동료 신자들에 의해 불편함을 갖지 않는다. 그리스도가 전파되는 한, 바울은 기뻐하고(1:18), 빌립보인들의 선물로 인한 육체적인 위로가 이런 곤란함에 대처할 수 있는 바울의 능력을 증가시켰다고 그들이 생각하기를 원치 않는다.

사도는 또한 빌립보인들이 그의 말을 은혜를 모르는 것으로 오해하지 않는 것에 관심이 있다. 그러므로 그는 과거와 현재에 관대했던 빌립보인들에 대한 감사의 두 번째 표현으로 이런 제한을 완화시킨다(14-16절). 그가 감옥에 있을 시에 그

지만, 다른 교회에서 일할 경우에는 그를 지원하도록 그들에게 격려했다고 주장한다. 이것은 바울이 데살로니가에 있을 때에 빌립보교회로부터 지원을 받았지만, 데살로니가인들에게는 그를 지원하는 부담을 지우지 않았던 이유를 설명해준다(살전 2:6b, 9; 살후 3:8-9).

5. 예를 들어, 로마의 황제이자 스토아 철학자인 마르크스 아우렐리우스(A.D. 121년에 태어남)는 이상적인 스토아 철학자로 그의 양부를 묘사하고, 그의 특징 중의 하나는 그가 "모든 것에 만족한다"('토 아우타케스 엔 판티')는 것이다—그의 *Meditations,* 1.16.11과 J. N. Sevenster, *Paul and Seneca*(Leiden: Brill, 1961), 114을 보라. 로마 정치가인 세네카(B.C. 4년경에 태어남)도 역시 현명한 사람은 친구를 원하는 반면에 그는 친구를 필요로 하지 않는다고 주장했는데, 궁극적으로 그는 만족하기 때문이었다—그의 *Epistulae,* ix; Lightfoot, *Philippians,* 305을 보라.

6. 그때에 빌 4:13은 그리스도가 바울이 어느 것도 '할 수 있게' 하심을 의미하는 것이 아니라, 그가 사도적 소명을 충실하게 추구할 때 그가 만나는 어느 문제도 '참아내게' 한다는 것을 의미한다. 골 1:28-29은 밀접한 평행을 제공한다. "우리가 그를 전파하여 각 사람을 권하고 모든 지혜로 각 사람을 가르침은 각 사람을 그리스도 안에서 완전한 자로 세우려 함이니 이를 위하여 나도 내 속에서 능력으로 역사하시는 이의 역사를 따라 힘을 다하여 수고하노라."

에게 "곤란"('들립시스')을 야기하였던 주변의 신자들과 달리(1:17), 빌립보인들은 바울의 "곤란"('들립시스', 4:14)에 참여했다. 그들은 상호적인 우애의 실제적인 모습을 통해 이 일을 했다: 바울은 영적으로 그들에게 주었고 그들은 재정적으로 그에게 주었다.[7]

그러나 바울은 이런 재정적인 도움에 대한 그의 태도를 오해하지 않도록 차단한 것에 여전히 만족하지 못한다. 그러므로 17절에서 그는 자신이 선물을 "구하지" 않았다고 설명한다.[8] 오히려 그의 바람은 빌립보인들의 유익이 더 풍성해지는 것이다. NIV의 "너희의 유익이 풍성해지는"은 보다 직역하면 "너희를 위한 이득이 더욱더 확실해지는"이고, 이 심상은 복리로 받는 은혜 계좌에 관한 것이다.[9] 게다가 "확실해지는"('카르포스')은 바울이 1:11에서 마지막 날에 빌립보인들의 의의 "열매"를 언급하기 위해 사용한 헬라어와 동일한 용어를 번역한 것이다. 그러므로 빌립보인들이 그리스도 앞에서 계수할 장래의 날에 관한 개념이 바울의 심중에 있었을 것이다. 그렇다면 이 구절은 빌립보인들이 바울의 이득을 위해 보냈던 선물에 바울이 관심이 있었다기보다는 빌립보인들의 영적인 이득에 관심이 있었음을 의미한다. 그들의 관대함은 그들이 복음을 믿을 때, 하나님이 그들 안에서 시작하신 선한 일을 완성하시는 구체적인 사례다(1:6).

18절에서 이런 강조는 다시금 감사로 전환된다. 처음에 바울은 재정적인 이미지를 계속 사용하고, 친근한 유머를 사용하여 그는 그에게 전달된 빌립보인들의 선물에 대한 "영수증"을 발행한다. NIV의 "내가 완전한 지급을 받았다"(I have received full payment)는 바울의 시대의 비즈니스 세계에서 나온 전문적인 용어를 대변하고, 그것은 전달된 상품이나 주어진 서비스에 대한 완전한 지급의 영수증을 가리키는 것으로 자주 사용되었다.[10] 바울은 빌립보의 친구들로부터 완전한 지급을 받았을 뿐 아니라 그들이 충분히 그 이상을 지불했다고 말한다.

---

7. "주고받는"이란 어구는 "지불"과 "수납"을 위한 흔한 재정적 용어들이고, NEB는 실제로 이런 식으로 그것을 해석했다. 그러나 Peter Marshall, *Enmity in Corinth: Social Conventions in Paul's Relations With the Corinthians*(Tübingen: J. C. B. Mohr[Paul Siebeck], 1987), 157-64이 지적하는 것처럼, 그 용어는 역시 친구됨의 상호적인 의무를 묘사하기 위해서 흔히 사용되었다.
8. 이것은 Walter Bauer, *A Greek-English Lexicon of the New Testament and Other Early Christian Literature*, 2d ed., trans., adapt., and rev. William F. Arndt, F. Wilbur Gingrich, Frederick W. Danker(Chicago: University of Chicago Press, 1979), 292에서 '에피제토'(NIV의 "찾다", "구하다"—개역개정)의 번역이다.
9. Bauer, *Greek-English Lexicon*, 405; O'Brien, *Philippians*, 539을 보라.
10. Bauer, *Greek-English Lexicon*, 84.

그때에 바울은 재정적인 비유를 그만두고 구약성경이 하나님의 백성들의 희생을 묘사하는데 사용한 용어로 말하기를 시작한다(예를 들어, 출 29:18, 25, 41; 레 1:3-4; 17:4; 19:5; 22:19-20). 이스라엘의 역사에서 이런 희생은 사람들의 우상숭배적인 관행이나 사회적인 부정의에 의해 자주 부패했다. 하지만 이사야는 하나님의 백성들이 다시 한 번 주님께 "합당한" 제사를 드릴 때를 고대한다(사 56:7; 60:7). 아마도 바울은 빌립보인들이 복음에 대해 보여준 관대한 헌신이 새 이스라엘 안에서 이 예언의 부분적인 성취로 이해하고 있을 것이다.[11] 어느 경우에도 형용사 "향기로운", "받으실 만한", 그리고 "기쁘시게 하는"은 바울이 그들의 선물에 대해서 감사하고 있음을 빌립보인들의 마음속에서 의심하지 않게 할 것이다.

이 선물들에 반응해서 바울은 하나님이 빌립보인들의 모든 필요("쓸 것"—개역개정)를 충족하실 것이라고 말한다(19절). 2:9-11에서 하나님이 그리스도를 가장 높은 곳으로 높이신 것처럼, 이 반응은 보상이 아니라 하나님이 은혜로 자유로이 주시는 복이다. 해석자들은 이 복이 정확히 무엇인지를 활발하게 논쟁했다. 그것은 오직 물질적인 필요를 포함하고 있는가? 오직 영적인 필요들을 포함하고 있는가? 아니면 둘 다인가? 확실히 그것은 육체적인 필요를 포함하지만(16절), "쓸 것"에 대한 바울 자신의 이해(11-13절)가 여기서 그 용어를 이해하는 열쇠라면, 그때에 확실히 바울은 하나님이 모든 것 중에서 가장 필요한 것—그들에게 능력을 주시는 분을 통해 모든 환경을 대면할 수 있는 능력(13절)—을 빌립보인들에게 공급하실 것이라고 약속하고 있다.

바울은 빌립보인들의 파트너십에 대한 감사의 표현을 서두의 기도의 끝에 나온 찬미의 논조를 반영하는 송영으로 끝마친다(20절; 참조. 1:11). 그곳에서처럼 여기서 이것은 단순히 형식적인 경건의 표현이 아니다. 그것은 바울의 사도적 소명과 빌립보인들이 참여한 주요한 목표(하나님의 영광)에 독자들의 관심을 집중시킨다.

인사말과 은혜(4:21-23). 바울은 그의 서신을 얼핏 흥미 없는 형식적인 인사말과 일상적인 축원처럼 보이는 것으로 서신을 마감하지만, 분열에 직면해서 내적인 연합과 박해에 직면해서 외적인 인내라는 이 서신의 쌍둥이 주제에 비추어 겉으로 보기에 서신의 단조로운 특징이 새로운 의미를 취한다.

11. 빌립보서에서 이 주제의 더 자세한 취급에 대해서는 Frank Thielman, *Paul and the Law: A Contextual Approach* (Downers Grove, Ill.: InterVarsity Press, 1994), 156-58, 286, n. 49을 보라.

빌립보서에서 마지막 인사(21-22절)는 교회의 연합을 격려하기 위한 관심으로 분명히 형성되어 있다. 그러므로 바울이 교회에 그의 개인적인 인사를 열거하는 방식은 구분 없이 회중의 지체를 강조함으로써 그의 서신들 가운데서 독특하다.[12] NIV의 번역은 이런 뉘앙스를 포착하지 않는데, "모든"과 "성도들"이란 말들은 사실상 헬라어에서 단수다. 보다 문자적으로 번역하면, 이 문장은 "그리스도 예수 안에 모든 성도에게 문안하노라"나 한 주석가가 말한 것처럼, "그리스도 예수 안에서 하나님의 백성들의 각 지체에게 나의 인사를 주노라"라고 말할 수 있다.[13] 바울이 서신의 서두에서 "빌립보의 그리스도 예수 안에 모든 성도들"로 그들을 호칭했을 때에 회중의 연합을 강조했던 것처럼, 여기 서신의 결론부에서 그는 회중의 각 지체가 하나님 앞에서 동등한 가치가 있음을 다시금 강조한다. 각 사람은 하나님이 선택하신 백성들에 속하는 것으로 구별되었다.

바울의 교우들로부터의 인사들은 역시 일반적이고 본질상 모두를 아우른다. 이 인사는 바울과 함께 있는 형제들—아마도 디모데처럼 가까운 동역사들에 대한 언급—만이 아니라 그 지역에 모든 성도들로부터 발생한다. 인사에서 구분되는 바울의 유일한 노력은 22절의 마지막 어구에 있는데, 거기서 그는 가이사의 권속들에게 특별한 관심을 기울인다. 만약 빌립보인들이 로마 속국의 일원으로서 그들 자신의 시민적인 자부심과 그들이 도시의 믿지 않는 시민들에게 보여주었던 불쾌감 사이에서 긴장감에 사로잡혔다면, 그때 바울은 심지어 로마 황제의 권속들 가운데 몇몇이 복음으로 변화되었다는 소식으로 그들을 격려하기 원했을 것이다.[14]

바울은 "주 예수 그리스도의 은혜"란 말로 이 서신을 처음에 시작했던 것(1:2)과 아주 동일한 방식으로 결론을 짓는다(23절). 빌립보인들이 "한마음으로 서서 한 뜻으로 복음의 신앙을 위하여 협력"하기를 추구할 때(1:27), 바울을 교회의 박해자에서 사도로 변화시킨 동일한 은혜(1:7; 3:6)가 그들을 지원할 것이다. 그때에 이 축원은 서신의 끝에 부가한 진부한 형식어구 이상으로 기능한다. 그것은 하

12. 바울은 확실히 다른 곳에서 일반적이며 이름을 언급하지 않는 인사를 하지만(고후 13:11-14; 엡 6:23; 살전 5:26; 딛 3:15), 어느 다른 서신에서도 여기서처럼 "모든 성도"에게로 인사를 확대하지는 않는다.

13. O'Brien, *Philippians*, 551(p. 553의 이 구절에 관한 그의 논의를 참조하라).

14. "가이사의 집"이란 어구는 로마에서 수행원의 일원 또는 황제의 재정적인 일을 관장했던 종들의 널리 산재된 그룹의 일원으로서 황제에게 봉사했던 노예와 자유민들을 가리킨다. 두 그룹들은 황제의 봉사에 그들의 일이 기여한다는 것에 자부심을 가졌고, 그들은 자주 황제의 노예나 자유민이었음을 보이는 약어를 그들의 이름에 자주 추가했다. P. R. C. Weaver, *Familia Caesaris: A Social Study of the Emperor's Freedmen and Slaves*(Cambridge: Cambridge University Press, 1972), 1-8을 보라.

나님의 은혜('카리스')를 나타내기 때문에 복음이 주 안에서 기뻐하기에('카이레인') 충분한 좋은 소식과 이유라는 말씀을 빌립보인들의 귀에 울리게 한다.

상황잇기

바울의 관점에서 이 단락의 주요한 목적은 그가 빌립보인들의 선물에 대해 감사하는 반면에 그들의 관대함의 주요한 가치가 그들이 그에게 준 도움에 달려 있지 않다는 것을 보이는 것이다. 오히려 17-18절이 말하는 것처럼, 그 관대함의 가치는 빌립보인들의 영적인 이득을 증가시키고 하나님께 향기롭고 받으실 만하며 기쁘시게 하는 희생을 드리는 것에 있다. 아울러 만약 우리가 17-18절을 1:3-11에서 바울의 서두 기도에 비추어 독법한다면, 빌립보인들의 영적인 이득을 증가시킨 방식을 더욱더 구체적으로 알 수 있다: 바울에 대한 그들의 도움은 복음의 역사에서 바울과의 파트너십을 보이고, 그들이 그리스도의 날을 향해 나아갈 때 거룩함으로 진보하고 있음을 보여준다.

한 가지 부차적인 요지는 하나님이 바울의 필요를 충족시키신 것처럼 빌립보인들의 필요를 충족시키리라는 것이다. 바울을 구금한 불신자들과 이기적인 야망으로 바울을 곤란하게 하려고 했던 신자들의 시기적인 적대가 바울을 둘러싸고 있을지라도, 그리고 바울이 죽음의 언도를 받을 가능성에 직면해 있을지라도, 하나님은 그의 필요를 충족시키셨고, 상당히 이 환경을 이용하셔서 그를 구원으로 안전하게 인도하신다(1:19).[15] 그러므로 모든 것들을 복종시키기에 충분한 능력을 가지신 하나님(3:21)이 바울로 하여금 극심한 환경조차도 대면할 수 있게 하셨다(4:13). 같은 방식으로 빌립보인들이 가난에 처해 있고(고후 8:1-2), 박해를 받으며(1:28-30), 분열되어 있다(4:19). 하나님은 이런 고난과 빌립보인들의 순종을 통해서 그들을 안전하게 구원으로 인도하시기 위해서 그들 안에 역사하시고 있다(참조. 2:12-13). 이것이 하나님의 백성들의 궁극적인 필요이고, 이것이 4:19의 약속을 이해하는데 있어서 주요한 의미다.

이런 관심은 현대적인 상황으로 쉽게 이동시킬 수 있다. 그것은 교회 선교의 재정적인 지원이 우리가 전달하는 선교사에게 선을 행할 뿐만 아니라, 우리의 영적인 발전을 위해서도 중요하다는 것을 우리에게 말해준다. 바울이 이 서신을 통해

15. 1:19의 NIV의 번역인 "구원"(deliverance)이란 말은 문자적으로는 "구원"('소테리아', salvation)이다. 1:18b-26에 관한 주석의 "원 의미" 항목의 1:19에서 이 용어의 사용을 논의한 것을 보라.

서 다양한 방식으로 말했던 것처럼, 나머지 신약성경과 교회역사가 확증하는 것처럼, 하나님의 목적은 하나님의 백성들의 불순종을 포함하여 모든 인간의 방해에도 불구하고 진전된다. 하나님의 목적의 성취는 인간의 도움에 달려 있지 않다. 그러나 우리가 우리의 삶을 희생적으로 하나님의 목적에 드릴 때, 영적으로 이득이 된다. 하나님이 구원의 궁극적인 목적을 위해서 우리 안에서 역사하신다는 것을 확증하기 때문이다. 우리가 "성도"(1:1; 4:21-22)이고, 우리가 그리스도 앞에서 "진실하여 허물없이…예수 그리스도로 말미암아 의의 열매가 가득"한 그날을 향해 나아가고 있음을 보여준다(1:10-11).

바울의 부차적인 요지는 그와 빌립보인들에게 해당되었던 것이 오늘날의 우리에게도 해당된다는 것이다: 하나님은 신자들의 필요를 충족시키시기 위해서 뜻하시고(4:19), 온전히 능력을 주신다(4:13). 그런데 유감스럽게도 이 원리가 주로 물리적인 필요만을 가리키는 것으로 오늘날 널리 오해되고 있다. 유명한 "번영신학" 운동의 책들은 신자들의 필요를 충족시킬 뿐 아니라 "하나님이 그리스도 예수 안에서 영광 가운데 그 풍성한 대로" 풍족하게 그들을 공급하시라고 약속한 빌립보서 4:19에 대한 언급으로 도배를 한다.[16]

그러나 빌립보서에 대한 보다 주류적인 유명한 해석들도 유사한 잘못에서 벗어나지 못하고 있다. 그러므로 한 해석자는 고용주에게 여행 비용을 청구한 자신의 경험을 언급함으로써 19절을 설명한다. 같은 방식으로 그는 다른 사람들과 나눌 때 "하나님이 값을 지불하기 위해 바로 그 뒤에 계시며, 그는 나의 필요를 충족시키는데 헌신하신다"라고 말한다. 또 다른 사람은 허드슨 테일러의 "하나님의 일이 하나님의 영광을 위한 하나님의 방식으로 행해질 때, 그것은 하나님의 공급하심에 부족하지 않을 것이라"란 유명한 금언을 통해 19절을 설명한다. 그것은 허드슨 테일러가 물리적인 필요를 기도했을 때, 하나님이 이 위대한 선교사의 쓸 것을 공급하신 방식을 가리킨다.[17]

확실히 19절은 하나님이 사람들의 물질적인 필요를 공급하시리라는 가능성을 열어준다. 하지만 이것이 이 구절의 주요한 관심사는 아니다. 우리는 많은 신실한 크리스천들이 복음을 위해 심히 고난을 당했고, 허드슨 테일러처럼 하나님이 그들의 고난을 경감시켜주실 것을 간절히 기도했지만, 그럼에도 불구하고 그것이 계속

16. Kenneth Copeland, *The Laws of Prosperity*(Fort Worth, Tex.: Kenneth Copeland Publications, 1974), 24.

17. Briscoc, *Philippians*, 165-66; Wiersbe, *Be Joyful*, 140.

되었다는 것을 때로 잊는다. 우리는 이런 크리스천들의 믿음이 다소 흠이 있었다거나, 그들의 삶이 마땅히 드려져야 하는 것보다 덜 헌신되었다거나, 그들의 고난이 우리가 생각하는 것만큼 강렬하지 않았다고 주장할 수 없다. 우리가 예수와 바울을 모범으로 취한다면, 하나님의 뜻에 대한 순종은 때로 죽기까지 육체적인 빼앗김을 요구한다는 것이 분명하다.

그 대신에 19절의 약속을 13절과 연결시켜야 하고, 이 두 구절들은 11-12절에 비추어 읽어야 한다. 하나님은 고난에 대처할 수 있는 자원을 주심으로써 그의 백성들의 필요를 공급하신다. 고난이 하나님이 우리의 곤경에 냉담하시거나 우리를 대적하신다고 생각하도록 유혹을 받아 좌절할 수 있다. 그러므로 우리가 곤란한 시간을 겪고 있을 때, 하나님이 우리를 대적하시는 것이 아니라 우리를 위하시고 우리를 위해서 아들을 죽음으로 보내실 만큼 사랑으로 충만하신 그리스도의 십자가로 보여주시는 하나님의 온유한 임재를 우리는 필요로 한다. 이런 강력한 진리가 우리의 삶을 지배한다면, 우리는 바울의 침착함으로 극단적인 인간의 고난조차도 감내할 수 있고(1:18b-26), 하나님이 고난 중에도 구원으로 우리를 인도하신다는 것을 확신할 수 있다.

그러나 우리는 하나님의 임재와 도움을 가난함을 경험할 때처럼 부요함을 경험할 때도 역시 필요로 한다는 것을 잊어서는 안 된다. 인생이 편안할 때, 우리는 하나님의 은혜를 잊고 우리 자신에게 의존하려는 유혹을 받는다.[18] 많은 사람들이 우리들처럼 열심히 능력 있게 일했지만 우리와 같은 성공을 거두지 못했다는 것을 쉽게 잊어버린다. 하나님이 우리에게 그 성공을 주셨다. 우리가 그것을 받을 만하기 때문이 아니라 하나님은 은혜로우신 분이라는 것을 구체적으로 상기시키기 위해서다. 궁핍의 시간에서처럼 풍부의 시간 가운데서도 우리는 영적으로 생존할 수 있는 하나님의 도움을 필요로 한다.

우리가 빌립보서 4:10-23을 바울의 시대에서 우리의 시대로 가져올 때, 가난과 풍요, 고난과 위로의 영적인 의미에 초점을 맞출 필요가 있다. 서방 사회는 이런 문제들에 붙들려 있고, 이 구절은 그런 교회들에 강력한 메시지를 전달한다.

---

18. 신 8:10-18을 보라.

현대적 의미

현대의 크리스천들은 돈을 두 가지 방식으로 간주하는 경향이 있다. 때로 그들은 그것을 크리스천들에게 부여된 복으로 간주한다. 그러므로 "번영신학"의 주창자들은 율법의 저주가 재물과 관련이 있고(신 28:18), 그리스도가 우리를 율법의 저주에서 건져내셨기(갈 3:13-14) 때문에 신자는 더 이상 가난에 종속되지 않아야 한다고 믿는다.[19] 예수는 가난한 자에게 좋은 소식을 전파하지 않았는가?(눅 4:18; 7:22) 예수는 너희에게 주시고 주실 것이라고 말씀하시지 않았는가?(눅 6:38). 그리고 바울은 이와 동일한 원리를 확증하지 않았는가?(고후 9:6) 만약 이 약속이 참되다면, 그들의 수입의 일부를 기부하는 크리스천들은 재정적으로 번성해야 한다고 이런 입장의 주창자들은 말한다.[20] 사실상 그들은 굽힐 수 없는 "번영의 법칙"을 따른다면, 성경은 그들이 주었던 것에 백배로 보상을 받을 것이라고 약속한다(참조. 막 10:29-30). 케네드 코프랜드는 "하나님의 말씀의 성공 방정식은 지시된 대로 사용했을 때 결과를 낳는다"라고 말한다.[21]

더 자주 크리스천들은 부를 선한 목적이나 악한 목적을 위해 사용될 수 있는 단순히 중립적인 것으로 간주한다.[22] 크리스천의 책임은 부를 선한 목적을 위해 사용하는 것이고, 이는 마치 달란트 비유에서 두 종처럼 돈을 현명하게 사용하여 주인을 기쁘시게 할 수 있거나(마 25:14; 참조. 눅 19:12-27), "세상적인 부"를 친구를 얻기 위해 사용한 지혜로운 청지기처럼 되는 것이다(눅 16:1-9). 부는 선을 위한 강력한 도구이고, 존 웨슬리의 말을 의역하면 크리스천은 할 수 있는 한 돈을 벌어야 하고, 할 수 있는 한 돈을 저축해야 하며, 할 수 있는 한 돈을 나누어주어야 한다.[23]

그러나 이런 입장의 어느 것도 성경에서 부에 대한 일관되게 조심스러운 접근을 적절히 충족시키지 못한다.[24] 구약성경은 부를 소유한 사람이 스스로 충족하고

19. Copeland, *The Laws of Prosperity*, 41-43; idem, *Prosperity: The Choice Is Yours*(Fort Worth, Tex.: Kenneth Copeland Publications, 1992), 23-25.

20. Copeland, *Laws of Prosperity*, 26; Kenneth E. Hagin, *Obedience in Finances*(Tulsa, Okla.: RHEMA Bible Church, 1983), 2, 6.

21. Copeland, *Laws of Prosperity*, 16.

22. 이 견해는 알렉산드리아의 클레멘트가 그의 논문인 *Quis Dives Salvetur?* 14-15에서 논의한 것처럼 일찍 나타난다.

23. D. K. Adie, "Wealth, Christian View of," *Evangelical Dictionary of Theology*, ed. Walter A. Elwell(Grand Rapids: Baker, 1984), 1161에 의해 인용됨. 아디(Adie)의 글은 돈에 관한 이런 흔히 인정되는 견해를 논증한다.

하나님이 필요 없으며 사실상 그들 자신이 신인 것으로 믿도록 유혹한다고 경고한다. 잠언은 "나로 가난하게도 마옵시고 부하게도 마옵시고 오직 필요한 양식으로 내게 먹이시옵소서 혹 내가 배불러서 하나님을 모른다 여호와가 누구냐 할까 하오며"(잠 30:8-9)라고 말한다. 유사하게 하나님은 두로왕에게 멸망을 약속한다. 그의 부가 그로 하여금 교만하게 하며 자신이 신처럼 현명하다고 주장하게 만들었기 때문이다(겔 28:5-6). 주님은 "저희가 먹이운 대로 배부르며 배부름으로 마음이 교만하며 이로 인하여 나를 잊었느니라"(호 13:6)라고 이스라엘에 상기시킨다.

부에 관한 예수의 가르침이 이보다 더 분명할 수 없다. 그는 부자에게 화를 가난한 자에 복을 선언하신다. 그는 부자가 하나님 나라에 들어가는 것이 참으로 어렵다고 말씀하신다(마 19:23-24; 막 10:23-25; 눅 6:20, 24; 18:24-25). 물론 부자이면서 의로운 사람이 성경에 나타나는 것은 사실이다—구약성경의 아브라함과 신약성경에 예수를 도왔던 부유한 여인들이 두 사례이다—하지만 그 목록은 대단히 짧다.[25]

성경은 왜 그렇게 부를 조심시키는가? 예수는 누가복음 16:1-15에서 고용주의 자금을 잘못 관리한 청지기가 그의 행동에 대해 설명하도록 부름을 받는 난해한 이야기를 말한다. 이 청지기는 그의 행동으로 인해 자신의 직분에서 해고될 것을 알고서 주인의 장부를 "조작하여" 빚쟁이들이 실제 빚진 것보다 덜 지불할 수 있게 고쳐놓는다. 적어도 범죄에 동참한 사람들은 그가 해고되었을 때 그를 돌보와 줄 것으로 생각한다. 이상하게도 고용주는 이런 거래에 대해서 알고 있지만, 이 부정직한 청지기를 지혜롭다고 '칭찬'하신다.

이 이야기는 많은 차원에서 난해하지만 예수의 뒤이은 언급에 따르면, 부는 중립적이기보다는 "불의하다"(unrighteous, NIV가 번역한 "세상적"[worldly]인이 아니다).[26] 분명히 그것은 불의할 뿐 아니라 불의한 행위로 사람들을 주무를 만큼 힘이 있기 때문에 예수는 의인화된 용어인 '권력'으로 그것에 대해 말씀하신다. 돈은 삶에서 하나님을 대신할 수 있다. "집 하인이 두 주인을 섬길 수 없나니 혹 이

---

24. 이어지는 글에서 나는 특히 Jacques Ellul, *Money and Power*(Downer's Grove, Ill.: InterVarsity Press, 1984)의 돈에 관한 이해에 빚을 지고 있다.
25. 아브라함이 부자였음을 창 12:1-25:11에서 그의 삶에 관한 기사에서 추론할 수 있다. 눅 8:3은 예수와 그의 제자들을 재정적으로 지원했던 여인들에 대해 말한다.
26. 헬라어는 '아디코스'이다(Bauer, *Greek-English Lexicon*, 18을 보라).

를 미워하고 저를 사랑하거나 혹 이를 중히 여기고 저를 경히 여길 것임이니라 너희가 하나님과 재물을 겸하여 섬길 수 없느니라"(눅 16:13; 참조. 마 6:24)고 예수는 말씀하신다.

예수는 이 진술에서 믿지 않는 세상은 돈을 하나님의 자리에 올려놓는다는 것을 인식하신다. 돈이 이 시대의 신이고, 그것은 많은 사람들이 자신의 행복과 자녀들과 건강과 실로 자신의 생명을 희생시키기까지 하는 신이다. "일중독"의 아버지는 가정을 위한 "공급"에 너무 바빠서 집에 간혹 들어오고 교회는 아예 출석조차 하지 않는다는 것은 한때에 잘 알려진 우리 사회의 단면이었다. 이제 그 현상은 비싼 집과 차의 담보 대출금을 갚기 위해 아주 바빠서 자녀들을 거의 알지 못하는 "일중독"의 부부에 자리를 내주었다. 수입을 위한 이런 종류의 열심은 비합리적이며, 돈을 "종교"로 생각한 것이라고 치부할 수 있다.

부를 소유한 신자는 지배하려는 돈의 능력을 조심해야 한다. 우리가 살고 있는 사회의 통치 구조처럼 우리는 돈을 이용해야 하지만 우리의 눈을 넓게 열어 하나님보다 돈에 경의를 표하게 하는 유혹을 조심해야 한다. 돈은 부정한 청지기가 그리했던 것처럼 부정직으로 우리를 이끌 수 있거나(눅 16:10-12), 우리가 열심히 일하고 똑똑했기 때문에 하나님이 우리에게 부로 보상하셨다고 생각하는 것으로 이끌 수 있다.

두 번째 속임수(우리가 열심히 일하고 똑똑했기 때문에 하나님이 우리에게 부로 보상하셨다)는 하나님의 은혜를 살 수 있고 우리가 그것을 획득할 수 있다고 생각하도록 이끌 수 있기 때문에 더욱더 파괴적이다. 그것은 "하나님은 스스로 돕는 자를 돕는다"라는 그럴듯한 철학과 아래와 같이 말한 라디오 설교자의 주장처럼 보인다.

> 하나님의 말씀에 나타난 번영을 통제하는 어떤 규칙들이 있다. 믿음이 그 규칙들이 기능하게 한다. 그 규칙들은 행동할 때에 작동하고, 믿음의 힘이 정지되었을 때, 작동하기를 멈출 것이다.[27]

두 주장("하나님은 스스로 돕는 자를 돕는다"라는 그럴듯한 철학과 위에서 말한 라디오 설교자의 주장)은 사람들을 복주시는 주도권이 하나님에게서 멀어지게

---

27. Copeland, *Laws of Prosperity*, 16; idem, *Prosperity: The Choice Is Yours*, 34.

하고, 인간의 손에 두게 한다. 둘 다 하나님을 조정할 수 있다고 함축하고 있기 때문이다. 한 견해에 따르면, 우리의 고된 수고가 하나님의 손을 움직이게 하고, 다른 견해에 따르면, 문맥에서 성경말씀을 왜곡하여 물질적인 의미로 전환시킨 마치 힌두교적인 주문과 같은 주장은 중력의 법칙처럼 하나님의 율법을 비인격적으로 작동시킨다.[28]

생존하기 위해서 "불의한 돈"을 사용해야 하는 크리스천은 하나님의 자리를 차지하려는 돈의 속임수적인 경향에서 자신을 어떻게 보호할 수 있는가? 빌립보서 4:10-20에서 바울과 빌립보인들은 그 처방을 제공한다. 둘 다 그들이 소유한 돈에서 멀리 했다—바울은 빌립보인들의 선물에서 만족을 찾지 않음으로써 그리고 빌립보인들은 그 물질을 기꺼이 줌으로써 말이다. 바울의 만족은 복음의 진전에 있으므로 그는 감옥의 육체적인 고난과 동료 신자들의 반대로 인한 감정적인 분투에도 불구하고 기뻐한다. 빌립보인들의 재정적인 선물은 그의 육체적인 곤란을 경감시킬 수 있도록 도울 것이고 에바브로디도와 같은 사람의 도움은 확실히 감정적인 위로가 있게 하지만, 그는 이런 것들이 없어도 문제가 없다. 에바브로디도를 돌려보내는 것이 복음의 목적을 진전시킨다면, 그는 기꺼이 그렇게 한다.

다른 한편으로 빌립보인들은 주는 행위로 돈이 그들을 지배하지 못하게 하고 오히려 그것을 지배한다. 그러므로 그들은 돈의 능력을 제거해 버리고 그것을 성스러운 위치로 올려놓지 않는다. 자크 엘룰은 이렇게 말했다. "돈을 속되게 하는 탁월한 한 행위가 있는데 돈의 법칙에 직접적으로 대항해서 나아가는 것이다. 그것은 '주는 것'이다"[29] 바울은 빌립보인들의 선물을 기뻐했지만(4:10), 그가 그것을 필요로 했기 때문이 아니라 그 행위가 빌립보인들의 성화에 유용한 단계였기 때문이다. 돈을 줌으로써 그들은 그들의 충성이 어디에 있는지를 보여주었고, 그리스도 예수 안에 영광의 풍요함을 통해 궁극적으로 필요로 하는 모든 것을 공급하시는 하나님에 대한 그들의 헌신을 강화시켰다. 그것은 우리들에게도 마찬가지다. 리차드 포스터가 말한 것처럼 책을 사기에 충분한 돈을 가진 사람은 세상의 나머지 사람들에 비해서 부유하다.[30] 서방에서 살고 있는 크리스천들, 특히 북아메

---

28. "번영복음" 운동의 문헌은 번영의 율법과 중력의 법칙과 같은 자연법 사이에 비교가 산재해 있다. 예를 들어, Copeland, *Laws of Prosperity*, 15을 보라.
29. Ellul, *Money and Powers*, 110.
30. Richard Foster, *Money, Sex, and Power: The Challenge of the Disciplined Life*(New York: Harper & Row, 1985), 33.

리카에서 살고 있는 크리스천들은 특히 부유하다. 하지만 우리는 부에 대해서 깊이 숙고하지 않는다. 우리는 우리의 가정과 삶에 악의 강력한 세력을 초대하고 있음을 생각해 보지 못한다. 우리는 부가 다른 사람들과 부정직한 거래로 또는 더 나쁘게는 우리가 선하기 때문에 부유할 수 있다고 생각하는 것으로 우리를 속일 수 있음을 상기할 필요가 있다.

이런 속임수에 대한 가장 강력한 처방은 필요한 사람들, 특히 바울이 말한 것처럼 믿음의 권속들에게 우리의 부를 관대하게 내어주는 것이다(갈 6:10). 이런 식으로 우리는 하나님의 사람들 사이에서 동등성을 제공하고(고후 8:13-15), 우리가 번 돈의 수령자로서라기보다는 우리 자신을 다른 사람들에 대한 하나님의 복의 통로로 간주하기를 시작하는 것이다. 이것은 빌립보서에서 그리고 바울의 서신의 모든 것에서 실타래처럼 흐르는 원리를 강력하게 상기시킨다.

로마서 11:35-36은 그것을 가장 잘 표현한다.

> 누가 주께 먼저 드려서 갚으심을 받겠느냐 이는 만물이 주에게서 나오고 주로 말미암고 주에게로 돌아감이라 그에게 영광이 세세에 있을지어다!